国家卫生健康委员会"十四五"规划教材

全 国 高 等 学 校 教 材

供八年制及"5+3"一体化临床医学等专业用

卫生法
Health Law

主　　编　赵　宁

副 主 编　乐　虹　王　岳

数字主编　赵　宁

数字副主编　乐　虹　王　岳

人民卫生出版社
·北　京·

图书在版编目（CIP）数据

卫生法 / 赵宁主编 . -- 北京：人民卫生出版社，2025. 8. --（全国高等学校八年制及"5+3"一体化临床医学专业第四轮规划教材）. -- ISBN 978-7-117-37464-4

Ⅰ. D922.16

中国国家版本馆 CIP 数据核字第 2025W1N299 号

| 人卫智网 | www.ipmph.com | 医学教育、学术、考试、健康，购书智慧智能综合服务平台 |
| 人卫官网 | www.pmph.com | 人卫官方资讯发布平台 |

卫生法
Weishengfa

主　　编：赵　宁

出版发行：人民卫生出版社（中继线 010-59780011）

地　　址：北京市朝阳区潘家园南里 19 号

邮　　编：100021

E - mail：pmph @ pmph.com

购书热线：010-59787592　010-59787584　010-65264830

印　　刷：人卫印务（北京）有限公司

经　　销：新华书店

开　　本：850×1168　1/16　印张：17

字　　数：503 千字

版　　次：2025 年 8 月第 1 版

印　　次：2025 年 9 月第 1 次印刷

标准书号：ISBN 978-7-117-37464-4

定　　价：68.00 元

打击盗版举报电话：**010-59787491**　E-mail：WQ @ pmph.com

质量问题联系电话：**010-59787234**　E-mail：zhiliang @ pmph.com

数字融合服务电话：**4001118166**　E-mail：zengzhi @ pmph.com

编委名单

（以姓氏笔画为序）

于佳佳（上海交通大学）

马国芳（新疆医科大学）

王　岳（北京大学）

石　悦（大连医科大学）

田　丰（山西医科大学）

乐　虹（华中科技大学）

刘建利（东南大学）

李筱永（首都医科大学）

杨　丹（暨南大学）

杨　平（山东大学）

杨逢柱（北京中医药大学）

杨淑娟（吉林大学）

宋华琳（南开大学）

张　雪（哈尔滨医科大学）

赵　宁（国家卫生健康委员会）

胡　姝（中国医科大学）

胡汝为（中山大学）

饶　伟（空军军医大学）

曾日红（南京医科大学）

谢青松（广西医科大学）

强美英（天津医科大学）

蒲　川（重庆医科大学）

睢素利（北京协和医学院）

数字编委

（数字编委详见二维码）

数字编委名单

融合教材阅读使用说明

融合教材即通过二维码等现代化信息技术,将纸书内容与数字资源融为一体的新形态教材。本套教材以融合教材形式出版,每本教材均配有特色的数字内容,读者在阅读纸书的同时,通过扫描书中的二维码,即可免费获取线上数字资源和相应的平台服务。

本教材包含以下数字资源类型

课件　习题

获取数字资源步骤

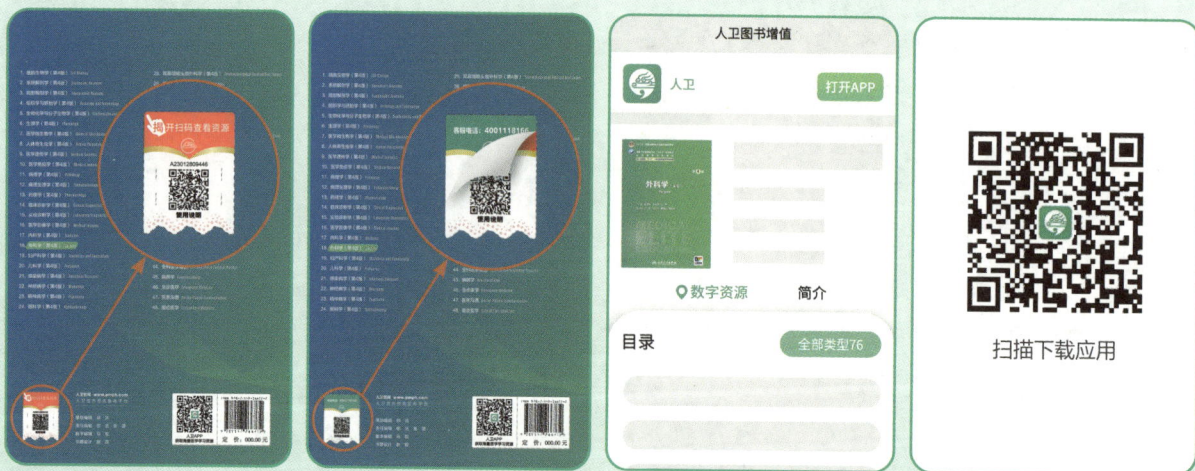

①扫描封底红标二维码,获取图书"使用说明"。

②揭开红标,扫描绿标激活码注册/登录人卫账号获取数字资源。

③扫描书内二维码或封底绿标激活码随时查看数字资源。

④登录 zengzhi.ipmph.com 或下载应用体验更多功能和服务。

APP 及平台使用客服热线　　400-111-8166

读者信息反馈方式

欢迎登录"人卫e教"平台官网"medu.pmph.com",在首页注册登录(也可使用已有人卫平台账号直接登录),即可通过输入书名、书号或主编姓名等关键字,查询我社已出版教材,并可对该教材进行读者反馈、图书纠错、撰写书评以及分享资源等。

全国高等学校八年制及"5+3"一体化临床医学专业第四轮规划教材　修订说明

为贯彻落实党的二十大精神,培养服务健康中国战略的复合型、创新型卓越拔尖医学人才,人卫社在传承20余年长学制临床医学专业规划教材基础上,启动新一轮规划教材的再版修订。

21世纪伊始,人卫社在教育部、卫生部的领导和支持下,在吴阶平、裘法祖、吴孟超、陈灏珠、刘德培等院士和知名专家亲切关怀下,在全国高等医药教材建设研究会统筹规划与指导下,组织编写了全国首套适用于临床医学专业七年制的规划教材,探索长学制规划教材编写"新""深""精"的创新模式。

2004年,为深入贯彻《教育部 国务院学位委员会关于增加八年制医学教育(医学博士学位)试办学校的通知》(教高函〔2004〕9号)文件精神,人卫社率先启动编写八年制教材,并借鉴七年制教材编写经验,力争达到"更新""更深""更精"。第一轮教材共计32种,2005年出版;第二轮教材增加到37种,2010年出版;第三轮教材更新调整为38种,2015年出版。第三轮教材有28种被评为"十二五"普通高等教育本科国家级规划教材,《眼科学》(第3版)荣获首届全国教材建设奖全国优秀教材二等奖。

2020年9月,国务院办公厅印发《关于加快医学教育创新发展的指导意见》(国办发〔2020〕34号),提出要继续深化医教协同,进一步推进新医科建设、推动新时代医学教育创新发展,人卫社启动了第四轮长学制规划教材的修订。为了适应新时代,仍以八年制临床医学专业学生为主体,同时兼顾"5+3"一体化教学改革与发展的需要。

第四轮长学制规划教材秉承"精品育精英"的编写目标,主要特点如下:

1. 教材建设工作始终坚持以习近平新时代中国特色社会主义思想为指导,落实立德树人根本任务,并将《习近平新时代中国特色社会主义思想进课程教材指南》落实到教材中,统筹设计,系统安排,促进课程教材思政,体现党和国家意志,进一步提升课程教材铸魂育人价值。

2. 在国家卫生健康委员会、教育部的领导和支持下,由全国高等医药教材建设研究学组规划,全国高等学校八年制及"5+3"一体化临床医学专业第四届教材评审委员会审定,院士专家把关,全国医学院校知名教授编写,人民卫生出版社高质量出版。

3. 根据教育部临床长学制培养目标、国家卫生健康委员会行业要求、社会用人需求,在全国进行科学调研的基础上,借鉴国内外医学人才培养模式和教材建设经验,充分研究论证本专业人才素质要求、学科体系构成、课程体系设计和教材体系规划后,科学进行的,坚持"精品战略,质量第一",在注重"三基""五性"的基础上,强调"三高""三严",为八年制培养目标,即培养高素质、高水平、富有临床实践和科学创新能力的医学博士服务。

4. 教材编写修订工作从九个方面对内容作了更新：国家对高等教育提出的新要求；科技发展的趋势；医学发展趋势和健康的需求；医学精英教育的需求；思维模式的转变；以人为本的精神；继承发展的要求；统筹兼顾的要求；标准规范的要求。

5. 教材编写修订工作适应教学改革需要，完善学科体系建设，本轮新增《法医学》《口腔医学》《中医学》《康复医学》《卫生法》《全科医学概论》《麻醉学》《急诊医学》《医患沟通》《重症医学》。

6. 教材编写修订工作继续加强"立体化""数字化"建设。编写各学科配套教材"学习指导及习题集""实验指导/实习指导"。通过二维码实现纸数融合，提供有教学课件、习题、课程思政、中英文微课，以及视频案例精析（临床案例、手术案例、科研案例）、操作视频/动画、AR模型、高清彩图、扩展阅读等资源。

全国高等学校八年制及"5+3"一体化临床医学专业第四轮规划教材，均为国家卫生健康委员会"十四五"规划教材，以全国高等学校临床医学专业八年制及"5+3"一体化师生为主要目标读者，并可作为研究生、住院医师等相关人员的参考用书。

全套教材共48种，将于2023年12月陆续出版发行，数字内容也将同步上线。希望得到读者批评反馈。

全国高等学校八年制及"5+3"一体化临床医学专业第四轮规划教材　序言

"青出于蓝而胜于蓝",新一轮青绿色的八年制临床医学教材出版了。手捧佳作,爱不释手,欣喜之余,感慨千百位科学家兼教育家大量心血和智慧倾注于此,万千名医学生将汲取丰富营养而茁壮成长,亿万个家庭解除病痛而健康受益,这不仅是知识的传授,更是精神的传承、使命的延续。

经过二十余年使用,三次修订改版,八年制临床医学教材得到了师生们的普遍认可,在广大读者中有口皆碑。这套教材将医学科学向纵深发展且多学科交叉渗透融于一体,同时切合了"环境 - 社会 - 心理 - 工程 - 生物"新的医学模式,秉持"更新、更深、更精"的编写追求,开展立体化建设、数字化建设以及体现中国特色的思政建设,服务于新时代我国复合型高层次医学人才的培养。

在本轮修订期间,我们党团结带领全国各族人民,进行了一场惊心动魄的抗疫大战,创造了人类同疾病斗争史上又一个英勇壮举!让我不由得想起毛主席《送瘟神二首》序言:"读六月三十日人民日报,余江县消灭了血吸虫,浮想联翩,夜不能寐,微风拂煦,旭日临窗,遥望南天,欣然命笔。"人民利益高于一切,把人民群众生命安全和身体健康挂在心头。我们要把伟大抗疫精神、祖国优秀文化传统融会于我们的教材里。

第四轮修订,我们编写队伍努力做到以下九个方面:

1. 符合国家对高等教育的新要求。全面贯彻党的教育方针,落实立德树人根本任务,培养德智体美劳全面发展的社会主义建设者和接班人。加强教材建设,推进思想政治教育一体化建设。

2. 符合医学发展趋势和健康需求。依照《"健康中国 2030"规划纲要》,把健康中国建设落实到医学教育中,促进深入开展健康中国行动和爱国卫生运动,倡导文明健康生活方式。

3. 符合思维模式转变。二十一世纪是宏观文明与微观文明并进的世纪,而且是生命科学的世纪。系统生物学为生命科学的发展提供原始驱动力,学科交叉渗透综合为发展趋势。

4. 符合医药科技发展趋势。生物医学呈现系统整合 / 转型态势,酝酿新突破。基础与临床结合,转化医学成为热点。环境与健康关系的研究不断深入。中医药学守正创新成为国际社会共同的关注。

5. 符合医学精英教育的需求。恪守"精英出精品,精品育精英"的编写理念,保证"三高""三基""五性"的修订原则。强调人文和自然科学素养、科研素养、临床医学实践能力、自我发展能力和发展潜力以及正确的职业价值观。

6. 符合与时俱进的需求。新增十门学科教材。编写团队保持权威性、代表性和广泛性。编写内容上落实国家政策、紧随学科发展,拥抱科技进步、发挥融合优势,体现我国临床长学制办学经验和成果。

7. 符合以人为本的精神。以八年制临床医学学生为中心,努力做到优化文字:逻辑清晰,详略有方,重点突出,文字正确;优化图片:图文吻合,直观生动;优化表格:知识归纳,易懂易记;优化数字内容:网络拓展,多媒体表现。

8. 符合统筹兼顾的需求。注意不同专业、不同层次教材的区别与联系,加强学科间交叉内容协调。加强人文科学和社会科学教育内容。处理好主干教材与配套教材、数字资源的关系。

9. 符合标准规范的要求。教材编写符合《普通高等学校教材管理办法》等相关文件要求,教材内容符合国家标准,尽最大限度减少知识性错误,减少语法、标点符号等错误。

最后,衷心感谢全国一大批优秀的教学、科研和临床一线的教授们,你们继承和发扬了老一辈医学教育家优秀传统,以严谨治学的科学态度和无私奉献的敬业精神,积极参与第四轮教材的修订和建设工作。希望全国广大医药院校师生在使用过程中能够多提宝贵意见,反馈使用信息,以便这套教材能够与时俱进,历久弥新。

愿读者由此书山拾级,会当智海扬帆!

是为序。

中国工程院院士
中国医学科学院原院长　　　刘德培
北京协和医学院原院长

二〇二三年三月

主编简介

赵 宁

女，1966年出生于北京。硕士研究生。国家卫生健康委员会人事司司长，法规司原司长。从事卫生立法、卫生执法监督、行政复议诉讼等政府法治工作30余年。

参与《医师法》《献血法》《职业病防治法》《传染病防治法》《食品安全法》《精神卫生法》《中医药法》《疫苗管理法》以及《护士条例》《突发公共卫生事件应急条例》《病原微生物实验室生物安全管理条例》《医疗纠纷预防与处理条例》等多部卫生法律法规的起草工作。全程参与了《基本医疗卫生与健康促进法》的立法工作。曾担任卫生部行政诉讼代理人，处理百余件卫生领域重大疑难案件。

副主编简介

乐　虹

　　女，1962 年 10 月出生于武汉。博士，华中科技大学医药卫生管理学院教授。兼任中国卫生法学会常务理事、中国医院协会医疗法制专业委员会常务理事、国家医学考试中心执业医师审命题专家、中国卫生法学会学科建设及教学委员会委员、中国卫生管理教学委员会常务理事、湖北省卫生法学会副会长、湖北医院协会医疗法制管理专业委员会副主任委员等。

　　从事卫生法学教学和研究工作 30 余年，获得"华中卓越学者"（教学型）称号，并多次获得学校教学成果奖一等奖、二等奖，教学质量奖二等奖，"三育人"奖等。承担"中国卫生法律体系""基本医疗卫生相关立法"等多项国家卫生立法相关研究，参与《基本医疗卫生与健康促进法》《医疗纠纷和预防处理条例》《医疗机构投诉管理办法》等多部法律法规立法讨论与咨询工作。

王　岳

　　男，1975 年出生于北京。法学博士，北京大学医学人文学院副院长，医学伦理与法律系主任，教授，博士生导师。《卫生法学》杂志主编，国家免疫规划专家咨询委员会委员，全国高等院校医事（卫生）法学教育联盟理事长，中国人体健康科技促进会医学人文与医院文化专业委员会主任委员，中国老年学和老年医学学会安宁疗护分会副主任委员，中国卫生法学会学术委员会副主任委员，国家卫生健康委公立医院院长职业化能力建设专家委员会法律分委会副主任委员。

　　在北京大学从教 23 年，学术代表作有《疯癫与法律》《医事法学》《电影叙事中的医学人文》以及 China's Health Situation, Policy and Law。发表 SCI、SSCI 论文 9 篇，国内核心期刊论文 50 余篇。

前　言

习近平总书记在党的二十大报告中提出，推进健康中国建设。把保障人民健康放在优先发展的战略位置，完善人民健康促进政策。党的十八大以来，我国走出了一条中国特色卫生健康事业改革发展之路，为开启全面建设社会主义现代化国家新征程奠定了坚实的健康基础。在习近平新时代中国特色社会主义思想和《"健康中国 2030"规划纲要》的指导下，人民卫生出版社统筹编写了全国高等学校八年制及"5+3"一体化临床医学专业第四轮规划教材《卫生法》。

本教材共二十八章，针对临床医学专业医学生应掌握的卫生法知识，涵盖了以下几部分内容：第一，卫生法概论；第二，医事法相关问题，包括医疗行为与医疗法律关系、医疗纠纷（包含医疗纠纷的技术鉴定、预防、法律责任、救济途径等内容）、知情同意、患者安全、医疗执业管理、安宁疗护相关法律问题；第三，药品、医疗器械、中医药法相关法律问题；第四，临床试验、输血、急救、尸检、医疗文书、放射诊疗、脑死亡等相关法律问题；第五，医疗信息化、器官移植、基因技术、人类辅助生殖技术等近年来较前沿的卫生法领域；第六，传染病防治、生物安全与突发公共卫生事件应急法律问题；第七，母婴保健、职业病防治、精神卫生相关法律问题。本教材主要介绍我国卫生法领域相关知识，因此在表述我国某一具体法律文件名称时，统一采用约定俗成的简称，以求简明，在正文中不再一一说明（如《中华人民共和国药品管理法》简称为《药品管理法》）。

本教材在撰写中引入了"基于问题和案例的学习"（problem/case-based learning，简称 PCBL，也称作问题与案例式学习）的教学方式。PCBL 强调把学习设置到复杂的、有意义的疑难问题情景与经典案例中，通过学习者的合作来解决真正的问题，从而学习隐含在问题背后的法律知识，形成解决问题的技能和自主学习的能力。本教材的每个章节都针对本章主题选择了相关的热点、焦点问题进行研讨，并在章末安排有"思考题""情景测试与思考""课后阅读资料"这三个部分。希望通过基于问题的自学、讨论、课后阅读等主动学习的方式，让医学生们投入问题情景中，鼓励学生们自主探究，启发他们的独立思考与分析问题的能力和意识，从而加深对各章内容的理解和融会贯通。因此编者对提出的思考题未加以评论或分析，以便给学生和教师留下讨论的空间。此外，本教材还在每章首页增加了该章内容的要点，供师生在教学和学习过程中更好地把握核心知识。

本教材汇集了国内卫生法学专家教授们多年来积累的知识和教学经验，这也在一定程度上反映了中国卫生法学的蓬勃发展。各位编委对本书的编写作出了贡献，如期完成了各自承担的章节撰写工作。

总体而言，这本教材的编写力求符合全国高等学校八年制及"5+3"一体化临床医学专业人才培养目标和教学大纲，体现卫生法学教育观念的提升、教学内容和教学方法改革的成果及总体水平，确立以学生为主体的人才培养模式，有利于训练学生临床思维的能力。

衷心希望本教材能为我国的卫生法学教育贡献一份绵薄之力。虽然在本书的编写过程中作者们都投入了大量的时间与精力，力求尽善尽美，但难免存在一些不足与局限，期望广大读者批评指正。

赵　宁

2025 年 3 月于北京

目　录

第一章

卫生法概论

【学习要点】

1. 卫生法与卫生法学的概念。
2. 卫生法学的研究对象。
3. 卫生法渊源。

卫生法是指由国家权力机关制定或认可的,由国家强制力保障实施的,调整在卫生健康活动中发生的社会关系的法律规范总称。卫生法学是以卫生法作为研究对象,对卫生法的产生与发展、渊源与本质、作用与地位以及卫生法与其他部门法律相互关系等内容进行研究的部门法学。通过卫生法的实施和卫生法学研究,进一步推进党的领导制度化、法治化,促进卫生健康事业发展,维护人民健康权益,增加人民福祉,推动健康中国建设,不断提高人民健康水平。

第一节　卫生法与卫生法学的概念

一、卫生法

(一) 卫生

"卫生"一词最早可追溯至战国时期著作,如《庄子·庚桑楚》中有"愿闻卫生之经而已矣"等。在古代,"卫生"一词的含义主要是指"养生",有"护卫生命"的意思,多指养护生命的规律与方法。进入现代社会,随着社会的发展,人们对于卫生的认识也在发生改变,卫生的概念也产生了相应的变化,含义变得更为广泛。首先,卫生是指一种个人与社会的行为措施。《辞海》中对卫生的定义是:社会和个人为增进人体健康,预防疾病,创造合乎生理要求的生产环境、生活条件所采取的措施。同时,卫生是一项重要的社会事业。现代国家多将卫生作为一项重要的社会事业,通过采取法律、政策等不同层面的措施促进卫生事业发展,提升国民健康水平。卫生事业对于社会发展发挥着重要的促进作用。卫生是一个具有科学内涵的学科体系。现代社会中,卫生行为建立在科学的基础上,卫生由最初的自发行为向社会行为转向,逐渐上升为一种科学的知识体系。卫生科学体系的形成促使卫生得到了进一步发展。

(二) 卫生法的概念

法是由国家制定或认可并由国家强制力保障实施的,反映由特定物质生活条件所决定的统治阶级意志,以权利和义务为内容,以确认、保护和发展对统治阶级有利的社会关系和社会秩序为目的的行为规范体系。在现代法治社会中,法律在社会生活中发挥着重要的作用,是调整人的行为和人与人之间关系的最主要行为规范,其中自然包括人们在卫生活动中发生的社会关系。

1957年12月,第一届全国人民代表大会常务委员会第八十八次会议通过的《中华人民共和国国境卫生检疫条例》是中华人民共和国历史上第一部卫生法律。之后,我国相继制定了大量卫生法律法规以促进卫生事业发展和保障公民身体健康,主要包括卫生法律、卫生行政法规、卫生部门规章、地方性卫生法规和地方政府卫生规章等。

(三) 卫生法的特征

1. 卫生法的调整对象具有特定性。由于卫生法是调整在卫生活动中发生的社会关系的法律规范,所以卫生法的调整对象仅限于在卫生活动中发生的社会关系。卫生法既包括专门的卫生法律规范,也包括宪法和部门法中关于卫生的法律规范,比如,宪法中关于国家发展医疗卫生事业的规定,民法中关于自然人享有健康权的规定,刑法中关于危害公共卫生犯罪方面的规定,环境法中关于环境污染与防治的规定,知识产权法中关于药物知识产权的规定等。只要是调整卫生活动中发生的社会关系,都属于卫生法的调整范畴。

2. 卫生法的内容具有广泛性。卫生法涉及人全生命周期的健康权益保护问题,其所包含的内容涉及多个方面,具有极强的广泛性。从人类受精卵到胚胎发育、孕产期保健、新生儿出生,从婴幼儿、儿童、青少年、中年、老年到死亡的各个阶段,不分性别、年龄和种族,都关系到生命健康权益的保护。只要是人体生命科学领域的法律问题,都属于卫生法的研究范畴,只要是对人体生命健康产生影响的,无论是产品和环境,还是活动和行为,以及心理和精神,都应最大程度地受到卫生法的调整和规范。

3. 卫生法的产生与发展具有很强的技术性。从产生与发展的历史来看,卫生法是在医学技术发展演变的基础上逐渐成为专门的部门法,与医学技术具有紧密的联系,是法律与医学结合的产物。医学技术的发展推动了卫生法的发展,如人工辅助生殖技术、基因编辑技术的产生与发展,推动了相关法律法规的制定。卫生法中的很多内容是在现代医学的基本原理和研究成果的基础上制定的,是医学技术成果在法律上的具体体现。同时,卫生立法中也包括大量技术性规范,如传染病防治规范、医疗技术操作规程与标准等。卫生法的发展离不开医学技术的进步,而卫生法也通过发挥法治保障作用,规范相关主体的医疗行为,进一步保障和促进了医学技术的发展。

4. 卫生法具有很强的伦理性。卫生法所涉及的人体生命健康权保护和人体生命健康相关行为,与伦理道德规范具有紧密的联系。卫生法的很多内容来源于伦理道德规范,如隐私权、名誉权以及知情同意权保护等,卫生法将这些伦理道德规范上升为法律,使其具有法律效力。同时,现代生物医学技术的发展和应用,在不同程度上对传统伦理道德规范构成挑战,如器官移植技术、辅助生殖技术、基因技术以及安乐死等。卫生法在对这些行为予以规范时,必须考虑其所带来的伦理道德问题,通过法律手段保障伦理道德规范的底线。

5. 卫生法具有国际性。疾病的流行没有地域、国界和人群的限制,因此人的生命健康权益保护是全人类的共同问题。在人类文明不断发展的今天,提高国民生命健康水平、维护国民生命健康权益是世界各国共同关注的问题,也是各国卫生立法的主要目的。因此,卫生法反映了人类共同的需要,具有较强的国际性。

二、卫生法学

(一) 卫生法学的概念

对于卫生法学的概念具有不同的观点与表述。有观点认为卫生法学是卫生法的荟萃和精华,是一门新兴的正在发展的交叉学科;有观点认为卫生法学是研究卫生法这一特定现象及其发展变化规律的科学,是医学与法学的融合;有观点认为卫生法学是研究卫生法、卫生法的现象及其与卫生法相关问题的法律科学;有观点认为卫生法学是生物学、医学、卫生学、药学等自然科学与法学结合的产物,是自然科学与社会科学互相交叉的新兴学科。

本书认为,卫生法学的概念离不开以卫生法作为研究对象和卫生法学是法律学科这两个核心要素。因此,卫生法学是以卫生法作为研究对象,对卫生法的产生与发展,卫生法的渊源与本质,卫生法的作用与地位以及卫生法与其他部门法律相互关系等内容进行研究的部门法学。

(二) 卫生法学的研究对象

总的来说,卫生法学的研究对象是卫生法,包括以下几个方面。

1. 卫生法的产生、发展及其规律。卫生法是一定历史时期的产物。在不同的历史时期,卫生法具有不同的表现形式。研究卫生法,应当研究卫生法的发展历史,特别是结合当时社会的社会环境从历史的角度对卫生法进行深入研究。通过对于卫生法历史的深入研究,对不同历史时期卫生法的特征进行比对,结合不同历史时期的社会政治、经济、文化情况,研究社会经济发展对于卫生法的影响,并进一步探寻卫生法的发展规律。

2. 卫生法的内容、形式、作用与本质。卫生法涉及的内容非常广泛,卫生法学也包含众多的研究内容。卫生法律法规是卫生法的最主要研究对象,卫生法要对卫生法律法规的基本内容、原则、调整对象等予以深入研究,并在此基础上进一步研究卫生法的体系结构,梳理卫生法律法规的体系。在研究卫生法时,既要研究卫生法律法规的具体规定,又要注意不同卫生法律法规之间的关系,进而对卫生法整体进行研究,并在此基础上进一步总结卫生法的本质与作用。

3. 基于卫生活动产生的社会关系。卫生法调整基于卫生活动产生的社会关系,卫生法学要对这些社会关系进行深入研究。一是基于卫生行政管理发生的行政法律关系,是行政机关与行政相对人之间的关系,如卫生行政部门对医疗卫生机构设置、执业资质的审批及相关监督,对于违反相关法律的行政相对人予以行政处罚等。二是在卫生民事活动中形成的民事法律关系,是平等民事主体之间的法律关系,如医疗侵权赔偿关系。三是对于严重损害人体生命健康权益的行为,卫生法规定相关责任人应当承担刑事责任,如我国《刑法》中规定了医疗事故罪等。

4. 卫生法与相关部门法的关系。卫生法既包括专门的卫生法律规范,也包括宪法和其他部门法中关于卫生的法律规范。因此,卫生法学除了要研究卫生法这一部门法,还需要研究卫生法与其他部门法的相互关系,特别是对宪法、民法、刑法、行政法、环境法等与卫生法之间的联系、区别、相互影响等内容进行研究。

第二节　卫生法渊源与卫生立法

一、卫生法渊源

卫生法的渊源,又称卫生法的法源,是指卫生法律规范的不同外在表现形式。我国卫生法主要表现为不同种类的成文法,主要包括以下内容。

(一) 宪法

宪法是我国的根本大法,是国家最高权力机关通过严格程序制定或者修改的具有最高法律效力的规范性文件,规定了我国最根本的政治、经济、社会制度,规定了国家的根本任务和国家机关组织结构与活动原则,规定了公民的基本权利和义务等国家和社会生活中最根本和最重要的问题。宪法中关于国家发展医药卫生事业和保障人权等方面的规定,是我国卫生立法的法律依据和根本出发点。

(二) 卫生法律

法律是仅次于宪法的卫生法重要渊源,是由全国人民代表大会及其常务委员会制定或者修改的,涉及卫生内容的法律,既包括专门卫生法律,也包括其他法律中涉及卫生的相关规定。目前,我国专门卫生法律主要包括将《基本医疗卫生与健康促进法》《医师法》《生物安全法》《药品管理法》《中医药法》《精神卫生法》《职业病防治法》《传染病防治法》《疫苗管理法》《国境卫生检疫法》《红十字会法》《母婴保健法》等十余部法律。

(三) 卫生行政法规

卫生行政法规是由最高国家行政机关,即国务院,根据宪法和法律制定、修改和公布的涉及卫生的法律文件,是卫生法的重要渊源之一,是卫生行政管理的重要依据。目前,我国卫生行政法规主要包括《公共场所卫生管理条例》《放射性药品管理办法》《传染病防治法实施办法》《中药品种保护条例》《医疗机构管理条例》《医疗器械监督管理条例》《母婴保健法实施办法》《药品管理法实施条例》《人体器官移植条例》《护士条例》《人类遗传资源管理条例》等三十余部法规。

（四）卫生部门规章

卫生部门规章是指由国务院承担卫生健康相关行政管理职能的行政部门制定的关于卫生事务的法律文件，是卫生法律和卫生行政法规的重要补充。目前，我国的卫生部门规章主要包括《处方管理办法》《护士执业注册管理办法》《护士执业资格考试办法》《医疗机构临床用血管理办法》《院前医疗急救管理办法》《医疗质量管理办法》《医师执业注册管理办法》《职业卫生技术服务机构管理办法》《工作场所职业卫生管理规定》《职业病诊断与鉴定管理办法》《医疗器械临床使用管理办法》等十余部规章。

（五）地方性卫生法规

地方性卫生法规是由省、自治区、直辖市、设区的市、自治州等的人民代表大会及其常务委员会依法制定的卫生法律文件，如《北京市突发公共卫生事件应急条例》《山东省中医药条例》《深圳经济特区医疗条例》等。

（六）自治条例和单行条例

自治条例和单行条例是民族自治地方的人民代表大会依照当地民族的政治、经济和文化的特点制定的涉及卫生内容的法律文件，如《宁夏回族自治区生活饮用水卫生监督管理条例》等。

（七）地方政府卫生规章

地方政府卫生规章是省、自治区、直辖市和设区的市、自治州的人民政府，根据法律、行政法规和本省、自治区、直辖市的地方性法规，制定的涉及卫生内容的法律文件，如江苏省实施《医疗机构管理条例》办法等。

（八）卫生标准

卫生标准是一种特殊的卫生法渊源，是卫生健康领域需要统一的技术要求。卫生标准包括国家卫生标准、行业卫生标准、地方卫生标准和团体卫生标准等。国家卫生标准分为强制性卫生标准、推荐性卫生标准，其中，行业卫生标准、地方卫生标准是推荐性标准。强制性卫生标准必须执行，推荐性卫生标准则鼓励采用。

（九）国际卫生条约

国际卫生条约是指我国同外国缔结的双边或者多边卫生条约、协定，其他具有条约、协定性质的国际卫生规范性法律文件和我国加入的有关国际组织制定的卫生公约等。除声明保留内容外，我国加入或者签署的国际卫生条约对我国均具有约束力。

二、卫生立法

（一）卫生立法的概念

卫生立法是指有权国家机关依照法定权限和程序制定、认可、修改或废止卫生法律文件的活动。卫生立法有广义和狭义之分。狭义的卫生立法仅指全国人大及其常委会依法制定卫生法律文件的活动。广义的卫生立法还包括国务院及相关部门、地方权力机关和地方政府依法制定卫生行政法规、规章、地方性法规的活动。本书中卫生立法指广义的卫生立法。

（二）我国卫生立法的发展阶段

中华人民共和国成立以来，我国卫生立法不断发展完善，经历了如下几个阶段。

第一阶段（1949年至1978年）：中国卫生法治的起步阶段。

中华人民共和国成立，实现了民族独立和人民解放，在全国范围内建立了巩固的政权，为全面的法治建设提供了基本的政治条件和社会环境。党中央明确宣布，废除国民党的《六法全书》，建立人民的法律制度，开始中华人民共和国的法治建设。

在这一阶段，我国卫生立法工作进入了一个全新时期。毛泽东主席指出"必须把卫生、防疫和一般医疗工作看作一项重大的政治任务，极力发展这项工作"，我国各项卫生法律法规的立法工作开始起步。1949 年 9 月，中国人民政治协商会议第一届全体会议通过的《中国人民政治协商会议共同纲领》第四十八条规定："提倡国民体育。推广卫生医药事业，并注意保护母亲、婴儿和儿童的健康。"

1950 年 8 月，第一届全国卫生会议确定实施"面向工农兵、预防为主、团结中西医、卫生工作与群众运动相结合"的工作方针。1954 年第一届全国人民代表大会通过的《宪法》第九十三条规定："中华人民共和国劳动者在年老、疾病或者丧失劳动能力的时候，有获得物质帮助的权利。国家举办社会保险、社会救济和群众卫生事业，并且逐步扩大这些设施，以保证劳动者享受这种权利。"第四十九条对国务院职权进行了列举，其中第（九）项为"管理文化、教育和卫生工作"。《中国人民政治协商会议共同纲领》和五四《宪法》为中华人民共和国卫生立法工作的起步奠定了制度基础。

1957 年 12 月，第一届全国人民代表大会常务委员会第八十八次会议通过了《中华人民共和国国境卫生检疫条例》。这是中华人民共和国历史上第一部卫生法律，在我国卫生法治史上具有标志性意义。之后，又先后制定出台了《工业卫生工作委员会组织办法》《国内植物检疫试行办法》《解剖尸体规则》《防止矽尘危害工作管理办法》等一系列法律法规，标志着中华人民共和国卫生立法工作的起步。

第二阶段（1978 年至 20 世纪 90 年代中期）：中国卫生法治框架初步确立阶段。

1978 年，党的十一届三中全会以来，党中央提出发展社会主义民主、健全社会主义法律制度并将之作为中国共产党在新时期社会主义现代化建设的基本方针和重要任务目标。

在这一阶段，我国卫生法律制度开始快速发展。1982 年《宪法》对我国医疗卫生作出新的全面规定，其中"卫生"这一概念前后出现 9 次。一是第一章"总纲"第二十一条第一款规定："国家发展医疗卫生事业，发展现代医药和我国传统医药，鼓励和支持农村集体经济组织、国家企业事业组织和街道组织举办各种医疗卫生设施，开展群众性的卫生活动，保护人民健康。"二是第二章"公民的基本权利和义务"第四十五条第一款规定："中华人民共和国公民在年老、疾病或者丧失劳动能力的情况下，有从国家和社会获得物质帮助的权利。国家发展为公民享受这些权利所需要的社会保险、社会救济和医疗卫生事业。"三是在有关机构名称和工作职责中涉及医疗卫生。第七十条中规定的全国人民代表大会设立的专门委员会中包括"教育科学文化卫生委员会"；第八十九条关于国务院职权的规定中包括"领导和管理教育、科学、文化、卫生、体育和计划生育工作"；第一百零七条中规定"县级以上地方各级人民政府管理本行政区域内的经济、教育、科学、文化、卫生、体育事业、城乡建设事业"；第一百一十九条中规定"民族自治地方的自治机关自主地管理本地方的教育、科学、文化、卫生、体育事业"；第一百一十一条第二款规定"居民委员会、村民委员会设人民调解、治安保卫、公共卫生等委员会，办理本居住地区的公共事务和公益事业"。这些内容量多面广，规定了有关国家机关、基层群众自治组织的医疗卫生相关职责，有利于通过积极有效的工作，持续不断地推动医疗卫生事业向前发展。

以《宪法》为制度基础，这一时期卫生立法快速发展，主要内容是适应改革开放，促进经济发展，恢复和逐步建立疾病预防控制、食品化妆品卫生监督、药品管理以及规范医疗行为等相关制度。通过这一阶段的立法，初步搭建了我国卫生法律制度的基本框架，为后来的立法积累了经验和基础。

这一阶段出台的主要卫生法律法规包括《传染病防治法》《国境卫生检疫法》《食品卫生法（试行）》《药品管理法》《传染病防治法实施办法》《公共场所卫生管理条例》《尘肺病防治条例》《医疗事故处理办法》《医师、中医师个体开业暂行管理办法》《艾滋病监测管理的若干规定》等。

第三阶段（20 世纪 90 年代中期至 2003 年）：中国卫生法治的形成阶段。

1993年，党的十四届三中全会通过的《中共中央关于建立社会主义市场经济体制若干问题的决定》指出，"遵循宪法规定的原则，加快经济立法，进一步完善民商法律、刑事法律、有关国家机构和行政管理方面的法律，在本世纪末初步建立适应社会主义市场经济的法律体系"，立法的重点是"要抓紧制定关于规范市场主体、维护市场秩序、加强宏观调控、完善社会保障、促进对外开放等方面的法律。同时，还要适时修改和废止与建立社会主义市场经济体制不相适应的法律和法规"。1997年党的十五大提出"进一步扩大社会主义民主，健全社会主义法治，依法治国，建设社会主义法治国家"，把依法治国作为党领导人民治理国家的基本方略。1999年3月，九届全国人大二次会议通过的宪法修正案，将"依法治国，建设社会主义法治国家"载入《宪法》，使之上升为一项宪法原则。这标志着党在治国理政方式上实现了由过去主要依靠政策、依靠行政手段，转向主要依靠法律手段的根本转变；标志着我国正式走上了依法治国的道路。1997年和2002年，《中共中央、国务院关于卫生改革与发展的决定》和《中共中央、国务院关于进一步加强农村卫生工作的决定》的相继出台，推动了卫生事业的改革与发展。

这一时期的卫生立法内容主要是适应社会主义市场经济体制建立，在实施依法治国，建设社会主义法治国家基本方略的指导下，转变职能，依法行政，建立卫生执法监督体系和执法规范，提高卫生立法质量，重点加强医疗、妇幼保健等服务领域法律制度建设。这一阶段的卫生立法完善了医疗、妇幼保健等方面的内容，进一步充实了我国的卫生法律制度。

这一阶段出台的主要卫生法律法规包括《母婴保健法》《献血法》《执业医师法》《食品卫生法》《职业病防治法》《人口与计划生育法》《医疗机构管理条例》《血液制品管理条例》《医疗事故处理条例》《医疗器械监督管理条例》《中外合资、合作医疗机构管理暂行办法》《医疗美容服务管理办法》《人类辅助生殖技术管理办法》《人类精子库管理办法》《卫生行政处罚程序》和《卫生行政执法处罚文书规范》等。

第四阶段（2003—2014年）：中国卫生法治不断完善发展阶段。

2004年，党的十六届四中全会根据党的十六大提出的"依法治国基本方略得到全面贯彻"的要求，提出党要实行"科学执政、民主执政、依法执政"，以促进依法治国。党的十七大在此基础上又强调"全面落实依法治国基本方略，加快建设社会主义法治国家"。这一阶段卫生立法在加快步伐的同时，开始向综合平衡立法转变。2004年3月，十届全国人大二次会议通过宪法修正案。这次修宪在第十四条增加一款："国家建立健全同经济发展水平相适应的社会保障制度。"在第三十三条增加一款："国家尊重和保障人权。"社会保障制度和人权原则入宪，推动了我国宪法关于医疗卫生事业规定的发展、完善和与时俱进。

卫生立法方面则对包括体制机制层面上的法律制度加以创新。主要特点为：①将实现预防为主、保障医疗安全视为统领卫生法律制度建设的基本取向。②按照公平、效率的要求，建立和完善医疗卫生机构的设置、职权划分和管理制度。③从制度上保证落实和实现患者的健康权利，明确政府履行健康保障和促进社会公平的责任。④加强和改进卫生监督管理制度，健全职责明确、相互配合相互制约、高效运行的卫生监督体制。⑤改革和加强卫生行政管理内部监督和接受外部监督的各项制度，完善对行政许可权、行政处罚权、行政管理权运行的制约机制，保证廉洁行政。

这一阶段出台的主要卫生法律法规包括《食品安全法》《精神卫生法》《突发公共卫生事件应急条例》《艾滋病防治条例》《血吸虫病防治条例》《疫苗流通和预防接种管理条例》《乡村医生从业管理条例》《人体器官移植条例》《护士条例》《中医药条例》等。

第五阶段（2014年至今）：中国卫生法治迈向成熟阶段。

党的十八大以来，党中央将全面依法治国纳入"四个全面"战略布局，加强党对全面依法治国的集中统一领导，统筹推进科学立法、严格执法、公正司法、全民守法，法治中国建设取得了历史性成就，社会主义法治稳步迈向良法善治新境界。

2014 年,党的十八届四中全会通过了《关于全面推进依法治国若干重大问题的决定》,提出了全面推进依法治国的总目标是"建设中国特色社会主义法治体系,建设社会主义法治国家,要在中国共产党领导下,坚持中国特色社会主义制度,贯彻中国特色社会主义法治理论,形成完备的法律规范体系、高效的法治实施体系、严密的法治监督体系、有力的法治保障体系,形成完善的党内法规体系,坚持依法治国、依法执政、依法行政共同推进,坚持法治国家、法治政府、法治社会一体建设,实现科学立法、严格执法、公正司法、全民守法,促进国家治理体系和治理能力现代化"。2020 年 11 月 16 日至 17日,中央全面依法治国工作会议召开。会议明确习近平法治思想在全面依法治国工作中的指导地位,这是社会主义法治建设进程中具有重大现实意义和深远历史意义的大事。习近平法治思想是马克思主义法治理论同中国实际相结合的最新成果,是对党领导法治建设丰富实践和宝贵经验的科学总结,为建设法治中国指明了前进方向,为在法治轨道上推进国家治理体系和治理能力现代化提供了根本遵循和科学指引。

在卫生领域,法治的重要作用也愈发重要,卫生立法彰显了以人为本、保障人民群众身体和生命安全这一卫生法治建设的根本目标,加大了公共卫生方面的法律制度建设,进一步推动我国卫生法治的进步。

党的十九大报告明确提出实施健康中国战略。全面实施健康中国战略就必须加快完善卫生法律体系,运用法治思维和法治方式,确保在法治轨道上推进健康中国战略。卫生法治建设对卫生事业发展的引领和推动作用日益凸显,相继制定或修订《疫苗管理法》《药品管理法》《基本医疗卫生与健康促进法》等三部医疗卫生领域的法律。特别是《基本医疗卫生与健康促进法》,直接目的就是落实宪法关于国家发展医疗卫生事业、保护人民健康的规定。这部法律定位为卫生与健康领域的基础性、综合性法律,坚持"保基本、强基层、大健康"的理念,着重保障人人享有基本医疗卫生服务、提高人民健康水平,它标志着我国医疗卫生事业迈上新的台阶,我国卫生法治建设逐渐成熟。

党的二十大报告进一步强调要"推进健康中国建设,把保障人民健康放在优先发展的战略位置",尤其对医疗保障、生育、老龄化和中医药事业的发展提出了明确的意见,为我国构建多层次医疗保障体系和生育支持体系指明了方向,对进一步促进中医药传承创新发展和应对老龄化问题作出了战略部署。基于此,我国卫生法治建设也将在坚持人民生命健康优先的原则之下,继续推动医疗卫生体制改革和医疗卫生事业法治化,促进卫生健康领域的法治发展。

这一阶段出台的主要卫生法律法规包括《基本医疗卫生与健康促进法》《生物安全法》《疫苗管理法》《中医药法》《医师法》《医疗纠纷预防和处理条例》《医疗保障基金使用监督管理条例》等。

经过多年努力,我国卫生各项法律制度不断完善,保障了人民群众的健康权利,推动了卫生健康事业的不断发展。取得了以下方面的进步。

1. 卫生法律体系初步建立。我国卫生立法工作始终秉持"以民为本、立法为民"的理念,卫生法律法规不断完善,以相关法律为核心,以行政法规、部门规章和地方性法规为主体,与相关法律法规相衔接的卫生法律体系已经初步形成。以《基本医疗卫生与健康促进法》为基础和统领,以法律,行政法规及规章共同构成的卫生法律体系,内容覆盖医疗健康、公共卫生、职业病防治、食品药品安全等多个领域,卫生健康工作基本实现了有法可依、有章可循。

2. 各项卫生法律制度不断完善。随着卫生立法工作的不断深化,卫生健康事业各个领域的相关法律制度得以建立和完善,为保障公民身体健康和生命安全,为医药卫生事业的发展提供了有力的法律保障。总体而言,我国卫生健康领域的主要法律制度主要包括以下六个方面。

第一,规范公共卫生和预防保健方面的法律制度。为了加强预防保健工作,维护广大人民群众的身体健康,我国制定了《传染病防治法》《母婴保健法》《职业病防治法》等一系列公共卫生和预防保健方面的法律法规,形成了包括传染病预防控制制度、突发公共卫生事件应急制度、职业病防治制度、公共场所和学校卫生管理制度及妇女儿童健康权益和公民生殖健康权益保障制度在内的较为完善的公共卫生和预防保健法律制度体系。

第二,规范医疗机构、人员以及医疗救治行为方面的法律制度。为了规范医疗机构的医疗行为,提高医务人员的职业道德与业务素质,促进医学技术的发展,提高医疗救治技术,降低病死率,我国制定了《医师法》《乡村医生从业管理条例》《护士条例》《医疗机构管理条例》等法律法规,形成了包括医疗机构执业许可制度、医疗卫生技术人员管理制度和医疗活动管理制度在内的医疗相关法律制度体系。

第三,规范与人体健康相关的食品、药品、化妆品和医疗器械管理方面的法律制度。为了加强对食品、药品、化妆品、医疗器械等与人体健康相关产品的监督管理,我国制定了《食品卫生法》《药品管理法》等法律法规。从食品卫生管理、药品管理、化妆品管理和医疗器械管理等方面进行制度完善,保证产品质量,保障公民身体健康。

第四,规范传统医学保护的法律制度。为了继承和弘扬传统医学,保持和发扬中医药特色和优势,我国制定了《中医药法》和《中药品种保护条例》等法律法规,从保障中医药事业发展、规范中医药机构和人员管理以及鼓励中医药发展创新等方面规范和保护传统医学发展。

第五,规范医疗保障的法律制度。为规范医疗保障基金监督管理,我国制定了《医疗保障基金使用监督管理条例》,对保障基金安全,提高基金使用效率,维护医疗保障相关主体的合法权益具有重要意义。

第六,规范卫生公益事业的法律制度。为了促进卫生公益事业的全面发展,我国制定了《红十字会法》《献血法》等法律法规,为发扬人道主义精神,促进和平进步事业,规范相关行业起到了积极作用。

3. 人民群众健康权利得到全面保障。卫生立法的核心要义在于满足人民群众对美好生活的向往,我国卫生立法始终把落实《宪法》保障公民健康权作为基本要求。通过各项卫生法律法规的制定出台,卫生健康事业促进健康公平、维护和促进公民健康、提高全民健康素质的目标日益清晰,卫生健康事业的公益性质更加明确凸显。立法通过突出政府的兜底责任,强调优先发展和保证基本医疗卫生服务等多方面规定,不断加强对人民群众健康权利的全面保障。

4. 引领和推动卫生改革。卫生立法顺应社会发展,落实重大改革于法有据的要求,发挥法治对改革、发展、稳定的引领、规范、保障作用。特别是党的十八大以来,将医药卫生体制改革证明有效的改革理念、措施和成熟定型的实践上升为法律制度,发挥立法在顶层设计方面的重大作用。为健全基本医疗卫生制度,提高公共卫生服务、医疗服务、医疗保障、药品供应保障水平和加强综合监督管理等方面提供法律支撑。

第三节 健康中国与《基本医疗卫生与健康促进法》

《基本医疗卫生与健康促进法》由第十三届全国人民代表大会常务委员会第十五次会议于2019年12月28日通过、公布,自2020年6月1日起施行。该法是我国卫生与健康领域的一部基础性、综合性的法律,对完善卫生健康法治体系,引领和推动卫生健康事业改革发展,加快推进健康中国建设,保障公民享有基本医疗卫生服务,提升全民健康水平具有十分重大的意义。本节将对该法的立法目的和主要内容进行介绍。

一、《基本医疗卫生与健康促进法》的立法目的

《基本医疗卫生与健康促进法》规定:为了发展医疗卫生与健康事业,保障公民享有基本医疗卫

生服务,提高公民健康水平,推进健康中国建设,根据宪法,制定本法。可以看出,该法明确了四个方面的立法目的。

(一) 发展医疗卫生与健康事业

党和国家历来高度重视医疗卫生与健康事业。中华人民共和国成立以来,特别是改革开放以来,我国卫生健康事业取得长足进展。党的十八大以来,以习近平同志为核心的党中央统筹谋划,全面推进深化医药卫生体制改革,我国卫生健康事业的发展取得丰硕成果。同时,在深化改革过程中也积累了宝贵经验,有必要将行之有效的做法上升为法律,巩固改革成果,通过立法在制度层面解决一些根本性、全局性和长期性的问题,引领和推动卫生健康事业改革发展。

(二) 保障公民享有基本医疗卫生服务

基本医疗卫生服务,是维护人体健康所必需、与经济社会发展水平相适应、公民可公平获得的,采用适宜药物、适宜技术、适宜设备提供的疾病预防、诊断、治疗、护理和康复等服务,包括基本公共卫生服务和基本医疗服务。人人享有基本医疗卫生服务,是党的十七大提出的战略目标,是全面建成小康社会的重要标志之一。保障公民享有基本医疗卫生服务是本法的立法初心,也是立法的重中之重。本法着力"保基本",建立基本医疗卫生制度,保护和实现公民获得基本医疗卫生服务的权利。

(三) 提高公民健康水平

健康是促进人的全面发展的必然要求,是经济社会发展的基础条件。没有全民健康,就没有全面小康。为人民健康服务是医疗卫生与健康事业的根本宗旨。发展医疗卫生与健康事业,保障公民享有基本医疗卫生服务的最终目的是提高公民健康水平。近年来我国公民健康水平持续提高,主要健康指标总体上优于中高收入国家平均水平。通过完善制度措施,进一步提升全民健康水平,是本法的出发点和落脚点。

(四) 加快推进健康中国建设

推进健康中国建设,是全面建成小康社会、基本实现社会主义现代化的重要基础,是全面提升中华民族健康素质、实现人民健康与经济社会协调发展的国家战略。党的十八大以来,以习近平同志为核心的党中央高度重视维护人民健康,健康中国建设快速推进。2015 年,党的十八届五中全会作出推进健康中国建设的决策部署。2016 年 8 月,党中央、国务院召开全国卫生与健康大会,明确建设健康中国的大政方针;同年 10 月,党中央、国务院发布实施《"健康中国 2030"规划纲要》,明确了行动纲领,其中明确提出推动制定基本医疗卫生法。党的十九大将"实施健康中国战略"提升到国家整体战略层面统筹谋划,制定《基本医疗卫生与健康促进法》是实施健康中国战略的必然要求,同时该法的制定为健康中国战略的实施提供法治保障。

二、《基本医疗卫生与健康促进法》的主要内容

《基本医疗卫生与健康促进法》是卫生与健康领域的一部基础性、综合性的法律。所谓"基础性"主要体现在明确我国医疗卫生事业坚持以人民为中心,为人民健康服务的目的,要求医疗卫生事业应坚持公益性原则,明确新时代卫生工作方针,确立卫生健康工作必须遵循的根本性制度。所谓"综合性"主要体现在该法律对基本医疗卫生制度和实施健康中国战略覆盖全生命周期的各方面作出主要制度安排。

(一) 明确医疗卫生事业的公益性原则

医疗卫生事业应当坚持公益性原则,这是我国医药卫生事业长期发展得出的最重要经验。该法总则明确规定医疗卫生事业应当坚持公益性原则,并作为一项基本原则贯彻始终。具体表现为:

1. 明确医疗卫生服务体系坚持以非营利性医疗卫生机构为主体、营利性医疗卫生机构为补充,政府举办非营利性医疗卫生机构,在基本医疗卫生事业中发挥主导作用,保障基本医疗卫生服务公平可及。

2. 明确办医导向,以政府资金、捐赠资产举办或者参与举办的医疗卫生机构不得设立为营利性医疗卫生机构,医疗卫生机构不得对外出租、承包医疗科室,非营利性医疗卫生机构不得向出资人、举办者分配或者变相分配收益。

3. 严格规范政府举办的医疗卫生机构行为,即所有收支均纳入预算管理,按照规划合理设置并控制规模;不得与其他组织投资设立非独立法人资格的医疗卫生机构,不得与社会资本合作举办营利性医疗卫生机构。划定制度红线,堵塞漏洞,避免逐利行为,防止以非营利之名行营利之实。另外,该法鼓励政府举办的医疗卫生机构与社会力量合作举办非营利性医疗卫生机构。

4. 加大对医疗卫生与健康事业的财政投入,规定各级人民政府应当切实履行发展医疗卫生与健康事业的职责,建立与经济社会发展、财政状况和健康指标相适应的医疗卫生与健康事业投入机制,将医疗卫生与健康促进经费纳入本级政府预算,按照规定主要用于保障基本医疗服务、公共卫生服务、基本医疗保障与政府举办的医疗卫生机构的建设和运行发展。

(二) 规定国家医疗卫生服务体系及其构成

《基本医疗卫生与健康促进法》首次以法律形式规定了国家医疗卫生服务体系及其构成。

1. 明确了医疗卫生服务体系建设的总体要求和落实责任。该法规定,国家建立健全由基层医疗卫生机构、医院、专业公共卫生机构等组成的城乡全覆盖、功能互补、连续协同的医疗卫生服务体系。要求县级以上政府应当制定并落实医疗卫生服务体系规划,科学配置医疗卫生资源。针对基层医疗卫生服务资源和能力不足的问题,该法规定,国家合理规划和配置医疗卫生资源,以基层为重点,采取多种措施优先支持县级以下医疗卫生机构发展,建立健全农村医疗卫生服务网络和城市社区卫生服务网络。优先支持县级以下医疗卫生机构发展,就是为了强基层、筑牢网底,提升基层医疗卫生服务能力。

2. 明确了各级各类医疗卫生机构分工合作的机制。该法规定,各级各类医疗卫生机构应当分工合作,为公民提供预防、保健、治疗、护理、康复、安宁疗护等全方位全周期的医疗卫生服务。

《基本医疗卫生与健康促进法》明确了各级各类医疗卫生机构的功能作用。

基层医疗卫生机构主要提供预防、保健、健康教育、疾病管理,为居民建立健康档案,常见病、多发病的诊疗以及部分疾病的康复、护理,接收医院转诊患者,向医院转诊超出自身服务能力的患者等基本医疗卫生服务。

医院主要提供疾病诊治,特别是急危重症和疑难病症的诊疗,突发事件医疗处置和救援以及健康教育等医疗卫生服务,并开展医学教育、医疗卫生人员培训、医学科学研究和对基层医疗卫生机构的业务指导等工作。

专业公共卫生机构主要提供传染病、慢性非传染性疾病、职业病、地方病等疾病预防控制和健康教育、妇幼保健、精神卫生、院前急救、采供血、食品安全风险监测评估、出生缺陷防治等公共卫生服务。

(三) 加强医疗卫生队伍建设

医疗卫生人才是医疗卫生服务体系最重要的构成要素,是建设健康中国的重要支撑。该法通过多方面措施进一步加强医疗卫生队伍建设,大力培养和合理配置医疗卫生人才。

1. 加强人才培养。该法规定国家大力培养医疗卫生人才,建立规模适宜、结构合理、分布均衡的医疗卫生队伍。规定国家制定医疗卫生人员培养规划,建立适应行业特点和社会需求的医疗卫生人员培养机制和供需平衡机制,并明确国家发展医学教育,完善医学院校教育、毕业后教育和继续教育体系。

2. 完善执业注册和人事、薪酬、奖励制度。该法规定,医疗卫生人员应当依法取得相应的职业资格,并依法实行执业注册制度;规定建立健全符合医疗卫生行业特点的人事、薪酬、奖励制度,体现医疗卫生人员职业特点和技术劳动价值。同时,规定对从事传染病防治、放射医学和精神卫生工作以及其他在特殊岗位工作的医疗卫生人员,按照国家规定给予适当的津贴,并且津贴标准应当定期调整。

对参与突发事件卫生应急处置、医疗救治的致病、致残、死亡人员,按照规定给予工伤或者抚恤、烈士褒扬等相关待遇。

3. 加强基层和艰苦边远地区医疗卫生队伍建设。该法规定,建立医疗卫生人员定期到基层和艰苦边远地区从事医疗卫生工作制度,明确执业医师晋升为副高级技术职称的,应当有累计一年以上在县级以下或者对口支援的医疗卫生机构提供医疗卫生服务的经历,规定采取定向免费培养、对口支援、退休返聘等措施,加强基层和艰苦边远地区医疗卫生队伍建设,对在基层和艰苦边远地区工作的医疗卫生人员,在薪酬津贴、职称评定、职业发展、教育培训和表彰奖励等方面实行优惠待遇。同时,进一步加强乡村医疗卫生队伍建设,建立县乡村上下贯通的职业发展机制,完善对乡村医疗卫生人员的服务收入多渠道补助机制和养老政策。

(四) 维护良好安全的医疗卫生服务秩序

该法规定,全社会应当关心、尊重医疗卫生人员,维护良好安全的医疗卫生服务秩序,共同构建和谐医患关系。通过法律规定进一步提升医疗卫生服务质量,构建和谐医患关系。

1. 进一步规范医疗卫生服务行为。规定医疗卫生机构应当建立健全内部质量管理和控制制度,加强医疗卫生安全风险防范,优化服务流程。医疗卫生人员应当遵守有关临床诊疗技术规范、操作规范、伦理规范,合理诊疗,因病施治,对医疗卫生技术的临床应用进行分类管理,对技术难度大,医疗风险高,服务能力、人员专业技术水平要求较高的医疗卫生技术实行严格管理。明确医疗卫生机构开展医疗卫生技术临床应用,应当与其功能任务相适应,遵循科学、安全、规范、有效、经济的原则,并符合伦理。

2. 要求公民应当遵守医疗卫生服务秩序,尊重医疗卫生人员。该法规定,医疗卫生机构执业场所是提供医疗卫生服务的公共场所,任何组织或者个人不得扰乱其秩序。医疗卫生人员的人身安全、人格尊严不受侵犯,其合法权益受法律保护。禁止任何组织或者个人威胁、危害医疗卫生人员的人身安全,侵犯其人格尊严。

3. 保障患者权利。该法规定,医疗卫生机构、人员应当尊重患者人格尊严,保护患者隐私,保障知情同意的权利,需要实施手术、特殊检查、特殊治疗的,医疗卫生人员应当及时向患者说明医疗风险、替代医疗方案等情况,并取得其同意;不能或者不宜向患者说明的,应当向患者的近亲属说明,并取得其同意。因抢救生命垂危的患者等紧急情况,不能取得患者或者其近亲属意见的,经医疗机构负责人或者授权的负责人批准,可以立即实施相应的医疗措施。同时,规定开展药物、医疗器械临床试验和其他医学研究应当遵守医学伦理规范,依法通过伦理审查,取得知情同意。

4. 建立医疗纠纷预防和处理机制,完善风险分担机制。该法规定,国家建立医疗纠纷预防和处理机制,妥善处理医疗纠纷,维护医疗秩序。国务院已经专门制定了医疗纠纷预防和处理条例,对此做了具体规定。同时,规定国家完善医疗风险分担机制,鼓励医疗机构参加医疗责任保险或者建立医疗风险基金,鼓励患者参加医疗意外保险。通过建立和完善医疗纠纷预防处理、风险分担机制,尽可能地预防和化解医疗纠纷,减少医患矛盾。

(五) 完善健康促进的措施

预防是最经济、最有效的健康策略,要把预防摆在更加突出的位置,从以治病为中心转变为以人民健康为中心,强化政府、社会、个人责任,建立健全健康教育体系,普及健康知识,引导群众建立正确健康观,形成有利于健康的生活方式、生态环境和社会环境,全方位全周期保障人民健康。该法贯彻预防为主的要求,在强化疾病预防等公共卫生服务的基础上,进一步完善了健康促进措施。

1. 明确政府、社会、个人责任。该法规定,各级政府应当将健康理念融入各项政策,完善健康促进工作体系,组织实施健康促进的规划和行动,并明确了医疗卫生、教育、体育、宣传等机构,基层群众性自治组织,社会组织,公共场所经营单位,用人单位等在健康促进中的责任,并强调公民是自己健康的第一责任人。

2. 建立健康相关监测、评估制度。为了使与健康有关的决策建立在充足调查和科学分析的基础

NOTES

上,该法规定了三种与健康有关的监测、评估制度,包括:健康影响评估制度;居民健康状况调查、体质监测和健康绩效评估制度;疾病和健康危险因素监测、调查与风险评估。

3. 全方位干预健康影响因素。为全方位干预健康影响因素,维护全生命周期健康,该法规定了以下健康促进措施。第一,建立健康教育制度,普及健康知识和技能。规定国家建立健康教育制度,保障公民获得健康教育的权利,提高公民的健康素养。明确各级政府应当加强健康教育工作及其专业人才培养,建立健康知识和技能核心信息发布制度,普及健康科学知识,向公众提供科学、准确的健康信息。明确医疗卫生、教育、体育、宣传等机构、基层群众性自治组织和社会组织应当开展健康知识的宣传和普及。第二,建立营养状况监测制度,倡导健康饮食习惯。规定国家建立营养状况监测制度,实施经济欠发达地区、重点人群营养干预计划,开展未成年人和老年人营养改善行动,倡导健康饮食习惯,减少不健康饮食引起的疾病风险。第三,推进全民健身,加强健身指导。生命在于运动,运动需要科学。规定国家发展全民健身事业,完善覆盖城乡的全民健身公共服务体系,加强公共体育设施建设,鼓励单位的体育场地设施向公众开放,组织开展和支持全民健身活动。第四,实施控烟措施,减少吸烟危害。吸烟严重危害人体健康,国家应采取措施,减少吸烟对公民健康的危害。规定在公共场所控制吸烟,强化监督执法,要求烟草制品包装应当印制带有说明吸烟危害的警示,禁止向未成年人出售烟酒等。第五,建设健康环境,预防与环境问题有关的疾病。良好的环境是健康的保障,规定加强影响健康的环境问题预防和治理,采取措施预防和控制与环境问题有关的疾病;大力开展爱国卫生运动,鼓励和支持开展爱国卫生月等群众性卫生与健康活动,建设健康城市、健康村镇、健康社区;完善公共场所卫生管理制度。卫生健康部门应当加强对公共场所的卫生监督。公共场所卫生监督信息应当依法向社会公开。第六,促进学生身体健康。规定国家将健康教育纳入国民教育体系。学校应当利用多种形式实施健康教育,普及健康知识,培养学生良好的卫生习惯和健康的行为习惯,减少、改善学生近视、肥胖等不良健康状况;学校应当按照规定开设体育与健康课程,组织学生开展广播体操、眼保健操、体能锻炼等活动;学校按照规定配备校医,建立和完善卫生室、保健室;教育部门应当按照规定将学生体质健康水平纳入学校考核体系。

(六) 强化保障制度

为落实医疗卫生服务和健康促进举措,提高公民健康水平,该法对相关保障制度予以进一步完善。

1. 完善药品供应保障。药品供应保障体系是医药卫生四大体系之一,是"三医联动"的重点领域。该法在《药品管理法》《疫苗管理法》《医疗器械监督管理条例》等基础上,进一步完善药品供应保障制度,建立工作协调机制,保障药品安全、有效、可及。

药品供应保障的基础性制度是基本药物制度。基本药物,是指满足疾病防治基本用药需求,适应现阶段基本国情和保障能力,剂型适宜,价格合理,能够保障供应,可公平获得的药品。该法规定,国家实施基本药物制度,遴选适当数量的基本药物品种,满足疾病防治基本用药需求;国家公布基本药物目录并动态调整,按照规定优先纳入基本医保药品目录;国家提高基本药物的供给能力,强化基本药物质量监管。基本药物制度对基本医疗服务、医保支付和药物生产研发都具有十分重要的导向功能。

2. 完善资金保障。医疗卫生与健康事业需要从财政、医保、社会捐赠等多渠道筹集资金,提供保障,其中政府投入是医疗卫生资金最重要的来源。该法规定各级政府应当切实履行发展卫生健康事业的职责,建立与经济社会发展、财政状况和健康指标相适应的投入机制,并将卫生健康经费纳入本级政府预算,按照规定主要用于支持基本医疗服务、公共卫生服务、基本医疗保障与政府举办的医疗卫生机构的建设和运行发展。同时,规定国家加大对卫生健康事业的财政投入,通过增加转移支付等方式重点扶持革命老区、民族地区、边疆地区和经济欠发达地区发展卫生健康事业。

3. 完善医疗保障体系。该法规定,国家建立以基本医疗保险为主体,商业健康保险、医疗救助、职工互助医疗和医疗慈善服务等为补充的、多层次的医疗保障体系。国家鼓励发展商业健康保险,满足人民群众多样化健康保障需求。国家完善医疗救助制度,保障符合条件的困难群众获得基本医疗服务。同时规定,公民有依法参加基本医疗保险的权利和义务。用人单位和职工按照国家规定缴纳职工基本医疗保险费。城乡居民按照规定缴纳城乡居民基本医疗保险费。

　　《基本医疗卫生与健康促进法》的制定,填补了卫生健康领域立法的空白,掀开了我国卫生健康法治建设的新篇章,具有标志性的意义。

(刘扬　赵宁)

思考题

1. 简述我国卫生立法的发展阶段。
2. 论述医疗卫生事业的公益性原则。
3. 简述《基本医疗卫生与健康促进法》明确的各级各类医疗卫生机构的功能和作用。

课后阅读资料

袁杰.中华人民共和国基本医疗卫生与健康促进法释义[M].北京:中国民主法制出版社,2020.

第二章
医疗行为与医疗法律关系

【学习要点】
1. 医疗行为的概念与分类。
2. 医疗法律关系的概念与分类。

在讨论医事法相关问题时,首先要明确一系列重要概念,而医疗行为与医疗法律关系则是最重要的两个概念。卫生行政主管部门在打击非法行医活动时,如果界定不清医疗行为的范畴,显然会在执法过程中产生争议。医疗法律关系,则有助于我们厘清法律主体之间的具体权利与义务。

第一节　医疗行为

与医疗行为概念相类似的是 1998 年 6 月颁布的《执业医师法》中所表述的"医师执业活动"一词。根据该法总则的内容,"医师执业活动"是指"防病治病,救死扶伤"。在 2009 年 8 月的修订版中,该法对"医疗执业活动"又增加了"保护人民健康"的内容。2022 年实施的《医师法》第三条也将其描述为"防病治病、保护人民健康"。曾有人将医疗行为简单概括为以治疗疾病为目的的诊断治疗活动。但是,随着医疗技术的发展和民众生活观念的变化,上述传统的医疗行为定义已不能适应医学发展和公众健康保护的需要,非治疗性医疗行为,也应属于医疗行为范畴。

一、以医疗行为目的为标准,医疗行为可分为治疗性和非治疗性医疗行为

1. 治疗性医疗行为(狭义医疗行为)　一般疾病的诊治处理,多属于以治疗为目的的治疗性医疗行为。而为人装置义肢、义眼、义齿、配镜等行为是否符合治疗的目的,确实存在争议。参考上述狭义医疗行为的概念,以验光为例,验光显然是以矫正为直接目的所进行的一种配镜前的检查手段,故应当属于治疗性医疗行为。

2. 非治疗性医疗行为　随着医疗技术的进步,许多医疗领域的发展范围已大大超越诊疗目的,或者不以对患者的治疗为主要目的。例如,为器官捐赠者摘除器官、为取得精卵或骨髓对捐赠者取精采卵或抽取其骨髓液、为无偿献血者抽血检验、以美容为目的的整形、变性手术、以鉴定亲子关系为目的所做的检验、对接受人体试验者所进行的用药或处置、非治疗性流产手术以及协助无合并疾病的孕妇分娩,均属于不以治疗为目的的非治疗性医疗行为。而全球争论的安乐死更是逼近医学伦理的核心,挑战《希波克拉底誓言》中"必不将所学危害人类健康"的职业道德,自然不能归于治疗性医疗行为。

在非治疗性医疗行为中"不以对患者的治疗为主要目的"的行为类型尤应注意,其中又具体分为试验性医疗行为和强制性医疗行为。

试验是人类在生物医药科技进步过程中的必经环节,任何经过动物实验的新药品、新器械和新的治疗方法最后都必须经过临床试验才能进入临床并广泛应用于人体。使用危险与疗效均属未知的新药物或新技术,其目的主要是为了医学进步,而诊疗的目的居于次要地位。试验性医疗行为,亦称为

临床试验,或人体临床试验,是指以开发、改善医疗技术及增进医学新知识为目的,而对人体进行医疗技术、药品或医疗器械试验研究的行为。

医疗行为应当遵循"自治"原则,即由患者自身决定是否接受治疗以及接受怎样的治疗。然而,有些医疗行为的实施,已经不单纯是为了患者自身利益,而主要是为了公共利益或公序良俗,所以通过立法明确此类医疗行为,患者又必须予以配合的法定义务,此类即为强制医疗行为。这类医疗行为主要是针对部分传染病患者、精神障碍者、吸毒人员、酒精依赖的酗酒者。

"反应停"事件告诉我们,由于人类对自然界认知的局限性,往往也会使医疗行为具有侵袭性特点,即诊疗对人体可能会造成一定危险。许多过去被用于治疗疾病的药物、检查或手术方法,随着经验及知识的积累,被发现对人体并不都是有利的。医疗本身带有某种程度的侵害性质,已为医学界所接受。如果此侵害性质超过诊疗所能产生的利益,其实施目的与实施结果之间往往存在较大反差时,这种医疗行为也被称为侵袭性医疗行为。

> **⟳ 知识链接**
>
> ### 侵袭性医疗行为事件:反应停事件
>
> 　　1953 年,瑞士的一家名为 Ciba 的药厂首次合成了一种名为反应停(thalidomide,沙利度胺、酞胺哌啶酮、酞咪哌啶酮、酞谷酰亚胺、K-17)的药物。此后,Ciba 药厂的初步实验表明,此种药物并无确定的临床疗效,便停止了对此药的研发。然而当时的联邦德国一家制药公司对反应停颇感兴趣。他们尝试将其用作抗惊厥药物以治疗癫痫,但疗效欠佳,又尝试将其用作抗过敏药物,结果同样令人失望。但研究人员在这两项研究过程中发现,反应停具有一定的镇静安眠的作用,而且对孕妇怀孕早期的妊娠呕吐疗效极佳。此后,在老鼠、兔子和狗身上的实验没有发现反应停有明显的副作用(事后的研究显示,其实这些动物服药的时间并不是反应停作用的敏感期),公司便于 1957 年 10 月 1 日将反应停(商品名 Contergan)正式推向了市场。此后不久,反应停便成了"孕妇的理想选择"(当时的广告用语),在欧洲、亚洲、非洲、澳洲和南美洲被医师大量开具处方给孕妇以治疗妊娠呕吐。1960 年,欧洲的医师们开始发现,本地区畸形婴儿的出生率明显上升。这些婴儿有的是四肢畸形,有的是腭裂,有的是盲儿或聋儿,还有的是内脏畸形(后来的追踪调查显示,其实早在 1956 年 12 月 25 日,世界上第一例母亲在怀孕期间服用反应停导致耳朵畸形的婴儿就出生了,但当时并未引起人们足够的注意)。
>
> 　　1961 年,澳大利亚悉尼市皇冠大街妇产医院的麦克布雷德医师发现,他经治的 3 名患儿的海豹样肢体畸形与他们的母亲在怀孕期间服用过反应停有关。麦克布雷德医师随后将自己的发现和疑虑以信件的形式发表在了英国著名的医学杂志《柳叶刀》上。此时,反应停已经被销往全球 46 个国家!此后不久,联邦德国汉堡大学的遗传学家兰兹博士根据自己的临床观察于 1961 年 11 月 16 日通过电话向格仑南苏公司提出警告,提醒他们反应停可能具有致畸胎性。在接下来的 10 天时间里,药厂、政府卫生部门以及各方专家对这一问题进行了激烈的讨论。最后,因为发现越来越多类似的临床报告,制药公司不得不于 1961 年 11 月底将反应停从联邦德国市场上召回。人们此后陆续发现了 1 万到 1.2 万名母亲服用反应停导致出生缺陷的婴儿。

二、以医疗行为内容为标准,医疗行为可分为主要的与辅助的医疗行为

在临床医疗工作中,诊断、处方、手术、病历记载、执行麻醉等医疗行为,应由医师亲自执行,其余的医疗工作往往是在医师亲自指导下,由辅助人员实施。无论是辅助行为所产生的民事责任,还是指导医师行为所产生的民事责任,均由医疗机构承担。所谓医师的辅助人员,是指在医师指导下协助医师完成医疗行为的人员。除紧急救治外,如果医疗机构辅助人员未经医师指示,径自执行任何医疗行为,或当医师在场时,执行应由医师亲自执行的医疗行为,均应属于擅自执行医疗业务。

三、以行为的管理为标准,医疗行为可分为列入医疗管理的和不列入医疗管理的医疗行为

是否将医疗行为纳入管理的区分,应当考虑该行为客观上可能产生的疗效,考虑该行为是否经过接受训练、具备专业知识者实施,是否可能对接受者造成伤害。在对医疗行为的认定及管理范围上,应以实证研究与经验累积的兼顾标准进行判断。对于实证较不具疗效的行为(例如脚底按摩、指压等),不纳入医疗管理;而对于较接近治疗性的行为(例如刮痧、拔罐、刺血等),则应纳入医疗管理,并由合格受训的相关人员操作。

根据原国家卫生计生委员会、国家中医药管理局《关于中医推拿按摩等活动管理中有关问题的通知》的规定可见,凡明示消费者以治疗疾病为目的的推拿、按摩,应属治疗性医疗行为,所以必须在医疗机构中进行。但如果非医疗机构开展"足底按摩"而未进行治疗方面的宣传、明示,亦属合法。

第二节 医疗法律关系

医疗法律关系,是指医务人员受患者委托或其他原因,对患者实施诊断、治疗等医疗行为所形成的法律关系。一般来说,医疗法律关系均为平等民事主体间发生的,符合民法的一般要求,是一种以民事权利义务为内容的民事法律关系。医疗法律关系是民法伴随医疗行为调整医患双方人身关系和财产关系的结果,是医患双方间的人身关系和财产关系与民事法律形式相结合的产物,本质上是一种受民法保护的民事关系。

医疗法律关系主要有以下三种类别,医疗服务合同关系、无因管理关系、强制医疗关系。

(一)医疗服务合同关系

医疗服务合同是一种以医疗行为为内容的合同。虽然医疗行为要求医护人员必须具有特殊技能、知识或技术,但也要求行为人积极实施法律规定或合同约定的行为,因此医疗服务合同本质上属于劳务合同的一种。通常根据劳务给付目的、有无报酬或劳务供给者是否独立完成劳务等不同,将劳务合同分为三种:雇佣合同、承揽合同和委任合同。而医疗服务合同究竟属于哪种,各国说法则不一。根据2019年最高人民法院修正的《民事案件案由规定》的内容,医疗纠纷中的违约之诉被称为"医疗服务合同纠纷",所以我们亦使用了"医疗服务合同关系"的称谓。一般而言,医疗法律关系是患者与医疗机构之间的服务合同关系,该关系经由当事人的自由意思而成立,即医疗服务合同或医疗服务契约。医疗服务合同的成立与一般的合同一样,须经过要约和承诺达成合意而成立,即患者提出医疗的要约,医疗机构接受要求(承诺),医疗服务合同便得以成立。

> **案例 2-1**
>
> 某妇幼保健院照顾遗弃婴儿案中的医疗法律关系是否为医疗服务合同关系?如果不是,又是什么法律关系呢?
>
> 2005年,川川在某妇幼保健院顺产出生。回家后川川的妈妈却突然发现其左手不能上抬。全家赶紧抱着川川再次回到了该妇幼保健院。在工作人员陪同下到当地一家擅长儿科的医院对川川进行了全面检查,发现其左锁骨骨折,导致脖子上长了包块,抬不起手。医院说,这种情况不需要特殊处理,骨折部位复位后即可自动愈合。但是,川川的爸爸认定是保健院的责任。而保健院认为孩子出生之后医师和家人都没有发现有问题,回家一周后才发现,到底是什么原因谁都说不清楚,况且就算是接生时出现的也属于正常情况。
>
> 川川的父母见医院拒不承担责任,就将其扔在医院回家了,并提出接回孩子的条件是必须保证川川长大后没有后遗症。医院只能把孩子暂时放在了新生儿科,同时申请了医疗事故鉴定。

结论为新生儿锁骨骨折系巨大儿分娩过程中不能完全避免的并发症,目前愈合良好,不属于医疗事故。对此川川的父母并不认可,仍然不接川川回家。川川在医院住了将近两年,骨折已经长好,拍片检查和正常的右臂没有任何区别。

因为不属于医疗事故,院方不答应川川父母的要求,双方一直不能达成协议。川川就一直在医院住了下来,期间的费用当然都是由医院负担。

(二) 无因管理关系

无因管理,是指没有法定的或约定的义务,为避免他人利益受损失,自愿管理他人事务或为他人提供服务的行为。医疗领域的无因管理则是指医疗机构或医务人员在没有约定义务和法定义务情况下,为避免患者的生命健康利益受到损害,自愿为患者提供医疗服务的行为。这种管理他人事务的行为也使医疗机构或医务人员与患者之间产生了一种特殊的医疗法律关系。

《民法典》第九百七十九条至第九百八十四条设定了无因管理制度。首先,管理人没有法定的或者约定的义务,为避免他人利益受损失而管理他人事务的,可以请求受益人偿还因管理事务而支出的必要费用;管理人因管理事务受到损失的,可以请求受益人给予适当补偿。管理事务不符合受益人真实意思的,管理人不享有要求补偿的权利;但是,受益人的真实意思违反法律或者违背公序良俗的除外。其次,管理人管理事务不属于规定的情形,但是受益人享有管理利益的,受益人应当在其获得的利益范围内向管理人承担补偿的义务。第三,管理人管理他人事务,应当采取有利于受益人的方法。中断管理对受益人不利的,无正当理由不得中断。第四,管理人管理他人事务,能够通知受益人的,应当及时通知受益人。管理的事务不需要紧急处理的,应当等待受益人的指示。第五,管理结束后,管理人应当向受益人报告管理事务的情况。管理人管理事务取得的财产,应当及时转交给受益人。最后,管理人管理事务经受益人事后追认的,从管理事务开始时起,适用委托合同的有关规定,但是管理人另有意思表示的除外。

可见,在形成无因管理的医疗法律关系中,管理人有权向受益患者要求支付管理费用。在临床医疗实践中,常见的无因管理关系主要有以下3种情形:①医务人员在医疗机构外,发现患者而加以治疗;②对自杀未遂而不愿就医者,予以救治;③无监护人在场的情况下,医疗机构直接针对无行为能力的"非急危"患者进行的诊疗行为。管理人员有管理意思,但其管理事务却违反本人的管理要求或社会常识,使管理效果不利于本人,则不构成无因管理。管理人如有过错,应按侵权行为承担赔偿责任。但是,由于无因管理行为是法律所要鼓励支持的合法行为,所以在法律上对管理人的注意义务要求较低,且对管理人的法律责任要求比较宽松。

案例2-1中医患之间实际上就是一种无因管理关系。因为从医疗机构的角度,在孩子符合出院条件的情况下,医疗机构告知其法定监护人领孩子出院,医疗服务合同履行完毕。后来孩子法定监护人拒绝领孩子出院的情况下,医疗机构继续照顾孩子的生活,与孩子之间就是一种无因管理关系。

(三) 强制医疗关系

强制医疗关系,是指国家基于医疗的特殊性和对国民生命和身体健康的维护,在法律上赋予医疗机构或医务人员诊疗权力的特殊医疗法律关系。与前两类医疗法律关系不同,此种强制医疗关系属于行政法律关系,而非民事法律关系。这在医疗法律关系中属特殊的情况,即医疗机构或医务人员作为国家权力的使用人、代理人,代表国家和患者之间形成的医疗法律关系。例如,针对《传染病防治法》所规定的鼠疫、霍乱、肺炭疽等传染病患者的治疗,以及《精神卫生法》规定的符合法定条件的严重精神障碍患者的治疗。

也有观点认为公立医院提供的医疗行为,因为其主体身份,而应该属于行政法律关系,而非民事法律关系。实际上,无论是公立医院还是公立学校,其日常工作是二元化的,一部分是"社会管理性活动",一部分是"社会服务性活动"。"社会管理性活动"属于行政法律关系(例如强制医疗关系),法人制定内部规则应当遵守法律保留和法律优先原则,不得与法律法规相抵触。法人与利用者、使用者发生纠纷后,应通过行政诉讼途径解决。"社会服务性活动"属于民事法律关系(例如医疗服务合同关系和无因管理关系),法人可以与利用者、使用者基于意思自治而约定诊疗服务手段与方式,发生纠纷后,应当通过民事诉讼途径解决。虽然也有个别国家(例如法国)将公立医院视为公务法人,通过行政法庭审理公立医院医疗纠纷的情况,但是绝大多数国家还是将医疗纠纷视为民事纠纷进行审理。首先,行政法律关系是行政主体和行政相对人之间的法律关系,主体之间是不平等的,法律适用程序严格法定。其次,行政法律关系的内容一般是法定的,当事人之间通常不能相互约定权利义务,不能自由选择权利和义务,这与我国现行医患关系显然不同。第三,行政法律关系具有很强的命令、服从性,而医患关系即使是在公立医疗机构中,也应当基于协商与沟通最终形成意思自治的认知共识。

第三节　PCBL:"路边咨询"是否建立了医疗法律关系?

路边咨询(curbside consult)也称为非正式医疗咨询,常见的形式是咨询者通过电话、网络等非面对面的方式咨询医疗专业的"朋友",或者通过在线网络平台提问,希望其能够给出专业的建议甚至是解决方案。与传统医疗模式相比,接受医疗咨询者不能够面对面见到患者,获取患者身体状况的渠道非常有限,而患者也不需要像在医院里一样挂号、付款。这种咨询的内容往往是非急性、参考性甚至仅限于生活建议、饮食选择方面,患者不会将其作为治疗、用药方法的重要来源,医师也多在咨询过程中强调该咨询不能替代正式就医。

这种模式的益处在于,能够帮助患者快速了解并纠正自己的身体状况,避免小病盲目去大医院,一定程度上缓解了医疗压力。但是,这种模式也存在着不可避免的弊端,即医师没有亲自诊查,单凭患者非专业的描述可能无法作出正确的判断,某些情形下可能还要辗转多人转达,将进一步造成信息传递的准确性和完整性的大幅下降。

伴随着"互联网+"理念的产生,越来越多的新型经济业态出现。通过互联网向患者提供医疗咨询也自然受到很多"互联网+"商业模式的青睐,继而产生了新型的非正式医疗咨询——"互联网+非正式医疗咨询"。据此,"路边咨询"模式也分为传统模式的非正式咨询和"互联网+非正式咨询"。

(1)传统模式的非正式咨询:往往发生在亲友之间,且不以营利为目的,不属于《医师法》《医疗机构管理条例》等卫生法律法规适用的医疗行为范畴,为咨询者提供意见时往往比较审慎,发生纠纷的可能性不大。

(2)"互联网+非正式咨询":是执业医师通过互联网平台为患者提供在线医疗咨询服务的一种医疗模式。这种医疗模式的特点是执业医师或者其他人员通过互联网随时解答患者的问题,从而提高就医效率。患者首先在网上问诊,确定是否到大医院以及到哪一级别或哪家医疗机构就诊,从而减轻了大医院就医负担,也避免了患者无序就医。但是,"互联网+"模式下需要从以下三个方面来保证该模式的合法性。

首先,"互联网+非正式咨询"是"非诊疗性"医疗咨询。根据《医疗机构管理条例》第二十四条的规定:"任何单位或者个人,未取得《医疗机构执业许可证》,不得开展诊疗活动。"而医师通过互联网平台无法为患者实施亲自诊查和调查。因此,这种模式下的平台运营商在未取得《医疗机构执业许可证》的情况下,是不能开展任何诊疗性服务的。另外,即使平台运营商申请了《医疗机构执业许可证》,也不能提供"诊疗性"的医疗咨询,因为根据《医师法》第二十四条的规定,医师实施医疗、预防、保健措施,签署有关医学证明文件,必须亲自诊查、调查,并按照规定及时填写病历等医学文书,否则就是违法行为。正如美国著名医疗咨询平台的文章《我们做什么、不做什么》中对非正式医疗咨询边界的全面概括:对于咨询者的健康决策和选择,被咨询者提供"支持"而非"决策";在线平台层面不行医,不创造医患关系,避免急诊,不提供个人诊断、治疗、处方;被咨询者的主体定位是"健康服务提供者"而非医师。

其次,"互联网+非正式医疗咨询"必须由执业医师提供。此类平台运营商往往强调自己提供的是所谓的"医疗咨询"而非"健康咨询"。如果咨询者认为自己进行的是医疗咨询,显然提供咨询的应当是医师;如果是"健康咨询",则可以由"健康管理师"完成。那么,提供网络咨询服务的人员当然应具有医师执业资格,否则就构成法律上的"欺诈"。平台服务提供者必须尽基本的谨慎义务,即帮助咨询者审查提供"医疗咨询"服务的医师是否具有注册医师资格及其头衔的真实性,并建立完整档案管理制度,以便日后咨询者维权时提供必要协助。

第三,"互联网+非正式医疗咨询"必须是无偿服务。只有无偿的情形才更适合"非正式医疗咨询"这个称谓;而如果是有偿服务,则不应当属于"非正式医疗咨询",医师和咨询者之间是形成医疗服务合同关系的。有偿提供服务,有可能是平台或注册医师直接向患者收取,还可能虽然不直接收取患者咨询费用,但是平台间接通过平台广告维持盈利商业模式,平台给予医师咨询费用,这些都应当视为有偿提供"互联网+正式医疗咨询",即形成了医疗服务合同关系。此种提供有偿医疗咨询服务的情况,与无偿提供非正式医疗咨询服务,对平台运营商注意义务的要求当然完全不同,前者要求更为严格。如前所述,一旦超过了"非诊疗性"医疗咨询范围,则不仅可能引发民事纠纷,还可能违反《医师法》《医疗机构管理条例》规定,甚至触犯《刑法》构成非法行医罪。

随着互联网医疗的发展,医疗行为的边界扩展化趋势是不可避免的,比起到医院挂号、与医师接触后发生医疗法律关系的传统模式,先通过一段谈话使对方简单了解病情,进而寻找合适的医师,这样的"就诊"显然更具有亲和力。

需要注意的是,下列行为属于"互联网+医疗"行为,而非"互联网+非正式医疗":①优化医疗服务流程,如网上挂号、缴费、查看检验检查报告的行为;②推进分级诊疗,实施远程医疗,建立不同级别医疗机构协作网络,为患者在基层医疗机构提供高级别医疗机构专家诊疗服务的行为。"互联网+医疗"分级诊疗的过程中,基层医疗机构和高级别医疗机构之间是一种协作的关系,而"互联网+非正式医疗"的咨询平台和医疗机构之间是一种推荐与被推荐的关系。

(王　岳)

思考题

1. 社会上目前流行的"足疗"按摩是否属于医疗行为?
2. 一般来说,医疗供应者对患者无拒绝权的情形包括哪些?
3. 简述"互联网+非正式咨询"行为的特征有哪些?

情景测试与思考

1. 如果你接诊了一位被确诊为严重呼吸综合征的患者,按照卫生行政部门的要求必须按照某种治疗方案给予治疗。但是,患者坚决反对按照此种治疗方案治疗。你应当怎么做?

2. 某个三甲医院的医师在某个医疗咨询平台进行了注册,并为患者提供在线医疗服务。如果在某次咨询过程中提供的医疗意见有偏差,延误了患者的治疗,你认为该医师是否应当承担赔偿责任?

课后阅读资料

［1］优格·布莱克.无效的医疗［M］.穆易,译.北京:北京师范大学出版社,2007.
［2］兰德尔·菲茨杰拉德.百年谎言［M］.但汉松,董苹,译.北京:北京师范大学出版社,2011.
［3］玛格丽特·麦卡特尼.病患悖论［M］.潘驿炜,译.北京:中国社会科学出版社,2020.

第三章

患者的权利与义务

【学习要点】

1. 患者的权利。
2. 患者的义务。

著名医史学家亨利·西格里斯说过:"每一种医学行为始终涉及两类当事人,即医师和患者。"医师和患者作为医患关系的主体,双方各自享有权利和各自承担义务,患者是医疗服务活动的核心。在传统医患关系中,患者自身权利意识淡薄、医师使命的崇高与神圣及其所拥有的医学知识和经验的优势决定了医师占有主导和支配地位。医师有权根据患者的疾病作出诊断,是患者的医疗决策者;而患者处于被动地位,对医师单方面地,甚至是盲目地信赖与服从,患者的权利被漠视或牺牲,即便是中国古代以"仁术"为核心的医患关系也是如此。

近几十年来,"以患者为中心"的医疗服务理念已成为世界各国的共识,现代医患关系已由传统的医师权威的单向关系转为平等的双向关系。但同时,一味强调患者的权利,忽视患者的义务,也会导致认识偏差,严重影响医患关系的和谐发展。党的十九大明确提出了实施健康中国战略,习近平总书记多次强调"人民至上、生命至上"。因此,须通过法律明晰医患权利义务关系,规范医疗卫生服务活动,以保障医疗卫生服务的可及性和均等化,进而维护人民生命健康,实现健康中国战略。

第一节　患者的权利

一、概述

(一) 患者权利的概念

虽然国际性文件及条约对患者权利作出了原则性规定,但各国对"患者权利的概念"仍不明确。权利是"法律赋予法律关系主体享有某种作为或不作为的许可"。因此,患者权利可定义为:患者在医疗活动中基于患者角色和独立人格所享有的某种作为或不作为的许可。权利与义务是相互依存的,故患者权利的实现以医师正确履行医师义务为前提。

现代患者权利的法制化始于1946年的《纽伦堡法典》。此后,世界医师协会为了保护患者权利发表了《日内瓦宣言》《赫尔辛基宣言》以及《里斯本宣言》等文件。20世纪60年代以来,很多国家和地区都制定了保障患者权利的独立法案。目前,我国与患者权利义务有关的规定有《民法典》《医师法》《基本医疗卫生与健康促进法》《医疗纠纷预防和处理条例》《医疗事故处理条例》等多部法律法规,且大多都是通过规定医务人员的义务来体现患者的权利。

(二) 国内患者权利内容概括

患者除享有作为自然人享有的普遍意义上的人身权和财产权外,还享有患者特有权利以及特殊患者权利。从我国立法来看,患者权利分散于各个法律条文,包括生命权、健康权、身体权、隐私权、自主决定权、查阅和复制病历权等广泛的权利。特殊患者权利是基于患者特殊身份状态或所患的特殊疾病,如儿童、孕产妇、老年人、残疾人、精神病患者等而产生的权利,是普通患者权利的必要延伸。国家对特殊患者给予特别保护。本节重点学习患者特有权利。

二、生命权

(一) 生命权概念

《世界人权宣言》明确指出，"人人有权享有生命、自由与人身安全"。我国《民法典》规定，自然人享有生命权。生命权是自然人享有的一项最基本的人格权，是指自然人享有的以维护生命安全与生命尊严为内容的权利，其以自然人生命安全利益为权利内容，以维护人的生命活动延续为基本内容。自然人的生命安全受法律保护，非经正当法律程序，任何组织或者个人不得随意侵害或剥夺他人生命；自然人的生命尊严受法律保护，是自然人有权禁止他人侵害自己作为生命主体者的尊严，也有权获得生命主体者应有的尊重。生命尊严使生命权的保障在生命安全之外，扩展到生命过程中生命主体者的尊严获得应有的尊重。任何组织或者个人不得侵害他人的生命权。我国《基本医疗卫生与健康促进法》也规定，公民接受医疗卫生服务，应当受到尊重。医疗卫生机构、医疗卫生人员应当关心爱护、平等对待患者，尊重患者人格尊严，保护患者隐私。

(二) 胎儿生命权问题

目前我国法律没有明确赋予胎儿生命权。《民法典》第十三条规定："自然人从出生时起到死亡时止，具有民事权利能力，依法享有民事权利，承担民事义务。"依据该条规定，胎儿尚未出生，还不具有独立的法律主体资格，不具有民事权利能力。

但在现代社会中，对胎儿进行伤害进而威胁到其生命的因素也与日俱增，如交通事故、医疗药物、环境污染、非法性别鉴定后有选择性的人工终止妊娠等。而且事实上胎儿已经具有了一定的生命特征，是未来的民事主体。如果胎儿在其孕育的过程中因受到损害，或其父母因受到某种人身伤害而丧失劳动能力，或父亲死亡而导致其抚养权受到损害，其出生后的利益就会受到不同程度的减损。《民法典》第十六条规定："涉及遗产继承、接受赠与等胎儿利益保护的，胎儿视为具有民事权利能力。但是，胎儿娩出时为死体的，其民事权利能力自始不存在。"该条在法律上明确规定了胎儿在特定情形下视为具有民事权利能力，但对胎儿生命权、抚养权、损害赔偿请求权等未作出规定。

2003 年施行的《关于禁止非医学需要的胎儿性别鉴定和选择性别的人工终止妊娠的规定》对非医学性别鉴定作出了限制，即对符合省、自治区、直辖市人口与计划生育条例规定生育条件，已领取生育服务证，拟实行中期以上(妊娠 14 周以上)非医学需要的终止妊娠手术的，需经县级人民政府计划生育行政部门或所在乡(镇)人民政府、街道办事处计划生育工作机构批准，并取得相应的证明。可见，从禁止非医学胎儿性别鉴定和选择人工终止妊娠的立法初衷来看，法律保护的胎儿应该是指正在孕育中的"人"，即从精子和卵子结合那一时刻起，到脱离母体独立呼吸成为真正的民事主体，涵盖整个孕育于母体内的生命发育的阶段。

三、健康权

健康权是指自然人享有的以维护自己的身心健康为内容的权利，其是以自然人维护其机体生理功能正常运作和功能完善发挥为内容的权利。健康权是自然人重要的人格权。《民法典》规定，自然人享有健康权，自然人的身心健康受法律保护。任何组织或者个人不得侵害他人的健康权。健康包括身体健康和心理健康，但不包括一个人在社会适应方面的良好状态以及道德健康。心理健康是身体健康的精神支柱，身体健康是心理健康的物质基础。因此，健康权的保护范围既包括身体健康，也包括心理健康。

《基本医疗卫生与健康促进法》规定，国家和社会尊重、保护公民的健康权。公民依法享有从国家和社会获得基本医疗卫生服务的权利。国家建立基本医疗卫生制度，建立健全医疗卫生服务体系,保护和实现公民获得基本医疗卫生服务的权利。基本医疗卫生服务,是指维护人体健康所必需、与经济社会发展水平相适应、公民可公平获得的,采用适宜药物、适宜技术、适宜设备提供的疾病预防、诊断、治疗、护理和康复等服务。基本医疗卫生服务包括基本公共卫生服务和基本医疗服务。基本公共卫生服务由国家免费提供。基本医疗服务费用主要由基本医疗保险基金和个人支付。国家建立以基本医疗保险为主体,商业健康保险、医疗救助、职工互助医疗和医疗慈善服务等为补充的、多层次的医疗保障体系。国家实施健康中国战略,普及健康生活,优化健康服务,完善健康保障,建设健康环境,发展健康产业,提升公民全生命周期健康水平。国家建立健康教育制度,保障公民获得健康教育的权利,提高公民的健康素养。可见,健康权不仅是一项人格权,也是一项社会性的权利。

患者健康权是指患者在接受医疗服务过程中维护自己身体组织与器官结构完整、功能正常及维护自己精神心理免受恶性伤害的权利。在诊疗过程中,要求医务人员应遵守诊疗规范,以最善良的注意义务开展诊疗活动,并依法尊重和维护患者的生命与健康利益,不应对患者生命健康造成疾病之外的、医学上认为不应有的伤害。完全民事行为能力的患者对其自身健康享有自我决定权;限制民事行为能力或是无民事行为能力的患者,其健康权及自主权由其监护人行使。如果医务人员未经患者知情同意而采取诊疗行为,即使是善意,也会侵害患者健康权自主性。患者健康权是其自身生存发展和行使其他权利的基础,也是基本医疗卫生与健康法的出发点,关系到社会公共利益,因而具有平等性、基本性、自主性和社会性。

四、身体权

(一) 概念

身体权是指自然人享有的以身体完整和行动自由受法律保护为内容的权利,是自然人重要的人格权。《民法典》首次规定身体权作为民事权利,任何组织或者个人不得侵害他人身体权。身体权以保护身体组织的完整及对身体组织的支配为内容。身体包括头颈、躯干、四肢、器官以及毛发、指甲等人体细胞、人体组织、人体器官,也包括镶装、配置的人工制作的残缺身体部分的代替物,如心脏起搏器、义肢等。

从民法的角度来讲,镶装、配置的人工制作的残缺身体部分的代替物,具有物的属性;但当该替代物经加工与人体结合而成为人体的非天然组成部分时,便不再是单纯的物,而具备了一定的生物属性和社会属性。损坏这些替代物而造成自然人精神和身体利益的损害,可视为对身体权的侵害。

镶装、配置的人工制作的残缺身体部分的代替物,如义肢、义齿、义眼、隆胸而注射入胸部的凝胶、人工心脏瓣膜、人工关节、助听器等,能否都构成身体的组成部分,须区别情况。心脏起搏器、需要专业人员的技术才能拆卸的义肢、已植入牙床的义齿、骨折后需暂时固定骨头而使用的钉子或钢板、植入体内的人工关节,以及隆胸手术而注射入胸部的凝胶,显然都是身体的组成部分;不需技术即可自由拆卸的辅助医疗器具仍属于民法上的物。

患者移植的器官和其他组织是否为身体的组成部分?移植以后的器官和其他人体组织与受移植人成为一体的,即成功的移植,应为受移植人身体的组成部分,他人不能再主张这些器官、组织的身体权。

当他人侵害自然人的身体已达到使其组织和功能不正常时,侵害的是自然人的健康权,而非身体权。当他人侵害自然人的身体,但未侵害其组织和功能时,侵害的仅是自然人的身体权,而非健康权。

患者的身体权是指患者在医疗服务的过程中,依法拥有对其身体完全并支配其肢体、器官和组织、血液、精子或卵子、冷冻胚胎、切除的病变组织、胎盘等的权利。对于这一权利目前卫生法律并未以详细法条予以明确。

(二) 侵害患者身体权的情形

1. 对身体组织的非法保留、占有　任何人(包括医务人员)未得到本人允许,破坏公民身体完整性的行为都构成对身体权的侵害,如医师利用工作之便,亲自或托他人通过多取患者检材的方法,为自己的实验留出足够量的活体材料;此外,对身体组织的非法保留和占有也构成对身体权的侵犯,如医师擅自留置并拒绝返还产妇分娩时剥离的胎盘组织。

2. 对身体组织之不疼痛的侵害　通常侵害身体权的行为,一般是对人体无感觉神经分布组织,如头发、眉毛、体毛、指/趾甲等实施的侵害行为。

3. 实施过度的外科手术　如医师施行不符合手术常规或治疗目的过度的医疗行为,导致患者身体受损。

五、隐私权

(一) 含义

隐私权是人类文明发展的标志。隐私权是指自然人享有的私人生活安宁与不愿为他人知晓的私密空间、私密活动、私密信息等依法受到保护,不受他人刺探、侵扰、泄露和公开的权利。隐私权是自然人的一种重要人格权。我国《民法典》规定隐私权的同时,也规定自然人的个人信息受法律保护。个人信息是以电子或者其他方式记录的能够单独或者与其他信息结合识别特定自然人的各种信息,包括自然人的姓名、出生日期、身份证件号码、生物识别信息、住址、电话号码、电子邮箱、健康信息、行踪信息等。个人信息中的私密信息,即权利主体不愿意为他人知晓的个人信息,属于隐私,适用隐私权的法律规定。

所谓患者隐私权,是指患者在医疗活动中拥有保护自身的隐私部位、病史、身体缺陷、特殊经历、遭遇等隐私,不受任何形式的外来侵犯的权利。隐私权的内容除了患者的病情之外,还包括患者在就诊过程中只向医师公开的、不愿意让他人知道的个人信息、私人活动以及其他缺陷或者隐情等私密信息。

(二) 患者隐私权的法律保护

《民法典》第一千二百二十六条规定:"医疗机构及其医务人员应当对患者的隐私和个人信息保密。泄露患者的隐私和个人信息,或者未经患者同意公开其病历资料的,应当承担侵权责任。"《医师法》和《基本医疗卫生与健康促进法》均规定:医疗机构及其医务人员应当关心爱护患者,尊重患者人格尊严,依法保护患者隐私和个人信息。患者隐私权保护范围包括:①患者隐私信息,如个人生理、病史、心理、家族以及其他个人信息等;②患者隐私空间,即医疗机构应尽可能为患者营造就医的隐私空间,并尊重和保护该空间的使用,未经患者同意,不擅自、草率侵入这些私密空间;③患者隐私行为,即除法律法规特别规定外,患者具有行动自由的权利。

需要注意的是,医疗机构及其医务人员为患者提供涉及隐私的诊疗服务时,若有见/实习人员在场,应事先明确告知患者或其家属本单位负有教学科研的任务,患者享有知情同意权。患者并不负有放弃自己隐私和个人信息来满足或配合教学医院进行教学的义务,医疗机构及其医务人员即使出于教学目的,侵犯患者隐私和个人信息,仍应承担相应的法律责任。

> **案例 3-1**
>
> 　　医疗机构开展"手术意外险"泄露患者医疗健康信息,侵害患者合法权益和社会公共利益。
>
> 　　2021 年以来,某些保险代理机构与某市中心城区 5 家大型医院达成协议,由保险代理机构在合作医院推销相关保险产品。部分保险代理机构业务人员在推销保险产品过程中,为精准销售"手术意外险"等险种,通过医院手术科室护士站查询患者纸质病历或登录病历管理系统,违法获取大量患者的姓名、身份证号、联系方式、手术类型等医疗健康信息。

2022 年 2 月,该市人民检察院(以下简称市检察院)收到群众举报,并展开摸排核实,查明了患者个人信息泄露的事实以及医疗健康信息泄露的方式。市检察院审查认为,根据《个人信息保护法》《医疗机构病历管理规定》等法律法规,医疗健康等信息属于敏感个人信息,未经公民本人同意,或未具备具有法律授权等《个人信息保护法》规定的理由,医院向保险代理机构提供患者医疗健康信息,改变了公民公开个人信息的范围、目的和用途,不属于法律规定的合理处理;保险从业人员收集、使用获取的医疗健康信息从事保险营销违反国家规定,侵害了不特定多数患者个人信息权利。卫生健康部门对侵害医疗患者个人信息的行为负有监管职责。

2022 年 7 月,市检察院向该市卫生健康委员会发出行政公益诉讼诉前检察建议,要求其依法处理相关医院,采取有效整改措施,及时堵塞患者个人信息保护漏洞;加强日常监管,对本辖区范围内所有医疗机构开展全面清查;加强个人信息保护宣传教育,切实增强医护人员关于患者隐私和个人信息的保护意识。

六、自主决定权

自主决定权是民事主体享有的基本民事权利,是权利人支配自己人格利益的一般性权利。《民法典》规定:"民事主体按照自己的意愿依法行使民事权利,不受干涉。"患者自主决定权是指患者对自己的身体和生命相关利益的自我决定权。任何人都不得侵害或者剥夺患者的自主决定权。

这一权利起源于美国。1914 年美国纽约州地方法院法官卡多佐(Cardozo)在一份医疗纠纷案件的判决中首次明确提出了患者自主决定权这一概念:"所有具有健全精神状态的成年人,都有决定对自己身体作何处置的权利。医师未经患者同意而对其进行手术,则构成伤害罪,应承担损害赔偿的责任。"从此这一概念逐渐被现代文明国家所普遍接受。《里斯本病人权利宣言》《促进欧洲患者权利宣言》等文件都对患者的此项权利作出了规定。患者自主决定权体现了对患者生命健康和人格尊严的尊重,也是医疗活动中权利制衡、防止医务人员滥用权利的重要因素。

根据我国现行法律法规,患者自主决定权主要包括以下内容:有权自主选择医方及医疗服务方式;有权自主决定接受或不接受任何一项医疗服务;有权拒绝非医疗活动;有权决定出院时间;有权决定转院治疗;有权自付费用与其指定的专家讨论病情;有权拒绝或接受任何指定的药物、检查、处理或治疗,并有权知道相应的后果;有权自主决定其遗体或器官如何使用;有权在遵守医院规章制度的基础上享受来访及与外界联系;其他依法应当由患者自主决定的事项。

当然,完全民事行为能力的患者可授权委托近亲属代行自主决定权,该受托人应以委托患者利益最大化原则作出医疗决定,当受托人决定与患者本人意思表示有冲突时,应以委托人的意思表示为准,因为即使签署了授权委托书,本人也并未丧失自我决定权。实践中患者自主决定权主要体现为知情同意权。尊重患者自主决定权是对医疗服务活动中"人是目的而不是手段"这一人本精神的回归。医务人员应站在患者角度,以符合患者最佳健康利益或最大利益为考量前提,给出较为明确的推荐治疗方案和替代治疗方案,充分解释说明之后,再由患者或家属履行知情同意权和自主决定权。

七、医疗文书的查阅、复制与封存权

(一)概述

《医疗事故处理条例》《医疗纠纷预防和处理条例》《民法典》等均规定,患者有权复印或者复制其门诊病历、住院志、体温单、医嘱单、化验单(检验报告)、医学影像检查资料、特殊检查同意书、手术同意书、手术及麻醉记录单、病理资料、护理记录以及国务院卫生行政部门规定的其他属于病历的全部资料,也规定了患者对病历资料的封存权。查阅和复制病历是患者知情权、医疗自主权的基本要求,也是医方履行说明义务的一种方式。

(二)患者医疗文书查阅、复制与封存权行使

1. 医疗文书的查阅、复制权　依据法律规定,患者有权复印或复制病历资料,范围包括客观病历资料和主观病历资料以及其他属于病历的全部资料。从患者知情权角度来看,患者有权知悉相关医疗信息,查阅复印资料是重要途径,医方应予配合。从诉讼角度来看,赋予患者或者近亲属病历资料查阅复制权是为增强医方的举证能力,也能固定重要的医疗原始记录证据。

2. 封存权　是指对包括电子病历在内的病历资料和现场实物进行封存和启封权。病历资料和现场实物不仅在医学上有重要意义,同时也是医疗纠纷中的重要证据。依据规定,发生医疗纠纷需要封存、启封病历资料的,应当在医患双方在场的情况下进行。封存的病历资料可以是原件,也可以是复制件;对电子病历经共同确认,进行复制后封存。封存的电子病历复制件可以是电子版,也可以对打印的纸质版进行复印,并加盖病案管理章后进行封存,均由医疗机构保管。病历尚未完成但需要封存的,对已完成病历先行封存;病历按照规定完成后,再对后续完成部分进行封存。医疗机构应当对封存的病历开列封存清单,由医患双方签字或者盖章,各执一份。病历资料封存后医疗纠纷已经解决,或者患者在病历资料封存满3年未再提出解决医疗纠纷要求的,医疗机构可以自行启封。

封存的电子病历复制件应当满足以下技术条件及要求:①储存于独立可靠的存储介质,并由医患双方或双方代理人共同签封;②可在原系统内读取,但不可修改;③操作痕迹、操作时间、操作人员信息可查询、可追溯;④符合其他有关法律、法规、规范性文件和省级卫生计生行政部门规定的条件及要求。

疑似输液、输血、注射、用药等引起不良后果的,医患双方应当共同对现场实物进行封存、启封,封存的现场实物由医疗机构保管。疑似输血引起不良后果,需要对血液进行封存保留的,医疗机构应当通知提供该血液的血站派员到场。现场实物封存后医疗纠纷已经解决,或者患者在现场实物封存满3年未再提出解决医疗纠纷要求的,医疗机构可以自行启封。

封存病历资料可能是医方提出,也可能是医疗机构提出,无论是哪一方提出,另一方都负有配合义务。封存和启封病历资料应当医患双方同时在场,除非符合由医疗机构自行启封的情形。

第二节　患者的义务

一、概述

现代医患关系已由传统的医师主导和支配的单向关系衍变为医患平等、合作的双向关系,医患之间成立医疗服务合同关系,医师和患者都享有权利履行义务,任何一方都不能只强调权利的行使,而忽略义务的遵行。

义务是与权利相对应的法律用语,是"法律关于权利主体负有某种作为或不作为的约束"。权利和义务是相依并存的。患者享有权利的同时,必须履行相应的义务。但医患关系中,患者相对弱势,基于天平向弱者倾斜的法律原则,对医师更强调其义务的遵行;对患者则着重其权利的保障。关于患者义务目前我国并未形成全面、系统的法律规范。通常认为,患者主要义务有诊疗协助义务、如实告知义务、接受强制治疗义务、支付医疗费用义务、遵守医疗秩序和医疗机构规章制度的义务、尊重医务人员义务等。

二、诊疗协助义务

诊疗协助义务,是指患者在接受医疗服务时,应如实提供与病情有关的信息,配合医务人员开展

NOTES

诊疗活动。患者诊疗协助义务与医方诊疗权相对应,是医方诊疗权的内在要求。患者正确、及时和主动陈述其病史、病情以及疾病变化信息,有利于医方掌握病情,制订治疗方案;患者应遵守医嘱,配合医师合理的检查和治疗。如果患者不给予协助,则造成的损害只能由患者自己承担。如患者因不遵守医嘱而造成不良后果,医方不承担责任。

三、如实告知义务

患者的如实告知义务,是指患者在医疗机构为其提供医疗服务或者执行国家医疗保健的过程中,应将与自身疾病或自身状况相关的信息告知医务人员,并对医务人员所提出的有关疾病治疗和保健服务的询问进行如实答复的义务。正确、及时和主动披露患者的病史、病情以及疾病变化信息有利于医方掌握病情,制订治疗方案。由于患者不进行告知或者告知不实,则造成的损害只能由患者自己承担。比如,患者隐瞒既往病史导致医师误诊误治而造成损害的,医方不承担责任。

如实告知的内容应当是与患者疾病以及自身状况相关的信息。患者陈述的信息原则上要求能够满足医方调查需要即可,但这并不妨碍患者将医师询问以外的有关自身状况的信息主动向医护人员提供。患者履行告知义务应坚持真实、连续、完整和及时四项原则。

四、支付医疗费用的义务

医患之间成立医疗服务合同关系,医方为患者提供妥当的医疗服务,患者则应负担相应的医疗费用,但这并不意味着医方可以因为患者拒绝交费而获得拒绝诊疗权,特别是对急危重欠费患者,医疗机构及其医务人员必须进行急救处理,不得拒绝救治,否则应承担相应法律责任。《医师法》和《医疗机构管理条例》等均规定:"对需要紧急救治的患者,医师应当采取紧急措施进行诊治,不得拒绝急救处置。"据此,对危重患者,无论其是否欠费,医疗机构都应根据自己的设备和技术条件立即进行抢救,若拒绝或延误救治导致患者损害,医疗机构应承担相应法律责任。

五、接受强制治疗的义务

按照《传染病防治法》《精神卫生法》等法律法规规定,法定特殊疾病和疑似严重传染病的患者及其家属、有关单位和组织,严重精神障碍者以及吸毒人员等,有义务接受医疗机构的强制检查或强制治疗。接受强制治疗义务是一种法定义务,其设置是站在保障公共利益的立场上,而限制了此时患者的自主选择权。

六、遵守医疗秩序和医疗机构规章制度的义务

患者遵守医疗秩序和医疗机构规章制度是保证医院正常医疗秩序,维护就诊安全的重要保障。为此,患者应该自觉地遵守医院各项规章制度,包括遵守门诊挂号制度、探视制度、卫生制度、陪护制度、按时交纳医疗费用的规定等。依据《关于维护医院秩序的联合通知》《医疗纠纷预防和处理条例》等规定,患者应当遵守医疗秩序和医疗机构有关就诊、治疗、检查的规定,如实提供与病情有关的信息,配合医务人员开展诊疗活动。

七、尊重医务人员的义务

《医师法》将每年8月19日定为中国医师节。《基本医疗卫生与健康促进法》和《医师法》都规定:全社会应当关心、尊重医疗卫生人员,维护良好安全的医疗卫生服务秩序,共同构建和谐医患关系。医疗卫生人员的人身安全、人格尊严不受侵犯,其合法权益受法律保护。禁止任何组织或者个人威胁、危害医疗卫生人员人身安全,侵犯医疗卫生人员人格尊严。侵犯医师人格尊严、人身安全者,依法承担相应的民事责任、行政责任甚至刑事责任。

第三节　PCBL：体检结果提交用人单位构成侵犯隐私权吗?

案例 3-2

　　郭某到 X 市某有限公司应聘技术部职位。经该公司组织的笔试、面试考核后,郭某被安排在 A 医院进行体检。经查,郭某的乙肝项目检测第二、五项为阳性,处于乙肝病毒既往感染恢复期(已产生免疫力)。郭某认为 A 医院在对其入职体检时行"乙肝项目检测",不仅违反相关规定,且将该项目检查结果"擅自"告知公司,其行为属侵犯隐私权。

　　医疗机构将体检报告提交给用人单位是否构成侵权?

　　保护和尊重患者隐私权是构建和谐医患关系的重要内容。医疗领域中侵犯患者隐私权的现象易发、多发,而认定起来又较为困难。医师诊疗活动中需要易于接触患者隐私,大大增加了侵犯患者隐私权的可能性。为此,《民法典》对患者隐私权问题作出了专门规定。第一千二百二十六条规定:医疗机构及其医务人员应当对患者的隐私和个人信息保密。泄露患者的隐私和个人信息,或者未经患者同意公开其病历资料的,应当承担侵权责任。

　　目前,单位组织员工或者应聘者体检后可否获悉被体检者的体检报告已经成为较为常见的社会问题,由此也引起了不少诉讼案件的发生。这类纠纷中存在三方主体,即用人单位、医疗机构或者体检中心以及被检查者。其中,被检查者是依据单位要求参加体检的人。单位支付相关体检费用并参与组织相关人员的具体体检事宜,医院或者体检中心负责提供各种检查。基于体检的性质,医院或者体检中心实施体检后必然会获知被检查者与身体状况有关的隐私。而被检查者作为普通公民一般不存在为满足社会公众知情权克减或限制自己隐私的事由。同时,除一些特殊工种,例如厨师、救生人员等,必须提供体检报告外,从事一般工种人员的自身健康不涉及他人健康等权益,因此不需要定时体检以便单位知悉其身体状况。在此情况下,医院或者体检中心向单位提供被检查者体检报告是否侵犯被检查者的隐私权呢?

　　本案中,郭某作为应聘者按照单位要求前往 A 医院进行入职前体检。体检后 A 医院将体检报告交给购买体检服务的 X 市某有限公司。由于体检项目包含乙肝检测项目,检测结果为"郭某处于乙肝病毒既往感染恢复期",所以,郭某认为 A 医院在郭某入职时进行乙肝项目检测并将结果告知用人单位的行为侵犯了隐私权。

　　法院认为,隐私权最重要的特点在于真实性和隐秘性,即隐私的内容必然具有秘密性,同时,其内容均为客观存在的事实,具有客观真实性。隐私是自然人自己明知的,与公共利益、群体利益无关的某个客观真实的事实,且该事实为不愿让他人知晓的个人秘密。侵害隐私权的表现方式应当是一种积极的、违法作为的行为。体检是对自然人身体健康状况的检查,是一种医疗行为。无论体检的目的是什么,体检这一行为本身与隐私权的保护或者侵犯隐私权行为之间没有任何关联。原因在于:第一,对于医疗机构来说,体检是一种医疗行为,体检的目的是为被检查者进行健康方面的检查或者为求医者查找病因,使得被检者以及有需求的相关机构了解受检者的身体健康状况。即使通过体检发现被检者患有疾病或者其他身体健康方面的问题,也不能认为体检行为侵犯了受检者的隐私权。第二,关于体检的项目,是由购买体检服务的一方选定的,购买体检服务一方选定服务后应当按照其选择的体检项目交纳费用。医疗机构或者体检中心按照选定的项目内容对被检者进行体检,对于购买体检服务一方没有选择的项目,医疗机构或者体检中心不会主动为被检者进行服务。本案中,进行乙肝五项检测是 X 市某有限公司决定的,与 A 医院无关。第三,就乙肝五项检测项目而言,乙肝五项检测原本属于常规体检项目之一,并非禁止性检测项目,不能因为体检项目中含有乙肝五项检测,就认为医院及安排体检的相关机构侵犯了受检者隐私权。人力资源和社会保障部、教育部、原卫生部《关于进一步规范入学和就业体检项目维护乙肝表面抗原携带考试入学和就业权利的通知》规定,各级各类教育机构、用人单位在公民入学、就业体检中,不得要求开展乙肝项目检测,不得要求提供乙肝项目检测报告,也不得询问是否为乙肝表面抗原携带者。但是,该规定是在公民入学和就业领域中,国家为保护乙肝表面抗原携带者在入学和就业中与他人享有平等权利、使其不受歧视的基础上制定的,其立法目的并非为了保护乙肝表面抗原携带者的隐私权。因此,该通知并未禁止医疗机构或者体检中心进行乙肝五项检测工作。第四,就用人单位而言,用人单位有权对拟录用人员身体健康状况进行全面了解,入职人员按用人单位的要求进行体检,是对用人单位了解其自身身体健康状况行为的认可。如果用人单位安排的体检项目中包含有乙肝五项检测,且用人单位因此而拒绝录用应聘者,违反了上述三部的相关规定,那么其行为本质属于就业歧视,侵犯的是应聘者的平等就业权,而非对受检者隐私权的侵害。因此,A 医院对郭某进行体检并将体检报告交给 X 市某有限公司的行为没有过错,不具有侵权行为构成要件。

需要特别指出的是,本案中,原告提出依据《劳动保障部 卫生部关于维护乙肝表面抗原携带者就业权利的意见》,用人单位不得以劳动者携带乙肝表面抗原为理由拒绝招用或者辞退乙肝表面抗原携带者,应当保护乙肝表面抗原携带者的隐私权。但是,制定该意见的根本目的在于规范用人单位的招、用工体检项目,防止发生就业歧视,从而保护患者的平等就业权。因此,该意见并不适用于本案来认定医疗机构是否侵犯其隐私权。而且,本案中原告是按照单位要求参加体检,应当认为原告认可单位安排的体检项目,并允许医疗机构将体检结果告知单位。即使单位组织体检的目的就是知悉原告身体状况等信息以便决定是否招聘其入职,也不能认为医疗机构告知体检结果的行为侵犯了原告的隐私权。但是,如果单位因此拒绝招聘原告,原告则可以要求该单位承担侵犯其平等就业权的法律责任。

总的来说,员工的体检报告是否向单位告知或披露只能取决于被检查者的自我决定。除非单位、员工与医疗机构(或者体检中心)有特别约定,允许医院(或体检中心)将被检查者的检查报告告知单位外,单位无权从医疗机构(或体检中心)了解和获取被检查者的有关信息。因此,单位组织员工参与福利性体检的,单位无权要求获取被检查者的体检报告。医疗机构(或体检中心)应当将体检报告直接交给被检查者,或者对体检报告进行密封后由单位转交,以避免泄露与被检查者身体状况有关的隐私信息。当然单位也不得在未取得被检查者同意的情况下私自翻阅其体检报告。

当然也存在例外情形。当患者的某些隐私可能危及他人利益或公共利益时,立法和司法往往要求患者披露该隐私信息。例如,《传染病防治法》要求任何人或者单位发现有人患传染病后不得隐瞒,应当告知有关职能部门。但是这并不意味着医疗机构可以将患者隐私公之于众,其仍然对患者隐私负有保密义务。

(强美英)

思考题

1. 医疗活动中如何对待患者生命健康权?
2. 通过简述侵害患者身体权的情形,认识如何保护患者的身体权。
3. 请思考应从哪些方面注重保护患者隐私权。
4. 如何认识患者的自主决定权? 医师应如何尊重这项权利?

情景测试与思考

1. 某医院急诊室刚刚收治一位来自外地的重症坏死性胰腺炎的患者,已在当地做过手术。到急诊室时已呈昏迷状态,并因胰周残余脓肿出现感染性休克,多器官衰竭,生命垂危。急诊科紧急组织会诊,包括外科、麻醉科、消化内科、感染科等。医师某甲认为:这个患者目前病情危重,麻醉及手术的风险极大,有可能在手术台上死亡,因此不建议手术治疗;患者病情复杂,并且存活的可能性极小,收入病房治疗患者获益不大。但另一医师某乙认为,患者接受手术治疗有可能死亡,但如果不接受手术,就没有一丝生存的希望,因此坚持将患者收入外科病房。

虽然入院后积极给予抗感染、纠正休克等治疗,但患者胰周残余脓肿导致感染难以控制,出现继续高热、感染性休克,且需呼吸机辅助呼吸。此时患者唯一的生存希望是紧急手术清除感染灶,但却面临着极大的风险。医师某甲又提出:"这个患者真的没有救治的希望了,不如放弃。我们不要太积极,内科保守治疗,顺其自然吧。"而且这时,恰逢该家医院"三甲"评比期间,如果患者在手术台上死亡,有可能会影响全院的评比工作。医师某乙则认为:"一个活生生的生命,怎么能就这样放弃了! 只要有一线希望,我们就要尽自己最大的努力。"某乙坚决地为患者进行了急诊手术,手术顺利地完成了,但术后患者因感染性休克死亡。

试问某甲和某乙的观点你认为谁的对? 如果这时医院院长找到你,告知因为医院"三甲"评比必须降低死亡率,所以不要再抢救了,你该怎么办?

2. 某市肿瘤医院外科医师,接诊了一位年轻肺癌患者,检查发现该患者携带艾滋病病毒。

试问:如果你是该接诊的医师,你可以拒绝为其诊疗及手术吗? 你认为应该怎么做? 为什么? 如果该接诊医师担心科室同事和其他住院患者被该患者传染,便将患者携带艾滋病病毒的信息告知了医务人员和其他患者,并嘱咐其多加小心且要保密,你认为该医师的做法对吗? 为什么?

3. 某甲是一名眼科医师。在一次为患有白内障的老年患者进行角膜移植手术前,突然发现用于角膜移植的供体角膜由于保存不当,已无法使用。这时护士某乙告知某甲医院急诊刚刚有个跳楼自杀的患者抢救无效死亡了,目前正在太平间。

试问:如果你是某甲,能否趁尸体火化前直接到太平间取下死者角膜,并用义眼替代? 如果非常希望用这个死者的角膜为你的白内障患者进行移植手术,你应当如何处理?

4. 如果你接诊了一位产妇,其因腹痛难忍,要求剖宫产。经诊断符合剖宫产的手术指征。这时,产妇的丈夫坚决不同意剖宫产。

试问:你认为可否为产妇实施剖宫产手术? 为什么? 如果产妇不符合剖宫产手术指征,你应该怎么做? 为什么?

5. 你接诊了一位妊娠1个半月的15岁女孩子。女孩子知道自己怀孕了,非常恐慌,随即提出终止妊娠。这时科室里的医务人员产生不同意见,有的医师认为要立即报警,有的医师认为可以直接实施药物人工流产。请问你该怎么做? 为什么?

6. 某甲是一名医学院校的临床专业学生,今年已经开始临床实习。当轮转到肝胆外科实习时,某甲的老师让其为一名肝硬化患者某乙叩诊,以掌握通过叩诊判断肝区范围的技能。某乙得知某甲是一个实习学生后表示不同意。

试问:如果你是某甲,你应当如何处理? 如果要患者配合临床实习,我们应当怎么做?

课后阅读资料

[1] 查尔斯·福斯特. 医事法[M]. 刘文戈,译,北京:译林出版社,2020.
[2] 戴维·J. 罗斯曼. 病床边的陌生人[M]. 潘驿炜,译,北京:中国社会科学出版社,2021.
[3] 列奥·施特劳斯. 自然权利与历史[M]. 彭刚,译,北京:生活·读书·新知三联书店,2006.

第四章
医师的权利与义务

【学习要点】
1. 医师的权利。
2. 医师的义务。

《医师法》是规定医师权利和义务最主要的法律依据,而《民法典》《医疗机构管理条例》《医疗事故处理条例》和《医疗纠纷预防和处理条例》等法律法规也对医师的权利和义务有部分规定。作为法律概念,权利一般指法律关系主体在法律规定的范围内,为满足特定的利益而自主享有的权能和利益,通常表现为享有权利的公民有权作出一定的行为和要求他人作出一定的行为。义务作为一个法律概念,是指法律规定法律关系主体必须作出一定行为或不作一定行为的责任。医师的权利可以理解为医师作为一种职业的基本利益,而医师的义务可以理解为医师作为一种职业必须承担的责任。根据我国相关法律法规的规定,医师的权利主要包括七个方面,医师的义务有六个方面。

第一节　医师的权利

一、诊疗权

《医师法》第二十二条第一款规定,执业医师具有"在注册的执业范围内,按照有关规范进行医学诊查、疾病调查、医学处置、出具相应的医学证明文件,选择合理的医疗、预防、保健方案"的权利。治疗权是指医师利用专业知识和技能,为恢复或维护患者健康,提供诊断和治疗行为的权利。这是医师的一项基本权利。依法取得执业医师资格或者执业助理医师资格,经注册在医疗、预防、保健机构中执业的专业医师,是行使治疗权必备的主体资格。

(一)疾病调查权

疾病调查权,是指在提供医疗服务活动中,医师有权向患者询问与疾病相关的所有情况、进行身体检查等,也可以建议对与患者生活紧密的相关人员进行调查与检查。疾病调查权是治疗权的首要内容。

(二)自主诊断权

经过临床医学调查和其他必要的检查后,医师有权对患者的健康状况或疾病状况作出诊断,医师的诊断原则上应当以书面病历的形式作出。任何人或部门不得指使、妨碍医师的自主诊断权。诊断失误导致患者的生命健康权、名誉权、隐私权受到损害的,医师需承担法律责任。

(三)医疗处置权

医疗处置权也称医学处方权,是指经过调查和诊断后,医师对患者采取医疗处置方案的权利。医疗处置权必须由经治医师本人实施,该权利不得由其他未参与诊治的医师或非执业医师实施。医疗处置方案包括对疾病进行治疗的一切医学方法和手段,如药物治疗、物理治疗、手术治疗、行为限制等。医师在制订处置方案时,必须坚持经济性、合理性、有效性、合法性的原则,并负有向患者说明的义务。

（四）出具医学证明文件权

医学证明文件,是指医师为患者出具的医学诊断证明、体检报告、出生医学证明和居民死亡医学证明等证明文件。医学证明文件是具有法律效力的医疗文件,是作为升学、就业、病假休息、工伤司法鉴定和残疾鉴定、保险索赔、出生信息和死亡信息等各项工作的重要依据。医师出具医学证明文件应以科学、严谨、求实的态度,完整真实地书写相关证明内容,与实际病案记载一致。

（五）合理方案选择权

在执业活动中,医师在遵循临床诊疗指南、临床技术操作规范、合理用药指导原则等前提下,医师有选择合理的医疗、预防、保健方案的权利,即使用适宜的技术和药物,合理诊疗,因病施治。一般情况下,医师选择合理的医疗、预防、保健方案权应当在尊重患者自主权的基础上行使,即医师应当充分向患者说明采取的医疗、预防、保健方案的理由,征得患者同意。但在某些特殊情况下,倘若患者或者近亲属拒绝治疗会给患者带来显而易见的严重后果或不可挽回的损失,如自杀未遂者拒绝治疗时,医生则可动用特殊干涉权来对抗患者拒绝权。

二、获得劳动报酬权

《医师法》第二十二条第二款规定,医师具有"获取劳动报酬,享受国家规定的福利待遇,按照规定参加社会保险并享受相应待遇"的权利。

劳动报酬是指医疗机构等用人单位依据国家有关规定或劳动合同的约定,以货币形式直接支付给医师的劳动报酬,一般包括工资、奖金、津贴和补贴等,是医师付出体力或脑力劳动所得的对价,体现的是医师创造的社会价值。

国家规定的福利待遇主要是指国家法律规定的劳动保障和社会保障,主要包括社会保险、社会救助、社会优抚和社会福利等,医师按照规定参加城镇职工医疗保险、养老保险等社会保险并享受相应待遇。

三、执业条件保障权

《医师法》第二十二条第三款规定,医师具有"获得符合国家规定标准的执业基本条件和职业防护装备"的权利。《医师法》第五十条规定:医疗卫生机构应当为医师提供职业安全和卫生防护用品,并采取有效的卫生防护和医疗保健措施。医师受到事故伤害或者在职业活动中接触有毒、有害因素而引起疾病、死亡的,依照有关法律、行政法规的规定享受工伤保险待遇。

执业基本条件是医师执业的前提和条件,主要是指医疗机构应当按照国家规定的《医疗机构基本标准》《医疗机构配置标准》等文件规定,提供科室、床位和医疗设施设备等基本条件。职业防护装备是医师因从事诊疗活动而可能暴露在感染、放射化学或者其他危险因素之中,为保护医师执业安全,医疗卫生机构为医师提供的职业安全和卫生防护用品以及卫生防护和医疗保健措施。

四、医学教育和研究权

医学研究权是指医务人员在临床医学实践中,对疾病的治疗与预防进行研究和从事学术交流的权利。《医师法》第二十二条第四款明确规定,医师具有"从事医学教育、研究、学术交流"的权利。

医师具有从事医学教育的权利。医学教育是社会有目的、有计划、有组织地培养医药卫生人才的教育活动。医学教育包括医学院校教育和继续医学教育。医师从事医学教育不仅包括在医学院校从事临床医学教学活动,也包括在住院医师规范化培训、全科医师规范化培训和专科医师规范化培训等毕业后教育中担任师资,还包括在临床科室中培养年轻医师和向患者进行健康教育等。

医学研究旨在研究人类生命本质及其疾病的发生、发展和防治规律,以增进人类健康,延长寿命和提高劳动能力。医师具有从事医学研究的权利,即医师可以凭借已有的医学知识,总结临床实践经验,掌握和跟踪国内国际最新医学发展动态和趋势,探索人的生命和疾病现象及其发生、发展规律,寻

NOTES

求维护人类健康和防治疾病的最佳途径和方法,提高医疗技术和医疗质量。但医务人员的医学研究权的行使不是无限制的,应当坚持患者生命健康、患者知情同意和社会公益等原则。任何医学研究都必须将患者的生命健康放在首位,不得以损害患者的生命健康为代价。在进行药物临床试验、医疗新技术新方法试验等临床医学研究时,医师必须向参与试验的患者充分说明试验的内容、目的、方法、危险性,取得患者同意后,并且在患者自愿签署"志愿参与试验同意书"后方可进行。

医师有参加学术交流的权利。学术交流是医师从事科学活动的一种特殊方式和必需手段,学术交流来源于科学研究,反过来又促进科学研究和学术水平的提高。医师可以通过参加专业学术团体组织的各类活动来进行学术交流。

五、继续教育权

《医师法》第二十二条第五款规定,医师有"参加专业培训,接受继续医学教育"的权利。继续医学教育是指在医师完成医学院校教育之后进行的在职教育。医学科学的专门性、复杂性、综合性需要医师不断更新知识,以提高业务技术水平和工作能力,因此,医师有参加专业培训、进修等各类继续医学教育的权利。

六、批评建议权和民主管理参与权

我国《宪法》第四十一条明确保障了中华人民共和国公民对于任何国家机关和国家工作人员,有提出批评和建议的权利。《医师法》第二十二条第六款也规定了医师享有"对所在医疗卫生机构和卫生健康主管部门的工作提出意见和建议,依法参与所在机构的民主管理"的权利。医师可以通过各种合法途径,对所在医疗卫生机构和卫生健康主管部门的工作提出意见和建议,可以通过职代会、工会等途径参与所在医疗卫生机构的民主管理、民主参与、民主监督。

七、人格尊严权

《医师法》第二十二条第七款用概括性的规定涵盖了未明确列出的医师的其他权利,如医师的人格尊严权。我国宪法明确规定"中华人民共和国公民的人格尊严不受侵犯。禁止用任何方法对公民进行侮辱、诽谤和诬告陷害"。《医师法》第四十九条第二款规定:"医疗卫生机构应当完善安全保卫措施,维护良好的医疗秩序,及时主动化解医疗纠纷,保障医师执业安全。"《医师法》第四十九条第三款规定"禁止任何组织或者个人阻碍医师依法执业,干扰医师正常工作、生活;禁止通过侮辱、诽谤、威胁、殴打等方式,侵犯医师的人格尊严、人身安全。"《民法典》第一千二百二十八条也规定"医疗机构及其医务人员的合法权益受法律保护。干扰医疗秩序,妨碍医务人员工作、生活,侵害医务人员合法权益的,应当依法承担法律责任"。医疗纠纷发生时,患者及其家属应与医务人员充分沟通和交流,在协商解决无法达成的情况下,通过法律途径处理,而不得辱骂、殴打医务人员,损害医师的人格尊严权。

第二节　医师的义务

医师的义务可分为法定义务和合同义务。法定义务是由于法律的直接规定而产生,合同义务则来源于医患订立的医疗合同。根据《医师法》《民法典》等法律的规定,医师的法定义务主要包括以下几项。

一、遵守医德的义务

《医师法》第二十三条第一款规定,医师应当"树立敬业精神,恪守职业道德,履行医师职责,尽职尽责救治患者,执行疫情防控等公共卫生措施"。《医师法》第三条规定:"医师应当坚持人民至上、生命至上,发扬人道主义精神,弘扬敬佑生命、救死扶伤、甘于奉献、大爱无疆的崇高职业精神,恪守职业道德,遵守执业规范,提高执业水平,履行防病治病、保护人民健康的神圣职责。"

医师的敬业精神是指医师基于对职业的热爱而产生的一种全身心投入的精神。敬业精神既是社会对医师工作态度的一种道德要求,也是医师的法定义务。中华民族历来有"敬业乐群""忠于职守"的传统,医师从事的是治病救人的工作,更要求医师高度认同和追求医师职业的社会价值,坚持人民至上、生命至上,发扬人道主义精神,弘扬敬佑生命、救死扶伤、甘于奉献、大爱无疆的崇高职业精神。

医德,即医务人员的职业道德,是医务人员应具备的思想品质,是医务人员与患者、社会以及医务人员之间关系的总和。医德规范是指导医务人员进行医疗活动的思想和行为的准则。医德是随着医学的出现而产生的,中国的医书《黄帝内经》中就有《疏五过》《征四失》等专篇论述医德,2 000 多年前的《希波克拉底誓言》至今仍然是医师从业的道德准则。卫生部在 1988 年就制定颁布了《医务人员医德规范及实施办法》,为进一步贯彻落实习近平新时代中国特色社会主义思想,增强医疗卫生人员的责任感、使命感、荣誉感,规范执业行为,弘扬新时代医疗卫生人员职业精神,引导形成风清气正的行业环境,保障医疗卫生事业高质量发展。医德规定不仅是道德规范,也是法律规范,因此恪守医德是包括医师在内的所有医务人员的法定义务。

二、履行医师职责的义务

《医师法》第二十三条第一款规定,医师应当"履行医师职责,尽职尽责救治患者"。《医师法》也明确了医师应"履行防病治病、保护人民健康的神圣职责"。因此医师的职责即防病治病,保护人民健康。医师的职责要求医师运用医学知识和技能,尽职尽责预防或者治疗患者所患疾病。该项义务具体包括下列内容。

(一) 不得拒绝急救处置的义务

生存权是一项基本人权,只要有生的希望,就要全力救治,医师在任何情况下都不能见死不救、漠视患者的生命,这也是医师的职业特点决定的。《医师法》第二十七条明确规定,对需要紧急救治的患者,医师应当采取紧急措施进行诊治,不得拒绝急救处置。国家鼓励医师积极参与公共交通工具等公共场所急救服务;医师自愿实施急救造成受助人损害的,不承担民事责任。

(二) 亲自诊查、调查和填写医学文书的义务

《医师法》第二十四条规定:"医师实施医疗、预防、保健措施,签署有关医学证明文件,必须亲自诊查、调查,并按照规定及时填写病历等医学文书。"医师实施医疗、预防、保健措施既是医师治疗权的重要内容,也是医师的义务之一。该项权利只能由医师本人行使,不能假手他人。在医学院校附属医院等教学医院,参加临床教学实践的医学生和尚未取得医师执业证书、在医疗卫生机构中参加医学专业工作实践的医学毕业生,应当在执业医师的监督、指导下参与临床诊疗活动;执业医师不能将临床诊疗活动放手给学生。医师未经亲自诊查、调查,不得签署诊断、治疗、流行病学等证明文件或者有关出生、死亡等证明文件。医生应按《病历书写基本规范》等规范性文件的要求如实填写、制作病历,不得隐匿、伪造、篡改或者擅自销毁病历等医学文书及有关资料。《民法典》第一千二百二十五条规定:"医疗机构及其医务人员应当按照规定填写并妥善保管住院志、医嘱单、检验报告、手术及麻醉记录、病理资料、护理记录等病历资料。"

根据《医师法》第五十六条的规定,如果医师未经亲自诊查、调查,就签署诊断、治疗、流行病学等证明文件或者有关出生、死亡等证明文件的,隐匿、伪造、篡改或者擅自销毁病历等医学文书及有关资料的,可由县级以上人民政府卫生健康主管部门责令改正,给予警告,没收违法所得,并处一万元以上三万元以下的罚款;情节严重的,责令暂停六个月以上一年以下执业活动,直至吊销医师执业证书。

(三) 说明义务

说明义务,又称为告知义务或知情同意义务,是指医生在对患者进行治疗、手术等医疗行为时,首先应当向患者提出医疗处置方案,并就有关风险和其他可以考虑的措施等作出详细的说明。在

此基础上取得患者的同意后,才可以实施医疗行为。《医师法》第二十五条明确规定了医师的说明义务:"医师在诊疗活动中应当向患者说明病情、医疗措施和其他需要告知的事项。需要实施手术、特殊检查、特殊治疗的,医师应当及时向患者具体说明医疗风险、替代医疗方案等情况,并取得其明确同意;不能或者不宜向患者说明的,应当向患者的近亲属说明,并取得其明确同意。"《民法典》第一千二百一十九条对医师的说明义务也作出了明确规定:"医务人员在诊疗活动中应当向患者说明病情和医疗措施。需要实施手术、特殊检查、特殊治疗的,医务人员应当及时向患者具体说明医疗风险、替代医疗方案等情况,并取得其明确同意;不能或者不宜向患者说明的,应当向患者的近亲属说明,并取得其明确同意。"

根据上述法律的规定,医师说明义务的对象首先是患者本人,如果不能或者不宜向患者说明的,则应当向患者的近亲属说明并取得其明确同意。《医师法》第二十七条第二款也规定了例外情形,因抢救生命垂危的患者等紧急情况,不能取得患者或者其近亲属意见的,经医疗机构负责人或者授权的负责人批准,可以立即实施相应的医疗措施。说明义务的内容是患者的病情、医疗措施和其他需要告知的事项;需要实施手术、特殊检查、特殊治疗的,医师应当及时向患者具体说明医疗风险、替代医疗方案等情况。

(四) 警戒义务

《医师法》第三十三条明确规定了医师的警戒义务。医师在执业活动中有下列情形之一的,应当按照有关规定及时向所在医疗卫生机构或者有关部门、机构报告:发现传染病、突发不明原因疾病或者异常健康事件;发生或者发现医疗事故;发现可能与药品、医疗器械有关的不良反应或者不良事件;发现假药或者劣药;发现患者涉嫌伤害事件或者非正常死亡;法律、法规规定的其他情形。

医师的警戒义务中包括侵害未成年人案件的强制报告制度,对此 2021 年 6 月修订实施的《未成年人保护法》有明确规定。在执业过程中,医师报告侵害事件不再是道德的选择,而是法定的义务。根据最高人民检察院《关于建立侵害未成年人案件强制报告制度的意见(试行)》的规定,医师在工作中发现未成年人遭受或者疑似遭受不法侵害以及面临不法侵害危险的情况包括:未成年人的生殖器官或隐私部位遭受或疑似遭受非正常损伤的;不满十四周岁的女性未成年人遭受或疑似遭受性侵害、怀孕、流产的;十四周岁以上女性未成年人遭受或疑似遭受性侵害所致怀孕、流产的;未成年人身体存在多处损伤、严重营养不良、意识不清,存在或疑似存在受到家庭暴力、欺凌、虐待、殴打或者被人麻醉等情形的;未成年人由自杀、自残、工伤、中毒、被人麻醉、殴打等非正常原因导致伤残、死亡情形的;等等。

> ### 🍀 案例 4-1
>
> 　　2021 年 10 月,某市某医院门诊部妇科医师季某某,遇到一位未满 14 岁的怀孕女童,陪同她来医院做人工流产的并不是孩子父母,而是她在网络上认识的网友孙某某。在无监护人陪同、签字确认的情况下,妇科医师季某某为这名少女行人工流产手术,且未向公安机关或有关部门报告该情况。但人工流产手术的背后,是孙某某多次奸淫女童致其两次怀孕、流产。2022 年 5 月 27 日,最高检发布追责通知:除了孙某某涉嫌强奸罪被判处有期徒刑十年外,这位门诊部妇科医师季某某,也因为未履行强制报告义务,被当地卫生健康局给予暂停六个月执业活动的行政处罚。而涉事的门诊部,则被处以警告、没收违法所得、罚款 2 万元的行政处罚,并注销相关科室。

(五) 承担社会责任的义务

《医师法》第二十三条第一款规定,医师应当执行疫情防控等公共卫生措施。医生在执业过程中,应遵守《传染病防治法》《突发公共卫生事件应急处理条例》等法律法规的相关规定,带头模范执行疫情防控等公共卫生措施。

《医师法》第三十二条规定："遇有自然灾害、事故灾难、公共卫生事件和社会安全事件等严重威胁人民生命健康的突发事件时，县级以上人民政府卫生健康主管部门根据需要组织医师参与卫生应急处置和医疗救治，医师应当服从调遣。"这是关于医师社会责任的相关规定，也是医师"应当坚持人民至上、生命至上，发扬人道主义精神，弘扬敬佑生命、救死扶伤、甘于奉献、大爱无疆的崇高职业精神"的体现，每一位医师都有义务服从地方政府卫生健康主管部门的调遣，参与突发事件的卫生应急处置和医疗救治。

三、遵循诊疗规范的义务

（一）遵守临床诊疗指南和临床技术操作规范的义务

《医师法》第二十三条第二款规定，医师应当遵循临床诊疗指南，遵守临床技术操作规范。

临床诊疗指南包含了科学可靠的临床诊断标准和优化先进的临床治疗方案，具有科学性、先进性和权威性，是各级医疗机构的医务人员在日常医疗工作中应当遵循的规章和依据。临床技术操作规范是临床工作中各项常用技术的操作规范，是医务人员在临床工作中必须遵守的诊疗规范。严格遵循临床诊疗指南和遵守临床技术操作规范，有利于提高广大医师的综合素质和医疗质量，对推进我国医疗卫生工作科学化、规范化、法制化具有十分重要的意义。违反临床诊疗指南和临床技术操作规范，即违反诊疗规范，按照《民法典》第一千二百二十四条的规定，属于推定医疗机构有过错的情形之一。同时《民法典》第一千二百二十七条规定"医疗机构及其医务人员不得违反诊疗规范实施不必要的检查"，根据该条规定，医师违反诊疗规范而实施的不必要的检查行为，为法律所禁止。

（二）遵守医学伦理规范的义务

《医师法》第二十三条第二款规定，医师应当遵守医学伦理规范。医师有从事科学研究的权利，但医师在从事药物临床试验、医疗器械临床试验和其他临床医学研究时必须遵守国家《生物安全法》《人类遗传资源管理条例》《药物临床试验质量管理规范》《医疗器械临床试验质量管理规范》《涉及人的医学研究伦理审查办法》等法律法规和规范性文件的相关规定，遵守医学伦理规范，不得危害人体健康，不得违背伦理道德，不得损害公共利益，必须依法通过伦理审查，取得受试者书面知情同意。《医师法》第二十三条第三款规定："医师开展药物、医疗器械临床试验和其他医学临床研究应当符合国家有关规定，遵守医学伦理规范，依法通过伦理审查，取得书面知情同意。"《民法典》第一千零九条明确规定："从事与人体基因、人体胚胎等有关的医学和科研活动，应当遵守法律、行政法规和国家有关规定，不得危害人体健康，不得违背伦理道德，不得损害公共利益。"

（三）合法合理用药的义务

《医师法》第二十八条规定："医师应当使用经依法批准或者备案的药品、消毒药剂、医疗器械，采用合法、合规、科学的诊疗方法。除按照规范用于诊断治疗外，不得使用麻醉药品、医疗用毒性药品、精神药品、放射性药品等。"《医师法》第二十九条规定："医师应当坚持安全有效、经济合理的用药原则，遵循药品临床应用指导原则、临床诊疗指南和药品说明书等合理用药。在尚无有效或者更好治疗手段等特殊情况下，医师取得患者明确知情同意后，可以采用药品说明书中未明确但具有循证医学证据的药品用法实施治疗。医疗机构应当建立管理制度，对医师处方、用药医嘱的适宜性进行审核，严格规范医师用药行为。"

根据《医师法》的规定，医师首先有合法用药的义务，即应当使用经过依法批准或者备案的药品、消毒药剂和医疗器械，同时对于特殊药品，除按照规范用于诊断治疗外，不得使用麻醉药品、医疗用毒性药品、精神药品、放射性药品等。其次有合理用药的义务，即应当坚持安全有效、经济合理的用药原则，遵循药品临床应用指导原则、临床诊疗指南和药品说明书等合理用药。在临床用药中遵循"能不用就不用，能少用就不多用；能口服不肌注，能肌注不输液"的原则，不得滥用抗生素等。《医师法》也规定了合理用药的例外情形，即在尚无有效或者更好治疗手段等特殊情况下，可以采用药品说明书中未明确但具有循证医学证据的药品用法实施治疗，但必须在取得患者明确知情同意后方可进行。

(四) 合理注意义务

医务人员的注意义务是指医务人员在医疗活动中,应该具有高度的注意,对患者尽到善良的谨慎和关心,以避免患者遭受不应有的危险或损害的责任。《民法典》第一千二百二十一条规定:"医务人员在诊疗活动中未尽到与当时的医疗水平相应的诊疗义务,造成患者损害的,医疗机构应当承担赔偿责任。"根据此规定,医师有义务具备同一时期,在相同条件下从业的医务人员通常所具有的医疗水平。

四、保护患者隐私的义务

保护患者隐私的义务也称保密义务,与之相对应的是患者的隐私权。患者隐私权是指患者在医疗活动中拥有的保护自身的隐私部位、病史、身体缺陷、特殊经历、遭受等隐私,不受任何形式的外来侵犯的权利。《医师法》第二十三条第三款规定:"医师应尊重、关心、爱护患者,依法保护患者隐私和个人信息。"《民法典》第一千二百二十六条规定:"医疗机构及其医务人员应当对患者的隐私和个人信息保密。泄露患者的隐私和个人信息,或者未经患者同意公开其病历资料的,应当承担侵权责任。"《母婴保健法》第三十四条规定:"从事母婴保健工作的人员应严格遵守职业道德,为当事人保守秘密。"《传染病防治法》第四十三条规定:"医务人员未经县级以上政府卫生行政部门批准,不得将就诊的淋病、梅毒、麻风病、艾滋病病人和艾滋病病毒携带者及其家属的姓名、住址和个人病史公开。"

五、勤勉义务

《医师法》第二十三条第四款规定,医师应当"努力钻研业务,更新知识,提高医学专业技术能力和水平,提升医疗卫生服务质量"。医学具有高度专门性和高技术性,需要医师终身学习,因此继续医学教育不仅是医师的权利,也是一种义务,医师应当努力更新知识,不断提高自己的专业能力和水平。为了确保医师履行勤勉义务,国家规定了执业医师定期考核制度,县级以上人民政府卫生健康主管部门或者其委托的医疗卫生机构、行业组织应当按照医师执业标准,对医师的业务水平、工作业绩和职业道德状况进行考核,考核周期为三年。对考核不合格的医师,县级以上人民政府卫生健康主管部门应当责令其暂停执业活动三个月至六个月,并接受相关专业培训。暂停执业活动期满,再次进行考核,对考核合格的,允许其继续执业。

六、健康教育和健康指导义务

《医师法》第二十三条第五款明确规定医师具有"宣传推广与岗位相适应的健康科普知识,对患者及公众进行健康教育和健康指导"的义务。健康教育的核心是教育人们树立健康意识,促使人们改变不健康的行为生活方式,养成良好的行为生活方式,以减少或消除影响健康的危险因素。医师在执业活动中,宣传推广与岗位相适应的健康科普知识,对患者和公众进行健康教育和健康指导,帮助人们了解防病治病的基本知识,正确认识影响健康的危险因素,并能自觉地选择有益于健康的行为生活方式。

第三节　PCBL:对肿瘤患者的善意谎言违背医师的诚实义务吗?

善意的谎言一般是指出于某种善意的原因对当事人进行隐瞒或欺骗。在医疗情境中,其常常出现于恶性疾病的诊疗事件中。当出现恶性病情时,家属或医师常常会陷入是否应该如实告知患者的两难境地。部分观点认为向患者隐瞒病情可以使其维持良好心态,从而提高其积极康复的动力;也有观点认为患者拥有知晓自己全部病情的权利,不应由他人干涉。患者拥有知情同意权,医师也需履行诚信、告知义务,当医师面临向患者隐瞒病情的抉择时,是"善良的谎言"被认可,还是"医师的义务"更应坚守?

一、医师履行说明义务的法律规范

《医师法》第二十五条明确规定了医师的说明义务:"医师在诊疗活动中应当向患者说明病情、医疗措施和其他需要告知的事项。需要实施手术、特殊检查、特殊治疗的,医师应当及时向患者具体说明医疗风险、替代医疗方案等情况,并取得其明确同意;不能或者不宜向患者说明的,应当向患者的近亲属说明,并取得其明确同意。"《民法典》第一千二百一十九条明确规定:"医务人员在诊疗活动中应当向患者说明病情和医疗措施……不宜向患者说明的,应当向患者的近亲属说明,并取得其书面同意。"医师的说明义务意味着医师需根据诊断结果对患者进行诊断结果的说明,包括属于何种病症、病症的轻重缓急、疾病痊愈的可能性等,在向患者提出医疗处置方案,并就有关风险和其他可以考虑的措施等作出详细说明的基础上,取得患者的同意后,才可以进行治疗。

二、患者是否拥有绝对知情权

法律明文规定,病情告知是诊疗行为中的重要一环,医务人员实施诊疗行为之前,应该征得患者的同意——而知情是同意的基础和前提。当患者病情恶化时,为了避免坏消息对患者造成不良后果,医务人员通常是先将真实病情告知家属,再根据家属的意见决定是否告知患者,避免将坏消息直接告诉患者。这通常被视为"不宜向患者说明的"情形。现实案例中,因医务人员没有做好保密工作,或者被蒙在鼓里的患者通过其他方式了解到病情等,医师或医疗机构遭到患者或家属投诉的情况屡见不鲜。医师常常会受到道德与职业责任的双重考验,顾此失彼的情况时有发生。

事实上,避免坏消息对患者造成不良后果,并不等于完全隐瞒病情。在现实生活中,有女性患者发现乳房有肿块到医院就诊,医生经过检查诊断后,明确其患乳腺癌而收住入院进行手术治疗。医生告知了患者的丈夫,患者的丈夫同意进行乳房切除术。术后患者发现自己乳房被切除,随即将医院及医生告上了法庭,认为丈夫签字不能代表她自己的意见。那么将患者病情告知患者家属,是否意味着对患者知情同意权的限制甚至剥夺呢?

从现实效果上看,告知病情时,好的医患沟通有利于治疗、随诊、随访和长期指导。早在 1973 年,美国的《患者权利法案》就已明确提出,患者有权要求自己或亲友,以自己能理解的方式了解自己相关的诊断、治疗方式及预后情况;尊重患者的知情权,也尊重患者对自己疾病消息的处理权。因此实际临床诊疗过程中,应该考虑的是"如何告知"的沟通技术问题,而非"是否告知"的原则性问题。医务人员应当以遵守法律规定为前提,充分尊重患者的知情权,把握好"不能或者不宜向患者说明"的情况,做到良好的医患沟通。当家属需要单独为患者做决定时,也要以充分了解患者意愿为前提。这对患者诊疗和医患关系的良性发展有着重要意义。

案例 4-2

家属是否有权决定患者的处治方式? 医师如何正确处理患者的知情同意?(引自《医学与哲学(临床决策论坛版)》2007 年 12 月第 28 卷第 12 期总第 347 期)

一位 30 多岁的女性患者发现左侧乳房有一肿块,遂到医院就诊。医生经过检查诊断后,明确其患乳腺癌而收住入院手术治疗。手术医师告诉患者的丈夫,患者需做左侧乳房切除,丈夫表示同意,并在术前通知书上签了字。手术经过顺利,术后患者清醒后,发现自己左侧乳房已被切除,情绪低落,痛哭流涕,随即将医院及医生告上了法庭。医生说,做手术前我们告诉了你的丈夫,而且你的丈夫也签了同意书。患者说,问题是你医生手术前为什么不告诉我手术方案? 我作为一个年轻的女性不能没有乳房,丈夫签字不能代表我的意见。

法院经审理,以"患者身体处分权归患者个人所有,黄女士的丈夫与医院所签的手术知情同意书属无效合同"为由,判决医院进行赔偿。

第四节　PCBL：医师为患者保密的法律边界在哪里？

医疗机构及其医务人员应当对患者的隐私和个人信息保密。泄露患者的隐私和个人信息，或者未经患者同意公开其病历资料的，无论该行为对患者是否造成损害，医疗机构及其医务人员都应当承担侵权责任。但医师严格为患者保密的义务是否适用于所有的情景？是否存在保密的法律"红线"？

一、患者的隐私权

患者隐私权是指患者在医疗活动中拥有的保护自身的隐私部位、病史、身体缺陷、特殊经历、遭受等隐私，不受任何形式的外来侵犯的权利，也就是说医务人员不得擅自透露甚至非法利用患者隐私，且无论是在就诊环节中，还是在诊疗活动结束后都应维持此项义务。

患者的隐私权与一般隐私权相比具有一定的特性：患者隐私权的主体特性。患者隐私权的主体是在诊疗活动中与医师形成医疗合同的自然人，只要接受了医疗机构提供的医疗服务即为"患者"。患者隐私权具有让渡性。为完成疾病的诊疗，往往患者会将其隐私权部分让渡给医师的治疗权，将个人的隐私部位或个人信息告知医师，以满足治疗的需要。患者隐私权具有局限性。隐私权的保护范围受公共利益的限制，患者的个人隐私与公共利益发生冲突时，法律往往优先保护公共利益。

二、医师的保密义务

患者的权利与医师的义务之间往往具有对应性，医师保密义务也具有一定特性：①医师保密义务的主体特性。除医护人员不得透露患者隐私外，医疗机构的其他人员也不应泄露该医疗机构的患者信息。②医师保密义务具有长期性。保密义务不仅作用于就诊活动中，在就诊结束后也应持续受到保护，且保护患者信息，是提升医患信任、改善医患关系的重要举措。③医师的保密义务也具有公共限制。当患者可能损害公共健康或社会利益时，通过国家公权力的介入，患者的隐私权也会受到规范。例如重大传染病流行时，确诊患者信息会通过国家有关部门进行规范性公告，以控制疾病的流行。

三、保密的法律边界

医师对患者隐私的保密义务具有一定的适用限制。当患者隐私权与第三方利益、公共利益有冲突时，将对医师的保密义务形成挑战。过度保护患者隐私可能会损伤他人或群体利益，导致"因小失大"的结果；罔顾患者隐私权，损伤患者个人权益的同时会降低医患信任，导致医患关系的不断恶化。因此，医师在执业活动中，要恪守医师的义务，考虑到患者的具体情形是否涉及公共利益，把握好保密义务的边界，平衡职业责任与社会责任的关系。

> **案例 4-3**
>
> 　　婚检机构对当事人的人类免疫缺陷病毒（HIV）感染病情隐瞒是否合法？是否会对另一当事人的利益造成损害？
>
> 　　2015 年 7 月底，小鑫与小颖一起到某市妇幼保健计划生育服务中心进行了婚前检查，各项检查均显示不存在不宜结婚的健康状况，二人便领了结婚证。
>
> 　　2016 年 2 月，小颖剖宫产生下女儿。小鑫无意中发现小颖的手术记录，却令他瞠目结舌。记录显示，小颖术前、术后诊断内容中均记载她为 HIV 感染者。在小鑫的追问下，小颖无奈地道出了她隐藏多年的秘密：在婚前她早已得知自己患病，并在疾病预防控制中心有过备案，她还曾因此做过中期妊娠引产手术。在女儿刚满四个月的时候，小鑫选择与小颖协议离婚。

小鑫认为,艾滋病属于医学上认定不应当结婚的疾病,婚检机构未能检查出小颖是HIV感染者存在过错,侵犯了自己对配偶身体是否健康的知情权,影响了自己决定是否缔结婚姻的自主权,造成自己与小颖结婚并花费巨额礼金的损失。

为此,小鑫一纸诉状将某市妇幼保健计划生育服务中心诉至人民法院,请求判令婚检机构赔偿自己的彩礼损失10万元以及精神损害赔偿2万元。

某市人民法院对这起侵权责任纠纷案进行不公开开庭审理,判决驳回原告小鑫要求被告妇幼保健计划生育服务中心赔偿损失的诉讼请求。法院经审理认为,小鑫并无充分证据证明婚检机构对未能检查出小颖系HIV感染者存在明显过错,也无法律明确规定艾滋病属于禁止结婚类疾病,决定是否缔结婚姻的关键在于男女双方是否真正有感情,而并非是否患有艾滋病。因此,婚检机构未能及时检查出小颖系HIV感染者,与小鑫决定是否与小颖缔结婚姻、是否交付彩礼、是否造成相应损失均无直接因果关系。

《艾滋病防治条例》第三条规定,艾滋病病毒感染者、艾滋病患者及其家属享有的婚姻、就业等合法权益受法律保护。该条例第三十九条第二款规定,未经本人或者其监护人同意,任何单位或者个人不得公开艾滋病病毒感染者、艾滋病患者及其家属的姓名、住址、工作单位、肖像、病史资料以及其他可能推断出具体身份的信息。因此,对确诊的艾滋病病毒感染者和艾滋病患者,医疗卫生机构的工作人员应当将其感染或者发病的事实告知本人,再由其本人告知与其有性关系者。本案中,造成小鑫不知情的直接原因在于小颖未如实告知检查医生、未如实告知小鑫,婚检机构的婚前检查行为与小鑫主张的所谓损失并无直接因果关系。

（蒲　川）

思考题

1. 医师是否可以自行决定将病情告知家属还是患者本身?
2. 对肿瘤患者的说明义务是以"家庭为中心"还是以"患者为中心"?
3. 医师严格履行说明义务有利于增进医患之间的信任吗?

情景测试与思考

1. 如果你的患者病情严重且治疗后存在多种并发症,患者家属不愿意让患者遭受治疗期间的痛苦,坚决要求放弃治疗,作为医师,你应当如何处理患者家属的意见? 如何将病情告知给患者?

2. 如果你是心理治疗师,当患者来就诊并向你倾诉其隐私后,患者因突发疾病昏迷,紧急入院,你是否会告知患者的隐私以帮助急诊医师进行病情诊断?

课后阅读资料

[1] 阿图·葛文德.医生的精进——从仁心仁术到追求卓越[M].李璐,译.杭州:浙江人民出版社,2015.
[2] 亨利·马什.医生的抉择[M].龚振林,迟墨涵,译.长沙:湖南科学技术出版社,2017.
[3] 任元鹏.医学的法律边界[M].南京:东南大学出版社,2012.

第五章

知情同意与医疗违法阻却事由

【学习要点】

1. 知情同意的概念。
2. 医疗违法阻却事由的种类。
3. 意识不清患者紧急救治代理人制度。

阻却违法性事由是大陆法系中的一个重要概念，又称违法性阻却事由、正当化事由、排除违法性事由等，是指在通常情况下符合违法性要件但由于其他事由的存在而被认为没有违法性。一般而言，阻却违法性事由包括以下几种：正当防卫、紧急避险、无因管理、自力救济、正当职务行为、受害者承诺。而知情同意不仅仅是一种重要的阻却违法事由，更是一种"宣教"与"沟通"的过程，在预防纠纷中发挥着至关重要的作用。

第一节　知情同意

知情同意是医疗活动中的一项基本规则，离开了患方的知情同意，医疗行为就失去了其合法基础。知情同意在维护患者生命健康权益的同时，更重要的是体现了对患者个人自主和尊严的尊重，对于缓解医患矛盾、重建医患信任、解决医疗纠纷等都具有重要的制度意义。

一、知情同意的源流分析

知情同意规则产生的正当性在于社会发展的必然性与合理性。知情同意（informed consent），是基于说明的同意或基于提供信息的同意。为了患方和医方之间更好地配合协作，知情同意这个词语最初是作为一项医疗行为的习惯性要求在医疗实践活动中出现。第二次世界大战以后的纽伦堡审判中正式提出了"知情同意"概念。在此次审判后，大会通过了《纽伦堡法典》，标志着知情同意作为一项医疗法律规则在医学试验领域被认可，开始受到法律保护。1964年的《赫尔辛基宣言》标志"知情同意"成为世界医学界共识。该宣言继承了《纽伦堡法典》的关于知情同意的基本观点，承认作为受试者参加人体试验享有知情同意权。于是，"知情同意"逐渐成为涉及人体试验的最受人注意的医学伦理学问题之一，并且这个问题也逐渐应用于临床医疗领域或医患关系。此后，各国出现了大量的相关判决，最终美国在1957年形成了一套系统的知情同意规则，并把知情同意权作为患者的一项权利确立下来，包括知情同意告知的方式、告知内容、告知对象等，赋予患者在就诊时有充分的选择权。如今，无论英美法系还是大陆法系的国家或地区，法律对患者的知情同意权规则予以普遍认可。

《民法典》在第一千二百一十九条和第一千二百二十条，设定了医务人员说明义务、患者知情同意权和紧急情况下知情同意的特殊规定。首先，医务人员在诊疗活动中应当向患者说明病情和医疗措施。需要实施手术、特殊检查、特殊治疗的，医务人员应当及时向患者具体说明医疗风险、替代医疗方案等情况，并取得其明确同意；不能或者不宜向患者说明的，应当向患者的近亲属说明，并取得其明确同意。医务人员未尽到前款义务，造成患者损害的，医疗机构应当承担赔偿责任。其次，因抢救生命垂危的患者等紧急情况,不能取得患者或者其近亲属意见的,经医疗机构负责人或者授权的负责人批准,可以立即实施相应的医疗措施。

二、患方的知情同意

(一) 同意能力

同意能力,是指有关的人能够理解检查、治疗或研究的程序,能够权衡它的利弊得失,能够对面前的选择作出评价,能够理解所采取的行动的后果,有能够根据这种知识作出决定的能力。有效同意的前提必须是患者对医师的说明有充分的理解和对自己行动的后果有明智的判断,这将受到患者的智力水平、精神状况、教育水平、社会阅历等因素的影响,这些综合的因素决定了患者同意能力的有无和高低。对于同意能力的判断标准通常包括理解医疗信息的能力和对患者行动的后果进行推理的能力。从法律角度来说,有同意能力的人就是有行为能力的人,但是某些法律规定有行为能力的人在功能上无行为能力。患者同意能力的判断标准,学者有以下三种观点:主张以民法上的行为能力为准;主张以刑法上的责任能力为准;主张应以有无识别能力为准。采取第一种观点,可能与同意的性质相冲突,法律行为相关的民法规定不能简单地加以适用。采取第二种观点的不当之处在于,患者的同意属于民法范畴,以刑法责任能力为准缺乏法理依据。通说为第三种观点,判断患者有无同意能力,应确立三个标准:对医疗方案的内容和程序是否具有充分的理解和评价能力;对医疗方案的选择是否具有准确的逻辑思考和判断能力;对医疗方案的实施后果是否具有相应的推理和承受能力。同时符合这三个标准的患者,即具备了同意能力。在医疗领域,之所以患者同意能力应具有区别于民事行为能力之独立地位,是因为患者同意行为本身并不具有民事法律行为所蕴含之私法自治精神,同意行为之意思并不含有法律行为意思表示所必备的法效意思。有无同意能力应个别就其具体情况、对同意内容能否理解与判断而决定,不能以患者为未成年人或精神障碍患者就一概认为其无同意能力。

(二) 同意的有效条件

医疗行为作为正当行为的阻却违法,患者的知情同意是阻却违法的核心。有效的同意必须符合下列要求。首先,具有同意的能力,即患者必须有能力了解治疗的性质、目的和效果。这一点我们在上面已有详细的论述。其次,理解被告知的信息的内容。这一点要求医方在履行告知义务时,要用患方可以理解的语言充分告知诊疗信息内容,进而保证患方接收的诊疗信息具有真实性、准确性、全面性、客观性。在已发生的医疗纠纷中,医患沟通不足引起的纠纷所占比例极大。为了调和医师的说明义务与患者的自主决定权之间的矛盾,实现患者的利益,有必要使医师与患者在实施医疗行为之前进行充分沟通,从而使医师在实施医疗行为的同时,更多地根据自己的专业知识实施治疗,以达到保障患者健康的医疗目的。第三,自愿作出同意。患者自愿的同意是指患者在作出同意的决定时不受其他人强迫或承受不正当影响而自由选择的结果。同意必须出于自愿,患者在受他人强迫、威胁或不正当影响下作出的不真实的同意表示均属无效,医师对患者的治疗行为因此不具有合法性。

(三) 知情同意的方式

同意的形式有明示和默示两种。明示的同意又包括书面的及口头的两种方式。通常情况下,书面的、口头的、默示的同意被视为具有相同的法律效力。《民法典》第一百四十条规定,行为人可以明示或者默示作出意思表示。沉默只有在有法律规定、当事人约定或者符合当事人之间的交易习惯时,才可以视为意思表示。

《民法典》第一千二百一十九条规定,医务人员在诊疗活动中应当向患者说明病情和医疗措施。需要实施手术、特殊检查、特殊治疗的,医务人员应当及时向患者具体说明医疗风险、替代医疗方案等情况,并取得其明确同意;不能或者不宜向患者说明的,应当向患者的近亲属说明,并取得其明确同意。医务人员未尽到前款义务,造成患者损害的,医疗机构应当承担赔偿责任。

《民法典》改变了传统法定知情同意的告知方式,删除了原《侵权责任法》第五十五条对知情同意的"书面同意"要求,改为"具体说明"和"明确同意"的表述。这意味着具备法律效力的知情同意不再限定于书面形式,医务人员可以根据实际情况采取口头、录音、录像、律师见证等多种方式。同时,"明确同意"也意味着患者或家属不仅要签字,还要明确表示对整个治疗内容的理解,实际上对知情同意提出了更高的要求。具体到实践中,医方的告知方式主要可以分为口头和书面两种,书面方式即知情同意书。书面的同意是证明患者确实作出了同意的最清楚的证据,除非医师和患者是在法律明确规定要有书面同意的地方,口头的、默示的同意同样有效。

1. 知情同意书　是在实施医疗行为之前充分告知患方相关医疗信息,征得患方同意后与其签订的医疗文书。知情同意书是医师告知、患者同意的最主要的形式和载体。

知情同意书是医方履行告知说明义务、患方行使知情同意权和承担医疗风险的证明文件;它具有督促和证明医方履行告知说明义务、患方行使知情同意权的作用。另外,知情同意书的证明作用主要体现为法定程序的履行和实体义务的承担两个方面:在程序方面,知情同意书的签订表明医方按照医疗卫生法律法规规定的程序,在实施某项医疗行为前,与患方签订了相应的知情同意书,从程序上证明其医疗行为具有合法性;在实体方面,知情同意书表明医方在实施某一医疗行为,特别是重大医疗行为前已向患方履行了充分告知义务,患方对该医疗行为可预见的损害及可能发生的意外已经知悉,并以签署同意书的方式,书面同意该医疗行为,明确承担相应医疗风险。但是,随着"知情同意规则"在我国法律层面的确立及适用,"知情同意规则"越来越有功利化之虞,医师往往注重形式上的意思,甚至将"知情同意规则"作为自身免责的工具,这严重背离了"知情同意规则"法律原则的实质和内涵本意。比如实践中,医方往往通过扩大告知的范围来规避可能之风险,在其标准格式的同意书中几乎包含了所有医疗风险,为确保万无一失,还在同意书之最后加上兜底条款。书面同意的预先免责条款并不能阻却其侵权责任的承担。

2. 口头形式　虽然有证据固定较为困难的弱点,但是口头形式由于具有效率高、成本低、方便、随时可以进行的特点,在医疗活动中被广泛采用。只需要告知患者,而不需要获得其同意的事项一般采用口头方式,如患者的病情介绍。对于操作简单、风险小的诊疗方法,也可以口头告知,如常用药物的副作用,插导尿管、胃管等。口头告知的内容患者一般口头同意,但是如果患者不同意医师的方案,由于可能发生医师不希望的结果,极易产生医疗纠纷,所以医师除告知拒绝的后果,对患者不同意的意思表示,还应当采用书面形式。

3. 默示的同意　在医疗过程中有些医疗活动已经成为常识。医师被免除了告知义务。患者的同意方式可以为默示。所谓"默示同意",是指即便不存在事实上的或明示的同意,在某些特殊场合下(例如紧急抢救),也可以推定原告同意接受某些(在其他场合是侵权的)行为。在这些场合下,法律认为当事人的同意是默示存在的。因为这些行为给当事人带来的利益(如救护生命或保全肢体)与其造成的损失(如身体的完整)相比而言更为重要,如一般体格检查、肌内注射、静脉注射、紧急情况下无家属在场情形等。

(四)代为同意的情形

1. 代为同意的一般情形　患者知情同意权是知情同意规则的核心,应是基于生命权、身体权、健康权等物质性人格权所享有的自我决定权。当患者不具有相应的知情同意能力,无法准确地表达出符合自己利益的意思时,由他人代理其行使知情同意权会更加有利于保护其合法权益。在特殊情况下,为维护或者实现患方的权利,法律规定了可由法定代理人或者委托代理人代为患方行使同意能力。

《民法典》第三十三条确定了意定监护制度。具有完全民事行为能力的成年人,可以与其近亲属、其他愿意担任监护人的个人或者组织事先协商,以书面形式确定自己的监护人,在自己丧失或者部分丧失民事行为能力时,由该监护人履行监护职责。这就意味着,一旦患者丧失或者部分丧失民事行为能力时,在知情同意方面,意定监护人优先于法定监护人(近亲属),紧急情况下,可以由医疗机构负责人或授权负责人代替成为知情同意的合法主体(表 5-1)。

表 5-1　知情同意与代为同意的主体

	非紧急救治情况	紧急救治情况
患者具有完全民事行为能力时	本人	
患者丧失或者部分丧失民事行为能力时	意定监护人 《民法典》第三十三条	意定监护人 《民法典》第三十三条
	法定监护人(近亲属) 《民法典》第一千二百一十九条	法定监护人(近亲属) 《民法典》第一千二百一十九条
	/	国家监护(医疗机构负责人或被授权负责人) 《民法典》第一千二百二十条

2. 代为同意的限制　代理人同意权的行使,并非自己决定权的行使,它只是通过代理制度来最终实现患者意愿。因此,代理权的行使必须出于患者最佳利益的考虑,同时还应符合如下情况:①符合医学的价值判断;②符合社会的价值判断;③符合患者家族的价值判断;④可以推测本人意思的情况下,大体与本人的意思相符合。如果代理人由于认识上的局限性,或者并非出于患者利益的考虑,而作出不符合患者利益的决定,其决定是否应该被否定,如果应该否定,由谁来认定其决定不符合患者的最佳利益,又由谁来否定其决定,这在实践中有很大争议。此种价值判断应由何人为之,最基本且与患者关系最密切的医师应最了解患者状况及最足以知悉其代理人是否滥用代理权。

(五)同意的撤销

理论上,知情同意是患者的基本权利,既然患者有接受的权利,当然也有不接受的自由,撤销权是知情同意权的应有之义,撤销同意是对其人格权的尊重,应该予以准许。但由此给医方造成的损失,除不可归责于患者的情况外,患者应该承担赔偿责任。例如:医院为手术准备而支出的费用或在手术进行中支出的费用,因为患者撤销同意,也应由患者承担。鉴于医疗行为的特殊性,对处于进行过程中的医疗行为,必然是不能随意撤销的,患者同意的撤销应该受到一定的限制。权利人明确作出撤销的意思表示之后,是否发生法律效力,提供服务的医师须考虑以下几点。

1. 撤销同意必须是同意权人之真意　意思表示是否真实,应回溯到知情同意的起点,假如有机会重新选择,权利人的选择是否会不同。如仍会作出同样的选择,意味着权利人变更的意思表示不真实;如会作出不同的选择,则变更的意思表示真实有效。

2. 撤销是否可能　对于已经实施的医疗行为,撤销是不可能的,事实上不具备撤销的条件。医学上被认为是适当的行为,即如停止医疗行为亦不致不利于患者的健康或生命时,始可认为是有效的撤销。如果听从患者的意见中途停止会造成难以弥补的损失,则医师的诊疗特权应享有优先地位,除非停止与否都要面临极大的风险。

3. 不违背公序良俗　否则,其撤销已逸出权利的、社会的、经济的目的或社会所不容许的界限,换言之,权力行使欠缺正当利益的,为权力的滥用,其撤销不发生效力。

三、医师说明义务的标准与范围

(一)说明义务的标准

说明义务的标准是判定医师是否已尽合理说明义务的基准,是判断医师在说明义务的履行上是否存在过失的依据。对说明义务的标准目前主要有三种观点:理性医师标准、理性患者标准、具体患者标准。理性的医师标准认为医师告知患者的是"一个通情达理的、有基本能力的医师按照常规惯例应告知患者的信息",这是一种职业标准;理性患者标准是指在医疗过程中,凡是一般理性患者都想了解的医疗资料,医师都有告知义务;具体患者标准则是,在医师可能预见的范围内,就其治疗的具体、个别患者本人所视为重要的事项,即应告知,其告知范围之标准取决于作出同意的患者本人。虽然我国现有法律法规对医务人员的告知义务有明确规定,但要求过于笼统,依照何种标准要求医务人员履行告知义务则没有统一规定,《民法典》对此也没有作出明确的规定。在医疗实务中,既不能片面地采用"医师标准",加重患者举证责任,也不能片面采用"患者标准",加重医疗机构的赔偿风险。

(二)说明义务的范围

医方的告知说明标准不同,告知说明的范围也会有相应的不同。根据《民法典》第一千二百一十九条说明义务可以分为普通说明义务(医务人员在诊疗活动中应当向患者说明病情和医疗措施)和特殊说明义务(需要实施手术、特殊检查、特殊治疗的,医务人员应当及时向患者具体说明医疗风险、替代医疗方案等情况)。

1. 医疗机构和医师的基本情况 医方对于医疗机构的等级、医疗技术和设备、医师的资质及其对相关医疗方案的经验等有告知的义务。《医疗机构管理条例》规定,医疗机构必须将"医疗机构执业许可证"、诊疗科目、诊疗时间和收费标准悬挂于明显处所;第三十条规定:医疗机构工作人员上岗工作,必须佩戴载有本人姓名、职务或者职称的标牌。这些信息对患者了解医方的医疗能力,从而决定是否在该处接受治疗以及接受何种难度的医疗方案有重要意义。

2. 病情的诊疗信息 包括疾病的性质、病情的发展、严重程度、痊愈的可能性等信息。在医方诊查后,还应当及时告知患者有关疾病的检查和诊断的结果。这些信息是患者了解病情,进而选择医疗方案的基础和前提。

3. 替代医疗方案和建议拟采取医疗方案 医师告知患者其病症情况后,就应将基于对患者病情的诊断,告知可以采取的治疗方案,这里并不限于本医院可以提供的治疗方案,而应当以当时行业内医疗水平为范围的可供患者选择的治疗方案。除了替代医疗方案外,还要建议患者拟采用何种医疗方法治疗。

4. 替代医疗方案和建议拟采取医疗方案的后果与风险 医疗方案的后果既包括优点,也包括缺点。而医疗方案的风险,侧重于医疗方案可能伴随的风险、发生的概率、不良结果预防的可能性等。这主要是指对生命健康可能造成的重大威胁,包括死亡、脑损伤、器官或四肢的丧失或功能丧失、容貌毁损等,也包括暂时或永久的生理痛苦,如有创检查的疼痛出血等。

5. 医疗费用与医疗保险报销范畴 医疗费包括医药费、诊疗费、检查费、住院费等;医方应当明确告知患者将支付或已支付的相关医疗方案的费用、药品和医疗器械的明细价格、是否属于医疗保险支付报销范畴等。对于可能对患者造成较大经济负担的医疗行为,医疗机构需要提供明细清单。

6. 作为实验性临床治疗及医学科学试验对象的特别告知 在实施新的实验性临床医疗方法时,对该方法的理论依据、成熟程度、风险概率、前期临床试验情况尤其要详细说明,如一些价格昂贵的进口药品、医疗器械的使用;按照患者的要求提供医疗费结果等信息,医师应该以医疗上通用的方式加以说明,使患者充分了解该医疗行为对身体可能产生的侵害,以便决定是否同意接受该项医疗行为的实施,例如:采用某些放射疗法、化学疗法、激光疗法以及疗效尚未得到验证的药物疗法,医师必须对患者进行全面的、真实的、有效的说明,在此基础上取得患者的同意。

四、知情同意的特殊情形

患者知情同意权的法理主要是为了保护患者的自主权,但是一味绝对的适用可能对患者的生命健康或社会公共利益造成重大不利影响。为此,对患者的知情同意权进行适当限制是完全必要的。

具体特殊情况如下。

(一) 医疗的紧急情形

医疗的紧急情形是指在患方的生命、身体健康危在旦夕时，需立即予以救急医疗，否则必有生命危险，可是在此情况下无法取得有同意能力人的有效同意。在此情形下，探求患者的意思已不再实际，患者的知情同意不再适用，或者被认为是"默示的"同意。在这方面，我国立法是设定相应主体，对急危患者，执业医师应当采取紧急措施进行诊治，不得拒绝急救处理。在抢救生命垂危的患方等紧急情况下，医师不可能像在正常情形下那样对患方的病情及症状做详细的检查、诊断，而只能凭借自己的经验和技术对病症迅速作出判断并及时安排抢救，以尽可能排除危险，挽救患方的生命。

医疗紧急救治原则应当考虑以下因素：①若等待患者或其法定代理人同意，极有可能耽误治疗的最佳时机，从而可能导致患者生命、健康受到不可挽回的极大损害；②在危急情况下，法律推定患者同意的内容应当是医师救助自己的健康和生命，而医师未经患者同意而实施的救助行为也符合患者的本来目的，因此在患者生命受到严重威胁时推定医师的行为获得了患者的同意。紧急情况下的推定同意，必须符合以下 3 个条件：①患者当时由于客观情况无法给出同意；②患者正面临不能拖延的严重危险；③以理性人的标准判断，患者在此种情况下会表示同意。医方在抢救生命垂危患者等紧急情况下已经尽到合理诊疗义务的，可以作为免责事由。因为知情同意规则作为一项法律原则，本身并不是目的而只是手段，它的运用要受到其目的的限制和制约。在此情形下，医师的思维能力、判断能力和预见能力低于正常情形是不争的事实，其注意义务也应低于一般的医疗情形。

(二) 保护性医疗

保护性医疗，是指在医疗诊治过程中，为避免和减少外界环境等各种因素对患者可能造成的不利影响而采取的保护性措施，如对患者病情进行必要的保密、保证就诊过程有一定的私密空间、为患者保守个人隐私及保证病情不外泄等。在医患关系的利益信赖模式中，医师对患方负有如实告知说明的义务，使得患者利益实现最大化。但并非所有医疗信息的说明都会对患者的医疗决定和治疗行为本身产生良好的效果，如一些重症或绝症患者对所患的疾病知情后，可能会挫伤其求生的意志，并损害身心健康。在我国，保护性医疗是由来已久并被普遍认可的，特别是在患者患有"不治之症"且预后不良，身患某些危重疾病或者在需要进行危险性较大的治疗之前，往往会对患者善意隐瞒一些关于病情、治疗手段以及治疗风险的信息，使患者保持轻松的心态配合医师的治疗，以防止患者出现不安、悲观、自暴自弃等不良身心状态而影响治疗。

保护性医疗措施是基于东方国度特有的文化和伦理背景产生的，目前也得到了我国相关法律规定的承认。《医疗事故处理条例》第十一条规定，在医疗过程中，医疗机构及其医务人员应当将患者的病情、医疗措施、医疗风险等如实告知患者，及时解答咨询；但是，应当避免对患者产生不利后果。《医师法》第二十五条和《民法典》第一千二百一十九条规定，不能或者不宜向患者说明的，应当向患者的近亲属说明，并取得其明确同意。如何理解"不能或不宜"呢？"不能"除了患者意识不清无法作出意思表示之外，主要指常使用的"临床治疗性安慰剂"或"双盲对照研究中使用的试验性安慰剂"。"不宜"则是针对"坏消息"，即告知病情可能会给患者造成很大的心理负担，导致其病情恶化、拒绝治疗等，不利于其身体康复。在此情况下患者的近亲属是知情同意权的主体，患者的近亲属包括患者的父母、子女、兄弟姐妹、祖父母、外祖父母、孙子女、外孙子女。患者近亲属行使知情同意代理权也应坚持一定的法律原则：①患者近亲属仅仅是代理患者行使知情同意代理权，在允许的情况下，医师还应要求患者明确后续医疗的委托授权。患者近亲属的代理行为应重视于被代理人利益，在近亲属意见违背患者的健康或生命利益时，紧急情况下医务人员可实施紧急医疗检查。②在尊重患者近亲属的代理知情同意权时，应注意患者近亲属的代理能力。同时，当近亲属的意见不一致时，应按照最有利于患者利益的意见实施抢救。

知识链接

安慰剂

安慰剂,是指本身无药理活性的物质,常用作临床试验中的阴性对照。尽管安慰剂本身无药理作用,但在一定条件下,安慰剂可以产生效应,称为安慰剂效应。安慰剂对照在药物评价中有以下作用:①随机对照试验中作为阴性对照,有可能在盲法条件下评价新药的安全有效性;②在有阳性对照时,同时设有安慰剂对照,有监察测试方法灵敏度的作用;③区别药物的药理作用和给药行为带来的心理效果,即排除精神因素在药物治疗中的作用;④区别药效和由病情本身波动造成的症状改变。

安慰剂效应亦称"伪药效应""假药效应""代设剂效应"和"定心丸效应",指患者服用安慰剂后产生治疗效果的现象。在心理学实验中主试给被试服用不具有任何药理作用的安慰剂,被试以为是药物,由于心理作用,同样会产生症状改变的效果,给实验造成误差。

(三)患者的放弃或转让

患者对其知情同意权的转让或放弃的情况常常出现在医方对患者进行了有效的告知说明以后,患者不能决定是否接受医师所提出的医疗建议,作出放弃自己作出同意的决定或转让给医师为其作出决定。患者放弃或转让知情同意决定的原因可能是多方面的,如患者不想为繁杂的医疗信息所影响,或者患者自身无法作出专业性和技术性的决定,或者患者对医师高度信任而由其代为作出医疗决定等。但是,此时需要注意三点:①患者无论基于何种原因作出放弃或转让的决定,其选择的这种决定行为的本身必须是自愿的;②对于患者放弃或转让知情同意决定的适用范围是有限制的,一般应限于为取得患者有效同意而对有关医疗行为的风险因素的说明,而对其正在进行的治疗行为本身的说明义务并不在患者放弃或转让的范围内;③医师对具有相当危险性的医疗行为进行有效告知后,患者对是否选择承担此种医疗风险仍然犹豫不决时,医师原则上应当明确向其告知,不能开展未经其同意的检查或诊疗行为。

(四)普通常识的例外

如果某些医疗行为是常识,患者根据常识能够知情并作出选择,则没有必要再由医师告知一次,不仅增加麻烦,从经济学角度分析也显得浪费。比如打针会导致疼痛,患者以打针前没有得到医师的告知,侵犯其知情同意权为理由则不能成立。从合同法来看,患者和医疗机构订立医疗合同就是为了治疗疾病,维护并增进健康;对患者轻度的身体侵袭,已成为医疗合同内容的一部分,在较通常的治疗侵袭范围内,患者应该可以理解,此时若要求医师告知,并取得同意,有悖生活常情,所以免除告知义务。普通常识的例外实际上对患者的知情同意权并没有实质性的影响。

案例 5-1

一对夫妻在医院进行"试管婴儿"移植术过程中,丈夫意外去世。妻子小敏想要完成夫妻"未完成"的心愿,继续完成"试管婴儿"移植手术,却遭医院拒绝。当地人民法院经审理对该案作出一审判决,要求医院继续履行医疗服务合同,实施胚胎移植术。

法院认为,丈夫亡故不影响合同的继续履行,继续进行胚胎移植术必须符合"知情同意原则"与"社会公益原则"。首先,小敏与丈夫已经与医院签署了一份"体外受精和胚胎移植术同意书",医院已经为其实施了体外受精术,双方形成了医疗服务合同关系,并且已经进入履行阶段。虽然小敏的丈夫在此期间亡故,但不影响后续合同的继续履行。其次,这份合同的目的在于通过人类辅助生殖技术生育子女,无论是小敏丈夫生前的意思表示、行为表现还是社会大众的普遍认识,胚胎移植都是实现合同目的的必然步骤,属于医疗服务合同的一部分,并没有违反知情同意原则,医院在治疗过程中的风险告知,是医院应履行的义务,而小敏这方已经予以认可,不构成后续医疗服务合同的履行障碍。

最后,法院认为,《人类辅助生殖技术和人类精子库伦理原则》规定的社会公益原则指向单身妇女,而小敏与丈夫是在婚姻关系存续期间,已经签署了"体外受精和胚胎移植术知情同意书"并已经实施了体外受精术,小敏属于丧偶单身妇女,继续进行胚胎移植术并没有违反社会公益原则。

第二节　其他医疗违法阻却事由

一、无因管理

医师与患者之间成立无因管理关系,主要是基于以下情形:①医师在医院外,发现危急或昏迷之患者而加以治疗,如医师在火车上遇到行将分娩的孕妇而加以诊疗;②特定的第三人将意识不清或不能为意思表示的患者送到医院,医院对其加以救治而该第三人又没有负担诊疗报酬的意思。这两种情形,又可以分为两类:一类是医疗场外的无因管理,这类医疗事务无因管理较为多见,它与普通的无因管理没有实质区别,但由于医疗场所外环境和设备的限制,其对医方注意义务的要求低于医疗场所内的医疗行为,医方仅在故意和重大过失的情况下才承担责任。《民法典》第一百八十四条规定,自愿实施紧急救助行为造成受助人损害的,救助人不承担民事责任。该条表明:①救助人实施救助行为客观上无法定义务或约定义务,且主观上是基于其内心真意,是自愿而非强迫实施救助;②即便给受助人造成损害,救助人亦不承担民事责任。为了改变自愿施救反被讹诈的不良社会风气,提倡和鼓励见义勇为的传统美德,该条款给了人们极大的信心。尤其是医务人员,更能够发挥其价值,再也不用犹豫"到底救不救"这个问题了。另一类是医疗场所内的无因管理,这类无因管理不应降低医方的注意义务程度,医方仍应尽善良管理人的注意义务。同时,若医务人员在医疗机构履行职责对患者实施救治的过程中给患者造成损害,虽然不能依据第一百八十四条免责,但是该条规定仍具有很强的借鉴意义。

二、职务行为

国家基于医疗的特殊性和对国民生命和身体健康的维护,在法律上赋予医疗机构或医务人员的强制诊疗和患者的强制治疗义务。这在医疗法律关系中属特殊的情况,此为公权力的行使,即医疗机构或医务人员作为国家的使用人、代理人,医疗法律关系是存在于国家和患者之间的,这种医疗法律关系可称为强制医疗关系。此种情况下,医师的职务行为成为一种阻却违法性事由。根据相关法律规定,医师的职务行为主要有以下几种。

1. **对传染病患者进行强制治疗职务行为**　《传染病防治法》第十二条规定,在中华人民共和国领域内的一切单位和个人,必须接受疾病预防控制机构、医疗机构有关传染病的调查、检验、采集样本、隔离治疗等预防、控制措施,如实提供有关情况。该法第三十九条还规定,医疗保健机构、卫生防疫机构发现法定传染病时,应当及时采取隔离治疗的控制措施。拒绝隔离治疗或者隔离期未满擅自脱离隔离治疗的,可以由公安机关协助医疗机构采取强制隔离治疗措施。

2. **对严重精神障碍者进行强制治疗的职务行为**　由于严重精神障碍者可能出现危害其自身、他人及社会的行为,所以各国立法均规定可对其进行强制医疗。此时不仅无须征得严重精神障碍者本人的同意,也无须征得其法定代理人的意见。在实务中通常的做法是主要由当地公安机关负责,并由其隶属的精神卫生医疗机构具体负责对严重精神障碍者的强制收治工作。

3. 对吸毒成瘾者进行强制治疗时的职务行为　《禁毒法》第三十八条规定,吸毒成瘾人员有下列情形之一的,由县级以上人民政府公安机关作出强制隔离戒毒的决定:①拒绝接受社区戒毒的;②在社区戒毒期间吸食、注射毒品的;③严重违反社区戒毒协议的;④经社区戒毒、强制隔离戒毒后再次吸食、注射毒品的。对于吸毒成瘾严重,通过社区戒毒难以戒除毒瘾的人员,公安机关可以直接作出强制隔离戒毒的决定。吸毒成瘾人员自愿接受强制隔离戒毒的,经公安机关同意,可以进入强制隔离戒毒场所戒毒。这一规定表明经批准开办戒毒脱瘾治疗业务的医疗单位,对吸食、注射毒品成瘾者实行强制性治疗时可自行作出决定,而无须征得毒品成瘾者及其监护人的同意。

第三节　PCBL:意识不清患者近亲属意见明显不利于患者,医师该怎么办?

> **案例 5-2**
>
> 　　一路人在街边发现路边倒卧一中年男子,神志不清,口吐白沫,赶忙拨打120。一辆救护车将男子接到附近一家三甲医院的急诊科检查。该院急诊内科梁医生称,44岁的刘先生送来时已陷入深度昏迷,有明显酗酒迹象,紧急CT检查发现,他的大脑右侧颞叶正在出血,出血量约为60ml,血液流入脑室系统及蛛网膜下腔,情况危急,"必须马上进行手术,否则有生命危险"。随后,刘先生的两个姐姐赶来医院。她们表示,弟弟没老婆、没工作、长期酗酒,家人多次劝阻仍我行我素,终于出事。医生向两名家属详细介绍了刘先生的病情,她们听完后,拒绝医生进行任何救治,甚至不同意办理入院手续,最终还签字放弃治疗。无奈,医生按常规给予刘先生保守治疗,但因病情过重,刘先生第二天凌晨2时后死亡。

一、意识不清患者紧急救治代理人制度

马克思曾指出:"自由就是从事一切对别人没有害处的活动的权利。每个人所能进行的对别人没有害处的活动的界限是由法律规定的,正像地界是由界标确定的一样。"即从事对他人无害处的事情,自己有决定权。实施仅对自己有害的行为,后果自负。承担责任自主决定权,就是自己的事情由自己决定之权利。患者自主决定权,则泛指患者自己的事情由自己决定之权利。本部分表述的重点只是分析在紧急救治中的治疗措施选择权。患者本人意识清楚,当然应当征求患者意见,但是一旦患者意识不清,且处于紧急救治中,法律就应当考虑建立一套完善的代理人制度,从患者最大利益出发,代理人行使自主决定权,以期尽量接近患者本人之真实意愿。

往往人们认为,"有利原则"应当成为意识不清患者紧急救治代理人制度的首要原则。但是,随着人们对生命质量、死亡质量等观念的改变,有利原则中的何为"有利"自然成为争论焦点,所以我们应当用"尊重原则"取代之,即应当尽量作出接近患者本人真实意愿的代理行为,尽管这种行为可能在其他人看来并不是最有利于患者的。实际操作中,尽量撇开绝症或治愈机会极小患者濒死前的治疗措施选择问题,因为如果将其和有抢救希望患者混同讨论,很容易影响正常的判断。对于绝症或治愈机会极小的患者,若不赞成医疗机构和医务人员的干预,则可以遵循其近亲属意愿。紧急救治时往往无法像平诊或择期手术一样有充分的时间与近亲属沟通、交流甚至宣教。所以法律应当以保护患者生命安全利益为首要出发点。这是医学原有的"父权主义"传统,即由医师为了患者生命安全利益

作出医疗决定,而不考虑患者的意愿。由于人类治疗措施选择问题在历史上经历了从"父权主义"的医师决定到现代由患者自治自决的患者决定。因此,如果医疗机构或医务人员在非紧急救治时,应当坚持"尊重原则"为导向,一旦干预了患者近亲属的决定,很容易引发社会担忧,担心医方滥用此特权侵犯患者自主决定权。

二、如何理解"不能取得患者或者其近亲属意见"

《民法典》第一千二百二十条规定的"不能取得患者或者其近亲属意见"中的"不能"是否包括"患者或者其近亲属明确表示拒绝采取医疗措施的情况",应视具体情况而定。根据民法理论,亲权人和监护人如果实施明显不利于行为能力欠缺人的行为时,该民事行为当属无效。首先,如果是绝症或治愈机会极小的患者濒死前近亲属明确表示拒绝采取医疗措施,医务人员应当尊重其近亲属的意愿。如前文所述,这种情况实际上并不属于"近亲属的意见明显不利于患者利益的",应当首先剔除,避免混淆视听。这里所指"明显不利于患者利益"是指,近亲属所作出的选择并非患者当时病情的"替代医疗方案";如果近亲属所作出的选择属于患者当时病情的"替代医疗方案",则不能随便干预近亲属的决定。

但是有以下三种常见情形,医务人员不应听从近亲属拒绝抢救的意见:①由于医患双方知识不对称,而造成患者近亲属"重大误解"医务人员告知内容,拒绝对有抢救希望患者的救治;②患者近亲属对医务人员告知内容不存在重大误解,但是存在"故意伤害"患者生命安全之恶意;③患者本人轻生自杀,近亲属拒绝对有抢救希望患者的救治。主要理由有三:①由于临床紧急救治往往时间紧迫,如果真正了解医学情况就会发现,医务人员面对缺乏医学背景又往往缺乏足够信任基础的近亲属,是很难在短暂时间内达到法律上要求的"知情同意"、让近亲属"充分理解"并获得近亲属的"真实意思表示",所以近亲属产生"重大误解"现象不足为奇;②当患者或近亲属存在上述三种情形时,医务人员必须给予干预,因为这不是"伦理"问题,而是"法律"问题,因为患者步入医疗机构时已经与医疗机构之间形成了法律关系,而非社会关系;③民事行为具有法律效力的前提是"真实意思表示"且与公序良俗不悖。在上述三种情形中,第一种是近亲属意思表示明显存在重大误解,非真实意思表示(此种情形往往表现为近亲属一边拒绝医务人员建议的某种救治措施,另一方面却又同时要求一定要救治患者生命。这一点非常重要,很多学者将"拒绝治疗"和"拒绝医师给出的治疗措施"混为一谈,极易引发误判),后两种情形则是有悖公序良俗,故医务人员必须干预。

案例5-2中刘先生的两个姐姐赶来医院,虽然表示拒绝抢救,但是她们是考虑弟弟没工作、长期酗酒,家人多次劝阻仍我行我素,终于出事。显然姐姐的意思表示明显不利于患者刘先生的抢救,医生必须按照最有利于患者的抢救方案实施抢救。医务人员在患者生命垂危的情况下采取紧急措施是对患者生命权的充分尊重,履行了医务人员应尽的义务,是医务人员的职业操守和职业道德,符合法律精神。

(王　岳)

？ 思考题

1. 简述知情同意的概念及源流。
2. 简述医师告知信息的范围。
3. 简述患者同意的有效条件。
4. 简述知情同意的特殊情形。
5. 临床常见的医疗违法性阻却事由有哪些?

情景测试与思考

一急诊已婚急腹症患者某甲,疑腹内出血,穿刺得不凝固血,患者主诉已有2个月未见月经来潮。就诊过程中患者休克,经诊断为"宫外孕破裂失血性休克",需要进行手术。陪同患者前来就诊的是其公婆和年幼小姑,其丈夫在外务工,半年多没有回来过,目前联络不上。

请问医师该找谁进行告知并签署《知情同意书》?

课后阅读资料

[1] 黄丁全.医事法[M].北京:中国政法大学出版社,2003.
[2] 龚赛红.医疗损害赔偿立法研究[M].北京:法律出版社,2001.
[3] 王岳,邓虹.外国医事法研究[M].北京:法律出版社,2011.

第六章
医疗过失的认定

【学习要点】

　　1. 医疗过失的认定标准。

　　2. 合理慎重医师标准。

　　3. 医疗水平的流动性和相对性。

　　4. 医疗方的免责事由。

　　医疗过失的本质是,违反医疗上的注意义务。医疗过失可能带来三种法律后果,分别是医疗机构承担民事损害责任,医疗机构或负有责任的医务人员受到行政处罚,以及严重不负责任的医务人员被追究刑事责任。不同部门法有不同的立法目的、适用效果、制裁手段以及责任类型,这决定了医疗过失认定标准在不同部门法中存在差异。再有,医疗资源配置不均也会影响医疗过失的认定。因而,在法秩序体系中,医疗过失有两种认定标准,分别是医疗水平论和诊疗常规论。

　　1. 医疗水平论,是指未尽到与当时的医疗水平相应的诊疗义务,适用于民事损害责任。根据《民法典》第一千二百二十一条,医务人员在诊疗活动中未尽到与当时的医疗水平相应的诊疗义务,造成患者损害的,医疗机构应当承担赔偿责任。

　　2. 诊疗常规论,是指违反医疗卫生管理法律、行政法规、部门规章以及国家卫生主管部门发布的诊疗规范、常规等。

第一节　诊疗常规的法律地位

一、诊疗常规的法律渊源

　　诊疗常规是临床医疗中沉淀下来的经验法则,有充分的循证医学证据,为医师同行普遍认可并惯常实践着。诊疗常规有两种表现形式。一是成文化形式。其中,一部分由国家法律、行政法规、部门规章规定;另一部分是国家卫生健康主管部门发布的诊疗指南(包括临床诊疗指南)、技术操作规范(包括临床技术操作规范)、诊疗规范以及护理规范。二是未成文化形式,在法律条文中以常规指称。从法律渊源看,行政法、刑法和民法中都能够找到诊疗规范及其法律责任的相关规定。

　　其一,诊疗常规首先出现于医疗行政法律法规中。在《医疗纠纷预防和处理条例》自 2018 年 10 月 1 日起施行后,对诊疗活动中医疗事故的行政调查处理,依然依照《医疗事故处理条例》的相关规定执行。根据《医疗事故处理条例》第五十五条,医疗机构及其医务人员在医疗活动中,违反医疗卫生管理法律、行政法规、部门规章和诊疗护理规范、常规,过失造成患者人身损害的事故的,医疗机构或负有责任的医务人员会受到行政处分。

　　《医疗纠纷预防和处理条例》第九条要求,医疗机构及其医务人员在诊疗活动中以患者为中心,加强人文关怀,严格遵守医疗卫生法律、法规、规章和诊疗相关规范、常规,恪守职业道德;医疗机构应当对其医务人员进行医疗卫生法律、法规、规章和诊疗相关规范、常规的培训,并加强职业道德教育。

其二,在民法上,根据《民法典》第一千二百二十二条,患者在诊疗活动中受到损害,违反诊疗常规的,推定医疗机构有过错。民事损害责任是过错责任,由主张医疗过错方承担举证责任,而只有在特别事由出现时才允许推定过错,而违反诊疗规范便是一个特别事由。

其三,在刑法上,最高人民检察院和公安部在 2009 年 12 月 8 日联合发布《关于公安机关管辖的刑事案件立案追诉标准的规定(一)》,把"严重违反国家法律法规及有明确规定的诊疗技术规范、常规"列为一种医务人员严重不负责任的情况,造成患者死亡或者严重损害患者身体健康的,可以构成《刑法》第三百三十五条规定的医疗事故罪。

亟待回答的问题在于,遵循诊疗常规是否等同于尽到了与当时的医疗水平相应的诊疗义务? 换言之,医师能否以遵循诊疗常规为由,否定医疗过失的损害赔偿责任? 无论对医师还是处理医疗纠纷的法律工作者,这都是重要的问题。

二、遵循诊疗常规免责的局限性

从全球医疗纠纷处理的历史看,诊疗常规在医疗过失认定中发挥的作用经历了三个发展阶段。

(一) 诊疗常规论的兴起

历史上,遵循诊疗常规曾一度等同于履行了医疗上的注意义务。例如,在美国,早期法院在医疗纠纷案件中会指示陪审团判断,行医者是否采用了一般医师"惯常采用的医疗措施""常规性医疗措施"。常规是医疗人员"无意识间形成的集体合意",这种医疗共识既然已在专业领域内达成一致,作为临床医师理应知晓并遵循,而未能遵循的,显然构成过失。在德国,最初是以技术错误(Kunstfehler)来定义医疗过失。鲁道夫·路德维希·卡尔·菲尔绍(Rudolf Ludwig Karl Virchow)在 19 世纪 70 年代发表的论文中将技术错误定义为,欠缺合理的注意或慎重,违反了一般能够得到认可的治疗技术规则(Regeln der Heilkunst)。上述定义对德国早期的司法实务和理论发展都产生了巨大影响力。

在早期强调诊疗常规的年代,社会整体医疗水平还比较落后,规范的医学教育和培训系统也尚未确立。当时的民间行医者专业知识水平有限,技术欠缺,往往不按基本规程操作,容易草率处置。在这样的背景下,要求行医者必须遵循诊疗常规,可以有效地防止其乱诊乱疗,保障医疗活动的基本安全。

此外,以诊疗常规作为认定医疗过失的标准还具有以下优势。其一,评价医疗行为需要专业知识,而裁判者(法官、陪审团)作为外行,只能依靠医疗领域既有的技术规范和常规作为判断标准。其二,在医疗纠纷的审理中,裁判者容易对遭受损害的患者一方产生同情,可能倾向于对医师的诊疗行为要求过于苛刻,因此,有必要用诊疗常规来帮助裁判者理性做出判断,即只要医师遵循了诊疗常规,就意味着已经尽到了注意义务,不存在过失责任。其三,医疗行为本身伴随着风险,如果没有明确的注意义务标准,而是完全依靠裁判者个案判断,医师就会对可能卷入医疗纠纷而感到不安。而诊疗常规在事前为医师提供了明确的行为指引,让他们明白只要遵循诊疗常规从事医疗,即使有风险,也是法律允许的风险。综上,诊疗常规的存在确实能够保障、增强医师的从业安全感。

(二) 诊疗常规论的衰落

医学和技术的发展推动着医疗水平不断提高,诊疗手段变得多元化,新旧更迭频繁发生。人类对抗疾病的能力增强后,原来不能诊治的疾病变得可以诊治,行医者要面对的疾病越来越多样化、越来越复杂,患者的个体性差异会影响治疗效果。

在新的背景下,以诊疗常规作为判断标准的局限性凸显。其一,诊疗常规是向前追溯到某个历史时点医师在临床实践中总结出来的经验法则,是一个静止的概念,而医疗在不断进步,伴随着医学知识和医疗技术的新旧更迭,诊疗常规可能成为滞后于当时的医疗水平的"落后常规"。其二,某一诊疗常规纵然不是落后的,但也只是通常情况下的处理方案,如果法律上允许以遵循诊疗常规为由轻易免除损害赔偿责任,可能导致医师怠于考虑患者的个体化需求,无法为具体病例找到最恰当的诊疗方案。其三,诊疗常规并非总能明确下来。例如,多种疗法同时存在,各有所长时,究竟哪一种疗法是诊疗常规,即便在医疗专家内部也常有争论,难以达成一致。其四,诊疗常规得到了压倒性多数同行医师的认可,而在前沿医疗领域,代表着医疗发展方向的新技术和新疗法往往由少数先行者率先使用,从这个角度来看,将医师束缚于诊疗常规,意味着使用创新技术和疗法的医师要冒更大的法律风险,这会阻碍医疗技术的进步和发展。

伴随着人们对诊疗常规局限性的认识加深,"合理慎重医师标准"取代了诊疗常规,成为新的医疗过失认定标准。这种转变在全球范围内开始于20世纪中期之后。例如,在德国,联邦最高法院1952年11月27日判决的民事案件(BGHZ 8,138)中,被告在治疗牙齿时按照常规做法没有采用防止针尖脱落的预防措施,治疗中针尖脱落,造成患者受伤。被告遵照了当时大多数牙医和治疗师惯用的做法,这只是尽到了"通常的注意",并没有尽到法律上所要求的"社会交往中的必要注意",既然被告医师能够认识到治疗牙齿时小器具从治疗者手中脱落被患者吞下的危险总是存在,就有义务采取预防措施。在20世纪60—70年代的时候,"行为错误(behandlungsfehler)"取代了"技术错误",用来指称违反医疗上注意义务的行为。同样,在日本,最高法院1961年2月16日民事判决(最高法院民事判例集15卷2号244页)指出,注意义务的存否应当通过法律判断来确定,仅仅遵循了常规并不能自动否定过失,行医者应当尽到临床上预防风险所需的最高程度的注意义务,如果被告医师未能尽到此义务,就构成医疗过失。在美国,表明这一转变的著名判决是"海林诉凯里案"。本案中,眼科医师对32岁的患者进行眼部检查时没有检查眼压,未能及时发现白内障,造成患者失明。虽然在当时眼科常规检查中一般不会针对未满40岁者进行排除白内障的检查,但法院认为,法律上必须回答,为了保护未满40岁者免受白内障的损害,应该要求医师采取什么样的措施。法院考虑到眼压检查在操作上"简单""无危险性""比较便宜""裁量余地小"等因素,否认了医师可以以遵循常规为由轻易怠于检查。

综上所述,以合理慎重医师标准替代诊疗常规,标志着在医疗损害赔偿案件中医疗过失认定标准从"医疗标准"转为"法律标准"。法律标准是指,当遵循诊疗常规仍然不足以避免一个能被预见的危险时,如果法律上可以期待在同样情况下一个合理慎重的医师能够采取措施排除危险、避免结果发生,就不允许以遵循诊疗常规为由轻易地否定过失。相比遵循诊疗常规,合理慎重医师标准是对医疗上注意义务的更高要求。

(三)确保医疗安全的底线

虽然遵循诊疗常规并不能完全等同于尽到了医疗上的注意义务,但诊疗常规仍然发挥着确保医疗安全底线的重要作用。在临床医疗中,诸多诊疗常规是最基本的操作规程、技术规范,不受医学知识和医疗技术进步的影响,也无需医师裁量才能决定是否遵循。伴随着医疗活动的规范化和标准化水平逐渐提高,此类诊疗常规会以成文化形式确定下来,甚至会由法律、行政法规、部门规章等来规定。在上述意义上,诊疗常规是同行医师在从事特定医疗活动时至少应该遵循的行为准则,发挥着确保医疗安全底线的功能。

1. 公法体系下的医疗过失认定标准 在我国,诊疗常规的法律渊源主要是医疗行政法。

行政法属于公法。公法调整国家和处于从属地位的一方之间的关系,服务于国家和公共利益。医疗行政法要求遵循诊疗常规,实际上是国家为医疗活动设定安全底线,并通过行政手段来保障医疗质量,从而实现医疗服务的规范化和标准化。国家以此来保障国民都能获得安全的医疗服务。

医师法也属于医疗行政法。遵守诊疗常规以确保医疗安全的底线是对一名执业医师应尽注意义务的最基本要求。《医师法》第二十三条第二项将"遵守临床诊疗指南,遵守临床技术操作规范和医学伦理规范等"列为医师在执业活动中履行的义务。

既然遵循诊疗常规是医师在执业活动中至少应该尽到的最基本注意,那么对此的违反当然是严重不负责任,不仅是行政处罚的根据,而且可以构成医疗事故罪。

2. 私法体系下的医疗过失认定标准 民法属于私法,私法是调整平等主体关系的法律,医疗领域中的平等主体关系是基于医疗服务合同确立的医患关系。

在医患关系中,民法采用医疗水平论,以此对医疗上的注意义务提出更高要求。医疗水平论以合理慎重医师的标准为参照,定义医疗上的注意义务,要求医师综合考虑医学知识的发展和医疗技术的进步水平、患者的个体化差异,并权衡治疗效果、风险和冒险治疗的必要性等因素,通过裁量做出最佳医疗决策。因此,在民事案件中,医疗方仅仅证明自己遵循了诊疗常规,虽然能够否定行政责任,但不足以否定损害赔偿责任。

需要强调的是,诊疗常规在民法中的特定作用是,违反诊疗常规即可推定医疗方存在过错,这与一般过错责任证明中"谁主张谁举证"的规则不同。具体而言,在一般情况下,患方主张医疗过失的,需要自行举证证明医务人员未尽到与当时的医疗水平相应的诊疗义务。但在过错推定的情况下,违反诊疗常规意味着,连基本的医疗安全底线都没有达到,医疗方的过错已经不言而喻。这种情况下,除非医疗方能提出相反证据证明诊疗中无过错,否则就必须承担损害赔偿责任。

第二节　合理慎重医师标准

医疗水平论是对医疗过失存在与否的最终认定标准。为了判断是否尽到了与当时的医疗水平相应的诊疗义务,法律上需要提出一个行为标准。这就是合理慎重医师标准,即同专业的医师从事同样诊疗活动时会采取的措施。如果实际采取的措施偏离了上述行为标准,就存在医疗过失。

一、继续医学教育

医学在不断进步,医疗水平也水涨船高,这是医疗水平的流动性。法律上既然要求医师的诊疗必须与"当时"的医疗水平相应,那么,在行医生涯中持续性地接受继续医学教育当然是合理慎重医师标准所要求的。

我国卫生部在 2000 年 12 月 28 日发布的《继续医学教育规定(试行)》中将继续医学教育定义为,"继毕业后医学教育之后,以学习新理论、新知识、新技术、新方法为主的一种终身教育",其目的是"使卫生技术人员在整个职业生涯中,保持高尚的职业道德,不断提高专业工作能力和业务水平,提高服务质量,以适应医学科学技术和卫生事业的发展"。

中国医师协会在 2014 年 6 月 25 日发布的《中国医师道德准则》中,将"终身学习,不断提高专业知识和技能"列为医师的基本准则之一;并且,从医师和患者的角度进一步指出,"追随医学进步,不断更新知识,通过自我提升,更好帮助患者"。

继续医学教育更是国家法律的要求。首先,《医师法》第二十二条规定医师在职业活动中享有的权利包括,"参加专业培训,接受继续医学教育";同法第二十三条要求医师在执业活动中履行的义务包括,"努力钻研业务,更新知识,提高医学专业技术能力和水平,提升医疗卫生服务质量"。其次,《医师法》第三十九条和第四十条分别要求,各地方卫生健康主管部门等"为医师接受继续医学教育提供条件";医疗卫生机构"合理调配人力资源,按照规定和计划保证本机构医师接受继续医学教育";以及有关行业组织"为医师接受继续医学教育提供服务和创造条件"。最后,根据《医师法》第四十二条的要求,国家实行医师定期考核制度。与此相衔接,国务院办公厅在 2017 年 7 月 3 日《关于深化医教协同进一步推进医学教育改革与发展的意见》中指出,"强化全员继续医学教育,健全终身教育学习体系。将继续医学教育合格作为医疗卫生人员岗位聘用和定期考核的重要依据,作为聘任专业技术职务或申报评定上一级资格的重要条件。"

二、客观类型化标准

合理慎重医师标准并非将全体医师作为一个群体,从中选取平均水平的医师作为标准,而是客观类型化标准。客观类型化标准,是指将具有相应情况的特定群体中个人的典型特征提炼出来,形成一个普遍适用的标准,此标准符合社会公众基于长期积累的伦理观念和生活经验所形成的共同认识。在医疗领域中,哪些个体的典型特征可以被提炼出来,是需要解释的问题。

(一) 横向客观类型化

横向客观类型化的依据主要包括医学流派、诊疗科目。

1. 医学流派 医学分科始自于不同的医学流派。在我国,临床医学(西医)和中医相提并论。《医师法》分别规定了临床医学领域的执业医师资格考试和中医医师资格考试。在西方国家,临床医学和替代医学(顺势疗法、草药疗法为代表)并行不悖。在美国,"学派标准(school rule)"要求,根据行医者所属学派不同而采取不同的过失认定标准,对于按照自己所属学派规则行医的,纵然采用的治疗方法得不到其他学派的认可,也不会仅因此就被认定为过失。在德国,临床医学被称为"学院医学(Schulmedizin)"或"正统医学",但相对于替代医学并没有当然应该得到优先适用的地位。

但是,僵化地尊重医学流派带来的问题是,只要患者从一开始选择了某医学流派的医师,该医学流派的疗法未必是最合理对症疗法的风险就完全由患者承担,这是不恰当的。为了解决这一问题,无论是哪一种医学流派的行医者,都有义务优先采用最合理对症疗法,在此疗法超过了自己所属医学流派的知识和技术范畴时,有义务安排患者转诊、转院;为了查明最合理对症疗法,有条件的情况下应进行会诊。

2. 诊疗科目 医学分科还表现为诊疗科目的分化。患者对医疗活动的期待与诊疗科目直接关联在一起。因此,诊疗科目作为客观类型化标准符合社会公众的共同认识。

伴随医师的专业化程度越来越高,诊疗科目的分化也越来越精细。例如,外科、内科等是诊疗科目的一级分科,其中,外科下又有普外、心外等二级分科。在临床医学领域,卫生部在1994年9月5日发布《医疗机构诊疗科目名录》(2007年5月31日修订),并多次增加新的诊疗科目。法律上要求,应当以同一诊疗科目下合理慎重医师在同样情况下会采取的医疗措施作为过失存否的判断标准。合理慎重医师标准也包括是否在同样情况下会安排患者转诊、转院。

(二) 纵向客观类型化

在相同医学流派、诊疗科目的前提下,医学知识、医疗技术以及临床经验等纵向阶梯性差别会进一步影响合理慎重医师标准的认定。在我国,医师的执业生涯大致分为如下几个阶段:在执业医师的养成阶段,高等学校相关医学专业本科的医学生在毕业前在医疗机构实习;毕业后,作为医学毕业生,在执业医师指导下,在医疗卫生机构中参加医学专业工作实践至少一年;实践满一年后,可以参加执业医师资格考试。考试成绩合格者取得执业医师资格,再申请执业注册,取得医师执业证书。具有高等学校相关医学专业专科学历的,则需要先取得执业助理医师执业证书后,在医疗卫生机构中执业满两年,才能参加执业医师资格考试,并进而注册为执业医师。在执业医师的晋升阶段,伴随着专业技能、知识和经验的不断积累和提升,医师从住院医师逐级晋升为主任医师,技术超群卓越者成为名医。纵向客观类型化要求,以处于同一个进阶阶段上的合理慎重医师为标准。这意味着,法律上科处给医师的注意义务是与其专业、技能、知识、经验、能力等相匹配的注意义务。

1. 向下的方向上 将医师的知识、技能、经验等专业能力进阶视为一个不断攀升的进路时,向下的方向是专业能力发展的初期阶段。在这个方向上,对于尚未取得医师资格的后备医师,我国的法律和相关部门规章明确规定了他们从事或参与医疗活动的权限。

首先,原卫生部、教育部在《医学教育临床实践管理暂行规定》(2009年1月1日实施)中分别规定了医学生"在临床带教教师指导下参与"临床诊疗活动的范围,以及医学毕业生"在指导医师指导下从事"临床诊疗活动的范围。

再有,执业助理医师从事医疗活动也受到一定的限制。《医师法》要求,执业助理医师"应当在执业医师的指导下执业",紧急情况除外;并且,执业助理医师不得申请个体行医、设置个体诊所。如上,法律上并非以笼统意义上的一般医师科处注意义务,而是对应其知识、能力和经验等科处相应的注意义务,简言之,不冒险独立开展不能胜任的诊疗活动。

对于取得了执业医师资格者，虽然法律法规中无明文规定，但根据过失认定标准的法理，也应该对合理慎重医师进行客观类型化的把握。在执业医师的晋升阶段，根据知识、能力、经验等的水平差异区分相对低水平医师群体和相对高水平医师群体，以相当水平的医师群体中的合理慎重医师为标准来科处注意义务。法律对于处于相对低水平的合理慎重医师提出的要求仍然是，不得冒险独自挑战超过本人能力的高危、复杂诊疗活动。《中国医师道德准则》第十五项要求医师："正确评价自己的医疗能力，在个人技术有局限性时，应与同事商讨或寻求帮助，以求得到合理诊疗方案。"

在向下的方向上，后备医师或相对低水平医师的过失通常是"接受过失"（又称为承担过失，源自于德国法，德文是 Übernahmeverschulden）。接受过失存在于如下情况：在开始从事诊疗活动前，明知或可能预见到合理诊疗所需要的知识、技术、经验等超过了自身的能力所及，却擅自冒险开始从事诊疗活动。简言之，明知不能胜任，却冒险把诊疗接管下来。的确，诊疗活动几乎总是伴随着风险，但接受过失中的冒险是法所不允许的风险，这种性质的冒险造成患者损害的，是典型的医疗过失。关于接受过失，存在着两个需要澄清的问题。

第一，冒险者是否可以主张，合理诊疗所需要的能力等超过了本人的能力，救治失败是客观原因造成的，主观上没有过错？上述抗辩事由不成立。从明知或可能预见到不胜任却冒险把诊疗接管下来的那一刻起，主观上的过错就已经存在了。除非冒险者的能力低下到连自己不能胜任都认识不到，否则接受过失符合过错责任原则的要求。

第二，认定接受过失是否会导致后备医师和相对低水平医师在从事医疗活动中畏首畏尾，害怕担责，以至于妨碍高水平医师的养成目标实现？答案是否定的。法律上并非禁止后备医师或相对低水平医师参与或从事诊疗活动，只是要求他们必须在执业医师或相对高水平医师的监督、指导或协助下进行，而不得擅自独自冒险，将患者作为磨炼技能的实验台。

2. 向上的方向上　在医师的知识、技能、经验等积累到相对高级的阶段，根据客观类型化标准，应采用相对高水平的合理慎重医师标准。

例如，在德国联邦最高法院 1987 年 2 月 10 日判决的民事案件（JZ 1987,877）中，被告是外科主任，在例行巡诊时没有阅读患者的住院记录，也没有进行详细检查，没有考量至此所实施的诊断和治疗的正误，以至于没有及时发现患者已经罹患间隔综合征，延误了治疗。争议的问题是，间隔综合征存在时，为了防止坏疽症状发生，是否应该迅速实施筋膜切开手术。法院认为，"具有决定性意义的是，如果是一名医院的外科主任，是否必然知道应该尽早实施筋膜切开手术"，在此，确定注意标准时应该考虑"对于从事科学工作的行为人而言能够被期待具有特别的知识，以及患者可以对其具有这样的知识有预期"。在此，法院采用的过失判断标准不是一般外科医师，而是像被告这样作为医院外科主任工作的医师。这是高于一般外科医师标准的相对高水平的合理慎重医师标准。

对于全国的名医，一般要求其以自身具备的最卓越能力、最高水平知识提供医疗服务，而不止步于一般医师提供的医疗服务。这种要求不会给名医科处"过度"的注意义务，理由有三点。

第一，对于名医而言，最卓越能力、最高水平知识属于已在其个人能力范围之内的盈余能力，如同已经装配在身的道具（在这个意义上，又可称之为"道具能力"），法律上要求名医运用盈余能力，纵然是高要求，但不至于"过高"。

第二，并非要求名医时时刻刻或持续性地运用盈余能力，只有在面对特别危险，除非运用盈余能力，否则不能妥善救助患者的情况下，才要求其尽到相比一般医师更高程度的注意，纵然给名医带来负担，但不至于"过度"。

第三，法律上以名医本人的能力和知识为标准来科处注意义务时，名医获得了在最前沿医疗领域挑战更多高危医疗活动的行为自由，这是对名医有利的。从事高危医疗活动与名医的能力和知识水平相匹配，纵然有风险，这也是法所允许的冒险；而对于能力不及名医的一般医师，轻率挑战上述高危医疗活动时，从开始冒险的那一刻就存在着"接受过失"，要为失败的结果承担法律责任。

第三节　与医疗资源配置相关的因素

是否能尽到"与当时的医疗水平相应的诊疗义务"不仅取决于从事诊疗活动的人,而且取决于人力、物力等医疗资源的配置水平。

一、医疗水平的相对性

由于经济、地理、社会等各方面的原因,医疗资源配置水平在不同地域,以及不同级别或规模的医疗卫生机构之间参差不齐。医疗资源配置不均决定了"医疗水平的相对性"。判断医疗水平的相对性时,宜参照同样或类似地域中医疗资源配置水平类似的医疗卫生机构,具体考虑的因素可以包括:人力配置、医疗设备配置、对最新文献以及先进技术的获取情况,以及地域中其他医师的知识和技术水平等。

> **案例 6-1**
>
> 患者到卫生站就诊,医师为其实施注射,静脉推注药品过程中,患者出现不良反应,卫生站立即采取注射肾上腺素等应急处理,并呼叫"120"急救中心,将其送往本镇医院救治,但到达后,抢救无效死亡。死因是注射药物所导致的过敏性休克死亡。
>
> 一审法院认为,卫生站制度不完善,未配置必要的抢救设施、药物和氧气,同时,该卫生站的医务人员对现场抢救技术的知识不足等,这些原因导致了在突发事件的抢救中不能做到足够的安全保障,也未能有效减低损害,所以,卫生站存在一定过错,应该承担赔偿责任。
>
> 一审法院没有考虑医疗水平的相对性,这一点在二审中得到矫正。二审法院指出:"卫生站存在不足之处……需承担一定的责任。同时……应当综合考虑该医疗机构的性质、医疗环境特点等情况,考虑到卫生站在医疗体系中的地位和其具体条件的限制,不能要求村卫生站中的医师与全国性大医院的医师有相同的技能与注意义务;卫生站中的医师已经履行立即对患者注射肾上腺素等和及时转医的义务,原审判决的赔偿额过高。"

二、转院义务的科处

医疗资源配置不均客观上造成了不同医疗卫生机构之间医疗水平的落差,但这种落差导致医疗质量下滑的风险不应当然让患者承担。为了矫正这种落差,当医师能够预见到或已经认识到,本医疗卫生机构现有的医疗资源配置无法满足合理诊疗的需要时,应该及时安排将患者转送到医疗资源配置相对充足的高层次医疗卫生机构。

> **案例 6-2**
>
> 患者甲服毒自杀,被送至本市第二医院抢救,但医院现有的医疗设备破旧,洗胃管下端漏水,进水不理想,医师虽改用胃肠减压管,但胃肠减压管下到食管后打了一个结,洗胃再次失败;这时又一名中毒者乙被送至医院,由于人手不够,医师将患者甲交由护士注射药物解毒后,自己去抢救后入院的乙。患者甲在第二天经抢救无效死亡。
>
> 本案中,涉案医院没有定期对常规医疗器械的运转情况进行检点,并且,医师在医疗设备无法正常运转、医务人员人数不够的情况下,没有及时采取转院等备用方案,存在过错。

医师明知或有可能预见到医疗资源配置无法满足诊疗的需要,且有可能安排患者立即转院,却怠于安排转院,冒险开始实施治疗的,在开始冒险的时点就存在"接受过失"。接受过失被认定为严重不负责任,且造成患者死亡或者严重损害其身体健康的,医师本人可以被追究刑事责任。例如,明知患者的住所无手术所必需医疗器械,却擅自在此实施非紧急手术,致人死亡的,可以构成医疗事故罪。

在两种情况下,法律上不再科处转院义务。一是来不及转院。在紧急情况下,虽然医疗资源配置不足会导致救治失败的风险提高,但是,如果不立即冒险救治,就会丧失最佳抢救时机,甚至让患者陷入得不到救治的绝境。在此,比较衡量医疗资源配置不足可能带来的高度风险和冒险救治可能实现的救治利益,后者值得法律优先保护,在这种情况下,冒险救治有风险,但这是法所允许的风险。二是无处可转。科处转院义务的目的在于,矫正医疗水平的相对性。倘若某种诊疗需要的医疗资源配置超过了当时的医疗水平的天花板,转院目的就无从达成。

第四节　PCBL:医疗方的免责事由究竟有哪些?

《希波克拉底誓言》在 2500 多年前向医学界发出行业道德倡议时就指出,"尽余之能力与判断力所及,遵守为病家谋利益之信条"。医师纵有妙手回春之术,也断无起死回生之能。法律上只能也必须在医师的能力与判断力所及范围内来认定医疗过失。

在现行法律法规中,《民法典》和《医疗事故处理条例》列举了医疗方的免责事由清单(表 6-1)。医疗过失认定标准在民法和医疗行政法中不同,同样,医疗方的免责事由也不尽然相同,以下分类说明。

表 6-1　医疗方的免责事由清单

法律类型	法律依据	患方过错	医疗急救	医疗水平的最大阈值	意外事件、不可抗力		
民法	《民法典》第一千二百二十四条、第一百八十条	患者或者其近亲属不配合医疗机构进行符合诊疗规范 上述情形中,医疗机构或者其医务人员也有过错的,应当承担相应的赔偿责任	医务人员在抢救生命垂危的患者等紧急情况下已经尽到合理诊疗义务	限于当时的医疗水平难以诊疗	因不可抗力不能履行民事义务的,不承担民事责任		
医疗行政法	《医疗事故处理条例》第三十三条	患方原因延误诊疗导致不良后果	在紧急情况下为抢救垂危患者生命而采取紧急医学措施造成不良后果	在现有医学科学技术条件下,发生无法预料或者不能防范的不良后果	因不可抗力造成不良后果	在医疗活动中由于患者病情异常或者患者体质特殊而发生医疗意外	无过错输血感染造成不良后果

一、意外事件和不可抗力

医疗过失的损害赔偿责任以过错为前提。而意外事件和不可抗力并非出于故意或者过失,即人的过错,而是由不能抗拒或者不能预见的客观原因所引起的。因此,在诊疗活动中,由不可抗力造成不良后果,无过错输血感染造成不良后果,以及医疗方不可能预见到的患者病情异常或者体质特殊而发生医疗意外的,医疗方可以免责。

但是,需要注意的是,无过错输血感染造成不良后果虽然在医疗行政监管上可以成为免责事由,但在民法上并非绝对不带来医疗方的赔偿后果。根据《民法典》第一千二百二十三条的规定,"因药品、消毒产品、医疗器械的缺陷,或者输入不合格的血液造成患者损害的,患者可以向药品上市许可持有人、生产者、血液提供机构请求赔偿,也可以向医疗机构请求赔偿。患者向医疗机构请求赔偿的,医疗机构赔偿后,有权向负有责任的药品上市许可持有人、生产者、血液提供机构追偿"。上述规定也适用于医疗机构无过错输血的情况,在这种情况下,无过错输血感染造成不良后果属于产品质量责任的,医疗机构有可能应患者的请求进行赔偿,在赔偿之后再向血液提供机构追偿。

二、医疗急救

医疗急救免责的法理依据来自"善意救助者责任豁免规则",俗称"好人法"。好人法的法律依据是《民法典》第一百八十四条,即因自愿实施紧急救助行为造成受助人损害的,救助人不承担民事责任。

医疗急救存在两种情况:情况一,具备医疗急救专业技能者实施急救;情况二,不具备相应专业技能者在自己的能力范围之外,或者在必要的医疗资源配置明显欠缺的情况下实施急救。问题在于,在情况二中,对于医疗急救给患者带来的损害,医疗方可否免责?以下分情况说明。

原则上执业助理医师不得独立从事医疗活动,但医疗急救除外。《卫生部关于对执业助理医师行医有关问题的批复》(2005 年 4 月 7 日实施)指出:在患者病情紧急,危及生命安全,且有剖腹探查手术指征,现场没有执业医师,会诊医师不能及时到达情况下,执业助理医师方可在乡村级医疗机构中实施剖腹探查手术。

护士是医疗辅助人员,原则上不得独立或者代替医师开展诊疗活动,但医疗急救除外。根据《护士条例》第十七条第一款,护士在执业活动中,发现患者病情危急,应当立即通知医师;在紧急情况下为抢救垂危患者生命,应当先行实施必要的紧急救护。

在医疗资源配置不足的情况下冒险急救的典型例子是,在公共交通工具上提供急救服务。虽然理想的急救前提不具备,但冒险紧急急救是法所允许的。根据《医师法》第二十七条第三款的规定,国家鼓励医师积极参与公共交通工具等公共场所急救服务;医师因自愿实施急救造成受助人损害的,不承担民事责任。

医疗急救免责有前提条件。根据《民法典》第一千二百二十四条第一款,只有医务人员在抢救生命垂危的患者等紧急情况下已经尽到合理诊疗义务的,对于患者在诊疗活动中受到的损害,医疗机构才不承担赔偿责任。

三、责任程度

医疗方承担责任的前提不仅是有医疗过失,而且医疗过失必须与患者遭受的损害结果之间有因果关系。因果关系必须存在,但并不要求医疗过失是造成损害结果的唯一原因。在医疗案件中,医疗过失、病情发展、患者的个体性差异、患者或其家属对治疗的不配合等诸多因素都可能成为损害结果发生的原因,即多因一果并不鲜见。

原卫生部制定的《医疗事故技术鉴定暂行办法》(2002 年 9 月 1 日实施)第三十六条将医疗过失行为责任程度分为四类。一是完全责任,指医疗事故损害后果完全由医疗过失行为造成;二是主要责任,指医疗事故损害后果主要由医疗过失行为造成,其他因素起次要作用;三是次要责任,指医疗事故损害后果主要由其他因素造成,医疗过失行为起次要作用;四是轻微责任,指医疗事故损害后果绝大部分由其他因素造成,医疗过失行为起轻微作用。

虽然民法和医疗行政法上都将患方原因列为一类医疗方的免责事由,但并非绝对的免责事由。对此,根据《民法典》第一千二百二十四条第二款补充规定,纵然在"患者或者其近亲属不配合医疗机构进行符合诊疗规范的诊疗"等情形中,"医疗机构或者其医务人员也有过错的,应当承担相应的赔偿责任"。上述补充规定正确地考虑到了医疗过失的责任程度。

四、医疗水平的最大阈值

医学知识、医疗技术的发展水平,以及国家在财政、经济上可能保障的医疗资源等因素为当时的医疗水平设定了最大阈值。

第一,鉴于医疗水平的流动性,医疗水平的最大阈值会不断抬高,但在某一特定的时点,最高阈值的高度是固定的。最大阈值之下是当时的医疗水平;最大阈值之上是当时的医疗水平尚未到达的未来医疗领域。合理慎重的医师只能在最大阈值以下从事诊疗活动。法律也不会在医疗水平的最大阈值以上科处诊疗义务。如果实际救治所需要的诊疗突破了最大阈值，那么救治失败的风险只能由患者来承担。

第二，医疗水平不同于医学水平，纵然在医学上某种疗法或技术可行，但并非在临床医疗中总能实现。临床医疗中，受到国家在财政、经济上的限制，某种疗法或技术所需医疗资源配置确实无法得到满足时，救治失败的风险也只能由患者来承担。

第三，在医疗水平的最大阈值之上，是试验性医疗的领域。根据《医师法》第二十六条，医师开展药物、医疗器械临床试验和其他医学临床研究应当符合国家有关规定，遵守医学伦理规范，依法通过伦理审查，取得书面知情同意。医师开展尚未成为医疗水平的试验性医疗的，应该遵守上述规定。

进一步的问题是，医师依法开展试验性医疗的过程中，造成损害结果的，是否总能以现有医学技术水平下风险和后果不可预料为由主张免责？答案是否定的。首先，试验性医疗的风险是未知危险，但并非无法预料。未知危险是试验性医疗的固有属性，因此，只要医师知道所从事的是试验性医疗，那么当然能够认识到"有未知危险"的风险。其次，无法预估未知危险的性质，甚至不知道未知危险是否真的存在，在这个意义上，的确预料到"有未知危险"的风险也无法建立起对不良结果的具体预见，但即便如此，也并非不能防范不良结果。在过失认定中，法律上科处的注意义务是与结果的预见程度相当的注意义务。这意味着，当结果的预见程度是具体的时，法律上科处的注意义务是采取措施避免结果发生的义务；而当结果的预见程度是抽象的时，法律上科处的注意义务是采取足以排除风险的措施（以情报收集为代表）的义务。因此，在试验性医疗中，法律上科处给医师的注意义务是，在开展此医疗活动之初以及在开展过程中的各个阶段不断收集用药效果相关的新情报，对未知危险进行探知，在有可能预见到危险时即时控制，简言之，"探知危险""即时控制"。

五、无过错的自由裁量

对于采取何种诊疗措施、采用何种治疗方法，医师有自由裁量的权利。在无过错的自由裁量案件中，事后看，医师采取的诊疗措施或选择的疗法没有避免损害结果的发生；但事前看，医师的选择有合理根据，没有偏离合理慎重医师标准。在这种情况下，不允许把损害后果归咎于医师，让其承担法律责任。医疗过失责任是针对有过错的诊疗活动所追究的行为责任，而不是只基于损害后果的结果责任。道理就如同，法官诚实断案、律师诚实代理的情况下，法官不会因为判决被上诉审法院撤销，律师也不会因为败诉而被追究法律责任。

无过错的自由裁量主要存在于如下两种情形。情形一，合理慎重医师也会选择同样的诊疗措施或治疗方法。情形二，可供选择的复数诊疗措施或治疗方法优劣各异，无论如何选择都有合理依据，以至于在合理慎重医师之间也难以达成一致意见，这种情况下，无论作出哪种选择都在无过错的自由裁量的范畴内。

> **案例 6-3**
>
> 在德国帝国法院 1938 年 1 月 7 日判决的案件（JW 1938，2230）中，患者在矿坑作业中受到外伤，伤口中掺杂了金属以及碳化粉尘，出血量大。被告医师在处理伤口时，没有切开伤口清洗，导致伤口感染化脓。争论的问题是，不切开伤口清洗是否存在过失。一种专家意见认为，应该采用外科手段，切开伤口清洗。另一种专家意见认为，在交通事故中，沙土或衣服的布头等进入伤口时，应该切开伤口清洗；而本案中，进入伤口的是粉尘，且伤口大量出血，血流足以达到清洗伤口的目的，因此，没有必要采用给患者带来更大负担的外科手段。面对专家意见的分歧，法院否定了医疗过失。理由是，关于切开伤口的必要性，在医学和临床上都没有形成定论，在这种情况下，采用何种措施交由医师的自由裁量，司法对此予以尊重。

（于佳佳）

思考题

　　1. 医疗过失的认定标准是什么？
　　2. 如何理解《民法典》规定的"当时的医疗水平"？
　　3. 患者在诊疗过程中受到损害的情况下,医疗方的免责事由包括哪些？

情景测试与思考

　　2017 年 9 月 18 日,原告因发现右乳房包块而入住被告医院普外科,入院时诊断为"右乳包块待查:右乳腺小叶增生症?"拟行手术治疗。术前,被告医院对原告进行了穿刺细胞学检查和各项术前常规检查,未发现其有手术禁忌证。

　　9 月 23 日,被告医院普外科全科医生对手术方案进行术前讨论,因不能排除包块有恶变的可能,故决定建议原告进行"右乳包块切除术 + 快速冰冻切片检查",如快速冰冻切片病理报告诊断包块为恶性肿瘤,则拟行"右乳癌改良根治术"。同日,医院就该手术方案向原告的亲属予以告知,其亲属表示同意并签字。

　　9 月 25 日,医院对原告实施手术。术中,医院先将原告的右乳包块及周围乳腺组织切除并送病理室做快速冰冻切片诊断,约一个半小时后,病理诊断结果是恶性肿瘤。医院当即将此结果告知原告的亲属,并说明需对原告施行"右乳癌改良根治术"。原告的亲属对医院提出的此手术方案表示同意,并再次签字。医院当即对原告施行了根治术,将其右乳及周围相关组织全部割除,并将根除组织的标本送院病理科检验,整个手术过程顺利。原告恢复正常,于 10 月 6 日出院。

　　术后,医院病理科对原告的右乳改良根治标本又进行了免疫组化病理检验,结论为其右乳包块为侵袭性颗粒肌母细胞瘤,可排除乳腺癌。后医院结合快速冰冻切片病理诊断结果及免疫组化病理检验结果,出具了病理报告书。报告书认为:其右乳包块为侵袭性颗粒肌母细胞瘤,属低度恶性或境界恶性,手术切除后不必做其他治疗,但须紧密随访。

　　原告在得知了免疫组化病理检测的结论后,将病理切片送交多家医院检验,病理报告均诊断其右乳包块非恶性肿瘤。据此,原告认为:被告医院的快速冰冻切片病理诊断失误,导致其右乳组织被全部割除,被告医院的治疗行为存在重大过失。

　　据查,原告所患颗粒肌母胞瘤是一罕见的软组织肿瘤,其又称颗粒细胞瘤。至今,国外文献中报告仅数百例,其中恶性颗粒细胞瘤则更为少见,截至 1996 年世界报告仅 36 例。该肿瘤属少数来源未确定、良恶性质难以准确界定的肿瘤之一,目前病理界对此肿瘤形态命名各异,标准不一。

　　本案中被告医院是否具有过失？应如何进行认定？

课后阅读资料

[1] KOHN L T,CORRIGAN J M,DONALDSON M S. To err is human:building a safer health system [M]. Washington DC:National Academies Press,2000.

[2] WALSTON-DUNHAM B. Medical malpractice law and litigation [M]. Boston:Cengage Learning,2005.

[3] Ulsenheimer,Gaede.Arztstrafrecht in der Praxis,6.Auflage [M].München:C.F.Müller,2020.

第七章
患者安全与医疗过失防范

【学习要点】

1. 患者安全的概念。
2. 医疗过失的常见原因。
3. 我国患者安全的法律规定。
4. 根本原因分析法。

患者安全事关人民群众生命和健康，是医疗管理的核心，也是健康中国建设、深化医药卫生体制改革各项工作顺利推进的重要基础。患者安全相关法律制度及具有法律效力管理规范的制定，是患者安全权益保障的根本。

第一节　患者安全与常见医疗过失原因

患者安全是全球性的卫生问题，是各国医学发展和卫生法治建设的出发点和最终点。我国卫生法的卫生保护基本原则是患者安全法治保障的理论前提基础。

一、患者安全内涵

患者安全是医疗安全的重要组成部分。早在 2 000 多年前，希波克拉底就提出了医疗的首要基本原则——"不伤害"，这个不伤害原则也成为医学从业者职业准则之一。然而，长期以来，医学发展和医疗护理实践中，患者安全并未受到足够的重视和关注。直到 1999 年美国医学科学院（Institute of Medicine，IOM）发布报告《人皆犯错：构建一个更安全的医疗健康体系》（*To Err is Human：Building a Safer Health System*），患者安全才引起了世界卫生组织（WHO）及全球各国的密切关注。2004 年 WHO 提出"患者参与患者安全"，即以患者为医疗服务工作中心，通过患者自身参与行为，减少或避免医疗不良事件的发生。同年 WHO 成立患者安全联盟，提出了系列改善患者安全的行动计划和解决方案。自此，192 个世界卫生组织成员国陆续加入患者安全联盟，我国于 2007 年加入全球患者安全联盟。2019 年第 72 届世界卫生大会将每年 9 月 17 日定为世界患者安全日（World Patient Safety Day）。近 20 余年来，患者安全问题在全世界引起了高度重视，以"患者为中心"的医疗实践不断完善强化患者的安全保障内容；同时，患者安全逐步成为一门多学科领域，大量患者安全理论及研究结果指导着医疗实践中患者安全的改善。

目前，关于患者安全内涵的认知并不统一。美国医学科学院（IOM）认为，患者安全就是指，在医疗服务中，最大可能地防止医疗差错的出现，避免患者在诊疗过程中遭到意外伤害。WHO 认为患者安全就是将卫生保健相关的不必要伤害降低到最低程度。2006 年中国医院协会首次颁布了《患者安全目标 2007》，伴随着医学科技的进步、卫生法制的建设及信息化建设的推进，《患者安全目标》不断完善，目前最新版是《患者安全目标 2025》。同时，我国就患者安全内涵的认知也在不断完善。结合《中国医院》杂志 2007 年第 11 期刊载的《中国医疗质量与患者安全》、2024 年中国医院协会发布的《中国医院协会患者安全目标 2025》及患者安全相关法律制度来看，患者安全是指患者在诊疗活动过程中,医疗机构依法并严格按照执业程序和制度,预防、避免发生法律法规规定之外的对患者造成的机体、精神损害,甚至生命危险。根据《民法典》中第七编"侵权责任"第六章"医疗损害责任"法律规定及《患者安全目标2025》十大安全目标设定,这里的损害包括诊疗技术方损害、医疗伦理损害、医疗产品损害、诊疗服务过程管理不当造成的损害(如管理不当造成的过度医疗、坠床、跌倒、碰伤等),继而,患者安全包括医疗技术安全、医疗伦理安全、医疗产品安全及医疗服务管理安全。

二、患者安全管理法律制度

伴随着患者安全成为21世纪全球性的问题,通过立法维护患者安全权益已成为大多数国家和地区一致的做法。患者安全立法的模式主要有专门立法模式和分散立法模式。大多数国家和地区在推进医疗卫生体制改革的同时,也日益加强患者安全相关法制建设。

21世纪以来,国外患者安全法律制度建设形成了不少可借鉴和参考的经验。一是患者安全立法模式既有专门立法模式,也有分散立法模式。丹麦议会2003年6月通过了《丹麦患者安全法》,美国国会2005年7月通过了《患者安全和质量改进法》,韩国在2015年1月制定了《患者安全法》等专门立法模式;法国、日本等国家则是通过附属立法的模式进行患者安全的法制发展,如日本在《医疗法》第三章以"医疗安全的确保"为名,通过19个条文规定了患者安全。二是专门的患者安全组织设立。美国依据《患者安全和质量改进法》建立患者安全组织,日本设立医疗安全支援中心及医疗事故调查·支援中心。三是建立相对完善的医疗不良事件报告制度。德国的医学质量中心2005年开发患者安全论坛,围绕患者安全领域进行研究,并开发了关键事件报告体系,同时与德国患者中心联盟一起进行相关可预防不良事件数据的评估。四是医疗纠纷数据库建立。德国早在20世纪70年代时就着手建立医疗纠纷数据库,目前,德国医疗纠纷数据库发展得相当完善;日本2014年修改《医疗法》,建立新的医疗事故调查制度,明确医疗事故调查·支援中心从2015年10月1日起将对日本医疗事故进行信息收集和分析工作。

我国《医疗机构管理条例》《医疗事故处理条例》《医疗纠纷预防和处理条例》《基本医疗卫生与健康促进法》《民法典》及《医师法》等法律法规中都有关于患者安全的法律规定,所涉及的具体内容日益增多而且不断明确。同时,国家及地方层面关于患者安全的政策和制度的制定日益完善。然而,从权利保障的实效性、系统性和可操作性来看,在条件成熟时,还是有待于整合为患者安全法律制度;同时,专门的患者安全组织建设、有效的医患沟通机制、不良事件的上报制度及医疗纠纷数据库的建设和使用等都需专门患者安全法律制度保障有效执行。

三、常见医疗过失原因

在医疗机构发生患者安全不良事件的主要原因是医疗过失导致的患者安全问题、非医疗活动导致的患者安全问题和医疗产品导致的患者安全问题。其中,导致患者安全隐患的非医疗活动因素主要是跌倒、砸伤、烫伤、烧伤、坠床、自缢、跳楼等,此类不良事件是诊疗服务过程管理不当造成的,因此要加强诊疗服务过程管理。导致患者安全隐患的医疗产品主要源于医疗产品的生产方或供应方。依据《民法典》第七编"侵权责任"第六章"医疗损害责任"第一千二百二十三条规定,因药品、消毒产品、医疗器械的缺陷,或者输入不合格的血液造成患者损害的,患者可以向药品上市许可持有人、生产者、血液提供机构请求赔偿,也可以向医疗机构请求赔偿。患者向医疗机构请求赔偿的,医疗机构赔偿后,有权向负有责任的药品上市许可持有人、生产者、血液提供机构追偿。医疗过失是导致患者安全问题的主要原因。

医疗过失依据行为人的主观心理状态,可以划分为疏忽大意的医疗过失和过于自信的医疗过失。前者是指医务人员在医疗活动中应当预见或可以预见到自己的医疗行为可能造成患者的损害结果,但因疏忽大意而未预见到;或者对不当医疗行为的损害后果能够避免和防范其发生,但因疏忽大意而未能避免或防范从而导致损害结果的发生。后者是指行为人虽然已经预见到其医疗行为可能给患者造成的损害后果,但轻信依靠自己的技术、经验或有利客观条件等能够避免,从而导致患者遭到损害。下面就患者安全方面常见的医疗过失原因进行分析。

(一) 医务人员责任心及安全意识不足

医疗过程中,部分医务人员缺乏正确价值观念的指引,责任心及安全意识不强,这很容易对医务人员的理性决策产生消极影响。它的消极影响主要表现为医务人员工作懈怠、态度消极、唯利是图、风险预见能力缺乏、安全意识薄弱、未尽到应尽义务、违反相关法律法规、违反操作规范及技术规程等,最终导致诊疗结果偏离实际,引发医疗过失,对患者的生命健康及相关利益造成损失。

(二) 医务人员过于自信

现代医学分工越来越细,医师不可能仅凭自己的学识和经验就能够完全把握患者的病情诊治。个别医务人员过于自信,认为自己学历高、外语好而骄傲自满,不听取他人的意见。通常表现为自以为其医术精湛、经验丰富,未对病情详加分析而盲目手术,或自以为能够胜任本不胜任的工作,仅凭印象蛮干等。在诊疗活动中,对已有的诊疗规范、护理常规不予重视,在诊疗过程中凭个人经验,忽视对规范、常规的执行;过于自信而忽视了专业间、科室间、同事间互相合作,导致诊断不全,造成医疗过失。

(三) 医务人员业务能力欠佳

医务人员是医疗机构的核心要素,医务人员的能力水平关系到患者的生命健康。在医疗过程中,医务人员能力水平不足会导致医务人员对患者的盲目治疗和不规范治疗,使患者的生命健康受到严重损害。目前我国医学科学教育模式的缺陷,导致部分医务人员过早从事专业性的诊疗活动,在对患者诊治中只注重对本专科疾病的诊治,而忽视对其他疾病的认识。部分医务人员在诊疗活动中过多依赖于现代化的诊疗仪器,而忽略对患者应有的体格检查,导致诊断失误,引发医疗过失。

(四) 医务人员法治观念淡漠

医务人员对相关的卫生法律、法规知识不甚了解,日常工作中不能按法律、法规、规章制度的要求开展工作,不严格按操作规程和技术规范进行检查和治疗;对在诊疗活动中应承担的义务认识不清,对该告知的不能全面告知,该履行签字手续的未能履行;不按病历书写规范的要求及时书写病历,相应的医疗技术处理在病历文书中不及时记载,甚至在熟人就医时,不记载相关就诊过程,从而引发医疗过失。

(五) 团队协作及沟通错误

现代医学的发展使诊治手段更多,诊疗更复杂,团队协作显得格外重要,而团队的良好协作往往取决于团队成员之间是否有良好的沟通。但在医师团队中存在的医师与辅助人员(如护士)之间的等级差别,却时常成为这种良好沟通的障碍。当护士在治疗中对患者的安全产生疑虑而又不敢对医师直言时,可能引发医疗过失,对患者造成伤害。在团队内建立良好的患者安全文化和氛围,通畅的沟通渠道至关重要。比如手术前由主刀医师主持的术前简报及术后小结都有助于团队成员之间的沟通。

(六) 医院管理缺失

随着医疗市场的竞争,有些医疗机构过多地关注经济效益,而忽视了内在质量管理。不注重基础设施及医务人员的配备,临床一线的医务人员工作量过大,往往疲于应付,在病历书写上简单复制、粘贴,对患方提出的疑问简单应付。医疗机构对《手术分级管理规范》执行不严,出现超范围手术等现象;忽视对病案资料等原始资料的管理,出现病历遗失的现象;缺乏有效的医疗纠纷分析、反馈、长效管理机制,从而引发医疗过失。

第二节 患者安全与安全体系的构建

医疗机构应加强医疗风险管理,改善医疗安全环境,健全医疗不良事件管理制度和系统。确保患者安全是医疗管理永恒的主题,全面建立中国特色患者安全体系是维护和促进人民健康的法制保障。

一、我国患者安全相关法律规定

(一)《医疗机构管理条例》中患者安全相关法律规定

为了加强对医疗机构的管理,促进医疗卫生事业的发展,保障公民健康,国务院1994年制定《医疗机构管理条例》(2016年、2022年进行了两次修订)。《医疗机构管理条例》第二十三条至第三十二条关于医疗机构执业规则做了具体规定,如:医疗机构执业,必须遵守有关法律、法规和医疗技术规范;医疗机构不得使用非卫生技术人员从事医疗卫生技术工作;医疗机构应当加强对医务人员的医德教育;医疗机构对危重患者应当立即抢救,对限于设备或者技术条件不能诊治的患者,应当及时转诊;因抢救生命垂危的患者等紧急情况,不能取得患者或者其近亲属意见的,经医疗机构负责人或者授权的负责人批准,可以立即实施相应的医疗措施。

(二)《医疗事故处理条例》中患者安全相关法律规定

为了正确处理医疗事故,保护患者和医疗机构及其医务人员的合法权益,维护医疗秩序,保障医疗安全,促进医学科学的发展,国务院2002年制定《医疗事故处理条例》。为了预防医疗事故的发生,保证患者诊疗安全,《医疗事故处理条例》规定:医疗机构应当设置医疗服务质量监控部门或者配备专(兼)职人员,具体负责监督本医疗机构的医务人员的医疗服务工作,检查医务人员执业情况,接受患者对医疗服务的投诉,向其提供咨询服务;在医疗活动中,医疗机构及其医务人员应当将患者的病情、医疗措施、医疗风险等如实告知患者,及时解答其咨询,但是,应当避免对患者产生不利后果;医疗机构应当制定防范、处理医疗事故的预案,预防医疗事故的发生,减轻医疗事故的损害。

(三)《医疗纠纷预防和处理条例》中患者安全相关法律规定

为了预防和妥善处理医疗纠纷,保护医患双方的合法权益,维护医疗秩序,保障医疗安全,国务院2018年制定《医疗纠纷预防和处理条例》。《医疗纠纷预防和处理条例》规定:国家建立医疗质量安全管理体系,深化医药卫生体制改革,规范诊疗活动,改善医疗服务,提高医疗质量,预防、减少医疗纠纷。就医疗纠纷的预防,《医疗纠纷预防和处理条例》第九条至十九条做了具体规定。

(四)《基本医疗卫生与健康促进法》中患者安全相关法律规定

为了发展医疗卫生与健康事业,保障公民享有基本医疗卫生服务,提高公民健康水平,推进健康中国建设,根据《宪法》,全国人民代表大会常务委员会2019年制定《中华人民共和国基本医疗卫生与健康促进法》。《基本医疗卫生与健康促进法》总则强调,医疗卫生与健康事业应当坚持以人民为中心,为人民健康服务;国家和社会尊重、保护公民的健康权。医疗卫生机构方面规定,医疗卫生机构应当遵守法律、法规、规章,建立健全内部质量管理和控制制度,对医疗卫生服务质量负责;国家对医疗卫生技术的临床应用进行分类管理,对技术难度大,医疗风险高,服务能力、人员专业技术水平要求较高的医疗卫生技术实行严格管理。医疗卫生人员方面规定,医疗卫生人员应当弘扬敬佑生命、救死扶伤、甘于奉献、大爱无疆的崇高职业精神,遵守行业规范,恪守医德,努力提高专业水平和服务质量;医疗卫生人员应当遵循医学科学规律,遵守有关临床诊疗技术规范和各项操作规范以及医学伦理规范,使用适宜技术和药物,合理诊疗,因病施治,不得对患者实施过度医疗。

(五)《中华人民共和国民法典》中患者安全相关法律规定

《民法典》第七编"侵权责任"第六章"医疗损害责任"规定:患者在诊疗活动中受到损害,医疗机构或者其医务人员有过错的,由医疗机构承担赔偿责任;医务人员在诊疗活动中未尽到与当时的医疗水平相应的诊疗义务,造成患者损害的,医疗机构应当承担赔偿责任;因药品、消毒产品、医疗器械的缺陷,或者输入不合格的血液造成患者损害的,患者可以向药品上市许可持有人、生产者、血液提供机构请求赔偿,也可以向医疗机构请求赔偿。

(六)《中华人民共和国医师法》中患者安全相关法律规定

为了保障医师合法权益,规范医师执业行为,加强医师队伍建设,保护人民健康,推进健康中国建设,全国人民代表大会常务委员会 2021 年制定《中华人民共和国医师法》。《医师法》从医师的义务到医师执业规范都做了患者安全方面的具体规定。

二、我国患者安全相关政策

(一)国家卫健委关于进一步加强患者安全管理十项措施

为推进健康中国建设,提高医疗机构患者安全管理水平,为人民群众提供安全、优质、高效的医疗服务,2018 年 4 月国家卫生健康委员会印发《关于进一步加强患者安全管理工作的通知》,提出认真落实患者安全管理十项工作措施。具体是:一是完善患者安全组织管理与制度体系;二是广泛开展患者安全教育培训;三是加强医疗机构内患者安全组织管理;四是全面落实患者安全各项规章制度;五是以多部门合作推动医院管理系统不断改进;六是加强重点领域、重点部门、重点环节的患者安全管理;七是着力推进患者用药安全;八是营造积极的医院安全文化;九是鼓励患者参与患者安全活动;十是开展患者安全相关科学研究和国际交流合作。

(二)患者安全目标

我国从 2007 年开始发布《患者安全目标》。截至 2022 年世界患者安全日(每年的 9 月 17 日),我国《患者安全目标》从最初的 8 条,到之后每次根据当下患者安全热点问题精选 10 条,说明我们的患者安全环境在变化,内涵、要求也都在变化,对患者安全也提出了更高的要求,患者安全管理是医院发展的基石,也需要与时俱进。2022 年 9 月 17 日,中国医院协会发布《中国医院协会患者安全目标》,即:正确识别患者身份;确保用药与用血安全;强化围术期安全管理;加强有效沟通;落实临床"危急值"管理制度防范和减少医院相关性感染;加强孕产妇及新生儿安全;鼓励患者及家属参与患者安全维护;识别患者安全风险;加强医学装备及医院信息安全管理。

三、患者安全分析方法

(一)前瞻性安全隐患检测方法

1. 医疗失效模式和效应分析(healthcare failure mode and effect analysis,HFMEA) 如何实施有效的患者安全管理,已经成为国内外医疗机构关心的重要问题。美国医疗机构联合评审委员会推荐使用医疗失效模式和效应分析(HFMEA),在患者安全风险事件发生前对其进行预测评估,以有效防止降低患者安全事件的发生,是一种认清问题并预防或减少其发生的系统性、前瞻性的研究方法,可在患者安全事件发生之前就提前预知可能发生的差错并提前预防。

2. 人因工程学(human factors engineering,HFE) 患者安全是确保医疗服务质量的前提和最基本要求。为了加强医疗风险的系统管理,为患者提供高质量的安全医疗服务是大家关注的焦点问题。人因工程学是一门正在迅速发展的新兴交叉学科,主要目的是发现并解决由于工作人员、技术和工作环境相互作用而出现的安全问题。美国医学研究院(IOM)认为人因工程学是设计医疗系统的一个重要工具,将人因工程学原则整合到医疗保健领域,可以显著提高患者安全性。但是,如何将HFE 应用于临床是值得医院管理者探讨的问题。

(二)回顾性分析安全隐患方法

1. 大数据筛选法 通过大数据扫描,发现可预防性不良事件。

(1)全面触发工具:触发工具可以提醒医务人员警惕可能的不良事件,促使他们检审医疗记录,确定是否发生或潜在发生不良事件。通过触发工具正确识别不良事件,明确诱发因素,实施干预措施,可以减少不良事件发生率。

(2)患者安全指标(patient safety indicators,PSIs):是一组提供手术、程序和分娩后在医院发生的安全相关不良事件信息的指标,可用于帮助医院确定值得进一步研究的不良事件,并用于评估此类事件的发生率。

2. 案例法 分析不良事件案例,发现系统问题。

（1）根本原因分析法（root cause analysis，RCA）：是一种系统的、全面的对警醒事件的分析方法，其目的是找出事件的根源和相关因素、决定降低风险的策略、制订行动计划以及对原有系统流程改善后进行评估。

（2）有效的 RCA 必须具备如下条件：①医院管理层的支持、RCA 团队的建立和患者安全文化的建立；②RCA 团队的负责人必须懂得 RCA 的基本原则，在讨论中能娴熟地使讨论集中在系统的缺陷上而非对当事人的问责上；③RCA 团队必须是多学科多部门的形式；④应鼓励所有相关人员陈述事实经过，防止陈述情绪化；⑤通过讨论找出根本原因，必须制订出相应的改进计划，制订出实施时间表，并定期对实施效果作出评估；⑥RCA 的讨论过程、信息和结果都是保密的，不得外泄；⑦一旦在RCA 过程中发现相关人员有违法、违背职业规范的情况，医院管理层有义务向相关部门报告，或作出相应处理。

第三节　PCBL：患者住院期间跳楼身亡，医院是否有责任？

林某因"外伤致颈部出血、疼痛 3 小时余"，求救"120"车急送某市某医院，门诊以"开放性颈部损伤"，将林某收入该院位于 11 楼的耳鼻咽喉外科病区治疗。后经检查，初步诊断林某：①开放性颈部损伤；②失血性休克；③抑郁症；④慢性胃炎；⑤糖尿病。因林某发现"抑郁症"25 年余，近 5 年未使用抗精神类药物继续治疗，该医院特请其他医院精神科医生会诊协助诊治。精神科医生出具会诊意见：据病史情况，考虑双相情感障碍——抑郁相。治疗建议：①口服药物治疗改善心境；②加强护理和监护，防止再次出现自杀、自伤行为；③门诊定期随访。当日 19 时 50 分，医院对林某行颈部探查术 + 清创缝合术。24 日 17 时 20 分，林某趁其夫吴某外出买饭时从其所住的 11 楼的耳鼻咽喉外科病区坠楼，经抢救无效，于当日 18 时宣布死亡。

林某家属将医院告上法庭，认为医院在患者病情稳定后未及时将其转入精神病科治疗。在整个治疗过程中，医院明知患者一直患有抑郁症，但未给其服用精神病药物，导致其精神失常。同时医院也未将患者的病情和变化情况及时告知家属，让家属加强陪护，以至于在吴某到病房楼下买饭的短短几分钟内，林某从病房的窗户跳楼身亡。

当地法院审理认为，患者被医院收治后，双方即形成了医疗服务合同关系。一般情况下，医院的责任在于提供科学完善的医疗服务，医院对患者采取的护理措施，其目的是对患者进行生命体征观测，而不是对患者进行看管，对患者的人身安全并不负有监护义务。但本案中，林某已被诊断患有抑郁症且已发生自残行为，虽该医院是一家综合性医院，不是专业的精神病治疗医院，不具备防跌、隔离、限制活动的设施，但对于此类有精神障碍的患者，应明确告知患者家属加紧看护，亦应提高警觉性。虽然该医院主张其已多次口头和书面告知林某的家属患者的病情，并要求家属 24 小时陪护，但其所提供的证据材料未能证明其已明确告知、释明家属林某需加紧看护，故其主张尽了职责，理据不足，法院不予支持。因此，医院未能履行谨慎的诊疗及告知义务，没有及时察觉林某的病情变化情况，对未避免林某坠楼死亡存在一定的过失，应承担相应的责任。但该责任相对轻微，法院酌情认定其承担 10% 的赔偿责任。

（马国芳）

思考题

1. 为何说患者安全文化对患者安全建设至关重要？
2. 患者安全事件调查有哪些比较常用的工具和方法？

情景测试与思考

2 岁的儿童赵某在接受扁桃体和腺样体切除术及鼓膜置管术后死亡。该患者母亲认为,在诊疗过程中,患方缺失了可以发声的机会。她认为,首先患方存在医师选择的信息缺失。由于不清楚如何选择医师,所以在未考虑医师技术与经验的情况下,选择了一位看起来和蔼可亲的医师给儿子做手术。其次,患方存在知情同意的缺失。在手术治疗之前,她也并没有被医师告知手术的潜在风险与益处的权衡分析。术前该医师与她主要讨论的是麻醉的风险问题,而术后夺去儿子生命的却是手术并发症。最后,医方对患方反馈信息的忽视。术后一周,患者频繁出血,且体温持续较低。患者母亲分别去了五家医院急诊寻求帮助,并将患者持续低温等情况告知医院,但这五家医院的医务人员都没意识到患者病情恶化的明显标志,最终导致悲剧发生。

这个案例让我们思考:如果医务人员关注了母亲反馈的信息,结局是否会有不同? 如果母亲具有失血性休克相关的知识,结局是否会有不同? 我们是否应该将患者及其家属视为医疗服务体系中的合作伙伴? 我们是否应该在更大程度上鼓励患者参与,并且去落实?

课后阅读资料

[1] 琳达·科恩.[M].王小波,马金昌,译.北京:中国医药科技出版社,2005.
[2] 阿图·葛文德.清单革命[M].王佳艺,译.杭州:浙江人民出版社,2012.
[3] 朱莉·约翰逊.患者安全案例研究[M].肖明朝,译.北京:光明日报出版社,2017.

第八章

医疗执业管理

【学习要点】

1. 医师执业管理法律制度。
2. 医疗机构的执业规范和监督管理。
3. 医疗保险管理法律制度。
4. 医师多点执业法律边界。
5. 医疗卫生事业公益性。

医疗执业管理法律制度是保障公共卫生健康的重要组成部分,在保障医疗服务质量和安全、保护患者权益、规范医疗机构管理等方面具有重要意义。通过规范医疗机构和医务人员行为,促进医疗事业的健康发展,进而构建公正、高效、和谐的医疗服务体系。医疗执业管理相关法律法规包括《医师法》《基本医疗卫生与健康促进法》《医疗机构管理条例》《医疗保障基金使用监督管理条例》等。

第一节 医师管理法律制度

一、医师管理法律制度的概念

在讨论医师管理法律制度相关问题时,首先要明确一个重要概念,即何为医师管理法律制度。医师管理法律制度是由国家制定或认可的,由国家强制力保证实施的,调整在管理医师执业活动的过程中产生的各种社会关系的法律规范的总称。

二、医师的分类

医师是指依法取得医师资格或者助理医师资格,经注册后,在国家医疗、预防、保健机构中从业的专业医务人员。其专业技术职务分为主任医师、副主任医师、主治医师、医师。医师包括执业医师和执业助理医师。

三、医师管理法律制度的渊源

1. **有关医师管理的法律** 全国人大及其常委会制定的卫生法律中,既有针对医师管理的专门立法,也有在相关立法文件中涉及医师管理的法律规范。这两种形式的法律规定共同构成全国范围内医师管理的基本依据,对医师也产生着法律约束效力。

2. **有关医师管理的卫生法规** 国务院根据宪法和法律,制定行政法规,地方人大及其常委会制定地方性法规,民族自治地区和经济特区制定自治条例和单行条例,构成医师管理法律制度的渊源,如国务院制定的《突发公共卫生事件应急条例》《医疗事故处理条例》《医疗废物管理条例》。

3. **有关医师管理的卫生行政规章** 国务院各部门制定的卫生行政规章和地方政府卫生规章,是医师管理法律制度的渊源,如 2017 年国家卫生计生委发布的《医师执业注册管理办法》。

四、考试条件

卫生人员参加医师资格考试必须具有相应的医学专业学历,在医疗、预防、保健机构中试用期满足特定期限。

具有下列条件之一的,可以参加执业医师资格考试:①具有高等学校相关医学专业本科以上学历,在执业医师指导下,在医疗卫生机构中参加医学专业工作实践满1年;②具有高等学校相关医学专业专科学历,取得执业助理医师执业证书后,在医疗卫生机构中执业满2年。

具有高等学校医学专业专科以上学历,在执业医师指导下,在医疗卫生机构中参加医学专业工作实践满1年的,可以参加执业助理医师资格考试。

以师承方式学习中医满3年,或者经多年实践医术确有专长的,经县级以上人民政府卫生健康主管部门委托的中医药专业组织或者医疗卫生机构考核合格并推荐,可以参加中医医师资格考试。

以师承方式学习中医或者经多年实践,医术确有专长的,由至少2名中医医师推荐,经省级人民政府中医药主管部门组织实践技能和效果考核合格后,即可取得中医医师资格及相应的资格证书。

五、医师注册制度

1. 注册程序 国家实行医师执业注册制度。取得医师资格的,可以向所在地县级以上地方人民政府卫生健康主管部门申请注册。医疗卫生机构可以为本机构中的申请人集体办理注册手续。

2. 不予注册 有下列情形之一的,不予注册:①无民事行为能力或者限制民事行为能力;②受刑事处罚,刑罚执行完毕不满2年或者被依法禁止从事医师职业的期限未满;③被吊销医师执业证书不满2年;④因医师定期考核不合格被注销注册不满1年;⑤法律、行政法规规定不得从事医疗卫生服务的其他情形。

3. 注销注册 医师注册后有下列情形之一的,注销注册,废止医师执业证书:①死亡;②受刑事处罚;③被吊销医师执业证书;④医师定期考核不合格,暂停执业活动期满,再次考核仍不合格;⑤中止医师执业活动满2年;⑥法律、行政法规规定不得从事医疗卫生服务或者应当办理注销手续的其他情形。

4. 变更注册 医师变更执业地点、执业类别、执业范围等注册事项的,应当依照本法规定到准予注册的卫生健康主管部门办理变更注册手续。

六、医师考核培训法律制度

1. 考核法律制度 县级以上人民政府卫生健康主管部门或者其委托的医疗卫生机构、行业组织应当按照医师执业标准,对医师的业务水平、工作业绩和职业道德状况进行考核,考核周期为3年。对具有较长年限执业经历、无不良行为记录的医师,可以简化考核程序。

受委托的机构或者组织应当将医师考核结果报准予注册的卫生健康主管部门备案。对考核不合格的医师,县级以上人民政府卫生健康主管部门应当责令其暂停执业活动3个月至6个月,并接受相关专业培训。暂停执业活动期满,再次进行考核,对考核合格的,允许其继续执业。

2. 培训法律制度 县级以上人民政府卫生健康主管部门和其他有关部门应当制订医师培训计划,对医师进行多种形式的培训,为医师接受继续医学教育提供条件。

国家建立健全住院医师规范化培训制度,健全临床带教激励机制,保障住院医师培训期间待遇,严格培训过程管理和结业考核。经住院医师规范化培训考核合格的人员,取得的培训合格证书,在全国范围内有效。国家建立健全专科医师规范化培训制度,探索和完善待遇保障、质量控制、使用激励等相关政策,不断提高临床医师专科诊疗水平。

七、保障措施

县级以上人民政府及其有关部门应当将医疗纠纷预防和处理工作纳入社会治安综合治理体系,

加强医疗卫生机构及周边治安综合治理,维护医疗卫生机构良好的执业环境,有效防范和依法打击涉医违法犯罪行为,保护医患双方合法权益。

医疗卫生机构应当完善安全保卫措施,维护良好的医疗秩序,及时主动化解医疗纠纷,保障医师执业安全。禁止任何组织或者个人阻碍医师依法执业,干扰医师正常工作、生活;禁止通过侮辱、诽谤、威胁、殴打等方式,侵犯医师的人格尊严、人身安全。

八、法律责任

1. **医师的法律责任** 医师在执业过程中如果违反了《医师法》的有关规定,应当根据违法行为的事实、性质、情节和社会危害程度,承担相应的法律责任。《医师法》规定的法律责任包括刑事责任、行政责任和民事责任三大类。具体而言,医师在执业活动中,违反《医师法》规定,构成犯罪的,依法追究刑事责任;医师在执业活动中,实施了特定行为,违反《医师法》规定的,依法追究行政责任;造成人身、财产损害的,依法承担民事责任。

2. **其他人员的法律责任** 违反《医师法》规定,卫生健康主管部门和其他有关部门工作人员或者医疗卫生机构工作人员弄虚作假、滥用职权、玩忽职守、徇私舞弊的,依法给予处分。

九、乡村医师从业管理

乡村医师,是指尚未取得执业医师资格或者执业助理医师资格,经注册在村医疗卫生机构从事预防、保健和一般医疗服务的医师。为了提高乡村医师的职业道德和业务素质,加强乡村医师从业管理,保护乡村医师的合法权益,保障村民获得初级卫生保健服务,2003 年 8 月 5 日,国务院制定并公布了《乡村医师从业管理条例》,对乡村医师的执业注册、执业规则、考核和培训作了规定。

国家鼓励乡村医师学习中医药基本知识,运用中医药技能防治疾病;鼓励乡村医师通过医学教育取得医学专业学历;鼓励符合条件的乡村医师申请参加国家医师资格考试;鼓励取得执业医师资格或者执业助理医师资格的人员,开办村医疗卫生机构,或者在村医疗卫生机构向村民提供预防、保健和医疗服务。

十、外国医师来华短期行医管理的法律制度

为了加强外国医师来华短期行医的管理,保障医患双方的合法权益,促进中外医学技术的交流和发展,1992 年卫生部发布《外国医师来华短期行医暂行管理办法》,并于 2016 年修订。

1. **概念** 外国医师来华短期行医是指在国外已经取得行医资格的外籍医师,应邀、应聘或申请来华从事不超过 1 年期限的临床诊疗活动。

2. **注册和审核** 外国医师来华短期行医必须有医疗机构作为邀请或者聘用单位,并与聘用单位签订协议,有多个单位的要分别签订协议。申请外国医师来华短期行医注册,必须提交申请书、外国医师的学位证书、外国行医执照、外国医师的健康证明、邀请或者聘用单位的证明、协议书或者承担有关民事责任的声明书。

3. **法律责任** 外国医师来华短期行医,违反我国的法律法规,或医疗行为违反了我国的公序良俗,由有关主管机关依法处理。

第二节 医疗机构管理法律制度

一、医疗机构的概念和类别

医疗机构是指从事疾病诊断、治疗活动的医院、卫生院、疗养院、门诊部、诊所、卫生所(室)以及急

救站等医疗机构,如表 8-1 所示。

表 8-1　医疗机构分类

序号	名称
1	综合医院、中医医院、中西医结合医院、民族医医院、专科医院、康复医院
2	妇幼保健院、妇幼保健计划生育服务中心
3	社区卫生服务中心、社区卫生服务站
4	中心卫生院、乡(镇)卫生院、街道卫生院
5	疗养院
6	综合门诊部、专科门诊部、中医门诊部、中西医结合门诊部、民族医门诊部
7	诊所、中医诊所、民族医诊所、卫生所、医务室、卫生保健所、卫生站
8	村卫生室(所)
9	急救中心、急救站
10	临床检验中心
11	专科疾病防治院、专科疾病防治所、专科疾病防治站
12	护理院、护理站
13	医学检验实验室、病理诊断中心、医学影像诊断中心、血液透析中心、安宁疗护中心
14	其他诊疗机构

二、管理医疗机构的行政主体

国务院卫生行政部门负责全国医疗机构的监督管理工作。县级以上地方人民政府卫生行政部门负责本行政区域内医疗机构的监督管理工作。中国人民解放军卫生主管部门依照《医疗机构管理条例》和国家有关规定,对军队的医疗机构实施监督管理。

三、医疗机构的规划布局和设置审批

1. 医疗机构的规划布局　县级以上地方人民政府卫生行政部门应当根据本行政区域内的人口、医疗资源、医疗需求和现有医疗机构的分布状况,制定本行政区域医疗机构设置规划。机关、企业和事业单位可以根据需要设置医疗机构,并纳入当地医疗机构的设置规划。

2. 医疗机构的设置审批　单位或者个人设置医疗机构,应当按照以下规定提出设置申请。

（1）不设床位或者床位不满 100 张的医疗机构,向所在地的县级人民政府卫生行政部门申请。

（2）床位在 100 张以上的医疗机构和专科医院按照省级人民政府卫生行政部门的规定申请。

四、医疗机构登记制度

医疗机构执业,必须进行登记,领取《医疗机构执业许可证》;诊所按照国务院卫生行政部门的规定向所在地的县级人民政府卫生行政部门备案后,可以执业。

申请医疗机构执业登记,应当具备下列条件:①按照规定应当办理设置医疗机构批准书的,已取得设置医疗机构批准书;②符合医疗机构的基本标准;③有适合的名称、组织机构和场所;④有与其开展的业务相适应的经费、设施、设备和专业卫生技术人员;⑤有相应的规章制度;⑥能够独立承担民事责任。

《医疗机构执业许可证》不得伪造、涂改、出卖、转让、出借。《医疗机构执业许可证》遗失的,应当及时申明,并向原登记机关申请补发。

五、医疗机构执业许可制度

任何单位或者个人,未取得《医疗机构执业许可证》或者未经备案,不得开展诊疗活动。

未经医师(士)亲自诊查患者,医疗机构不得出具疾病诊断书、健康证明书或者死亡证明书等证明文件;未经医师(士)、助产人员亲自接产,医疗机构不得出具出生证明书或者死产报告书。

医务人员在诊疗活动中应当向患者说明病情和医疗措施。需要实施手术、特殊检查、特殊治疗的,医务人员应当及时向患者具体说明医疗风险、替代医疗方案等情况,并取得其明确同意;不能或者不宜向患者说明的,应当向患者的近亲属说明,并取得其明确同意。因抢救生命垂危的患者等紧急情况,不能取得患者或者其近亲属意见的,经医疗机构负责人或者授权的负责人批准,可以立即实施相应的医疗措施。

医疗机构必须承担相应的预防保健工作,承担县级以上人民政府卫生行政部门委托的支援农村、指导基层医疗卫生工作等任务。发生重大灾害、事故、疾病流行或者其他意外情况时,医疗机构及其卫生技术人员必须服从县级以上人民政府卫生行政部门的调遣。

六、医疗机构监督管理制度

国家实行医疗机构评审制度,由专家组成的评审委员会按照医疗机构评审办法和评审标准,对医疗机构的执业活动、医疗服务质量等进行综合评价。

七、医疗机构处罚制度

对于医疗机构的处罚,主要为县级以上人民政府卫生行政部门作出的行政处罚。同时,对于相关责任人员可以依法追究刑事责任。

当事人对行政处罚决定不服的,可以依照国家法律、法规的规定申请行政复议或者提起行政诉讼。当事人对罚款及没收药品、器械的处罚决定未在法定期限内申请复议或者提起诉讼又不履行的,县级以上人民政府卫生行政部门可以申请人民法院强制执行。

第三节　医疗保险管理法律制度

一、医疗保险管理法律制度的概念

医疗保险法是规范医疗保险制度当事人之间权利与义务关系的法律规范总称。根据《中共中央国务院关于深化医疗保障制度改革的意见》,到 2030 年,我国将全面建成以基本医疗保险为主体,医疗救助为托底,补充医疗保险、商业健康保险、慈善捐赠、医疗互助共同发展的医疗保障制度体系,待遇保障公平适度,基金运行稳健持续,管理服务优化便捷,医保治理现代化水平显著提升。

根据《国民经济和社会发展第十四个五年规划和 2035 年远景目标纲要》,我国将完善医保目录动态调整机制,推行以按病种付费为主的多元复合式医保支付方式。将符合条件的互联网医疗服务纳入医保支付范围,落实异地就医结算。扎实推进医保标准化、信息化建设,提升经办服务水平。健全医保基金监管机制,稳步建立长期护理保险制度,积极发展商业医疗保险。

二、筹资和待遇

基本医疗保险包括职工基本医疗保险和城乡居民基本医疗保险。国家机关、企业、事业单位、社会组织、有雇工的个体工商户等用人单位及其职工应当参加职工基本医疗保险。未参加职工基本医疗保险或者未按照规定享有其他医疗保障的人员依法参加城乡居民基本医疗保险。鼓励无雇工的个体工商户、未在用人单位参加职工基本医疗保险的非全日制从业人员以及其他灵活就业人员(以下统称灵活就业人员)参加职工基本医疗保险。参保人员不得重复参加基本医疗保险。

三、多层次医疗保障

县级以上人民政府应当健全医疗救助制度,为符合医疗救助条件的困难人员实施资助参保和直接医疗费用救助。医疗救助对象、救助方式和救助费用范围,按照国家有关规定执行。医疗救助基金通过财政补助、彩票公益金、社会捐赠等多渠道筹集。县级以上人民政府根据经济社会发展水平和医疗救助基金筹集情况,科学合理确定医疗救助标准。

补充医疗保险主要包括城乡居民大病保险、职工大额医疗费用补助、公务员医疗补助及企业补充医疗保险等。补充医疗保险保障参保人员经基本医疗保险保障后个人负担的符合规定的医疗费用。

四、基金管理

医疗保障基金应当执行国家规定的财务会计制度,按照国家规定的会计制度进行核算。医疗保障经办机构应按照规定加强基金管理,财政、医疗保障等行政部门加强监督。基本医疗保险基金应存入财政专用账户。医疗保障基金专款专用,任何组织和个人不得侵占或者挪用。

五、医药服务

国家建立公立医疗机构药品和医用耗材集中采购制度。医疗保障行政部门制定药品、医用耗材的招标采购政策并监督实施,指导药品、医用耗材集中采购平台建设。

省级医疗保障行政部门组织辖区内公立医疗机构开展药品和医用耗材集中采购并监督实施,按照国务院医疗保障行政部门统一规划和标准建立集中采购平台,由省级集中采购机构负责管理。省级集中采购机构应当执行医疗保障行政部门制定的交易规则和标准,开展药品和医用耗材招标、采购、交易、结算等工作,并监测相关信息。公立医疗机构应按规定从省级集中采购平台采购所需的药品和医用耗材。国家鼓励非公立医疗机构参与药品、医用耗材集中采购。

六、公共管理服务

国家建立健全全国统一的医疗保障经办管理体系。统筹地区设立医疗保障经办机构,根据工作需要可以设立分支机构和服务网点,加强医疗保障公共管理服务能力配置,实现省、市、县、乡镇(街道)、村(社区)医疗保障公共服务全覆盖。提供医疗保障公共服务所需费用由同级财政根据国家规定予以保障。

七、监督管理

县级以上人民政府医疗保障行政部门应当加强对相关单位和个人遵守医疗保障法律、法规情况的监督检查。医疗保障行政部门应当加强对纳入医疗保障基金支付范围的医疗服务行为和医疗费用的监督,规范医疗服务行为,依法查处违法使用医疗保障基金的行为。医疗保障行政部门应当建立健全定点医药机构、人员、医药价格和集中招标采购的医疗保障信用评价体系,根据信用评价等级分级分类管理。

医疗保障行政部门实施监督检查时,被检查的单位和个人应当如实提供与医疗保障有关的资料,不得拒绝检查或者谎报、瞒报。

八、法律责任

医疗保险费征收部门擅自更改医疗保险费缴费基数、费率,导致少收或者多收医疗保险费的,由有关行政部门责令其追缴应当缴纳的医疗保险费或者退还不应当缴纳的医疗保险费;对直接负责的主管人员和其他直接责任人员依法给予处分。国家工作人员在医疗保障工作中滥用职权、玩忽职守、徇私舞弊的,依法给予处分。

第四节　PCBL:医师多点执业的法律边界是什么?

一、医师多点执业的背景

医师多点执业是指符合条件的执业医师经卫生行政部门注册后,受聘在两个以上医疗机构执业的行为。《中共中央国务院关于深化医药卫生体制改革的意见》提出"稳步推动医务人员的合理流动,促进不同医疗机构之间人才的纵向和横向交流,研究探索注册医师多点执业",因此,医师多点执业也是新医改的任务之一。

至于为什么要推进医师多点执业,一般认为,医师多点执业有利于均衡各地医疗资源,缓解"看病难";有利于医师用自己高水平的医疗技艺合法获得合理报酬;有利于社区、基层医疗机构、欠发达地区医师水平的提升;有利于缓解基层的医疗卫生需求;有利于倒逼公立医院改善管理机制;从医师角度来看,如果实现了"多点执业"合法化,将来,医师不再是国家干部,而成为自由执业者,回归其本来属性,这有利于极大调动绝大部分医师对医改的大力支持。因此,新医改以来,国家对推进医师多点执业可谓不遗余力。

2017 年 2 月 28 日,《医师执业注册管理办法》公布并决定自 2017 年 4 月 1 日起施行。该办法作出四点规定:一是实施了医师区域注册制度;二是拟多点执业的医师,不再需要主执业机构同意,只需要由其他执业机构向批准该机构执业的卫生行政部门备案;三是医师变更注册信息实行网上办理;四是取消了执业地点上限。

二、相关法律法规

根据《医师法》,医师经注册后,可以在医疗卫生机构中按照注册的执业地点、执业类别、执业范围执业,从事相应的医疗卫生服务工作。医师经过相关专业培训和考核,可以增加执业范围。法律、行政法规对医师从事特定范围执业活动的资质条件有规定的,从其规定。医师在两个以上医疗卫生机构定期执业的,应当以其中一个医疗卫生机构为主,并按照国家有关规定办理变更注册、备案等手续。卫生健康主管部门、医疗卫生机构应当加强对相关医师的监督管理,规范其执业行为,保证医疗卫生服务质量。

2017 年 4 月 1 日开始,《医师执业注册管理办法》(以下简称《办法》)实施了医师区域注册制度,从此医师的执业地点不再是某一家医疗机构,但同时《办法》也明确在同一执业地点多个机构执业的医师,应当确定一个机构作为其主要执业机构,并向批准该机构执业的卫生行政部门申请注册;对于拟执业的其他机构,应当向批准该机构执业的卫生行政部门分别申请备案,注明所在执业机构的名称。

三、分析讨论

我们常说的医师多点执业准确地讲应该叫"医师多机构执业",因此在《国民经济和社会发展第十四个五年规划和 2035 年远景目标纲要》中明确,"实施医师区域注册,推动医师多机构执业。稳步扩大城乡家庭医师签约服务覆盖范围,提高签约服务质量。支持社会办医,鼓励有经验的执业医师开办诊所"。

从这条规定可以看出三点:一是医师多机构执业在法律上是被允许的,但必须确定一个机构为

"主要执业机构",而且必须按规定办理注册、备案等手续;二是卫生健康主管部门、医疗卫生机构应当加强对有关医师的监督管理,规范其执业行为,保证医疗卫生服务质量;三是家庭医师作为一项单独的政策被写入国家的规划纲要。

我们还需关注的是《医师法》第五十七条:违反本法规定,医师未按照注册的执业地点、执业类别、执业范围执业的,由县级以上人民政府卫生健康主管部门或者中医药主管部门责令改正,给予警告,没收违法所得,并处一万元以上三万元以下的罚款;情节严重的,责令暂停六个月以上一年以下执业活动直至吊销医师执业证书。

第五节　PCBL:如何理解《基本医疗卫生与健康促进法》强调的"公益性"?

一、《基本医疗卫生与健康促进法》中的"公益性"

医疗卫生与健康事业应当坚持以人民为中心,为人民健康服务。医疗卫生事业应当坚持公益性原则。医疗卫生服务体系坚持以非营利性医疗卫生机构为主体、营利性医疗卫生机构为补充。政府举办非营利性医疗卫生机构,在基本医疗卫生事业中发挥主导作用,保障基本医疗卫生服务公平可及。以政府资金、捐赠资产举办或者参与举办的医疗卫生机构不得设立为营利性医疗卫生机构。医疗卫生机构不得对外出租、承包医疗科室。非营利性医疗卫生机构不得向出资人、举办者分配或者变相分配收益。

政府举办的医疗卫生机构应当坚持公益性质,所有收支均纳入预算管理,按照医疗卫生服务体系规划合理设置并控制规模。国家鼓励政府举办的医疗卫生机构与社会力量合作举办非营利性医疗卫生机构。政府举办的医疗卫生机构不得与其他组织投资设立非独立法人资格的医疗卫生机构,不得与社会资本合作举办营利性医疗卫生机构。

社会力量可以选择设立非营利性或者营利性医疗卫生机构。社会力量举办的非营利性医疗卫生机构按照规定享受与政府举办的医疗卫生机构同等的税收、财政补助、用地、用水、用电、用气、用热等政策,并依法接受监督管理。

二、《民法典》中关于"公益性"的相关解释

《民法典》第八十七条规定了非营利法人的定义及类型。为公益目的或者其他非营利目的成立,不向出资人、设立人或者会员分配所取得利润的法人,为非营利法人。非营利法人包括事业单位、社会团体、基金会、社会服务机构等。

三、如何理解"公益性"

公益性,就是指相关医疗机构以国家和社会公共利益为目的,不以单位或个人盈利为目的。截至2016年11月,全国医疗机构总数达99.2万家,非公立医疗机构占了22.6万家;全国有医院2.9万家,其中非公立医院1.6万家。可以说,我国已经形成了公立和非公立医疗机构相互促进、共同发展的基本格局。一大批医疗水平高、服务能力强、专科技术强的非公立医疗机构逐渐涌现,公立医疗机构专家加入非公立医疗机构的也不在少数。

非公立医疗机构是否具有"公益性"?答案是肯定的。医疗卫生服务本身是一种高技术含量、高道德标准的社会性服务,公益性是医疗卫生服务的基本属性。因此,不应仅以投资主体定位其是否具有公益性。作为我国医疗卫生服务体系的重要组成部分,非公立医疗机构与公立医疗机构一样,解决了百姓医疗的实际需求,也在提供医疗卫生服务的过程中,实现了社会公共利益的增加,这就是公

益性的体现。

公益性体现在基本医疗服务由政府主导。可由政府部门直接设立医疗机构提供服务,也可以由政府出资通过市场购买服务而提供。基本医疗卫生服务能够覆盖社会全体成员,让社会全体成员能够有机会平等享有,即所有公民,无论身居城乡,无论其出身贵贱,也无论其收入多少,都能够普遍、广泛地享用基本医疗服务,并且这种享用很少存在竞争性和排他性。

目前,我国非公立医疗机构的发展有利于促进医疗卫生资源的优化配置和有效利用,有助于满足群众不同层次、多元化的医疗服务需求,弥补公立医疗卫生资源与卫生服务需求之间的不足,通过相互补充、彼此促进,还能提高效率。在推动管办分离、多点执业、分级诊疗等政策的落实上,不得不说,非公立医疗机构也起到了促进作用。因此,一方面,我们需要正确认识非公立医疗机构的公益性;另一方面,非公立医疗机构也要从保护患者利益的角度出发,不断扩大和提高自身的公益性。

四、案例分析

案例 8-1

2012 年 2 月,某市正式启动医改。第一个动作就是将该省第八批药品集中采购中标药品目录(某市片区)的 129 种辅助性、营养性且历史上疑似产生过高额回扣的药品品规,列为第一批重点跟踪监控对象。该市规定:凡采购使用这 129 种品规的全市 22 家公立医院,必须备案,医院院长要审批签字,开具处方的医师要签字备案且公开公布采购数量。

措施实施一个月后,原本一直刹不住的"医药费用猛涨",终于回落。2012 年 5 月,全市 22 家公立医院药品费用环比下降 1 673.03 万元。2012 年底,全市职工医保统筹基金首次结余 2 200 多万元。这让市医改领导小组中的其他成员看到了曙光,说明他们找准了医改的核心症结——药。

该市将原本分由 3 位副市长各管一摊的医疗、医药、医保三项工作,统一交给了 1 位副市长来管。从最初的治混乱、堵浪费,到"医药、医保、医疗"三医联动、两票制、年薪制,再到如今的医保基金包干、组建总医院、按疾病诊断分组收付费(C-DRG),该市医改迈入了"以健康为中心"的时代,注重治未病,希望群众不得病、少得病。通过改革实践,该市公立医院综合改革取得了一定成效,初步实现患者、医师、医院、财政(医保基金)等多方共赢。

该市医改之所以取得成功,就是因为该市医改突出了公立医院公益性,通过医药分离制度改革和医务人员薪酬制度改革,让医院的医师不会因为多开药品提高自己的收益,在充分发挥市场这双"无形的手"的基础上,加强政府这双"有形的手"对医疗行业进行管控,把医疗费用降下来,将医护收入和患者满意度提升上去,解决了医保资金短缺的问题。

《基本医疗卫生与健康促进法》中明确提出医疗卫生事业应当坚持公益性原则。在这里提出的医疗卫生机构并没有作出特别限定,应理解为包括公立医院和民营医院在内的所有医疗卫生机构。对于这一规定,我们应该这么理解:政府鼓励社会资本进入医疗行业,出资设立多种所有制结构的医疗机构,他们可以享受和公办医疗机构相同的待遇。对于民办营利性医疗机构,不能因为他们自身的盈利属性而片面追求高端价位,必须要承担一定的社会责任。同时,我们也要看到,目前的医疗卫生制度还存在着诸多不完善之处,有些非营利性医疗机构在医改后仍然存在着药品加成、手术回扣等灰色收入问题,医师与医药代表的利益纠缠仍然需要进一步厘清。

(饶 伟)

思考题

1.《医师法》如何规定医师的执业资格？
2. 医疗机构的设立需要满足哪些条件？
3. 应当如何解决看病难、看病贵的问题？
4. 医师多点执业的最大困难在哪里？我国应当如何解决？
5. 在保持医疗机构公益性的前提下，如何提高医疗卫生人员合理待遇？

情景测试与思考

如果你是一名医师，注册的执业范围为普通外科。有一天你在火车上遇到一位孕妇，她马上就要生产了，急需医疗卫生人员帮助，这时你是否应当帮助她？这样做算不算超出执业地点和范围提供医疗服务？

课后阅读资料

［1］陈航．医疗供给侧改革——分级诊疗的合作模式选择研究［M］．北京：化学工业出版社，2017.
［2］张勇．健康中国战略下医疗保险门诊保障政策的改革效果分析［M］．北京：中国财政经济出版社，2019.
［3］赵棣．医疗保险与社会保障——中国公立医院的改革之路［M］．北京：科学出版社，2016.
［4］CHAM J．再造医疗：向最好的医院学管理［M］．张丹，商国印，金敬红，译．北京：机械工业出版社，2013.

第九章
药品法律制度

【学习要点】

1. 药品上市许可持有人与药品注册管理制度。
2. 医疗机构配制制剂。
3. 药物警戒与药品不良反应。
4. 超说明书用药与临床试验药物的拓展使用。

2019 年 6 月 29 日,十三届全国人大常委会第十一次会议表决通过了《疫苗管理法》;同年 8 月 26 日,十三届全国人大常委会第十二次会议表决通过了修订后的《药品管理法》。这对于引导、推动、保障药品领域全面深化改革,加强药品和疫苗管理,保障公众用药安全,保护和促进公众健康以及促进药品行业发展,都具有重要意义。

第一节　药品管理法律制度述评

药品监管是对高风险药品的预防性监管。相对于一般行政领域而言,药品监管要求监管者具有医学、药学、生物学、法学、经济学、公共政策等多方面的知识背景,具备丰富的监管经验,对科学、法律和政策问题作出处理。因此需要专门的药品监督管理部门,以风险控制为主旨,对药品加以监督管理。

《药品管理法》第八条第一款规定,国务院药品监督管理部门主管全国药品监督管理工作。《药品管理法》第八条第二款规定,省、自治区、直辖市人民政府药品监督管理部门负责本行政区域内的药品监督管理工作。《药品管理法》第八条第二款规定,设区的市级、县级人民政府承担药品监督管理职责的部门负责本行政区域内的药品监督管理工作。

在中国现行药品法律法规体系中,2019 年 8 月 26 日第十三届全国人民代表大会常务委员会第十二次会议第二次修订的《药品管理法》,具有最为重要的地位。该法为我国药品监管奠定了法治蓝图,规定了药品监督管理的目的和基本原则,设定了药品监督管理体制,构成了从事药品管理活动的基本遵循,对药品研制和注册、药品上市许可持有人、药品生产、药品经营、医疗机构药事管理、药品上市后管理、药品价格和广告、药品储备和供应的管理作了全面规定,规定了药品监督管理程序,规定了药品监督管理中违法相对人的法律责任和药品监督管理者的法律责任。《疫苗管理法》,则适用于在中华人民共和国境内从事疫苗研制、生产、流通和预防接种及其监督管理活动。

一、药品研制和注册

药品研制是指通过系统性科学研究和开发活动,创造、优化并验证可用于预防、治疗、诊断疾病或调节生理功能的药物及其制剂的全过程,包括药物非临床研究与药物临床试验等环节。药品注册,是指药品注册申请人依照法定程序和相关要求提出药物临床试验、药品上市许可、再注册等申请以及补充申请,药品监督管理部门基于法律法规和现有科学认知进行安全性、有效性和质量可控性审查,决定是否同意其申请的活动。药品注册,是指药品注册申请人依照法定程序和相关要求提出药物临床试验、药品上市许可、再注册等申请以及补充申请,药品监督管理部门基于法律法规和现有科学认知进行安全性、有效性和质量可控性审查,决定是否同意其申请的活动。药品注册管理是药品市场准入的前置性管理措施,是国际上普遍认可与采用的管理模式。《药品管理法》第二章题为"药品研制和注册",对鼓励药物创新、药物非临床研究、药物临床试验、药品审评程序加以体系性规定,彰显了促进药物创新的精神;对药物非临床研究的基本要求加以规定,规定了药物临床试验中的伦理原则、伦理委员会制度、知情同意制度,规定了关联审评制度、附条件审评制度,从而体现了在鼓励药物创新、提高审评审批效率、规范药品研制活动之间的平衡。

(一) 以药品注册鼓励药物创新

国务院药品监督管理部门建立药品加快上市注册制度,支持以临床价值为导向的药物创新。对符合条件的药品注册申请,申请人可以申请适用突破性治疗药物、附条件批准、优先审评审批及特别审批等药品加快注册程序。在药品研制和注册过程中,药品监督管理部门及其专业技术机构给予必要的技术指导、沟通交流、优先配置资源、缩短审评时限等政策和技术支持。

第一,《药品管理法》第十六条第一款规定,国家支持以临床价值为导向、对人的疾病具有明确或特殊疗效的药物创新,鼓励具有新的治疗机制、治疗严重危及生命的疾病或者罕见病、对人体具有多靶向系统性调节干预功能等的新药研制,推动药品技术进步。

第二,对儿童用药品创新的鼓励。《药品管理法》第十六条第三款规定,国家采取有效措施,鼓励儿童用药品的研制和创新,支持开发符合儿童生理特征的儿童用药品新品种、剂型和规格,对儿童用药品予以优先审评审批。

第三,突破性治疗药物程序。《药品注册管理办法》第五十九条规定,药物临床试验期间,用于防治严重危及生命或者严重影响生存质量的疾病,且尚无有效防治手段或者与现有治疗手段相比有足够证据表明具有明显临床优势的创新药或者改良型新药等,申请人可以申请适用突破性治疗药物程序。

第四,附条件批准程序。《药品管理法》第二十六条引入了附条件批准制度,规定对治疗严重危及生命且尚无有效治疗手段的疾病以及公共卫生方面急需的药品,药物临床试验已有数据显示疗效并能预测其临床价值的,可以附条件批准,并在药品注册证书中载明相关事项。《疫苗管理法》第二十条规定,应对重大突发公共卫生事件急需的疫苗或者国务院卫生健康主管部门认定急需的其他疫苗,经评估获益大于风险的,国务院药品监督管理部门可以附条件批准疫苗注册申请。

第五,优先审评审批程序。《药品管理法》第九十六条规定,国家对临床急需的短缺药品、防治重大传染病和罕见病等疾病的新药予以优先审评审批。《药品注册管理办法》第六十八条则列举了若干可以申请优先审评审批程序的药品。

第六,特别审批程序。《药品注册管理办法》第七十二条规定,在发生突发公共卫生事件的威胁时以及突发公共卫生事件发生后,国家药品监督管理局可以依法决定对突发公共卫生事件应急所需防治药品实行特别审批。《药品注册管理办法》第七十三条规定,对实施特别审批的药品注册申请,国家药品监督管理局按照统一指挥、早期介入、快速高效、科学审批的原则,组织加快并同步开展药品注册受理、审评、核查、检验工作。特别审批的情形、程序、时限、要求等按照药品特别审批程序规定执行。

第七,关联审评审批。《药品管理法》第二十五条第二款规定,国务院药品监督管理部门在审批药品时,对化学原料药一并审评审批,对相关辅料、直接接触药品的包装材料和容器一并审评,对药品的质量标准、生产工艺、标签和说明书一并核准。

(二) 药物非临床研究制度

从事药品研制活动,应当遵守国务院药品监督管理部门会同国务院有关部门制定的《药物非临床研究质量管理规范》(*Good Laboratory Practice*,GLP)。非临床研究质量管理规范,指有关非临床安全性评价研究机构运行管理和非临床安全性评价研究项目试验方案设计、组织实施、执行、检查、记录、存档和报告等全过程的质量管理要求。开展药物非临床研究,应当符合国家有关规定,有与研究项目相适应的人员、场地、设备、仪器和管理制度,保证有关数据、资料和样品的真实性。

根据《药物非临床研究质量规范》的规定,非临床安全性评价研究机构应建立完善的组织管理体系,配备机构负责人、质量保证部门负责人和相应的工作人员。非临床安全性评价研究机构的人员应符合特定的要求,非临床安全性评价研究机构负责人应具备医学、药学或其他相关专业本科以上学历及相应的业务素质和工作能力,非临床安全性评价研究机构应设立独立的质量保证部门。

根据所从事的非临床研究需要,应建立相应的实验设施,配备相应的仪器设备,制定与实验工作相适应的标准操作规程。研究工作结束后,专题负责人应将实验方案、标本、原始资料、文字记录和总结报告的原件、与实验有关的各种书面文件、质量保证部门的检查报告等按标准操作规程的要求整理和交资料档案室,并按标准操作规程的要求编号归档。

(三) 药物临床试验

1. 药物临床试验审批管理　出于对人体安全的考虑和伦理原则,对于在人体开展的药物临床试验,需要经过国务院药品监督管理部门批准。《药品管理法》第十九条第一款规定了药物临床试验审批管理制度。开展药物临床试验,应当按照国务院药品监督管理部门的规定如实报送研制方法、质量指标、药理及毒理试验结果等有关数据、资料和样品,经国务院药品监督管理部门批准。开展生物等效性试验的,报国务院药品监督管理部门备案。

国务院药品监督管理部门应当自受理临床试验申请之日起六十个工作日内决定是否同意并通知临床试验申办者,逾期未通知的,视为同意。默示许可制度的引入,涵义有四:第一,国务院药品监督管理部门有是否同意药物临床试验许可的裁量权,可以在六十个工作日决定"是否同意";第二,国务院药品监督管理部门无论作出是否同意的决定,都要采取一定形式"通知"临床试验申办者;第三,药物临床试验的审批时限可以短于六十个工作日,但最长不超过六十个工作日;第四,当受理申请之日超过六十个工作日且未通知申请人时,国务院药品监督管理部门的行政裁量权收缩至零,即"默示即同意",视为同意了申请人许可。

2. 药物临床试验机构的备案　药物临床试验机构资格认定在我国药物临床试验发展过程中,对于保证临床试验质量和保护受试者合法权益,起到了重要促进作用。随着多中心临床试验的逐渐普及以及临床试验数量的日渐增多,借鉴国际经验并在"放管服"改革的理念下,对医疗机构事前采取行政许可的方式进行了调整,以满足我国药物研发创新发展。《药品管理法》第十九条第二款规定,开展药物临床试验,应当在具备相应条件的临床试验机构进行。药物临床试验机构实行备案管理,具体办法由国务院药品监督管理部门、国务院卫生健康主管部门共同制定。这体现了监管理念的变化,符合简政放权、放管结合、优化服务的要求;同时也调整了监管模式,将针对机构的认定改为围绕药物临床试验开展检查,使得监管更为有的放矢。

3.《药物临床研究质量管理规范》的遵守　从事药品研制活动,应当遵守药物临床试验质量管理规范。据此,国家药品监督管理局会同国家卫生健康委员会组织修订了《药物临床试验质量管理规范》,自2020年7月1日起施行。该规范规定了伦理委员会、研究者、申办者的职责,规定了药物临床试验开展的试验方案、研究者手册以及必备文件管理。

4. 药物临床试验的伦理审查　《药品管理法》第二十条规定了药物临床试验的伦理审查,这体现了伦理规制的法治化和对药品临床试验伦理的框架立法,引入程序性规制思路,让伦理委员会按照法律要求建立制度,实施相应的管理流程和决策程序,来确保伦理规范得以执行。

《生物安全法》第三十四条第二款规定,从事生物技术研究、开发与应用活动,应当符合伦理原则。《生物安全法》第四十条规定,从事生物医学新技术临床研究,应当通过伦理审查。根据《药品管理法》第二十条第一款的规定,开展药物临床试验,应当符合伦理原则,制订临床试验方案,经伦理委员会审查同意。伦理委员会在药物临床试验中承担着审查试验方案、监督临床试验实施、保障受试者权益的重要职责。伦理委员会应当建立伦理审查工作制度,保证伦理审查过程客观、公正,监督规范开展药物临床试验,保障受试者合法权益,维护社会公共利益。

伦理委员会的委员均应当接受伦理审查的培训,能够审查临床试验相关的伦理学和科学等方面的问题。伦理委员会会议审查意见的投票委员应当参与会议的审查和讨论,应当包括各类别委员,具有不同性别组成,并满足其规定的人数。伦理委员会的组成和工作不应受任何参与试验者的影响。试验方案需经伦理委员会审议同意并签署批准意见后方可实施。

5. 知情同意和受试者保护　在二战后纽伦堡审判后,1947 年宣布了有关人体试验伦理纲领的《纽伦堡准则》,其中规定"受试者的自发同意是绝对必需条件",强调对"受试者进行充分说明,让其在理解的基础上作出判断,对于有关联的各处,必须给予受试者足够的知识并让他们充分理解"。根据《民法典》第一千零八条的规定,为研制新药或者发展新的预防和治疗方法,需要进行临床试验的,应当依法经相关主管部门批准并经伦理委员会审查同意,向受试者或者受试者的监护人告知试验目的、用途和可能产生的风险等详细情况,并经其书面同意。

《药品管理法》第二十一条规定,实施药物临床试验,应当向受试者或者其监护人如实说明和解释临床试验的目的和风险等详细情况,取得受试者或者其监护人自愿签署的知情同意书,并采取有效措施保护受试者合法权益。

(四) 药品注册审批制度

申请药品注册,应当提供真实、充分、可靠的数据、资料和样品,证明药品的安全性、有效性和质量可控性。对申请注册的药品,国务院药品监督管理部门应当组织药学、医学和其他技术人员进行审评,对药品的安全性、有效性和质量可控性以及申请人的质量管理、风险防控和责任赔偿等能力进行审查;符合条件的,颁发药品注册证书。

根据《药品管理法》第二十七条的规定,国务院药品监督管理部门应当完善药品审评审批工作制度,加强能力建设,建立健全沟通交流、专家咨询等机制,优化审评审批流程,提高审评审批效率。国家市场监督管理总局于 2020 年 1 月颁布了《药品注册管理办法》。该规章规定了药品注册的基本要求,就药品上市注册的各项制度内容做了较为完备的规定。

二、药品上市许可持有人制度

药品上市许可持有人制度是一项国际通行的现代药品管理制度,是《药品管理法》确定的基本制度。在药品上市许可持有人制度下,拥有药品技术的药品研发机构、药品生产企业等主体,通过提出药品上市许可申请并获得药品注册证书,以自己的名义将产品投放市场,对药品全生命周期质量管理承担主体责任。《药品管理法》增设"药品上市许可持有人"专章,对药品上市许可持有人的法律地位、资质要求、主体责任等进行集中规定。药品上市许可持有人制度的实施,对于落实药品上市许可持有人主体责任、优化资源配置、鼓励药品产业高质量发展、创新药品安全治理机制具有重要意义。

(一) 明确药品上市许可持有人的法律地位

药品上市许可持有人,是指获得药品注册证书,以自己的名义将药品投放市场,并对药品的安全性、有效性和质量可控性负责的主体。药品上市许可持有人可以是取得药品注册证书的企业或者药品研制机构。药品上市许可持有人应具备质量管理、风险防控和责任赔偿等能力。药品上市许可持有人的法定代表人、主要负责人对药品质量全面负责。

(二) 明确药品上市许可持有人的权益

第一,药品上市许可人可以自行生产药品,也可以委托药品生产企业生产。药品上市许可持有人自行生产药品的,应当依照本法规定取得药品生产许可证;委托生产的,应当委托符合条件的药品生产企业。药品上市许可持有人和受托生产企业应当签订委托协议和质量协议,并严格履行协议约定的义务。

第二,药品上市许可持有人可以自行销售其取得药品注册证书的药品,其需符合《药品管理法》第五十二条规定的从事药品经营活动的条件。药品上市许可持有人从事药品零售活动的,应当取得药品经营许可证。药品上市许可持有人也可以委托药品经营企业销售,委托销售时,应当委托符合条件的药品经营企业,并应当签订委托协议,严格履行协议约定的义务。

第三,药品上市许可可以转让。根据《药品管理法》第四十条,经国务院药品监督管理部门批准,药品上市许可持有人可以转让药品上市许可。受让方应当具备保障药品安全性、有效性和质量可控性的质量管理、风险防控和责任赔偿等能力,履行药品上市许可持有人义务。允许药品上市许可转让,是药品上市许可持有人制度的重要内容和改革红利。

(三) 严格药品上市许可持有人义务

第一,药品上市许可持有人应当建立药品质量保证体系,配备专门人员独立负责药品质量管理。药品上市许可持有人应制订本单位的质量目标和质量计划,设立独立于其他部门的质量保证控制部门,配备足够的资源,确保药品生产经营质量保证体系能有效运行。

第二,加强委托生产、销售、储存运输的管理。药品上市许可持有人委托生产、委托销售、委托储存运输药品时,双方应当签署委托协议和质量协议,并严格履行协议约定的义务。药品上市许可持有人应当对受托药品生产企业、药品经营企业、储存运输企业的质量管理体系以及原辅料供应商等进行定期审核,监督其持续具备质量保证和控制能力。

第三,药品上市许可持有人应当建立药品上市放行规程,对药品生产企业出厂放行的药品进行审核,经质量授权人签字后方可放行。不符合国家药品标准的,不得放行。

第四,药品上市许可持有人应当建立并实施药品追溯制度,应按照规定提供准确、完整的追溯信息,保证药品可追溯,做到每个药品最小包装单位可追溯、可核查。

第五,药品上市许可持有人应履行上市后义务。药品上市许可持有人应当建立年度报告制度,每年将药品生产销售、上市后研究、风险管理等情况按照规定向省、自治区、直辖市人民政府药品监督管理部门报告。药品上市许可持有人应当制订药品上市后风险管理计划,主动开展药品上市后研究,对药品的安全性、有效性和质量可控性进行进一步确证,加强对已上市药品的持续管理。药品上市许可持有人应当开展药品上市后不良反应监测,主动收集、跟踪分析疑似药品不良反应信息,对已识别风险的药品及时采取风险控制措施。

三、药品生产

(一) 开办药品生产企业的程序和条件

开办药品生产企业,须经企业所在地省、自治区、直辖市人民政府药品监督管理部门批准并发给《药品生产许可证》,凭《药品生产许可证》到工商行政管理部门办理登记注册。开办药品生产企业,必须具有依法经过资格认定的药学技术人员、工程技术人员和相应的技术工人,具有能对所生产药品进行质量管理和质量检验的机构、人员以及必要的仪器设备,具有保证药品质量的规章制度。

(二)《药品生产质量管理规范》(GMP)

《药品管理法》第四十三条规定,药品生产企业必须按照国家药品监督管理部门制定的《药品生产质量管理规范》组织生产。药品生产质量管理规范作为质量管理体系的一部分,是药品生产管理和质量控制的基本要求,旨在最大限度地降低药品生产过程中污染、交叉污染以及混淆、差错等风险,确保持续稳定地生产出符合预定用途和注册要求的药品。

2001版《药品管理法》规定了药品GMP强制认证。现行2019版《药品管理法》取消了药品GMP认证,将GMP作为从事药品生产活动的基本条件以及持续性合规要求,改五年一次认证为随时动态检查,将监管重心聚焦确保药品生产过程的持续动态合规,切实提高对药品生产企业的全过程质量管理要求。

(三) 强化关键岗位人员管理

《药品管理法》强化关键岗位人员责任,引入"管理者担责"制度。药品生产企业的法定代表人、主要负责人对本企业的药品生产活动全面负责。《药品管理法》第一百一十八条、第一百二十二条、第一百二十三条、第一百二十四条、第一百二十五条、第一百二十六条对药品生产企业的法定代表人、主要负责人设定了处罚。药品上市许可持有人、药品生产企业中直接接触药品的工作人员,应当每年进行健康检查。患有传染病或者其他可能污染药品的疾病的,不得从事直接接触药品的工作。

(四) 规范药品委托生产

《药品管理法》第三十二条对药品委托生产加以规范。药品生产企业接受委托生产药品,应当符合从事药品生产活动的条件,取得药品生产许可证。药品上市许可持有人和受托生产企业应当签订委托协议和质量协议,并严格履行协议约定的义务。国家药品监督管理部门应当制定药品委托生产质量协议指南,指导并监督药品上市许可持有人和受托生产企业履行药品质量保证义务。血液制品、麻醉药品、精神药品、医疗用毒性药品、药品类易制毒化学品以及国家药品监督管理局规定的其他药品不得委托。

(五) 对药品包装的要求

药品包装,包括直接接触药品的包装材料和容器,是药品作为最终产品的必要组成部分,其直接关系药品质量、药品上市许可持有人和药品生产经营者的责任、用药者的安全和利益,因此必须严格管理,明确各方当事人的法定义务。《药品管理法》第四十六条对直接接触药品的包装材料和容器加以规范,规定直接接触药品的包装材料和容器应当符合药用要求,符合保障人体健康、安全的标准。药品包装应当适合药品质量的要求,方便储存、运输和医疗使用。发运中药材应当有包装。在每件包装上,应当注明品名、产地、日期、供货单位,并附有质量合格的标志。

(六) 药品标签与说明书

药品的正确合理使用,离不开标签和说明书内容的完整与规范。假设政府对药品标签和说明书的事项撒手不管,企业很可能会本能地在标签、说明书上"报喜不报忧",其内容未必完全真实准确,乃至会对消费者的选择带来误导。对标签和说明书内容和事项的监管,成为药品监管的重要内容之一。

根据《药品管理法》第四十九条的规定,药品包装应当按照规定印有或者贴有标签并附有说明书。药品标签或者说明书上应当注明药品的通用名称、成分、规格、生产企业、批准文号、产品批号、生产日期、有效期、适应证或者功能主治、用法、用量、禁忌、不良反应和注意事项。药品标签、说明书中的文字应当清晰,生产日期、有效期等事项应当显著标注,容易辨识。麻醉药品、精神药品、医疗用毒性药品、放射性药品、外用药品和非处方药的标签,应当印有规定的标志。

四、药品流通

(一) 药品经营企业的开办

药品经营企业包括药品批发企业和药品零售企业。药品批发企业是指将购进的药品销售给药品生产企业、药品经营企业、医疗机构的药品经营企业;药品零售企业是指将购进的药品直接销售给消费者的药品经营企业。药品经营条件、经营行为对药品质量、合理用药及群众用药的安全、有效性具有重要影响。

《药品管理法》第五十一条规定了药品经营许可证制度。开办药品批发企业,须经企业所在地省、自治区、直辖市人民政府药品监督管理部门批准并发给《药品经营许可证》。开办药品零售企业,须经企业所在地县级以上地方药品监督管理部门批准并发给《药品经营许可证》。凭《药品经营许可证》到工商行政管理部门办理登记注册。无《药品经营许可证》的,不得经营药品。

无论是开办药品批发企业还是药品零售企业,都需要具有依法经过资格认定的药学技术人员;具有与所经营药品相适应的营业场所、设备、仓储设施、卫生环境;具有与所经营药品相适应的质量管理机构或者人员;具有保证所经营药品质量的规章制度。

(二)《药品经营质量管理规范》(GSP)

《药品经营质量管理规范》(*Good Supplying Practice*,GSP)意即良好供应规范,是控制医药流通环节所有可能发生质量事故的因素,从而防止质量事故发生的一整套管理程序。根据《药品管理法》第五十三条的规定,药品经营企业必须按照国家药品监督管理部门制定的《药品经营质量管理规范》经营药品。现行《药品经营质量管理规范》共四章一百八十四条,对药品经营企业的质量管理职责、人员与培训、质量管理体系文件、设施与设备、校准与验证、计算机系统、采购、收货与验收、储存与养护、销售、出库、运输与配送以及售后管理等作了详尽的规定,这构成了药品经营质量管理的基本准则。此外,取消了药品监督管理部门对药品经营企业的药品生产质量管理规范(GMP)认证和药品经营质量管理规范(GSP)认证,取而代之的是对药品经营企业合规性的全过程动态监管。

(三) 对药品流通的其他要求

药品经营企业购进药品,必须建立并执行进货检查验收制度,验明药品合格证明和其他标识;不符合规定要求的,不得购进。药品经营企业购销药品,必须有真实完整的购销记录。购销记录必须注明药品的通用名称、剂型、规格、批号、有效期、生产厂商、购(销)货单位、购(销)货数量、购销价格、购(销)货日期及国务院药品监督管理部门规定的其他内容。药品经营企业必须制定和执行药品保管制度,采取必要的冷藏、防冻、防潮、防虫、防鼠等措施,保证药品质量。药品入库和出库必须执行检查制度。

药品经营企业销售药品应当准确无误,并正确说明用法、用量和注意事项;调配处方应当经过核对,对处方所列药品不得擅自更改或者代用。对有配伍禁忌或者超剂量的处方,应当拒绝调配;必要时,经处方医师更正或者重新签字,方可调配。药品经营企业销售的中药材,必须标明产地。依法经过资格认定的药师或者其他药学技术人员负责本企业的药品管理、处方审核和调配、合理用药指导等工作。

五、医疗机构药事管理

《药品管理法》第六章标题为"医疗机构药事管理",对医疗机构配制制剂、医疗机构的其他药品使用活动进行了规范。医疗机构包括从事疾病诊断、治疗活动的医院、卫生院、疗养院、门诊部、诊所、卫生所(室)以及急救站等医疗机构。《医疗机构管理条例》第三十五条规定,医疗机构必须按照有关药品管理的法律、法规,加强药品管理。"药事管理"包括临床药学管理、药物临床应用管理、调剂管理、临床制剂管理、药学研究管理、药学专业技术人员的培养与管理等。加强医疗机构药事管理,是建立健全现代医院管理制度的重要内容,是加强医疗卫生服务综合监管的重要举措。

(一) 医疗机构配制制剂

《医疗机构制剂注册管理办法(试行)》第三条第一款规定,医疗机构制剂,是指医疗机构根据本单位临床需要经批准而配制、自用的固定处方制剂。医疗机构对某些本单位临床需要而市场上没有供应的品种自己配制制剂,一方面可以满足临床的需要,另一方面在一定程度上也可以促进新药的开发。为了对医疗机构配制制剂进行合理的引导和控制,保证医疗机构配制制剂的质量,保证患者的用药安全,《药品管理法》第七十四、七十五、七十六条对医疗机构配制制剂许可、配制制剂的条件、配制制剂品种和调配使用管理加以规定。

医疗机构配制制剂,须经所在地省、自治区、直辖市人民政府卫生行政部门审核同意,由省、自治区、直辖市人民政府药品监督管理部门批准,发给《医疗机构制剂许可证》。无《医疗机构制剂许可证》的,不得配制制剂。

医疗机构配制制剂,在功能上发挥着类似于药品生产的作用,也应当具有保证制剂质量的基本条件。《药品管理法》第七十五条规定,医疗机构配制制剂,应当有能够保证制剂质量的设施、管理制度、检验仪器和卫生条件。医疗机构配制制剂,应当按照经核准的工艺进行,所需的原料、辅料和包装材料应当符合药用要求。

医疗机构配制的制剂,应当是本单位临床需要而市场上没有供应的品种,并须经所在地省、自治区、直辖市人民政府药品监督管理部门批准。医疗机构配制的制剂应当按照规定进行质量检验;合格的,凭医师处方在本单位使用。医疗机构配制制剂是根据临床需要配制,有的存在稳定性差、工艺不成熟及有效期短等特点,需限定适用范围,故规定医疗机构配制的制剂,不得在市场销售。但为鼓励优良医疗机构制剂形成一定的规模效应,《药品管理法》第七十六条第二款规定,经国务院药品监督管理部门或者省、自治区、直辖市人民政府药品监督管理部门批准,医疗机构配制的制剂可以在指定的医疗机构之间调剂使用。

《医疗机构制剂许可证》有效期为五年。有效期届满需要继续配制制剂的,医疗机构应当在许可证有效期届满前六个月,向原许可机关申请换发《医疗机构制剂许可证》。

(二) 医疗机构的药品管理

医疗机构应当配备依法经过资格认定的药学技术人员,负责本单位的药品管理、处方审核和调剂、合理用药指导等工作。非药学技术人员不得直接从事药剂技术工作。

医疗机构购进药品,应当设立并执行进货检查验收制度,验明药品合格证明和其他标识;不符合规定的,不得购进和使用。验明的药品合格证明包括有关的药品检验合格证明、药品企业资格证明和药品批准文号。验明标识时,主要是对药品的包装、标签、说明书和外观形状进行检查。

《药品管理法》第七十一条规定了医疗机构的药品保管。药品的妥善保管和贮存,是维持药品质量,保证药品质量不发生变化,保障患者用药安全有效的重要措施。医疗机构应当有与所使用药品相适应的场所、设备、仓储设施和卫生环境,制定和执行药品保管制度,采取必要的冷藏、防冻、防潮、防虫、防鼠等措施,保证药品质量。

《药品管理法》第七十三条就医疗机构的处方管理加以规范。处方是指由注册的执业医师和执业助理医师在诊疗活动中为患者开具的,由取得药学专业技术职务任职资格的药学专业技术人员审核、调配、核对,并作为患者用药凭证的医疗文书。处方包括医疗机构病区用药医嘱单。处方是医师为患者防治疾病需要用药而开写的书面文件,是药剂调配、发药的书面依据,在发生医疗事故时,还是查明和追究事故责任的证据。医疗机构的药剂人员调剂处方,必须经过核对,对处方所列药品不得擅自更改或者代用。对有配伍禁忌或者超剂量的处方,应当拒绝调配;必要时,经处方医师更正或者重新签字,方可调配。

(三) 医疗机构的合理用药

医疗卫生事业应当坚持公益性原则,这一原则要求医疗机构以尽可能低的医疗费用,达到尽可能好的医疗效果,降低医保和患者的医疗支出。

第一,医疗机构应当坚持安全有效、经济合理的用药原则。医疗机构应遵循药品临床应用指导原则、临床诊疗指南和药品说明书等合理用药,对医师处方、用药医嘱的适宜性进行审核。《基本医疗卫生与健康促进法》第五十四条第一款则规定,"医疗卫生人员应当遵循医学科学规律,遵守有关临床诊疗技术规范和各项操作规范以及医学伦理规范,使用适宜技术和药物,合理诊疗,因病施治,不得对患者实施过度医疗"。《医师法》第二十九条规定,"医师应当坚持安全有效、经济合理的用药原则,遵循药品临床应用指导原则、临床诊疗指南和药品说明书等合理用药……医疗机构应当建立管理制度,对医师处方、用药医嘱的适宜性进行审核,严格规范医师用药行为"。

第二,医疗机构应提供价格合理的用药。对于依法实行市场调节价的药品,医疗机构应当按照公平、合理和诚实信用、质价相符的原则制定价格,为用药者提供价格合理的药品。医疗机构应当遵守国务院药品价格主管部门关于药品价格管理的规定,制定和标明药品零售价格。医疗机构应当向患者提供所用药品的价格清单,按照规定如实公布其常用药品的价格,加强合理用药管理。

第三,医疗机构应落实基本药物制度。国家基本药物制度是一个国家药品政策的核心,是国家为保障基本药物的公平可及、安全有效与合理使用,对基本药物遴选、生产、流通、使用、定价等环节实施有效管理的制度。《药品管理法》第九十三条规定,国家实行基本药物制度,遴选适当数量的基本药物品种,提供基本药物的供给能力,满足疾病防治基本用药需求。《基本医疗卫生与健康促进法》第五十九条规定,国家公布基本药物目录,对基本药物目录进行动态调整。基本药物按照规定优先纳入基本医疗保险药品目录。医疗机构应优先配备使用基本药物,形成以基本药物为主导的用药模式。

> **案例 9-1**
>
> 2021 年 3 月 1 日,《国家基本医疗保险、工伤保险和生育保险药品目录(2020 年)》(以下简称《目录》)正式实施。《目录》为 1 107 个药品限制了支付范围。医院在使用这 1 107 个药品的过程中如果超范围使用,不仅会产生用药安全风险,违反卫生行政部门管理相关规定,还会产生医保违规支付的风险。
>
> 例如,某医疗机构使用中成药"某注射液",该药品"限二级及以上医疗机构并有明确的缺血性心脑血管疾病急性发作证据的重症抢救患者"使用。医院对大量患者使用此药品并全部纳入医保支付,被检查组发现此问题后,排除符合用药条件的患者后,该医疗机构有 95 万违规费用,对于超限定支付范围按照基本医疗保险服务协议的违规条款进行处理。又如,李女士因为"小细胞肺癌"的诊断住院治疗,其中使用"贝伐珠单抗注射液"并进行了医保报销。经医保部门核查:医保药品"贝伐珠单抗注射液",其医保临床使用有"限晚期转移性结直肠癌或晚期非鳞非小细胞肺癌"的限定支付范围。"小细胞肺癌"不属于支付范围内,属于超范围支付。
>
> 通过控制药品的超限定范围支付,有利于防止部分医师在临床实践中存在"过度治疗"现象,包括可以用一线用药的情况下医师却选择了二线用药,或可以用口服制剂的情况下医师却选择了其他剂型两种。

六、药品管理

(一)药品标准

所谓"标准",是指农业、工业、服务业以及社会事业等领域需要统一的技术要求。在药品的生产、经营、使用等环节,通过遵从药品标准,来保证药品质量可控,保障人民的用药安全;在药品监管过程中,通过适用药品标准,来认定案件事实是否存在,情节轻重与否,从而构成了正确适用药品法律法规作出行政决定的基础。药品标准被视为保证药品质量的法定技术依据。

药品必须符合国家药品标准。国家药品监督管理部门颁布的《中华人民共和国药典》和药品标准为国家药品标准。国家药品监督管理部门会同国家卫生健康主管部门组织药典委员会,负责国家药品标准的制定和修订。国家药典委员会是国务院药品监督管理部门负责药品标准工作的常设机构,负责药典委员会的日常工作。

除中药饮片外,药品必须按照国家药品标准生产。中药饮片必须按照国家药品标准炮制;国家药品标准没有规定的,必须按照省、自治区、直辖市人民政府药品监督管理部门规定的炮制规范炮制。省、自治区、直辖市人民政府药品监督管理部门制定的炮制规范,应当报国家药品监督管理部门备案。

(二)药品分类

药品分类管理是国际通行的药品管理模式。它有助于医疗卫生资源的合理配置,也是增强人们自我药疗、自我保健意识的重要举措。现行《药品管理法》第五十四条规定"国家对药品实行处方药与非处方药分类管理制度。具体办法由国务院药品监督管理部门会同国务院卫生健康主管部门制定"。

处方药应当凭医师处方销售、调剂和使用。国家根据药品的安全性,将非处方药分为甲类非处方药和乙类非处方药。国家药品监督管理局负责非处方药目录的遴选、审批、发布和调整工作。非处方药说明书应当使用容易理解的文字表述,以便消费者自行判断、选择和使用。非处方药标签必须印有"请仔细阅读说明书并按说明使用或在药师指导下购买和使用"的忠告语,标签内容不得超出其非处方药说明书的内容范围。药品零售企业应当凭处方销售处方药。销售的处方药应与处方内容一致,留存处方并记录备查。

（三）特殊药品

《药品管理法》第一百一十二条规定，国务院对麻醉药品、精神药品、医疗用毒性药品、放射性药品、药品类易制毒化学品等有其他管理规定的，依照其规定。这涉及特别法与一般法的关系问题，对于这些药品而言，没有特别规定时，适用一般规定。有特别规定时，则特别规定优先于一般规定。

麻醉药品和精神药品作为特殊药品的管理，具有用药后果的两重性，管理不当会带来严重后果。国务院颁布了《麻醉药品和精神药品管理条例》，来规范麻醉药品药用原植物的种植，麻醉药品和精神药品的实验研究、生产、经营、使用、储存、运输等活动以及监督管理。国务院颁布了《医疗用毒性药品管理办法》《放射性药品管理办法》《易制毒化学品管理条例》，来分别对医疗用毒性药品、放射性药品、易制毒化学品加以管理与规范。

七、药品上市后监管

药品监管是全过程的动态监管，在药品安全监管的制度设计方面，不仅应关注药品上市前监管，也应关注药品上市后监管，建立以风险监管理念为基础的药品上市后监管体系。在药品上市后监管体系中，药品再注册、上市后再评价、药品召回等都占据着重要的地位。

（一）药品再注册

药品再注册制度是指在新药上市后的一定期间内，根据该药在实际医疗应用中以及与多种药物联合使用中的实际情况，重新确认该新药审批时承认的有效性和安全性。

（二）上市后评价

上市后评价制度是"向后看"的制度，是以确保药品安全性和有效性为目的，根据医药学的最新学术水平，对已经批准上市的药品进行分析评价，根据评价结论采取相应措施的制度。

（三）药品召回

药品召回，是指药品上市许可持有人按照规定的程序收回已上市存在缺陷的药，并采取相应措施，控制消除缺陷的活动。药品召回制度旨在保护药品消费者的健康和安全，旨在通过召回产品，以最小的社会成本，最大限度地维护消费者的合法权益。这也是国际上通行的做法。

第二节　药物警戒和药品不良反应的法律制度

一、药物警戒

药物警戒活动是指对药品不良反应及其他与用药有关的有害反应进行监测、识别、评估和控制的活动。药物警戒的总体目标是预防和降低任何可能的药品不良反应及其他与用药有关的有害反应事件，促进安全合理地使用药品，并及时向监管部门、患者、医护人员及公众传递与药品有关的安全性信息，保护患者健康和公众健康。

相较于药品不良反应而言，药物警戒的领域和范围更广。药物警戒关注药品在人体的使用风险，这些风险可能来自药品固有缺陷、质量问题、药物相互作用以及药物误用、滥用、错用等。药品不良反应监测主要是药品上市后采取的措施，而药物警戒往往覆盖药品全生命周期。

药品上市许可持有人和获准开展药物临床试验的药品注册申请人应当基于药品安全性特征开展药物警戒活动，包括建立药物警戒体系，最大限度地降低药品安全风险，保护和促进公众健康。药品上市许可持有人和获准开展药物临床试验的药品注册申请人应当与医疗机构、药品生产企业、药品经营企业、药物临床试验机构等协同开展药物警戒活动。鼓励持有人和申办者与科研院所、行业协会等相关方合作，推动药物警戒活动深入开展。

二、药品不良反应

药品不良反应(adverse drug reaction,ADR)是指合格药品在正常用法用量下出现的与用药目的无关的有害反应。上市许可持有人应当开展药品不良反应监测,建立健全药品不良反应监测机制,及时按要求报告发现或获知的药品不良反应,履行其药品全生命周期安全管理的主体责任。《药品管理法》第八十条规定,药品上市许可持有人应当开展药品上市后不良反应监测,主动收集、跟踪分析疑似药品不良反应信息,对已识别风险的药品及时采取风险控制措施。

《药品管理法》第八十一条规定了药品不良反应报告和处理。药品上市许可持有人、药品生产企业、药品经营企业和医疗机构应当经常考察本单位所生产、经营、使用的药品质量、疗效和不良反应。发现疑似不良反应的应当及时向药品监督管理部门和卫生健康主管部门报告。现行有效的国务院部门规章为《药品不良反应报告和监测管理办法》。药品生产、经营企业和医疗机构应当建立药品不良反应报告和监测管理制度。药品生产、经营企业和医疗机构应当主动收集药品不良反应,获知或者发现个例药品不良反应或药品群体不良事件时,应当通过国家药品不良反应监测信息网络报告。医疗机构发现药品群体不良事件后应当积极救治患者,迅速开展临床调查,分析事件发生的原因,必要时可采取暂停药品的使用等紧急措施。《药品管理法》第一百三十四条针对未按规定开展药品不良反应监测的行为,以及未按规定报告疑似药品不良反应的违法行为,为药品上市许可持有人、药品经营企业、医疗机构设定了法律责任。医疗机构未按照规定报告疑似药品不良反应的,责令限期改正,给予警告;逾期不改正的,处五万元以上五十万元以下的罚款。

《药品管理法》第八十一条第二款规定了对药品不良反应的处理。对已确认发生严重不良反应的药品,由国务院药品监督管理部门或者省、自治区、直辖市人民政府药品监督管理部门根据实际情况采取停止生产、销售、使用的紧急控制措施,并应在五日内组织鉴定,自鉴定结论作出之日起十五日内依法作出行政处理决定。

第三节　超说明书用药与临床试验药物的拓展使用

一、超说明书用药的法律应对

超说明书用药(off-label uses),是指药品使用的适应证、剂量、疗程、途径或人群等未在药品监督管理部门批准的药品说明书记载范围内的用法,主要包括超适应证用药、超剂量用药、超适用人群用药、超给药途径用药等。超说明书用药在全球普遍存在,尤其是罕见病和女性、儿童等特殊人群的用药,因缺乏充分的循证医学证据,更易出现超说明书用药的情况,这也增加了患者用药风险、医师执业风险和医疗机构法律风险。

2019年修订的《药品管理法》第七十二条规定,医疗机构应当坚持安全有效、经济合理的用药原则,遵循"药品临床应用指导原则、临床诊疗指南和药品说明书"等合理用药,对医师处方、用药医嘱的适宜性进行审核。这也意味着,药品说明书不再是临床用药的唯一依据。2021年8月公布的《医师法》第二十九条规定,医师应当坚持安全有效、经济合理的用药原则,遵循药品临床应用指导原则、临床诊疗指南和药品说明书等合理用药。在尚无有效或者更好治疗手段等特殊情况下,医师取得患者明确知情同意后,可以采用药品说明书中未明确但具有循证医学证据的药品用法实施治疗。《医师法》在《药品管理法》的基础上,进一步明确了医师在超说明书用药时的程序和医疗机构对此类情况的管理要求。

2013版《赫尔辛基宣言》强调指出:"医师在治疗患者时,如无已证实的有效方法或其他已知方法均无效时,当医生判断有挽救生命、恢复健康、减轻痛苦的可能,在征得患者或监护人同意后,参考专家建议可采用未经证实的方法。"在实务中,临床医师应权衡治疗对象的获益和风险,在遵守

NOTES

有关法律、法规、规章规定的基础上。参照正式公布专家共识提供的信息,针对不同的治疗对象,制订具体治疗方案。同时,当遵照说明书就能达到安全有效的治疗目的时,应尽量避免选择超说明书用药。

> **案例 9-2**
>
>   2019 年 7 月,深圳某区卫生健康局对某医院进行现场检查,于肿瘤内科查见患者王某入院病历记录中有盐酸安罗替尼说明书 1 本,说明书显示该药适应证为肺癌。当天监督员对主治医生进行询问,其称 2018 年 11 月为宫颈癌患者王某出具盐酸安罗替尼胶囊的处方,并使用该药为王某进行治疗,承认使用该药未取得患者及家属书面同意。2019 年 9 月,监督员对该医院医患办副主任张某进行了询问,其称医院对于抗肿瘤相关药物超说明书用药有明确的规定,并提交了《超说明书用药管理规定》、盐酸安罗替尼备案申请表,承认高医生为患者王某使用盐酸安罗替尼胶囊进行治疗未取得患者及家属书面同意。
>
>   深圳某区卫生健康局认为,该医院实施超说明书用药,应取得患者或家属的书面同意,但是其并未予以告知并取得书面同意,其行为违反了《深圳经济特区医疗条例》第四十一条第二款的规定:"医疗机构实施手术、输血、麻醉、器官移植、辅助生殖、实验性临床医疗以及特殊检查、特殊治疗时,应当取得患者或者其近亲属的书面同意。"依据《深圳经济特区医疗条例》第七十三条,"医疗机构违反本条例第四十一条、第四十五条、第五十条的规定,未履行相关义务的,由卫生行政主管部门责令改正,处 2 万元罚款",该医院被处以罚款 2 万元的行政处罚。

二、临床试验药物的拓展使用

临床试验作为药物研发过程的关键环节,为药品的安全性、有效性提供证据,如果患者符合受试者条件,可以通过入组临床试验的方式,通过服用临床试验用药物来治疗疾病;患者使用的是尚处于研究阶段、未经上市许可的临床试验药物。临床试验药物的拓展使用(expanded access)是指患有严重或危及生命疾病的患者,当缺少替代治疗方案,通过服用已上市药品无法获得有效治疗,也无法加入药物临床试验组时,可以申请在未加入临床试验组的情况下,在特定条件下,使用未经上市审批的临床试验药物。

保证药品安全有效是药品监管的核心要义,但在特定情形下,为了患有严重危及生命疾病的患者能够及时获得临床急需的药物,需要在药物可及性与安全性之间,作出更侧重于药物可及性的制度安排。因此要在常规药品监管框架之外,设计作为例外情形的临床试验药物拓展使用制度,以保障特定患者的健康权益。

2019 年修订后的《药品管理法》第二十三条中,首次在立法中对拓展使用临床试验药物作出规定,指出"对正在开展临床试验的用于治疗严重危及生命且尚无有效治疗手段的疾病的药物,经医学观察可能获益,并且符合伦理原则的,经审查、知情同意后可以在开展临床试验的机构内用于其他病情相同的患者"。

根据该规定,适用拓展用药制度的药物应当"正在开展临床试验",该药物已经获得我国的临床试验审批并已处于临床试验阶段。此外,适用拓展用药还应当满足"经医学观察可能获益,并且符合伦理原则"的必要条件,因此需从临床医学的角度对拓展用药进行风险评估,确保药物治疗的潜在风险低于疾病发展所带来的风险。拓展用药作为临床试验的拓展形式,应符合临床试验的伦理原则。为了保障拓展用药的安全性,《药品管理法》第二十三条还作出了限制性规定,开展拓展用药的医疗机构应当是开展临床试验的机构,同时适用拓展用药的患者的病情应当与受试者相同。

需指出,可将拓展用药视为一种特殊的药物临床试验形式,其实质上使用的是未经上市审批的药物,更应进一步关注其安全性问题或其他风险。在拓展用药期间,如果发现药物存在安全性问题或其他风险,应根据《药品管理法》第二十二条的规定,及时调整拓展用药方案、暂停或者终止拓展用药,并向国务院药品监督管理部门报告。

第四节　疫苗管理法律制度

疫苗是保障人体健康和公共卫生的基本公共产品,是防控传染病发生和流行最经济、最有效的措施,在保护人体健康、降低死亡率和提高人的预期寿命方面发挥了不可替代的作用。疫苗安全直接关系我国免疫规划政策的推行,是直接关系到公众健康的重大民生问题。

2018 年 7 月,吉林长春长生公司问题疫苗事件发生后,为规范疫苗研制、生产、流通、预防接种,保障和促进公众健康,维护公共安全,按照中央批复的立法工作计划和时间安排,国家市场监督管理总局与国家药品监督管理局起草了《疫苗管理法(草案送审稿)》。在 2018 年 12 月、2019 年 4 月、2019 年 6 月,全国人大常务委员会会议分别对该法草案进行了一审、二审、三审,并于 2019 年 6 月 29 日通过。

《疫苗管理法》将此前分散在多部法律法规中的疫苗研制、生产、流通、预防接种、异常反应监测、保障措施、监督管理、法律责任等规定进行全链条统筹整合,系统谋划思考。《疫苗管理法》聚焦疫苗全链条、全生命周期管理,对关键点加以控制,规定各方主体权利、义务与法律责任,为疫苗管理立章建制,为疫苗行业规范有序发展提供法律指南。

一、疫苗管理的法律理念

(一) 风险治理理念

疫苗是特殊药品,是国家战略性、公益性产品,是保障人体健康和公共卫生的基本公共产品,是防控传染病发生和流行最经济、最有效的措施,也是一种高风险的公共物品。《疫苗管理法》体现了风险治理的理念,它以保障公众健康、维护公共安全为要旨,以捍卫公共利益为依归,以科学为基础,进行规范建构,进行利益权衡,防范疫苗风险。《疫苗管理法》设定了疫苗风险治理的框架,规定了疫苗风险治理中多元主体的权利、义务与责任,规定了相应的行政监管方式,授权行政管理部门作出更优、更适当的风险预防决定。

1. **开展风险评估**　疫苗风险评估涉及对疫苗安全性、有效性的评估。疫苗风险评估主要基于疫苗的现有科学数据资料、我国疫苗生产检定规程、相关疫苗的检定结果、疫苗的生物学和理化属性,以及典型案例调查中受种者抗体检测结果,还须结合对全国预防接种异常反应监测数据的分析结果。疫苗风险评估与后续监管政策的形成和实施,与有限监管资源的配置,都有着密切的关联。例如《疫苗管理法》第二十九条第一款规定,应当根据疫苗质量风险评估情况,对疫苗批签发检验项目和检验频次进行动态调整。

2. **进行风险 / 收益评价**　没有绝对安全的药品,没有"零风险"的疫苗,疫苗监管和疫苗审评中也应进行风险 / 收益评价。《疫苗管理法》第二十条规定,应对重大突发公共卫生事件急需的疫苗或者国务院卫生健康主管部门认定急需的其他疫苗,经评估获益大于风险的,国务院药品监督管理部门可以附条件批准疫苗注册申请,这实际上是在保障疫苗可及性和疫苗安全性之间的价值衡量,也体现了风险 / 收益评价的理念,践行了利弊权衡的精神。

3. **风险警示制度**　有助于引导消费者合理使用疫苗,使得公众了解疫苗质量和风险,在选择、使用时具有判断力;通过发布疫苗安全风险警示信息,可以引起媒体和公众的普遍关注,起到相应的警示作用。由国务院药品监督管理部门会同有关部门公布疫苗安全风险警示信息;公布重大疫苗安全信息,应当及时、准确、全面,并按照规定进行科学评估,作出必要的解释说明。

(二) 兼顾安全、发展与创新理念

《疫苗管理法》第一条规定立法目的之一为"促进行业发展",这体现了兼顾安全、发展与创新。我国是世界上为数不多的能够依靠自身能力解决全部计划免疫疫苗的国家之一,为积极地促进我国疫苗质量的进一步提升,《疫苗管理法》中作出一系列规定,来鼓励疫苗的发展与创新。

其一,国家对疫苗基础研究、应用研究予以支持,对疫苗研制予以支持和鼓励。这体现为:①《疫苗管理法》第四条第二款规定,国家支持疫苗基础研究和应用研究,促进疫苗研制和创新,将预防、控制重大疾病的疫苗研制、生产和储备纳入国家战略。②《疫苗管理法》第十四条规定,国家根据疾病流行情况、人群免疫状况等因素,制定相关研制规划,安排必要资金,支持多联多价等新型疫苗的研制。国家组织联合攻关,研制疾病预防、控制急需的疫苗。

其二,国家支持疫苗产业发展,推动疫苗技术进步。这体现为:①《疫苗管理法》第四条第三款规定,国家制定疫苗行业发展规划和产业政策,支持疫苗产业发展和结构优化,鼓励疫苗生产规模化、集约化,不断提升疫苗生产工艺和质量水平。②《疫苗管理法》第十六条规定,国家应鼓励疫苗上市许可持有人加大研制和创新资金投入,优化生产工艺,提升质量控制水平,推动疫苗技术进步。

其三,引入优先审评审批制度。《疫苗管理法》第十九条第二款规定,对疾病预防、控制急需的疫苗和创新疫苗,国务院药品监督管理部门应当予以优先审评审批。《药品注册管理办法》第六十八条对疫苗优先审评审批作了进一步规定。疾病预防、控制急需的疫苗具体清单由国家卫生健康委员会与工业和信息化部提出,并经国家药品监督管理局组织确定。

(三) 全程管控理念

《疫苗管理法》第三条规定,国家对疫苗实行最严格的管理制度,坚持"全程管控"。疫苗管理链条长、环节多,有必要建立从疫苗研制注册、疫苗生产、疫苗流通、预防接种到上市后管理的全过程监管制度。

疫苗作为生物制品,其质量不能仅仅靠对最终产品的检验,而必须依靠对过程的严格控制,因此必须加强对疫苗全生命周期的质量管理。《疫苗管理法》第五条第一款规定,疫苗上市许可持有人应当加强疫苗全生命周期质量管理。《疫苗管理法》第五条第二款规定,从事疫苗研制、生产、流通和预防接种活动的单位和个人,应当保证全过程信息真实、准确、完整和可追溯。这有助于对疫苗全生命周期链条进行有效控制,促使各主体履行相应的义务,界定不同主体的责任;有助于监管部门以信息为基础,进行风险监管;有助于保障消费者的知情权和选择权。

1. 疫苗全程电子追溯制度　疫苗信息化追溯体系是药品信息化追溯体系的重要组成部分,是指疫苗上市许可持有人/生产企业、配送单位、疾病预防控制机构、接种单位、监管部门等疫苗追溯参与方,通过信息化手段,对疫苗生产、流通、使用等各环节的信息进行追踪、溯源的有机整体。追溯体系的建立,体现了全程管控的理念,也有助于做到疫苗信息可查询、来源可追溯、过程可控制、责任可追究。

《疫苗管理法》第十条规定了疫苗全程电子追溯制度。国务院药品监管部门会同国务院卫生健康主管部门制定统一的疫苗追溯标准和规范。疫苗上市许可持有人应当建立疫苗电子追溯系统,与全国疫苗电子追溯协同平台相衔接,实现生产、流通和预防接种全过程最小包装单位疫苗可追溯、可核查。疾病预防控制机构、接种单位应当依法如实记录疫苗流通、预防接种等信息,并按照规定向全国疫苗电子追溯协同平台提供追溯信息。

2. 对疫苗生产流通环节的要求　疫苗管理中的全程管控,体现于《疫苗管理法》第三章中对疫苗生产的规定,包括对疫苗生产的严格准入,设定从事疫苗生产活动的条件,对疫苗上市许可持有人的法定代表人、主要负责人和关键岗位人员的要求,对生产工艺和质量控制标准的要求;全程管控还体现于《疫苗管理法》第四章中对疫苗流通的管理,包括要求遵守疫苗储存、运输管理规范,要求销售

记录真实、准确、完整，要求疾病预防控制机构、接种单位建立疫苗定期检查制度。

二、疫苗注册和生产

(一) 疫苗注册

1. 细化对疫苗非临床研究的要求 《药品管理法》第十八条规定，开展药物非临床研究，应当符合国家有关规定，有与研究项目相适应的人员、场地、设备、仪器和管理制度，保证有关数据、资料和样品的真实性。《药品管理法》第十七条规定，从事药品研制活动，应当遵守药物非临床研究质量管理规范。现行《药物非临床研究质量管理规范》是国家市场监督管理总局于 2017 年公布的部门规章。《药物非临床研究质量管理规范》规范了有关非临床安全性评价研究机构的运行管理，为非临床安全性评价研究项目试验方案设计、组织实施、执行、检查、记录、存档和报告等全过程的质量管理设定要求。疫苗非临床研究应当有与非临床研究项目相适应的条件，应当恪守《药物非临床研究质量管理规范》的要求。

2. 依法开展疫苗临床试验 疫苗临床试验，是指在人体进行疫苗的系统性研究，以证实或揭示试验疫苗的作用、不良反应等，目的是确定试验疫苗的安全性和有效性。开展疫苗临床试验，应当经国务院药品监督管理部门依法批准，由符合国务院药品监督管理部门和国务院卫生主管部门规定条件的三级医疗机构或者省级以上疾病预防控制机构实施或者组织实施。

3. 引入优先审评审批程序 《疫苗管理法》第十九条引入了优先审评审批程序。申请人如适用优先审评审批程序，则在提出疫苗上市许可申请前，应当与国家药品监督管理局药品审评中心进行沟通交流，探讨现有研究数据是否满足药品上市许可审查要求，是否符合优先审评审批程序纳入条件等，对于初步评估认为符合优先审评审批纳入条件的，应当在会议纪要中予以明确。经沟通交流确认后，申请人应当在提出药品上市许可申请的同时，通过药品审评中心网站提出优先审评审批申请，并提交相关支持性资料。

4. 附条件批准程序的适用 附条件批准是为鼓励以临床价值为导向的药物创新，加快具有突出临床价值的临床急需药品上市。《药品管理法》第二十六条设定了药品附条件批准制度，规定对"公共卫生方面急需的药品"，"药品临床试验已有数据显示疗效并能预测其临床价值的"，可以附条件批准。《疫苗管理法》第二十条进一步规定了疫苗附条件批准制度。当适用疫苗附条件批准程序时，申请上市的疫苗须为"应对突发重大公共卫生事件急需"或"国务院卫生健康主管部门认定急需的其他疫苗"，当经评估获益大于风险时，国务院药品监督管理部门可以附条件批准疫苗注册申请。

5. 疫苗的紧急使用 《疫苗管理法》第二十条规定，出现特别重大突发公共卫生事件或者其他严重威胁公众健康的紧急事件，国务院卫生健康主管部门根据传染病预防、控制需要提出紧急使用疫苗的建议，经国务院药品监督管理部门组织论证同意后可以在一定范围和期限内紧急使用。在新型冠状病毒感染防控过程中，启动了疫苗紧急使用制度。2020 年 6 月，依法批准《新冠病毒疫苗紧急使用方案》，随后小范围起步、稳妥审慎推进，在知情同意自愿的基础上，在充分的不良反应监测和应急救治准备的前提下，对高风险人群开展了新冠疫苗的紧急接种。

(二) 疫苗生产

其一，疫苗上市许可持有人应当对疫苗进行质量跟踪分析，持续提升质量控制标准，改进生产工艺，提高生产工艺稳定性。

其二，疫苗上市许可持有人重要和关键岗位人员应当具备相应资质，符合相应要求。

其三，疫苗上市许可持有人应当建立完整的生产质量管理体系，严格按照经核准的生产工艺和质量控制标准组织生产，确保产品符合上市放行要求。生产过程中应当持续加强物料供应商管理、变更控制、偏差管理、产品质量回顾分析等工作。采用信息化手段如实记录生产、检验过程中形成的所有数据，确保生产全过程持续符合法定要求。对于无法采用在线采集数据的人工操作步骤，应将该过程

NOTES

形成的数据及时录入相关信息化系统或转化为电子数据,确保相关数据的真实、准确、完整和可追溯,同时按要求保存相关纸质原始记录。

其四,疫苗上市许可持有人应当根据疫苗上市后研究、预防接种异常反应等情况持续更新说明书、标签,并按照规定申请核准或者备案。说明书、标签更新后,疫苗上市许可持有人应将更新的内容立即通知相关疾病预防控制机构、接种单位、疫苗配送单位等。

其五,疫苗上市许可持有人应当建立疫苗质量回顾分析和风险报告制度,每年将疫苗生产流通、上市后研究、风险管理等情况按照规定如实向国务院药品监督管理部门报告。疫苗上市许可持有人每年须在4月底之前上传上年度的质量年度报告,质量年度报告内容至少应当包括:疫苗生产和批签发情况,关键人员变更情况,生产工艺和场地变更情况,原料、辅料变更情况,关键设施设备变更情况,偏差情况,稳定性考察情况,销售配送情况,疑似预防接种异常反应情况,风险管理情况,接受检查和处罚情况。

三、疫苗流通

(一)疫苗供应

疫苗的流通环节要求较高,又需要保证及时足额供应。通过直接供应,减少中间环节,减少风险点,减少疫苗质量安全隐患,可以有效保障疫苗的安全性、有效性,有效保障疫苗的及时供应。

疫苗采购应当签订书面采购合同。采购合同的签订主体为疫苗上市许可持有人和疾病预防控制机构,采购合同的主要内容应当包括疫苗的品种、数量、价格、配送要求等方面,合同双方都应当严格履行合同约定的义务。疫苗上市许可持有人应当按照采购合同约定,向疾病预防控制机构供应疫苗,再由疾病预防控制机构按照规定及时向接种单位供应疫苗。

为了保障疫苗安全有效,法律就疫苗供应主体作了特殊规定。一方面,只有疾病预防控制机构可以向接种单位供应疫苗,疾病预防控制机构以外的任何单位和个人都不能向接种单位供应疫苗。另一方面,接种单位只能接收疾病预防控制机构供应的疫苗,对疾病预防控制机构以外的任何单位和个人提供的疫苗都不得接收。

(二)疫苗配送

疫苗是生物制品,相较于一般药品而言,疫苗的储存、运输要求更高,条件更严,疫苗配送是保障疫苗质量的重要环节。为了体现全链条、全过程从严监管,法律将供应与配送分开规定,对疫苗配送的主体、条件、规范要求等进行明确,保证配送环节疫苗的质量。

疫苗配送应当按照采购合同约定进行,采购合同的内容主要包括疫苗的品种、数量、价格、配送要求等方面。疫苗上市许可持有人应当严格履行采购合同,按照采购合同约定的时间、数量、接收单位配送疫苗。根据本条规定,采购合同约定的接收单位可以是疾病预防控制机构,也可以是疾病预防控制机构指定的接种单位。

疫苗上市许可持有人、疾病预防控制机构可以自行配送疫苗,也可以委托配送单位配送疫苗。委托配送单位配送疫苗,应当对受托方的质量保障能力和风险管理能力进行评估,与其签订委托协议,明确疫苗质量责任、操作规程等内容,并对受托方进行监督。无论是疫苗上市许可持有人、疾病预防控制机构自行配送疫苗,还是配送单位配送疫苗,都应当具备疫苗冷链储存、运输条件,按照要求装备保障疫苗质量的储存、运输冷链设施设备。

法律一般只规定基本的、主要的制度,而对一些具体操作层面的细节问题,法律规定难以面面俱到。因此,《疫苗管理法》授权国务院财政部门会同国务院价格主管部门制定收取储存运输费用的具体办法,省、自治区、直辖市人民政府价格主管部门会同财政部门制定具体的收费标准。各省在制定收费标准时,应当根据本地实际情况,科学进行成本核算,合理确定收费标准。

(三)疫苗储存与运输

储存、运输环节是保证疫苗质量的重要环节。与一般药品不同,疫苗属于生物制品,对储存、运输的温度环境等有更高的要求,需要更加严格的管理制度。疾病预防控制机构、接种单位、疫苗上市许可持有人、疫苗配送单位都应当遵守疫苗储存、运输管理规范。《疫苗管理法》授权国务院药品监督管理部门、国务院卫生健康主管部门共同制定疫苗储存、运输管理规范。

四、疫苗预防接种

《疫苗管理法》第五章强化、细化了对疾病预防控制机构、接种单位和医疗卫生人员的要求。接种单位须符合规定条件并经卫生健康主管部门指定或者备案。预防接种应当遵守预防接种工作规范、免疫程序、疫苗使用指导原则和接种方案等要求;实施接种工作的医疗卫生人员应当经过培训并考核合格,并依法履行"三查七对"等义务。预防接种异常反应应当按照规定监测、报告、调查、诊断、鉴定和处理。

(一)免疫规划法律制度

通过免疫规划开展预防接种,能彰显政府责任,实现社会福利的公平,提高人群的健康水平。国家免疫规划是指根据国家疾病预防控制的需要,由国务院卫生健康主管部门制定的免疫规划项目,包括国家免疫规划疫苗种类、覆盖人群、免疫程序以及接种率目标等。国务院卫生健康主管部门制定国家免疫规划,国家免疫规划疫苗种类由国务院卫生健康主管部门会同国务院财政部门拟定,报国务院批准后公布。国务院卫生健康主管部门建立国家免疫规划专家咨询委员会,并会同国务院财政部门建立国家免疫规划疫苗种类动态调整机制。

国务院卫生健康主管部门制定、公布预防接种工作规范,这构成了技术指导和规范预防接种工作的依据。国务院卫生健康主管部门制定、公布国家免疫规划疫苗的免疫程序和非免疫规划疫苗的使用指导原则。省、自治区、直辖市人民政府卫生健康主管部门应当结合本行政区域实际情况制定接种方案,并报国务院卫生健康主管部门备案。

(二)疫苗接种单位的条件和要求

疫苗接种单位应当具备的条件为:①取得医疗机构执业许可证;②具有经过县级人民政府卫生健康主管部门组织的预防接种专业培训并考核合格的医师、护士或者乡村医生;③具有符合疫苗储存、运输管理规范的冷藏设施、设备和冷藏保管制度。接种单位应当加强内部管理,开展预防接种工作应当遵守预防接种工作规范、免疫程序、疫苗使用指导原则和接种方案。各级疾病预防控制机构应当加强对接种单位预防接种工作的技术指导和疫苗使用的管理。

(三)医疗卫生人员实施接种的规范化要求

医疗卫生人员接种应符合法律规范的要求。医疗卫生人员实施接种时,应保障受种者或者其监护人的知情权。应当告知受种者或者其监护人所接种疫苗的品种、作用、禁忌、不良反应以及现场留观等注意事项,询问受种者的健康状况以及是否有接种禁忌等情况,并如实记录告知和询问情况。受种者或者其监护人应当如实提供受种者的健康状况和接种禁忌等情况。有接种禁忌不能接种的,医疗卫生人员应当向受种者或者其监护人提出医学建议,并如实记录提出医学建议情况。

医疗卫生人员在实施接种前,应当按照预防接种工作规范的要求,做到"三查七对"。即检查受种者健康状况和核查接种禁忌,查对预防接种证,检查疫苗、注射器的外观、批号、有效期,核对受种者的姓名、年龄和疫苗的品名、规格、剂量、接种部位、接种途径,做到受种者、预防接种证和疫苗信息相一致,确认无误后方可实施接种。

(四)疫苗接种记录信息

医疗卫生人员应依法记录接种信息,保存接种记录。医疗卫生人员应当按照国务院卫生健康主管部门的规定,真实、准确、完整记录疫苗的品种、上市许可持有人、最小包装单位的识别信息、有效期、接种时间、实施接种的医疗卫生人员、受种者等接种信息,确保接种信息可追溯、可查询。接种记录应当保存至疫苗有效期满后不少于五年备查。

NOTES

第五节　PCBL：探寻临床急需罕见病用药的法治保障之道

> **案例9-3**
>
> 2021年11月28日起,《如何让我们的孩子活下去?——1000余位罕见癫痫患儿家属向全社会的一封求助信》在网络平台流传。国内数千罕见癫痫性脑病患儿濒临断药,急需从境外购买氯巴占,其中多位患儿母亲从境外代购氯巴占药品被检方认为构成"走私、运输、贩卖毒品罪",因犯罪情节轻微不予起诉。

一、为什么患者不能批量以代购和直邮的方式购买氯巴占?

这是出于我国现行药品管理和药品注册法律制度的要求。根据《药品管理法》第二条第二款规定,氯巴占属于"药品"。药品只有在获得相关部门发放的药品注册证书之后,才能在市场上出售。上述注册制度不仅适用于国产氯巴占,也适用于已经在国外注册而打算进入我国市场的氯巴占等急需药品。但目前并没有国外企业向国家药品监督管理局提出氯巴占片的药品注册上市申请。

氯巴占不仅是治疗罕见癫痫性脑病的罕见病药品,而且是受到严格管控的精神药品。根据《药品管理法》第六十六条的规定,进口包括氯巴占在内的精神药品,应当持有国家药品监督管理局颁发的进口准许证。在我国现行的药品管理制度框架下,海外代购氯巴占违反了《药品管理法》《药品管理法实施条例》《麻醉药品和精神药品管理条例》的规定,很难获得法律的支持。罕见病药品具有研发成本高、患病人群少、预期回报少的特点,药企研发积极性不高,这可能也是有关境外企业未向我国国家药品监督管理局提出氯巴占片药品注册上市申请的原因。

二、怎样激活因临床急需进口少量药品的制度空间?

从海外代购和直邮氯巴占违法,但那些罹患罕见病的孩子又急需用药,在"情理"与"法理"之间,或许可以以《药品管理法》第六十五条为根据,探求医疗机构因临床急需进口少量药品的制度空间。

现行《药品管理法》第六十五条规定,医疗机构因临床急需进口少量药品的,经国务院药品监督管理部门或国务院授权的省、自治区、直辖市人民政府批准,可以进口,进口的药品应当在指定医疗机构内用于特定医疗目的。在国内无企业生产氯巴占等临床急需药品的情况下,这一规定或许为部分地区有条件使用境外已经上市药品提供了相对便利、合法的路径。

其实在2019年《药品管理法》修订前,国务院曾在海南某地开展相应的制度尝试,对先行区内医疗机构因临床急需进口少量药品的申请,由海南省人民政府实施审批。修订后的《药品管理法》第六十五条将这一尝试法定化,相关批准主体也由"国务院药品监督管理部门"扩大到"国务院药品监督管理部门"或者"国务院授权的省、自治区、直辖市人民政府"。此外,2022年国家卫健委、国家药监局起草并印发了《临床急需药品临时进口工作方案》和《氯巴占临时进口工作方案》,进一步完善了药品供应保障政策,满足了人民群众特定临床急需用药需求。下一步,国务院药品监督管理、卫生行政等部门可适时制定出台"临床急需进口少量药品管理办法"法律法规,进一步针对临床急需进口少量药品的范围、申请程序、申请条件、批准程序、适用范围等具体内容加以规定。

基于此,未来可以在更多省份和地区建立医疗健康产业先行示范区,由国务院授权特定省份批准所辖先行示范区的临床急需进口少量药品申请。有临床急需用药需求的患者,可以通过患者组织向特定医疗机构提出申请,以医疗机构为主体,发起临床急需药品的一次性进口申请,医疗机构组织患者填写知情同意书等文件,报药品监督管理部门批准,再报请海关放行。

就药品监管部门而言,还应严格审查医疗机构提出的申请,对经批准进口的临床急需进口少量药品进行严格监管,依法建立并实施药品追溯制度,确保临床急需进口少量药品的可追溯。此外,根据

《药品管理法》第八十一条的规定,医疗机构应当经常考察本单位使用的临床急需进口少量药品的质量、疗效和不良反应,发现疑似不良反应的,应当及时向药品监督管理部门和卫生健康主管部门报告。

三、如何推动罕见病相关立法?

开头提到的"氯巴占代购案",涉案的患儿母亲表示,"希望能有一个吃药的合法途径"。对这一诉求,立法同样应该予以回应。我国近期发布的《中国罕见病定义研究报告2021》首次提出了"中国罕见病2021年版定义",即将新生儿发病率小于万分之一、患病率小于万分之一或患病人数小于14万的疾病列入罕见病。

在我国实践中,罕见病发病率低、症状严重,而且具有治疗方法和治疗药物不可替代的特点,相关药物因为研发难度大、研发成本高昂、市场容量小、投资回报率低,企业往往不愿将其作为研发重点,甚至放弃研发,所以罕见病药物常被称为"孤儿药"(orphan drug)。

我国《宪法》第三十三条第二款规定,中华人民共和国公民在法律面前一律平等;第三款规定,国家尊重和保障人权。《基本医疗卫生与健康促进法》第四条第一款规定,国家和社会尊重、保护公民的健康权。从法理维度出发,"社会正义"是一种实质平等的表现,不应因健康状况、疾病严重程度等先天、后天差异,让罕见病患者在获得健康资源、获得医疗服务和药品保障的范围和水平等方面产生"事实上的不平等"。于情于法,那些罹患罕见病的患者都应有获得罕见病药物的合法途径。

(宋华琳)

思考题

1. 简述如何以药品注册鼓励药物创新。
2. 简述医疗机构配制制剂应遵守的实体和程序要求。
3. 简述超说明书用药的法律应对。
4. 简述临床试验药物拓展使用的制度安排。

情景测试与思考

2022年8月,某肿瘤药品有限公司通过非正规渠道低价采购药品"注射用胸腺法新"。卢某、赵某、张某作为该公司直接负责的主管人员,吴某、汪某作为公司负责销售的直接责任人员,在明知上述药品没有合法手续,系从非法渠道采购且采购价格低于正常价格的情况下,仍以该单位的名义于2022年9月7日、11日分两次向被害人吴某某销售上述"注射用胸腺法新"共8盒,销售金额共计9 600元。经中国食品药品检定研究院检验,涉案"注射用胸腺法新"按进口药品注册标准检验结果不符合规定,属于与国家药品标准不符。经北京市某区市场监督管理局认定,涉案药品为假药。

请问某肿瘤药品有限公司非法采购销售假药的行为构成什么罪名?为什么?

课后阅读资料

[1] 袁杰,王振江,刘红亮,等.中华人民共和国药品管理法释义[M].北京:中国民主法制出版社,2019.
[2] 国家药品监督管理局.药品管理法 疫苗管理法读本[M].北京:法律出版社,2021.
[3] 陈永法.国际药事法规[M].南京:东南大学出版社,2021.
[4] 宋华琳.药品监管制度的法律改革[M].南京:译林出版社,2023.
[5] 宋华琳.药品管理立法比较研究[M].南京:译林出版社,2023.

NOTES

第十章
医疗器械法律制度

【学习要点】

1. 医疗器械的概念、备案与注册。
2. 医疗器械的生产、经营和使用。
3. 医疗器械不良事件的概念、群体医疗器械不良事件。

医疗器械是保障公众安全健康的产品,医疗器械安全直接关系到医疗质量安全和人民群众的身体健康。国家历来高度重视医疗器械质量安全。近年来,国家对深化医疗器械审评审批制度改革、加强监管能力建设、打造职业化专业化检查员队伍等作出一系列重大决策部署,医疗器械产业蓬勃发展,创新产品不断涌现。面对改革的持续深化、产业的快速发展、人民群众健康需求的日益增长,国家持续加强医疗器械法规制度体系建设,强化全生命周期监管,促进产业高质量发展,更好地满足新时代人民群众对高质量医疗器械的需求。

第一节　医疗器械管理法律制度

一、概述

(一) 医疗器械管理法制建设

近年来,随着医疗器械的迅速发展,医疗器械管理相关法律制度也在不断修订完善。2015 年 3 月正式实施的《医疗器械生产质量管理规范》,从机构与人员、厂房和设施、设备、文件管理等方面规范了医疗器械生产质量管理。2015 年 8 月实施的《医疗器械经营企业分类分级监督管理规定》,规定了医疗器械经营企业的分类分级、监管措施,以提高医疗器械经营企业监督管理科学化水平,明确各级食品药品监督管理部门的监管责任,提升监管效能,保证公众用械安全。2016 年 1 月实施的《医疗器械分类规则》,用于指导制定医疗器械分类目录和确定新的医疗器械的管理类别。2019 年 1 月实施的《医疗器械不良事件监测和再评价管理办法》,加强了医疗器械不良事件监测和再评价,及时、有效控制医疗器械上市后风险,适用于中国境内开展医疗器械不良事件监测、再评价及其监督管理。2000 年国务院制定了《医疗器械监督管理条例》,2014 年、2017 年分别作了全面修订和部分修改,2020 年 12 月 21 日,国务院审议通过新《医疗器械监督管理条例》,自 2021 年 6 月 1 日起施行。2022 年 5 月实施的《医疗器械生产监督管理办法》,规定了开办医疗器械生产企业的申请与审批、医疗器械生产企业许可证管理、医疗器械委托生产的管理、医疗器械生产的监督检查、法律责任等内容。2022 年 5 月实施的《医疗器械经营监督管理办法》,规定了医疗器械的经营许可与备案管理、经营质量管理、经营监督管理、法律责任等内容。

(二) 医疗器械的概念

国家对医疗器械按照风险程度实行分类管理。第一类是风险程度低,实行常规管理可以保证其安全、有效的医疗器械。第二类是具有中度风险,需要严格控制管理以保证其安全、有效的医疗器械。第三类是具有较高风险,需要采取特别措施严格控制管理以保证其安全、有效的医疗器械。评价医疗器械风险程度,应当考虑医疗器械的预期目的、结构特征、使用方法等因素。国务院药品监督管理部门负责制定医疗器械的分类规则和分类目录,并根据医疗器械生产、经营、使用情况,及时对医疗器械的风险变化进行分析、评价,对分类规则和分类目录进行调整。制定、调整分类规则和分类目录,应当充分听取医疗器械注册人、备案人、生产经营企业以及使用单位、行业组织的意见,并参考国际医疗器械分类实践。医疗器械分类规则和分类目录应当向社会公布。

二、备案与注册

(一) 注册与备案提交的资料

第一类医疗器械实行产品备案管理,第二类、第三类医疗器械实行产品注册管理。第一类医疗器械产品备案和申请第二类、第三类医疗器械产品注册,应当提交下列资料:①产品风险分析资料;②产品技术要求;③产品检验报告;④临床评价资料;⑤产品说明书以及标签样稿;⑥与产品研制、生产有关的质量管理体系文件;⑦证明产品安全、有效所需的其他资料。医疗器械注册申请人、备案人应当确保提交的资料合法、真实、准确、完整和可追溯。

(二) 第一类医疗器械产品备案

第一类医疗器械产品备案,由备案人向所在地设区的市级人民政府负责药品监督管理的部门提交备案资料。向我国境内出口第一类医疗器械的境外备案人,由其指定的我国境内企业法人向国务院药品监督管理部门提交备案资料和备案人所在国(地区)主管部门准许该医疗器械上市销售的证明文件。未在境外上市的创新医疗器械,可以不提交备案人所在国(地区)主管部门准许该医疗器械上市销售的证明文件。备案人向负责药品监督管理的部门提交符合本条例规定的备案资料后即完成备案。负责药品监督管理的部门应当自收到备案资料之日起五个工作日内,通过国务院药品监督管理部门在线政务服务平台向社会公布备案有关信息。备案资料载明的事项发生变化的,应当向原备案部门变更备案。

(三) 第二类和第三类医疗器械产品注册

申请第二类医疗器械产品注册的,注册申请人应当向所在地省、自治区、直辖市人民政府药品监督管理部门提交注册申请资料。申请第三类医疗器械产品注册的,注册申请人应当向国务院药品监督管理部门提交注册申请资料。

向我国境内出口第二类、第三类医疗器械的境外注册申请人,由其指定的我国境内企业法人向国务院药品监督管理部门提交注册申请资料和注册申请人所在国(地区)主管部门准许该医疗器械上市销售的证明文件。未在境外上市的创新医疗器械,可以不提交注册申请人所在国(地区)主管部门准许该医疗器械上市销售的证明文件。国务院药品监督管理部门应当对医疗器械注册审查程序和要求作出规定,并加强对省、自治区、直辖市人民政府药品监督管理部门注册审查工作的监督指导。

第二类、第三类医疗器械产品注册申请资料中的产品检验报告应当符合国务院药品监督管理部门的要求,可以是医疗器械注册申请人、备案人的自检报告,也可以是委托有资质的医疗器械检验机构出具的检验报告。符合《医疗器械监督管理条例》第二十四条规定的免于进行临床评价情形的,可以免于提交临床评价资料。

受理注册申请的药品监督管理部门应当对医疗器械的安全性、有效性以及注册申请人保证医疗器械安全、有效的质量管理能力等进行审查。受理注册申请的药品监督管理部门应当自受理注册申请之日起三个工作日内将注册申请资料转交技术审评机构。技术审评机构应当在完成技术审评后,将审评意见提交受理注册申请的药品监督管理部门作为审批的依据。受理注册申请的药品监督管理部门在组织对医疗器械的技术审评时认为有必要对质量管理体系进行核查的,应当组织开展质量管理体系核查。

受理注册申请的药品监督管理部门应当自收到审评意见之日起二十个工作日内作出决定。对符合条件的,准予注册并发给医疗器械注册证;对不符合条件的,不予注册并书面说明理由。受理注册申请的药品监督管理部门应当自医疗器械准予注册之日起五个工作日内,通过国务院药品监督管理部门在线政务服务平台向社会公布注册有关信息。医疗器械注册证有效期为五年。有效期届满需要延续注册的,应当在有效期届满六个月前向原注册部门提出延续注册的申请。

三、医疗器械的生产、经营和使用管理

(一) 医疗器械的生产企业管理

1. 分类管理   根据医疗器械风险程度,医疗器械生产实施分类管理。从事第二类、第三类医疗器械生产活动,应当经所在地省、自治区、直辖市药品监督管理部门批准,依法取得医疗器械生产许可证;从事第一类医疗器械生产活动,应当向所在地设区的市级负责药品监督管理的部门办理医疗器械生产备案。

2. 生产的条件   从事医疗器械生产,应当具备以下条件:①有与生产的医疗器械相适应的生产场地、环境条件、生产设备以及专业技术人员;②有能对生产的医疗器械进行质量检验的机构或者专职检验人员以及检验设备;③有保证医疗器械质量的管理制度;④有与生产的医疗器械相适应的售后服务能力;⑤符合产品研制、生产工艺文件规定的要求。

3. 生产许可证的取得   在境内从事第二类、第三类医疗器械生产的,应当向所在地省、自治区、直辖市药品监督管理部门申请生产许可,并提交下列材料:所生产的医疗器械注册证以及产品技术要求复印件;法定代表人(企业负责人)身份证明复印件;生产、质量和技术负责人的身份、学历、职称相关材料复印件;生产管理、质量检验岗位从业人员学历、职称一览表;生产场地的相关文件复印件,有特殊生产环境要求的,还应当提交设施、环境的相关文件复印件;主要生产设备和检验设备目录;质量手册和程序文件目录;生产工艺流程图;证明售后服务能力的相关材料;经办人的授权文件。申请人应当确保所提交的材料合法、真实、准确、完整和可追溯。相关材料可以通过联网核查的,无须申请人提供。

省、自治区、直辖市药品监督管理部门应当对申请资料进行审核,按照国家药品监督管理局制定的《医疗器械生产质量管理规范》的要求进行核查,并自受理申请之日起二十个工作日内作出决定。现场核查可以与产品注册体系核查相结合,避免重复核查。需要整改的,整改时间不计入审核时限。符合规定条件的,依法作出准予许可的书面决定,并于十个工作日内发给医疗器械生产许可证;不符合规定条件的,作出不予许可的书面决定,并说明理由,同时告知申请人享有依法申请行政复议或者提起行政诉讼的权利。医疗器械生产许可证有效期为五年。

(二) 医疗器械的经营企业管理

1. 分类管理   按照医疗器械风险程度,医疗器械经营实施分类管理。经营第三类医疗器械实行许可管理,经营第二类医疗器械实行备案管理,经营第一类医疗器械不需要许可和备案。

2. 经营的条件   从事医疗器械经营活动,应当具备以下条件:①与经营范围和经营规模相适应的质量管理机构或者质量管理人员,质量管理人员应当具有相关专业学历或者职称;②与经营范围和经营规模相适应的经营场所;③与经营范围和经营规模相适应的贮存条件;④与经营的医疗器械相适应的质量管理制度;⑤与经营的医疗器械相适应的专业指导、技术培训和售后服务的质量管理机构或者人员。

从事第三类医疗器械经营的企业还应当具有符合医疗器械经营质量管理制度要求的计算机信息管理系统,保证经营的产品可追溯。鼓励从事第一类、第二类医疗器械经营的企业建立符合医疗器械经营质量管理制度要求的计算机信息管理系统。

3. 医疗器械经营许可证的取得   从事第三类医疗器械经营的,经营企业应当向所在地设区的市级负责药品监督管理的部门提出申请,并提交下列资料:法定代表人(企业负责人)、质量负责人身份证明、学历或者职称相关材料复印件;企业组织机构与部门设置;医疗器械经营范围、经营方式;经营

场所和库房的地理位置图、平面图、房屋产权文件或者租赁协议复印件；主要经营设施、设备目录；经营质量管理制度、工作程序等文件目录；信息管理系统基本情况；经办人授权文件。医疗器械经营许可申请人应当确保提交的资料合法、真实、准确、完整和可追溯。

受理经营许可申请的负责药品监督管理的部门应当对申请资料进行审查，必要时组织核查，并自受理申请之日起二十个工作日内作出决定。对符合规定条件的，准予许可并发给医疗器械经营许可证；对不符合规定条件的，不予许可并书面说明理由。医疗器械经营许可证有效期为 5 年。

（三）医疗器械使用管理

1. 医疗器械使用单位应当有与在用医疗器械品种、数量相适应的贮存场所和条件。医疗器械使用单位应当加强对工作人员的技术培训，按照产品说明书、技术操作规范等要求使用医疗器械。

2. 医疗器械使用单位对重复使用的医疗器械，应当严格按照规定清洗、消毒或者灭菌，并进行效果监测。

3. 医疗器械使用单位对需要定期检查、检验、校准、保养、维护的医疗器械，应当按照产品说明书的要求进行检查、检验、校准、保养、维护并予以记录，及时进行分析、评估，确保医疗器械处于良好状态，保障使用质量；对使用期限长的大型医疗器械，应当逐台建立使用档案，记录其使用、维护、转让、实际使用时间等事项。

4. 医疗机构应当按照规定开展医疗器械临床使用评价工作，重点加强医疗器械的临床实效性、可靠性和可用性评价。

四、医疗器械广告管理

1. 医疗器械广告的内容应当真实合法，以经负责药品监督管理的部门注册或者备案的医疗器械说明书为准，不得含有虚假、夸大、误导性的内容。

2. 发布医疗器械广告，应当在发布前由省、自治区、直辖市人民政府确定的广告审查机关对广告内容进行审查，并取得医疗器械广告批准文号；未经审查，不得发布。

3. 省级以上人民政府药品监督管理部门责令暂停生产、进口、经营和使用的医疗器械，在暂停期间不得发布涉及该医疗器械的广告。

4. 医疗器械广告的审查办法由国务院市场监督管理部门制定。

第二节　医疗器械不良事件法律制度

一、概念

医疗器械不良事件近年内不断出现，除常规医疗器械外，一些大型医用仪器设备也有不良事件发生。根据《国家医疗器械不良事件监测年度报告（2021 年）》显示，2021 年国家医疗器械不良事件监测信息系统共收到医疗器械不良事件报告 650 695 份。

医疗器械不良事件（medical device administration events，MDAE），是指已上市的医疗器械，在正常使用情况下发生的，导致或者可能导致人体伤害的各种有害事件。根据医疗器械不良事件的严重程度，医疗器械不良事件分为医疗器械严重不良事件和医疗器械一般性不良事件。属于"严重伤害"的情形包括：①危及生命；②导致机体功能的永久性伤害或者机体结构的永久性损伤；③必须采取医疗措施才能避免上述永久性伤害或者损伤。根据受害人数的规模，医疗器械不良事件分为个例医疗器械不良事件和群体医疗器械不良事件。群体医疗器械不良事件，是指同一医疗器械在使用过程中，在相对集中的时间、区域内发生，对一定数量人群的身体健康或者生命安全造成损害或者威胁的事件。

二、医疗器械不良事件的监测

医疗器械不良事件监测(medical device adverse event monitoring),是指对医疗器械不良事件的收集、报告、调查、分析、评价和控制的过程。医疗器械作为医疗辅助器具,特别是高风险的植入性医疗器械,因和不同体质、症状的患者接触,且连接人体核心的器官或组织,其使用过程的风险并未完全消除。医疗器械的安全性与性能主要取决于两个关键要素,即产品和使用。医疗器械被批准上市,只能表明该医疗器械根据上市前评价研究和审评审批,已知风险和已知效益相比是一个风险可接受的产品,但相对于医疗器械产品的整个生命周期和使用范围来说,它仅仅是风险评价的阶段性结论。上市后医疗器械管理的核心在于风险管理,其目的是降低损害发生的概率和减轻损害的后果,以使风险达到可接受的水平。

有鉴于此,在医疗器械上市后的使用过程中,需对医疗器械不良事件进行监测,通过对医疗器械使用过程中出现的可疑不良事件进行收集、报告、分析和评价,对存在安全隐患的医疗器械采取有效的控制,防止医疗器械严重不良事件的重复发生和蔓延,减少或者避免同类医疗器械不良事件的重复发生,降低患者、医务人员和其他人员使用医疗器械的风险,保障广大人民群众安全。

三、医疗器械不良事件的报告

医疗器械不良事件报告遵循可疑即报的原则,即怀疑某事件为医疗器械不良事件时,均可以作为医疗器械不良事件进行报告。报告内容应当真实、完整、准确。导致或者可能导致严重伤害或者死亡的医疗器械不良事件应当报告;创新医疗器械在首个注册周期内,应当报告该产品的所有医疗器械不良事件。医疗器械不良事件的报告义务主体为医疗器械注册(备案)人、生产经营企业和使用单位,境外注册(备案)人的境内指定人应承担境内销售的进口医疗器械的不良事件报告。除前述主体外,其他单位和个人发现医疗器械不良事件或者可疑不良事件,均有权向负责药品监管的部门或者医疗器械不良事件监测技术机构报告。

四、医疗器械不良事件的报告和处置

(一) 医疗器械不良事件的报告

1. 持有人发现或者获知可疑医疗器械不良事件的,应当立即调查原因。导致死亡的应当在七日内报告;导致严重伤害、可能导致严重伤害或者死亡的应当在二十日内报告。

2. 医疗器械经营企业、使用单位发现或者获知可疑医疗器械不良事件的,应当及时告知持有人。其中,导致死亡的还应当在七日内,导致严重伤害、可能导致严重伤害或者死亡的在二十日内,通过国家医疗器械不良事件监测信息系统报告。

3. 除持有人、经营企业、使用单位以外的其他单位和个人发现导致或者可能导致严重伤害或者死亡的医疗器械不良事件的,可以向监测机构报告,也可以向持有人、经营企业或者经治的医疗机构报告,必要时提供相关的病历资料。

4. 进口医疗器械的境外持有人和在境外销售国产医疗器械的持有人,应当主动收集其产品在境外发生的医疗器械不良事件。其中,导致或者可能导致严重伤害或者死亡的,境外持有人指定的代理人和国产医疗器械持有人应当自发现或者获知之日起三十日内报告。

(二) 医疗器械不良事件的处置

设区的市级监测机构应当自收到医疗器械不良事件报告之日起十日内,对报告的真实性、完整性和准确性进行审核,并实时反馈相关持有人。持有人在报告医疗器械不良事件后或者通过国家医疗器械不良事件监测信息系统获知相关医疗器械不良事件后,应当按要求开展后续调查、分析和评价:导致死亡的事件应当在三十日内,导致严重伤害、可能导致严重伤害或者死亡的事件应当在四十五日内向持有人所在地省级监测机构报告评价结果。对于事件情况和评价结果有新的发现或者认知的,应当补充报告。持有人所在地省级监测机构应当在收到持有人评价结果十日内完成对评价结果的审核,必要时可以委托或者会同不良事件发生地省级监测机构对导致或者可能导致严重伤害或者死亡的不良事件开展现场调查。其中,对于国家药品监督管理局批准注册的医疗器械,国家监测机构还应当对省级监测机构作出的评价审核结果进行复核,必要时可以组织对导致死亡的不良事件开展调查。审核和复核结果应当反馈持有人。对持有人的评价结果存在异议的,可以要求持有人重新开展评价。

五、群体医疗器械不良事件

(一)群体医疗器械不良事件的报告

持有人、经营企业、使用单位发现或者获知群体医疗器械不良事件后,应当在 12 小时内通过电话或者传真等方式报告不良事件发生地省、自治区、直辖市药品监督管理部门和卫生行政部门,必要时可以越级报告,同时通过国家医疗器械不良事件监测信息系统报告群体医疗器械不良事件基本信息,对每一事件还应当在 24 小时内按个例事件报告。

持有人发现或者获知其产品的群体医疗器械不良事件后,应当立即暂停生产、销售,通知使用单位停止使用相关医疗器械,同时开展调查及生产质量管理体系自查,并于七日内向所在地及不良事件发生地省、自治区、直辖市药品监督管理部门和监测机构报告。

医疗器械经营企业、使用单位发现或者获知群体医疗器械不良事件的,应当在 12 小时内告知持有人,同时迅速开展自查,并配合持有人开展调查。

(二)群体医疗器械不良事件的处置

省、自治区、直辖市药品监督管理部门在获知本行政区域内发生的群体医疗器械不良事件后,应当会同同级卫生行政部门及时开展现场调查,相关省、自治区、直辖市药品监督管理部门应当配合。调查、评价和处理结果应当及时报国家药品监督管理局和国务院卫生行政部门,抄送持有人所在地省、自治区、直辖市药品监督管理部门。

对全国范围内影响较大并造成严重伤害或者死亡以及其他严重后果的群体医疗器械不良事件,国家药品监督管理局应当会同国务院卫生行政部门组织调查和处理。国家监测机构负责现场调查,相关省、自治区、直辖市药品监督管理部门、卫生行政部门应当配合。

国家监测机构和相关省、自治区、直辖市药品监督管理部门、卫生行政部门应当在调查结束后五日内,根据调查情况对产品风险进行技术评价并提出控制措施建议,形成调查报告报国家药品监督管理局和国务院卫生行政部门。

持有人所在地省、自治区、直辖市药品监督管理部门可以对群体不良事件涉及的持有人开展现场检查。必要时,国家药品监督管理局可以对群体不良事件涉及的境外持有人开展现场检查。

第三节 PCBL:谁是植入性医疗器械致人损害赔偿的主体?

一、植入类医疗器械的概念

植入类医疗器械是指任何借助于外科手术,器械的全部或者部分进入人体腔道、体内组织、血液循环系统、中枢神经系统中,在手术结束后长期滞留在体内,或者这些器械部分留在体内至少三十日的医疗器械,如植入式心脏起搏器、人工心脏瓣膜、血管或腔道内导管器件等。

二、植入类医疗器械缺陷的认定标准

植入类医疗器械损害赔偿案件的讼争关键,就在于医疗器械是否存在产品缺陷,即通过一定的标准认定医疗器械是否存在缺陷。在我国,对于缺陷医疗器械的认定标准问题,一般认为应当适用《产

品质量法》的规定,即"缺陷"是指产品存在危及人身、他人财产安全的不合理的危险,产品有保障人体健康、人身、财产安全的国家标准、行业标准的,是指不符合该标准。那么是否符合了国家标准、行业标准的医疗器械,就不能被认定为缺陷产品呢?

对此问题一直存在争议。国外的立法例,即使医疗器械符合了国家标准和行业标准等强制性标准,产品仍然有可能具有不合理的危险,如果仅仅以国家或行业标准认定缺陷,就会导致有些消费者因为使用具有不合理危险的产品遭受损害而无法获得赔偿的情形发生。因此,应当对符合强制性标准的产品同时适用"不合理的危险"标准,即患者在医疗器械不符合法定标准时可以直接以此为依据主张产品责任,但在医疗器械符合强制性标准时仍应考察其危险性是否在合理期待的范围内,看其是否违反了"不合理的危险"标准。如果违反,则医疗器械仍旧属于缺陷产品,生产者仍应承担侵权责任。

三、植入性医疗器械致人损害赔偿的主体

> **案例 10-1**
>
> 　　2012 年 2 月,胡某的丈夫驾驶摩托车发生交通事故受伤后,在市一医院住院治疗 28 天,支付医疗费 32 000 元。出院后,按照医嘱定期多次复查,发现右股骨远端骨折内固定术后,骨折端愈合欠佳,右膝内翻畸形。后胡某又先后三次在市二院治疗,二次内固定术后钢板断裂,共支付医疗费 67 108.5 元。出院后,胡某右下肢伤情仍未得到好转(右股骨骨折久治不愈)。后胡某又到某医科大学人民医院住院治疗 15 天,支付医疗费 59 030.5 元。2016 年 6 月 30 日,该市法律援助中心委托某法医司法鉴定所对市一院、市二院在诊疗胡某的过程中的医疗行为是否存在过错,与不良后果是否存在因果关系做鉴定。2019 年 6 月 7 日,法医司法鉴定所作出司法鉴定意见书,鉴定意见为:市一院、市二院在对胡某右下肢股骨骨折的治疗过程中,存在一定的过错责任,其过错参与度为 50%。胡某则认为,市一院、市二院植入的内固定钢板器材存在质量问题,医疗行为也存在过错,损害了其合法权益,后提起民事诉讼。
>
> 　　人民法院于 2021 年作出一审民事判决:原告胡某未提供证据证明被告市一医院、市二院植入的内固定钢板器材存在质量问题,原告胡某以植入的内固定钢板器材存在质量问题要求被告市一医院、市二院承担责任的依据不足,不予支持,驳回原告胡某的诉讼请求。

上述案例提出了一个问题:植入类医疗器械致人损害的赔偿主体到底应当如何确定,是医疗器械的生产厂家、销售商还是医疗机构?

植入类医疗器械属于产品的范畴,因此其责任与产品责任理论很大程度上是互相融合并相互为用的。依据《产品质量法》的规定,产品缺陷造成人身损害的,生产者应当承担赔偿责任。销售者的过错使产品存在缺陷,造成人身损害的,销售者应当承担赔偿责任。销售者不能指明缺陷产品的生产者,也不能指明缺陷产品的供货者的,销售者应当承担赔偿责任。同时,《产品质量法》规定,受害者因为产品质量受到人身损害的,受害者可以向产品的生产者要求赔偿,也可以向产品的销售者要求赔偿。产品的销售者赔偿后,属于产品生产者责任的,产品销售者可以向产品生产者追偿。

植入类医疗器械虽然属于产品,但是其毕竟不同于一般的产品,其在患者的疾病治疗中发挥作用,一般不能由患者单独使用完成,需要医务人员的参与,因此,医疗机构的医务人员成为医疗器械的制造者和患者的桥梁。所以在医疗器械致人损害时,医疗机构,即案例中的医院是否应当承担医疗器械损害赔偿责任,此前一直存在争议。争议的焦点就在于医疗机构到底是医疗器械的销售者还是使用者呢? 主张医疗机构是医疗器械使用者的学者认为,医疗机构不是逐利机构,从医疗机构的发证机构是卫生行政部门而非市场监管部门来看,事实上已经认定了医疗机构不是销售者,如果将医疗机构认定为医疗器械的销售者,与医疗机构设立的目的不符,也不能理清医疗机构公益性的本质。主张医

疗机构是医疗器械销售者的学者认为,医疗器械也属于"产品",医疗机构在为患者提供医疗服务的时候,将医疗器械销售给了患者,与患者之间形成了买卖关系;即使是一个非营利性医疗机构,在为患者提供医疗器械过程中,利用买卖差价获利,与一般销售行为并无本质区别,故医疗机构应承担产品质量责任中的销售商的产品责任。

《民法典》"侵权责任"编终结了此种争论,通过法律明确规定:因药品、消毒产品、医疗器械的缺陷,或者输入不合格的血液造成患者损害的,患者可以向药品上市许可持有人、生产者、血液提供机构请求赔偿,也可以向医疗机构请求赔偿。患者向医疗机构请求赔偿的,医疗机构赔偿后,有权向负有责任的药品上市许可持有人、生产者、血液提供机构追偿。按照《民法典》"侵权责任"编的规定,医疗器械的侵权责任,分成两个阶段来解决。第一阶段是受害人向生产者、医疗机构主张权利阶段。在此阶段中,除法定的免责情况外,只要医疗器械存在缺陷造成人身、他人财产损害,无论生产者、医疗机构有无过错,均应对受害人承担完全赔偿责任,实行严格责任原则。第二阶段是生产者、医疗机构相互追偿阶段。在该阶段中,对医疗器械生产者和医疗机构均实行过错责任原则,即属于医疗器械生产者责任的,医疗机构赔偿后有权向医疗器械的生产者追偿。属于医疗机构责任的,医疗器械的生产者赔偿后有权向医疗机构追偿。

在上述案例中,胡某可以依据《产品质量法》要求医疗器械的生产者或销售者承担责任。同时本案作为一起医疗产品致人损害案件,胡某也可以适用《民法典》"侵权责任"编的规定向生产者或医疗机构要求赔偿,即"患者在诊疗活动中受到损害,医疗机构或者医务人员有过错的,由医疗机构承担赔偿责任。"本案中,医疗机构可以作为植入性医疗器械致人损害赔偿的赔偿主体,胡某可以选择向医疗机构主张损害赔偿。但胡某的诉讼请求最终未得到法律支持的原因是,胡某未提供证据证明植入的内固定钢板器材存在质量问题而承担举证不能的不利后果,故而无法获得植入性医疗器械损害赔偿。综上,植入性医疗器械缺陷致人损害时,医疗机构应承担主体赔偿责任。

(张　雪)

思考题

1. 简述我国医疗器械的分类管理。
2. 医疗器械生产应当具备哪些条件?
3. 群体医疗器械不良事件的报告和处置规定有哪些?
4. 植入性医疗器械致人损害的赔偿主体应当如何确定?

情景测试与思考

2002 年 8 月,女孩陈某看到电视上一则关于注射隆胸的广告,并于几天后瞒着男友和家人,来到市区一家整形美容中心做了注射隆胸。当时,医师给她注射的是"英捷尔法勒"(亲水性聚丙烯酰胺凝胶)。可陈某的"美丽梦"没有长久,2003 年 5 月 20 日,胸部疼痛难忍的陈某来到市区找这家美容整形医疗机构,要求取出注射材料。虽然医师给她做了胸部注入材料的抽取手术,但由于注入的材料有的已硬结,手术并未完全抽净。到了 2006 年 1 月,陈某到省人民医院检查发现,右乳房感染脓肿,双侧腋窝淋巴结肿大,医师建议她做脓肿切除引流术。她回到县人民医院做了手术,但乳房内的残体仍没能取干净。陈某的左乳房局部出现硬结。2006 年 3 月,陈某到省人民医院做了第三次抽取手术。医师将能取的注射物都取了出来,如果病情恶化,唯一的办法就是切除部分乳房了。2006 年 7 月 4 日,听说"奥美定"被国家食品药品监督管理总局叫停后,陈某来市区找这家整形美容中心讨说法时,该整形美容中心已人去楼空,她的维权之路就此中断。

"奥美定"全名为"聚丙烯酰胺水凝胶",广泛用于女性注射隆胸。国家药品不良反应监测中心数据显示:从2002年到2005年,该中心共收到与注射用聚丙烯酰胺水凝胶有关的不良事件监测报告183份。自1997年"奥美定"的前身"英捷尔法勒"进口到中国以来,大约有30万人注射过该产品。2006年4月30日,国家食品药品监督管理总局以"不能保证上市使用中的安全性"为由,撤销聚丙烯酰胺水凝胶(注射用)这种隆胸产品的医疗器械注册证,责令全面停止其生产、销售和使用。请结合案例,谈谈你对医疗器械不良事件报告和处置的理解。

课后阅读资料

［1］国家药监局政策法规司.药品监督管理常用法律法规文件汇编［M］.北京:中国医药科技出版社,2023.

［2］国家卫生健康委医政医管局.医疗器械临床适用管理办法［M］.北京:中国协和医科大学出版社,2021.

第十一章

中医药法律制度

【学习要点】

1. 中医医疗机构准入和管理法律制度。
2. 中药生产和流通法律制度。
3. 中医药从业人员法律制度。
4. 中药标准化法律制度。
5. 中医药知识产权保护法律制度。

2017 年 7 月 1 日《中医药法》开始施行。国家以法律的形式,对中医药服务、中药保护和发展、中医药人才培养、中医药科学研究、中医药传承和文化传播、保障措施等内容进行了全面规定。2019年 5 月 25 日,在瑞士日内瓦召开的第 72 届世界卫生大会审议通过了《国际疾病分类第 11 次修订本》,首次将起源于中医药的传统医学纳入其中。中医药正逐步融入世界主流医学体系。

我国中医药管理法律制度,主要包括中医药机构管理法律制度和中医药从业人员管理法律制度。此外,中药标准化法律制度和知识产权保护法律制度,也是中医药法律制度中比较值得关注的具体制度。

第一节　中医药管理法律制度

中医药是中华民族的瑰宝,反映了中华民族对生命、健康和疾病的认识,是具有悠久历史传统和独特理论及技术方法的医药学体系,是我国各族人民在几千年生产生活实践和与疾病作斗争中逐步形成并不断发展的医学科学,为中华民族繁荣昌盛作出了重要贡献,对世界文明进步产生了积极影响。

我国中医药管理法律制度主要包括中医医疗机构管理法律制度、中药管理法律制度和中医药从业人员法律管理问题等。

一、中医医疗机构管理法律制度

中医医疗机构主要包括中医医院、中医门诊部和中医诊所。中医类医院主要包括中医医院、中西医结合医院和民族医医院;中医类门诊部主要包括中医门诊部、中西医结合门诊部和民族医门诊部;中医类诊所主要包括中医诊所、中西医结合诊所和民族医诊所。中医医疗机构相关的管理制度主要包括中医医疗机构准入法律制度和中医医疗机构行为管理制度,主要的法律依据包括《中医药法》《医疗机构管理条例》(2022 年修订)和《中医诊所备案管理暂行办法》等。

(一)中医医疗机构准入法律制度

1. 规划布局和设置审批　规划和设置中医医疗机构,国家实行审批和备案管理的双轨制。一方面,依照《医疗机构管理条例》,设置一般的中医类别的医疗机构,应当根据设置床位数是否多于 100张,向县级或省级人民政府卫生行政部门提出书面申请,经审批同意后,获得医疗机构设置批准证书;另一方面,依照《中医药法》和《中医诊所备案管理暂行办法》的规定,举办中医诊所,向所在地县级中医药主管部门备案后即可开展执业活动。国家取消了对中医诊所执业的审批准入管理,改为备案管理,此举全面降低了中医诊所市场准入的门槛。

2. 登记和执业　《医疗机构管理条例》第14条规定:"医疗机构执业,必须进行登记,领取《医疗机构执业许可证》;诊所按照国务院卫生行政部门的规定向所在地的县级人民政府卫生行政部门备案后,可以执业。"中医医疗机构登记和执业,也需要遵循前述规定,未取得《医疗机构执业许可证》或者未经备案的,不得开展诊疗活动。

(二)中医医疗机构行为管理制度

1. 中医诊疗行为管理制度　中医医疗机构获得《医疗机构执业许可证》或者《中医诊所备案证》后,可以开展相应的诊疗活动。在开展中医诊疗活动时,中医医疗机构要遵守《中医药法》《医疗机构管理条例》《医疗机构管理条例实施细则》《医疗技术临床应用管理办法》《中医临床诊疗指南》《中医诊疗技术操作规范》《中医临床诊疗方案及临床路径》等有关规定和要求,在执业登记的诊疗科目范围内开展诊疗服务活动。

2. 中医处方管理制度　中医医疗机构的处方,应当按照《中医药法》《医师法》《药品管理法》《医疗机构管理条例》《麻醉药品和精神药品管理条例》《处方管理办法》等有关规定,由注册的执业医师或执业助理医师在诊疗活动中为患者开具,由取得药学专业技术职务任职资格的药学专业技术人员审核、调配、核对,并作为患者用药凭证的医疗文书。

处方权虽然属于医师法定权利,但是也要求医师按照法律规定行使。《处方管理办法》第八条规定:"经注册的执业医师在执业地点取得相应的处方权。经注册的执业助理医师在医疗机构开具的处方,应当经所在执业地点执业医师签名或加盖专用签章后方有效。"《处方管理办法》第九条规定:"经注册的执业助理医师在乡、民族乡、镇、村的医疗机构独立从事一般的执业活动,可以在注册的执业地点取得相应的处方权。"

3. 中医医疗机构病历管理制度　中医医疗机构病历,是指中医医疗机构的医务人员在诊疗过程中形成的文字、符号、图表、影像、切片等资料的总和,包括门(急)诊病历和住院病历。

为加强医疗机构病历管理,保障医疗质量与安全,维护医患双方的合法权益,中医医疗机构应当按照《医疗机构病历管理规定(2013年版)》,建立健全的病历管理制度,设置病案管理部门或者配备专(兼)职人员,负责病历和病案管理工作。中医医疗机构的医务人员,应当按照《中医病历书写基本规范》《中医电子病历基本规范(试行)》要求书写病历。

住院病历由中医医疗机构负责保管,保管时间自患者最后一次住院出院之日起不少于三十年。建有门(急)诊病历档案的中医医疗机构,负责保管门(急)诊病历档案,保存时间自患者最后一次就诊之日起不少于十五年。中医医疗机构保管病历期间,应当严格病历管理,任何人不得随意涂改病历,严禁伪造、隐匿、销毁、抢夺、窃取病历。

4. 中医医疗广告管理制度　中医医疗广告,是指中医医疗机构利用各种媒介或者形式,直接或间接介绍医疗机构或医疗服务的行为。中医医疗机构发布广告,应当遵守《中医药法》《广告法》《医疗广告管理办法》《医疗机构管理条例》等法律、行政法规、部门规章和其他规范性文件的规定,依法取得《医疗广告审查证明》。

市场监督管理部门负责医疗广告的监督管理,中医药管理部门负责中医医疗广告的审查,并对医疗机构进行监督管理。非医疗机构不得发布中医医疗广告,医疗机构不得以内部科室名义发布中医医疗广告。

二、中药管理法律制度

中医的疗效与中药性能密切相关,所以,中药管理制度至关重要。中药管理法律制度主要包括中药材的生产和流通管理制度、中药饮片的生产和流通管理制度、中成药的生产和流通管理制度。

（一）中药材生产和流通管理制度

中药材，通常是指药用植物、药用动物的药用部分经过采集后，经过初加工形成的原料药材。《药品管理法》第四条规定："国家发展现代药和传统药，充分发挥其在预防、医疗和保健中的作用。国家保护野生药材资源和中药品种，鼓励培育道地中药材。"《药品管理法》中所规定的传统药，主要是中药，而且特别强调鼓励培育道地中药材。

中药材生产企业进行规范化管理，是提高中药质量的重要基础。2022年3月1日，国家药品监督管理局、农业农村部、国家林草局、国家中医药局研究制定的《中药材生产质量管理规范》（GAP）正式发布实施。GAP全文共十四章一百四十四条，包含质量管理、基地选址、种子种苗或其他繁殖材料、种植与养殖、采收与产地加工、质量检验等章节，适用于中药材生产企业规范生产中药材的全过程管理，规定了中药材规范化生产和管理的基本要求。

中药材流通，目前主要通过药材专业市场完成，个体工商户和中小企业是药材专业市场的经营主体。中药材流通企业的规范化管理，主要依靠国家中药材流通追溯体系和《药品经营质量管理规范》。2016年7月13日，国家食品药品监督管理总局发布实施的《药品经营质量管理规范》（GSP），对中药材经营人员的技术职称、经营场所、采购记录、库房和养护工作场所、验收记录、储存与养护、销售记录等进行了详细规定，是中药材流通环节重要的质量管理规范。

目前，商务部初步建成了以中央、地方追溯管理平台为核心，以中药材种植和养殖、中药材经营、中药材专业市场、中药饮片生产、中药饮片经营与中药饮片使用六大环节追溯子系统为支撑的流通追溯体系，覆盖全国18个省市、约2 000家企业、1.5万家商户。消费者可通过互联网、自助终端查询机等途径，在任何时间、地点了解到所购买中药材的流通信息，使试点范围内形成了来源可追溯、去向可查证、责任可追究的全程追溯链条。

（二）中药饮片生产和流通管理制度

中药饮片，是指中药材按照中医药基本理论，遵循中药炮制理论和方法，经过加工炮制后可以直接用于临床调配或制剂的中药。中药材经过加工炮制成为中药饮片，生产经营单位需要依法取得《药品生产企业许可证》。生产实施批准文号管理的中药饮片，还需要按照国家标准生产。

根据《药品管理法》第四十一条第一款的规定，从事药品生产活动，应当经所在地省、自治区、直辖市人民政府药品监督管理部门批准，取得药品生产许可证。无药品生产许可证的，不得生产药品。

中药饮片经营企业需要取得《药品经营许可证》。根据《药品管理法》第五十一条第一款的规定，从事药品批发活动，应当经所在地省、自治区、直辖市人民政府药品监督管理部门批准，取得药品经营许可证。从事药品零售活动，应当经所在地县级以上地方人民政府药品监督管理部门批准，取得药品经营许可证。

（三）中成药生产和流通管理制度

中成药，是指中药材按照一定的治病原则配制而成的现成中药，包括丸、散、丹、膏等各种剂型。中成药具有便于储存、携带、使用，容易为大众所接受的优点。

生产中成药，除了需要依法取得《药品生产企业许可证》外，还需要获得中成药批准文号。中成药批准文号可以是新药批准文号，也可以是历史上遗留下来的中成药批准文号。

经营中成药，同经营中药饮片的要求一样，需要依法取得《药品经营许可证》。

三、中医药从业人员管理法律制度

中医药从业人员是保证中医药事业繁荣发展的关键。科学、合理、稳定且不断壮大的中医药从业人员队伍，事关中医药事业的持续发展和不断繁荣。广义的中医药从业人员，包括中医药类专业技术人员和其他中医药相关人员。中医药专业技术人员主要是指中医师、中西医结合医师、民族医师、中药师(士)、中医护士等。其他中医药相关人员,主要是指在中医药领域从事科学研究、人才培养、传承与文化传播等工作的非中医药专业技术人员。通常情况下,中医药从业人员指的是狭义的中医药从业人员,主要是中医药专业技术人员。

国家卫生健康委发布的《2023年我国卫生健康事业发展统计公报》显示,2023年中医药从业人员增长13.8%。中医药从业人员方面,截至2023年末,全国中医药卫生人员总数达104.5万人,比2022年增加12.6万人,增长13.8%。其中中医类别执业(助理)医师86.8万人,中药师(士)16.1万人。两类人员较2022年均有所增加。

中医医疗机构执业人员,通常情况下是指中医医疗机构中的中医药专业技术人员,具体是指在中医、中药、中西医结合等专业领域,通过中医药专业资格考试或者考核合格,经注册在中医医疗、保健、预防、康复机构工作的各类中医药专业技术人员。

(一)中医类别执业医师考试准入制度

中医类别执业医师,包括中医执业医师、中西医结合执业医师、民族医执业医师,其准入制度主要采取“医师资格考试制度”和“医师执业注册制度”。根据《中医药法》第十五条第一款规定,从事中医医疗活动的人员应当依照《医师法》的规定,通过中医医师资格考试,取得中医医师资格,并进行执业注册。

参加执业医师资格考试,需要满足一定的学历要求和工作实践要求。根据《医师法》第九条规定:“具有下列条件之一的,可以参加执业医师资格考试:具有高等学校相关医学专业本科以上学历,在执业医师指导下,在医疗卫生机构中参加医学专业工作实践满一年;具有高等学校相关医学专业专科学历,取得执业助理医师执业证书后,在医疗卫生机构中执业满二年。”

参加执业助理医师资格考试,对学历和工作实践的要求相对不高。根据《医师法》第十条规定:“具有高等学校相关医学专业专科以上学历,在执业医师指导下,在医疗卫生机构中参加医学专业工作实践满一年的,可以参加执业助理医师资格考试。”

以师承方式学习中医和医术确有专长人员,满足一定条件可以参加中医医师资格考试。根据《医师法》第十一条第一款的规定:“以师承方式学习中医满三年,或者经多年实践医术确有专长的,经县级以上人民政府卫生健康主管部门委托的中医药专业组织或者医疗卫生机构考核合格并推荐,可以参加中医医师资格考试。”2017年12月施行的《中医医术确有专长人员医师资格考核注册管理暂行办法》第三十二条规定:“中医(专长)医师通过学历教育取得省级以上教育行政部门认可的中医专业学历的,或者执业时间满五年、期间无不良执业记录的,可以申请参加中医类别执业医师资格考试。”

(二)中医医师资格考核准入制度

对于以师承方式学习中医或者经多年实践,医术确有专长的人员,可以依法通过考核的方式,取得中医医师资格。依法注册后,可以在注册范围内从事中医医疗活动。《中医药法》第十五条第二款规定:“以师承方式学习中医或者经多年实践,医术确有专长的人员,由至少两名中医医师推荐,经省、自治区、直辖市人民政府中医药主管部门组织实践技能和效果考核合格后,即可取得中医医师资格;按照考核内容进行执业注册后,即可在注册的执业范围内,以个人开业的方式或者在医疗机构内从事中医医疗活动。”

《中医医术确有专长人员医师资格考核注册管理暂行办法》第四条规定:“以师承方式学习中医或者经多年实践,医术确有专长的人员,可以申请参加中医医术确有专长人员医师资格考核。”考核合格的,由省级中医药主管部门颁发《中医(专长)医师资格证书》。

通过中医医师资格考试取得中医医师资格和通过考核取得中医医师资格有着明显的不同,但是两种方式也有着一定的衔接,能为各类中医人员取得中医医师资格提供合法渠道。

(三)执业药师(中药师)考试准入制度

执业中药师是执业药师的一个类别,是指通过全国统一考试合格后,取得执业中药师职业资格证书的人员。根据《药品管理法》第四十二条规定,从事药品生产活动,应当有依法经过资格认定的药学技术人员。执业中药师实行注册制度,从事中药类药品生产、经营和其他需要提供中药学服务的单位,应当按规定配备相应的执业中药师。

2019年3月20日,国家药品监督管理局发布了《国家药监局 人力资源社会保障部关于印发执业药师职业资格制度规定和执业药师职业资格考试实施办法的通知》,明确了关于执业药师职业资格的有关事项。该通知第九条规定,凡中华人民共和国公民和获准在我国境内就业的外籍人员,具备以下条件之一者,均可申请参加执业药师职业资格考试:取得药学类、中药学类专业大专学历,在药学或中药学岗位工作满五年;取得药学类、中药学类专业大学本科学历或学士学位,在药学或中药学岗位工作满三年;取得药学类、中药学类专业第二学士学位、研究生班毕业或硕士学位,在药学或中药学岗位工作满一年;取得药学类、中药学类专业博士学位;取得药学类、中药学类相关专业相应学历或学位的人员,在药学或中药学岗位工作的年限相应增加一年。

执业药师实行注册制度。国家药监局负责组织执业药师注册活动,制定政策并指导全国执业药师注册管理工作。各省、自治区、直辖市药品监督管理部门负责本行政区域内的执业药师注册管理工作。

第二节　中药标准化和知识产权保护法律制度

一、中药标准化法律制度

中药标准化是中药规范化的一种重要形式,是中医药事业发展的一个重大工程,多年来被列入发展规划纲要和发展战略纲要。中药标准化问题,主要是指中药材、中药饮片和中成药的标准化问题。国家中医药管理局出台的《中医药标准化中长期发展规划纲要(2011—2020年)》和国务院发布的《中医药发展战略规划纲要(2016—2030年)》,对中药标准化问题作了一些规定。但是,实践中,中药的标准化进程和方向存在一些问题,主要表现为中药标准过于西化、与中医理论相脱离、中药标准化对临床指导作用不明显、中药标准化中知识产权问题突出、中药标准体系混乱等。

(一) 中药材标准化法律制度

中医的疗效很大程度上取决于中药质量,中药质量的根本在于中药材和制备工艺的标准化。早在20世纪90年代中期,科技部便已经把"中药材现代化研究与产业化开发"作为中药应用领域中的重要研究内容。但是,中药材的标准化推广仍然处于起步阶段,存在的问题比较突出,主要表现为小规模种植分布较散、种植技术不科学、标准化种植人才缺乏等。

2012年国家中医药管理局出台的《中医药标准化中长期发展规划纲要(2011—2020年)》中,要求完成中药材种子种苗标准,包括完成中药材种子种苗术语规范、检验规程、质量标准和中药材原种生产技术规程的研究制定;要求完成道地药材标准,包括重点开展道地药材标准通则和道地药材示范标准的研究制定,完成道地药材种植基地标准、规范生产标准、产地加工标准等的制定。

2016年国务院发布的《中医药发展战略规划纲要(2016—2030年)》中,重点推进中药材规范化种植养殖,要求制定中药材主产区种植区域规划、制定国家道地药材目录,加强道地药材良种繁育基地和规范化种植养殖基地建设,促进中药材种植养殖业绿色发展,制定中药材种植养殖、采集、储藏技术标准。

(二) 中药饮片标准化法律制度

中药饮片质量直接关系到中药处方、中药制剂和中成药的疗效和安全。中药饮片标准化可以提升中医药质量。目前,我国中药饮片的质量问题受许多因素的影响,例如中药饮片产业整体产业水平不高,生产企业数量多、生产规模小、经济效益低,生产工艺和设备相对落后,管理不规范等因素。质量问题源于标准缺失,产生这些问题的根本原因是缺乏统一的炮制工艺规范和统一的质量标准。

近年来,中药饮片国家标准化建设项目陆续启动,有望解决中药领域的这一顽疾。例如:2017 年 1 月 7 日,枳壳等 10 种中药饮片国家标准化建设项目启动仪式在江西樟树举行;2016 年 11 月 18 日,由国家发改委立项,国家中医药管理局及中药标准化项目专家委员会主导,康美药业牵头承担建设的"三七等 20 种中药饮片国家标准化建设项目"启动会在深圳举行。

按照《药品管理法》第四十四条第二款规定,中药饮片应当按照国家药品标准炮制;国家药品标准没有规定的,应当按照省、自治区、直辖市人民政府药品监督管理部门制定的炮制规范炮制。省、自治区、直辖市人民政府药品监督管理部门制定的炮制规范应当报国务院药品监督管理部门备案。不符合国家药品标准或者不按照省、自治区、直辖市人民政府药品监督管理部门制定的炮制规范炮制的,不得出厂、销售。《中国药典》(2020)在既往中药饮片质量控制的基础上,进一步完善了诸多中药饮片的基本质量控制指标,中药饮片质量标准体系逐渐完善。

(三)中成药标准化问题

中成药是中药的重要组成部分,也是极具临床价值和产业化价值的中医药载体,是中医药标准化的重要标志和先进代表。中成药标准化生产,是保证中成药安全、有效、稳定的重要基础。目前,中成药存在的标准化问题,主要表现为同方制剂定量质量比例差异大,产品标准不能充分反映药品内在质量。但是无论如何,中成药已经是中药领域最具标准化的领域,有人大代表建议,以中成药标准化引领国际化,推动我国中药制造迈向高端。

(四)中药国际标准化问题

近年来,中药国际标准化步伐在加快,得益于中国推动中医药借助国际标准化组织(ISO)布局中医药国际标准。国际标准化组织/中医药技术委员会(ISO/TC 249)秘书处自 2009 年底落户于上海中医药大学附属曙光医院以来,截至 2024 年 12 月共发布了 ISO 中医药国际标准 117 项,在研 43 项。目前已经发布的标准,主要集中在中医药领域的产品质量与安全控制,例如中药材、中药制成品、传统炮制规范、中医医疗设备、中医药术语和中医药信息等。

二、中药知识保护法律制度

(一)中药知识产权保护问题

中药作为传统药物,使用现代知识产权保护体系进行保护,存在一定的困难。中药是在传统中医药理论指导下形成的药物组合物,更多是临床经验总结,与建立在现代实验基础上的知识产权体系相比,是不同逻辑项下的不同产物。无论是专利、商标、版权还是商业秘密保护,都很难有效地适用中药领域。一方面,中药知识早就处于公开状态,很难满足专利的"新颖性和创造性"要求;另一方面,商标、版权和商业秘密保护,对于具有一定自然科学技术特征的中药而言,也难以适用。因此,保护中药知识产权,需要另辟蹊径,制定特别的保护制度。《中药品种保护条例》是中药的特别行政保护制度。目前,中药专利保护制度、中药商业秘密保护制度、药品注册制度和中药品种保护制度,共同构成了中药保护管理体系。

《中药品种保护条例》及其配套文件《中药品种保护指导原则》《中药保护品种证书核发服务指南》,是我国通过行政法律手段,对中药等传统知识实施的特殊保护,属于一种过渡性保护措施。这种特殊保护提高了行业治理水平,促进了中医药事业发展。

中药品种保护,实施的是分级保护制度,按照中药品种保护的级别分别授予不同的保护期限,保护期限届满前六个月内还可以申请续期保护。中药一级保护品种期限可以为三十年、二十年和十年,一级保护品种为七年。

中药品种保护,作为一种过渡性的行政保护制度,随着市场经济发展,其弊端越来越明显,部分内容逐渐被弃用。截至 2024 年 12 月 29 日,在保中药保护品种只有 135 个,其中一级保护品种 3 个,其余均为二级保护品种,期限七年。

(二)中药传统知识保护问题

现代知识产权保护法律制度不能很好地保护中药传统知识，专门的中药行政保护制度又逐渐失去活力。建立一套以中药传统知识为基石，彰显中国特色与时代特征的现代中药知识保护制度，迫在眉睫。建立保护中药传统知识制度，既要考虑国际公约关于遗传资源保护制度的规定，也要结合中药传统知识的特殊性。

《"十四五"国家知识产权保护和运用规划》已经明确将制定《中医药传统知识保护条例》列入规划。制定行政法规对中医药传统知识进行专门保护，落实和细化《中医药法》规定的中医药传统知识持有人保护制度，可以实现对中医药传统知识的特别保护。中医药传统知识持有人可以依法享有"传承使用权""知情同意权""利益分享权""表明身份权""保护完全权"和"要求说明来源权"等。

第三节　PCBL:中医师处方权法律制度

一、中医师处方权的法律依据

中医师处方权是指依法取得行医资格的中医师具有开具处方药品的权力。《处方管理办法》第八条规定:"经注册的执业医师在执业地点取得相应的处方权。经注册的执业助理医师在医疗机构开具的处方，应当经所在执业地点执业医师签名或加盖专用签章后方有效。"《处方管理办法》第九条规定:"经注册的执业助理医师在乡、民族乡、镇、村的医疗机构独立从事一般的执业活动，可以在注册的执业地点取得相应的处方权。"此外，中医处方权，在《医师法》《药品管理法》《医疗机构管理条例》《麻醉药品和精神药品管理条例》也有相关规定。

二、经考试取得医师资格的中医医师经培训和考核合格后有西药处方权

根据《中医药法》第十六条第一款的规定，经考试取得医师资格的中医医师按照国家有关规定，经培训考试合格后，可以在专业活动中采用与其专业有关的现代科学技术方法。根据《医师法》第十四条第四款的规定，经考试取得医师资格的中医医师按照国家有关规定，经培训和考核合格，在执业活动中可以采用与其专业相关的西医药技术方法。因此，一般情况下，经考试取得医师资格的中医医师，经培训和考核合格后，可以开西药。

需要注意的是，中医师开具抗菌药物处方，应符合《抗菌药物临床应用管理办法》分级管理规定，经培训考核合格才能取得相应抗菌药物处方权。中医师开具麻醉药品、第一类精神药品，应按照《麻醉药品和精神药品管理条例》的规定，经培训考核合格取得麻醉药品和第一类精神药品的处方权。

(杨逢柱)

思考题

1. 请简述中医医疗机构准入法律制度。
2. 请简述中医医疗广告管理法律制度。
3. 请简述中药管理法律制度。
4. 请简述中药标准化法律制度。
5. 请简述中药知识产权保护法律制度。

NOTES

情景测试与思考

2009 年 11 月 20 日,51 岁的患者徐某因上呼吸道感染,到四川省某市医疗中心医院所属中医医院就诊。该中医医院名中医李医师针对患者徐某的病情进行了抗炎、排痰处理,并针对性地开具西药对徐某进行了输液。输液后,徐某出现不良症状,后经抢救无效死亡。李医师在输液前给患者做了皮试,未发现过敏现象。但是从徐某的死亡特征来看,仍不能排除是皮肤过敏而引发休克死亡。医师虽然从事多年的中医工作,但是也懂西医疗法。尽管李医师未取得西医医师资格证,但是他具有西医治疗的经验。李医师认为,根据《四川省中医条例》第二十三条规定,鼓励中医药人员学习、应用西医药学及相关的现代科学技术,其中"应用"就包含了中医可以开西药。

请结合《中医药法》《医师法》和《四川省中医条例》的相关规定,评价李医师的行为。

课后阅读资料

[1] 王梅红,杨逢柱.中医药法律问题专题研究[M].北京:法律出版社,2018.

[2] 王梅红,张继旺.中医药法[M].北京:法律出版社,2012.

[3] 王艳翚.中医药技术秘密保护制度研究[M].北京:知识产权出版社,2021.

[4] 宋晓亭.中药专利创造性审查理论与实践[M].北京:知识产权出版社,2021.

第十二章
临床试验法律制度

【学习要点】
1. 临床试验的概念和特征。
2. 临床试验受试者的权利。
3. 临床试验知情同意。

医学科学的进步离不开临床试验,在鼓励临床试验的同时,因其自身所具有的"未知风险"的鲜明特性,还需要有严格的伦理规范和法律规制。临床试验法律制度为加强对临床试验的管理,维护受试者权益和安全,保证过程规范、结果真实、准确、完整和可追溯提供了制度保障。

第一节　临床试验中的法律问题

一、概述

(一) 临床试验的概念

临床试验(clinical trial),又称"涉及人的生物医学研究"或"人体试验",是指任何在人体(患者或健康志愿者)进行的系统性生物医学研究,主要包括以下活动:①采用现代物理学、化学、生物学、中医药学和心理学等方法对人的生理、心理行为、病理现象、疾病病因和发病机制,以及疾病的预防、诊断、治疗和康复进行研究的活动;②医学新技术或者医疗新产品在人体上进行试验研究的活动;③采用流行病学、社会学、心理学等方法收集、记录、使用、报告或者储存有关人的样本、医疗记录、行为等科学研究资料的活动。参加临床试验的人员被称为"受试者",既包括患者,也包括身体健康的人。

临床试验的目的是对新药物、新医疗器械以及新治疗方案等在人体中的作用与效果进行系统性研究,以确定其安全性。由于新开发药品所具有的副作用、不良反应,新医疗器械以及治疗方案的不确定性等其他作用,均处于未知状态,所以临床试验是新药品、新医疗器械以及新治疗方案在投入使用前必须经过的步骤。

从医学发展的历程来看,临床试验是医学科技发展的必经阶段和医患关系发展的产物。不同于医疗行为,临床试验的主要目的不在于治愈患者的疾病或增强健康人的体魄,而是在于确定试验药物的疗效与安全性。在试验中,医疗方案的安全性必须要透过受试者的具体应用才能进行观测和记载。

(二) 临床试验的特征

1. 试验为主治疗为辅　不同于普通医疗行为,临床试验实施目的主要是新药物、新医疗器械以及新治疗方案等在人体中的作用与效果,临床试验是新药物、新医疗器械以及新治疗方案能够应用于临床的前提条件,而对受试者的治疗目的居于次要地位。

2. 具有未知的风险　临床试验是使用危险与疗效均属未知的新药物或新技术,试验结果无法依靠人类现今所掌握的医学知识得出必然的结论,药物临床试验无疑是对人体构成一定风险的医疗行为。

3. 可抗辩性　在药品生产企业、医疗机构履行了充分告知、谨慎实施监测义务的情况下,如果仍然在药物临床试验中发生了药害事件,药品生产企业、医疗机构会提出其无主观过错的抗辩。

4. 受试者无法证明　即使患者作为受害人寻求司法救济,如果按照"谁主张,谁举证"的举证规则,往往患者无法证明服用试验药品与自己目前的人身损害后果之间存在直接因果关系。

(三) 临床试验的基本伦理原则

根据《赫尔辛基宣言》和国际医学科学组织委员会(Council for International Organizations of Medical Sciences,CIOMS)颁布的《人体生物医学研究国际伦理指南》(*International Ethical Guidelines for Biomedical Research Involving Human Subjects*)的道德原则,所有以人为对象的研究,必须确保临床试验活动符合公正、尊重人格、力求使受试者最大限度受益和尽可能避免伤害的原则。因此世界各国均出台了调整临床试验关系的法律、法规。目前,公认的临床试验伦理原则包括:尊重原则、有利原则、不伤害原则和诚信原则等。

(四) 临床试验的前期准备

1. 医疗器械临床试验的前期准备　进行医疗器械临床试验应当有充分的科学依据和明确的试验目的,并权衡对受试者和公众健康预期的受益以及风险,预期的受益应当超过可能出现的损害。

在临床试验前,申办者应当完成以下准备。

(1) 临床试验前准备好试验用医疗器械的临床前研究,包括产品设计(结构组成、工作原理和作用机制、预期用途以及适用范围、适用的技术要求)和质量检验、动物试验以及风险分析等,且结果应当能够支持该项临床试验。质量检验结果包括自检报告和具有资质的检验机构出具的一年内的产品注册检验合格报告。

(2) 临床试验前申办者应当准备充足的试验用医疗器械。试验用医疗器械的研制应当符合适用的医疗器械质量管理体系相关要求。

(3) 临床试验前申办者与临床试验机构和研究者应当就试验设计、试验质量控制、试验中的职责分工、申办者承担的临床试验相关费用以及试验中可能发生的伤害处理原则等达成书面协议。

(4) 临床试验前,申办者应当向所在地省、自治区、直辖市食品药品监督管理部门备案。接受备案的食品药品监督管理部门应当将备案情况通报临床试验机构所在地的同级食品药品监督管理部门以及卫生健康主管部门。

医疗器械临床试验应当在两个或者两个以上医疗器械临床试验机构中进行。所选择的试验机构应当是经资质认定的医疗器械临床试验机构,且设施和条件应当满足安全有效地进行临床试验的需要。研究者应当具备承担该项临床试验的专业特长、资格和能力,并经过培训。《医疗器械临床试验机构资质认定管理办法(征求意见稿)》对医疗器械临床试验管理作出了具体规定。此外,临床试验应当获得医疗器械临床试验机构伦理委员会的同意。列入须进行临床试验审批的第三类医疗器械目录的,还应当获得国家药品监督管理局的批准。

2. 药物临床试验的前期准备　进行药品临床试验必须有充分的科学依据,且符合科学和伦理标准。进行临床试验前,申办者需要做好以下准备。

(1) 做好临床试验用药品的准备和提供。

(2) 进行临床试验前,申办者必须提供该试验用药品的临床前研究资料,包括处方组成、制造工艺和质量检验结果。

(3) 开展临床试验单位的设施与条件必须符合安全、有效地进行临床试验的需要。所有研究者都应具备承担该项临床试验的专业特长、资格和能力,并经过药品临床试验管理规范培训。

(4) 临床试验开始前,研究者和申办者应就试验方案,试验的监察、稽查和标准操作规程以及试验中的职责分工等达成书面协定。

二、临床试验中的法律问题

(一) 临床试验的相关人员

1. 研究者　是指基于临床经验和医学科学而进行临床试验的科学家或者医生,也就是实施临床试验并对临床试验质量及受试者权益和安全负责的试验现场的负责人。

（1）研究者和临床试验机构的资格要求：①具有在临床试验机构的执业资格；具备临床试验所需的专业知识、培训经历和能力；能够根据申办者、伦理委员会和药品监督管理部门的要求提供最新的工作履历和相关资格文件。②熟悉申办者提供的试验方案、研究者手册、试验药物相关资料信息。③熟悉并遵守《药物临床试验质量管理规范》和临床试验相关的法律法规。④保存一份由研究者签署的职责分工授权表。⑤研究者和临床试验机构应当接受申办者组织的监查和稽查，以及药品监督管理部门的检查。⑥研究者和临床试验机构授权个人或者单位承担临床试验相关的职责和功能，应当确保其具备相应资质，应当建立完整的程序以确保其执行临床试验相关职责和功能，产生可靠的数据。研究者和临床试验机构授权临床试验机构以外的单位承担试验相关的职责和功能应当获得申办者同意。

（2）研究者和临床试验机构的能力条件：①研究者在临床试验约定的期限内有按照试验方案入组足够数量受试者的能力。②研究者在临床试验约定的期限内有足够的时间实施和完成临床试验。③研究者在临床试验期间有权支配参与临床试验的人员，具有使用临床试验所需医疗设施的权限，正确、安全地实施临床试验。④研究者在临床试验期间确保所有参加临床试验的人员充分了解试验方案及试验用药品，明确各自在试验中的分工和职责，确保临床试验数据的真实、完整和准确。⑤研究者监管所有研究人员执行试验方案，并采取措施实施临床试验的质量管理。⑥临床试验机构应当设立相应的内部管理部门，承担临床试验的管理工作。

（3）研究者的职责：①研究者应当给予受试者适合的医疗处理。②研究者应当与伦理委员会进行沟通。③研究者应当遵守试验方案。④研究者和临床试验机构对申办者提供的试验用药品有管理责任。⑤研究者应当遵守临床试验的随机化程序。盲法试验应当按照试验方案的要求实施揭盲。若意外破盲或者因严重不良事件等情况紧急揭盲时，研究者应当向申办者书面说明原因。⑥研究者实施知情同意，应当遵守《赫尔辛基宣言》的伦理原则。⑦提前终止或者暂停临床试验时，研究者应当及时通知受试者，并给予受试者适当的治疗和随访。

2. 申办者 指负责临床试验的发起、管理和提供临床试验经费的个人、组织或者机构。主要职责包括：①申办者负责发起、申请、组织、监查临床试验，并对临床试验的真实性、可靠性负责。②申办者负责组织制定和修改研究者手册、临床试验方案、知情同意书、病例报告表、有关标准操作规程以及其他相关文件，并负责组织开展临床试验所必需的培训。③申办者在与临床试验机构签署临床试验协议前，应当向临床试验机构和研究者提供最新的研究者手册以及其他相关文件，以供其决定是否可以承担该项临床试验。④申办者应当建立临床试验的质量管理体系。⑤申办者应当与临床试验机构和研究者就试验方案、试验用医疗器械、试验流程以及标准操作规程等达成书面协议。⑥申办者应当保证实施临床试验的所有研究者严格遵循临床试验方案，发现临床试验机构和研究者不遵从有关法律法规、本规范和临床试验方案的，应当及时指出并予以纠正；如情况严重或者持续不改，应当终止试验，并向相关部门报告。⑦申办者应当为发生与临床试验相关的伤害或者死亡的受试者承担治疗的费用以及相应的经济补偿，但在诊疗活动中由医疗机构及其医务人员过错造成的损害除外。⑧申办者应当对临床试验承担监查责任，并选择符合要求的监查员履行监查职责。⑨申办者为保证临床试验的质量，可以组织独立于临床试验并具有相应培训经验的核查员对临床试验开展情况进行核查，评估临床试验是否符合试验方案的要求。⑩申办者提前终止或者暂停临床试验，应当立即告知研究者和临床试验机构、药品监督管理部门，并说明理由。如果临床试验完成或者提前终止，申办者应当按照相关法律法规要求向药品监督管理部门提交临床试验报告。临床试验总结报告应当全面、完整、准确反映临床试验结果，临床试验总结报告的安全性、有效性数据应当与临床试验源数据一致。

3. 监查员 应当遵循由申办者制定的试验用医疗器械临床试验监查标准操作规程，督促临床试验按照方案实施。具体职责包括：①在试验前确认临床试验机构已具有适当的条件，包括人员配备与培训符合要求，实验室设备齐全、工作情况良好，预期有足够数量的受试者，参与研究人员熟悉试验要求。②在试验前、中、后期监查临床试验机构和研究者是否遵循有关法规、规范和临床试验方案。③确认每位受试者在参与临床试验前签署知情同意书，了解受试者的入选情况以及试验的进展状况；对研究者未能做到的随访、未进行的试验、未做的检查，以及是否对错误、遗漏作出纠正等，应当清楚、如实记录；对修订的知情同意书，确认未结束临床试验流程并受影响的受试者须重新签署。④确认所有病例报告表填写正确，并与原始资料一致；所有错误或者遗漏均已改正或者注明，经研究者签名并注明日期；每一试验的病种、病例总数和病例的性别、年龄、治疗效果等均应当确认并记录。⑤确认受试者退出临床试验或者不依从知情同意书规定要求的情况记录在案，并与研究者讨论此种情况。⑥确认所有不良事件、并发症和其他器械缺陷均记录在案，对严重不良事件和可能导致严重不良事件的器械缺陷在规定时间内作出报告并记录在案。⑦监查试验用医疗器械样品的供给、使用、维护以及运输、接收、储存、分发、处理与回收。⑧监督临床试验过程中相关设备的定期维护和校准。⑨确保研究者收到的所有临床试验相关文件为最新版本。⑩每次监查后应当书面报告申办者，报告应当包括监查员姓名、监查日期、监查时间、监查地点、监查内容、研究者姓名、项目完成情况、存在的问题、结论以及对错误、遗漏作出的纠正等。

（二）受试者的权利

受试者，指参加一项临床试验，并作为试验用药品或试验用医疗器械等的接受者，包括患者、健康受试者。根据我国 2003 年国家食品药品监督管理总局颁布、2020 年国家药品监督管理局会同国家卫健委修订的《药物临床试验质量管理规范》（CFDA-GCP）、《赫尔辛基宣言》、世界卫生组织颁布的《药物临床试验质量管理规范》（WHO-GCP）、人用药物注册技术要求国际协调会发布的《药物临床试验质量管理规范》（ICH-GCP）以及各国通行惯例，临床试验受试者的如下五项权利应当在临床试验的过程中受到尊重。

1. 生命健康权　作为人的一项最基本权利，在药物临床试验中当然被医学伦理和法律所关注。透过临床试验进行安全性评价正是出于保障药品上市后患者安全之需要，而试验过程中，受试者的生命健康安全是应当首先被重视的，毕竟是以活生生的人作为临床试验的对象，故对于其生命健康权之保障自然与用于非临床研究阶段的各种动物不同。

《赫尔辛基宣言》宣称，进行临床试验的前提之一，是研究者确信能够充分地预见风险并能够妥当处理。同理，如果发现风险超过可能的受益或者已经得出阳性的结论和有利的结果时，医师应当停止研究。妥当处理临床试验严重不良事件的措施是受试者生命健康权保障的一个重要方面。对于严重不良事件的处理措施是试验方案的一项重要内容，应在事先细致、周全地进行，未雨绸缪；研究者和申办者同为保障受试者安全的义务人，当严重不良事件出现时，应及时采取必要的措施以保证受试者的安全和权益。

2. 知情同意权　受试者的知情同意权是指在临床试验中，受试者有权利知道临床试验的目的、方法、过程、可能获得的利益、可能的风险及不适。临床试验中的知情同意权与临床诊断、治疗中一般的知情同意权之内容、目的等不尽相同，从其完整意义上来说，包括了解权、被告知权、自主决定权和撤销权，知情同意是受试者参加临床试验的前提和基础。

（1）知情权：在接受试验前和试验过程中，受试者均有被告知的权利，并应当有充分的时间以便受试者认真考虑。必须做到：说明试验目的、程序；告知该试验的风险；说明受试者可能获得的利益；介绍其他可供选择的办法；回答受试者的疑问；允许受试者随时退出；不得使用为实施试验人员开脱责任的用语等。

（2）自主决定权：受试者有权决定是否自愿参加临床试验而不被胁迫或诱导，包括拒绝权和同意权。同时在形式上有严格的要求，以书面同意为宜，如果不能得到书面的同意书，则必须正规记录非书面同意的获得过程并要有见证。

（3）撤销权：受试者有权随时退出试验，其医疗待遇与权益不受到影响。在药品试验过程中，受试者有权自愿随时退出试验过程。

3. 隐私权　是人类文明发展到近代社会的产物。对患者隐私权的保护,一方面体现了对他们人格尊严的尊重,另一方面有利于保证私人生活的安宁。在药物临床试验活动中,受试者的各种自然情况(姓名、性别、年龄、婚姻状况等)、健康状况、临床试验的各种资料以及其他相关个人信息都属于其隐私内容,都应当予以充分保护。根据隐私权的四项基本权能,权利人对相关信息享有隐瞒、利用、维护、支配的权利,在临床试验中则主要体现为隐瞒受试者个人试验资料的要求。相对应地,研究者、申办者对此负有保密义务。

4. 医疗救治权　在临床试验中,试验药品、对照品和安慰剂等物质都可能会在受试者体内出现不良反应,甚至毒性反应。如果研究者不及时治疗就会严重损害受试者的生命健康,医疗救治权理所当然地应成为受试者权益的必要部分。研究者负责作出与临床试验相关的医疗决定,保证受试者在试验期间出现不良反应时得到适当的治疗。在临床试验过程中,如发现严重不良事件,研究者应立即对受试者采取适当的治疗措施,同时报告药品监督管理部门、卫生行政部门、申办者和伦理委员会。

5. 经济补偿权　经济补偿是受试者因参加研究而受到伤害,研究者应保证其有权获得对这类伤害的免费医疗以及经济或其他之补偿,以作为对于受试者造成任何损害、残疾或者障碍的公正赔偿。如果受试者由于参加研究而死亡,其被抚养人则有权得到赔偿。受试者决不能被要求放弃获得赔偿的权利。根据《药物临床试验质量管理规范》的规定,申办者应对参加临床试验的受试者提供保险,对于发生与试验相关的损害或者死亡的受试者承担治疗的费用及相应的经济补偿。申办者应向研究者提供法律上与经济上的担保,但由医疗事故所致者除外。

(三) 我国临床试验的损害救济

1. 立法现状及分析　我国临床试验在损害责任之立法缺陷明显。目前国际上已有许多国家制定了专门的法律法规,例如法国《人体试验受试者权利保护法》、荷兰《人体试验法》等,但我国还没有针对临床试验的专门立法。《基本医疗卫生与健康促进法》第三十二条第三款规定,开展药物、医疗器械临床试验和其他医学研究应当遵守医学伦理规范,依法通过伦理审查,取得知情同意。《民法典》第一千二百一十八条规定患者在诊疗活动中受到损害,医疗机构或者其医务人员有过错的,由医疗机构承担赔偿责任。《民法典》第一千零八条还明确了临床试验的基本要求,为临床试验工作划定了伦理底线规范。然而针对临床试验受试者的损害救济,《民法典》却没有明确指引。因此有学者认为由临床试验导致的损害赔偿责任应当按照医疗损害责任的规定进行约束,但临床试验本身就是使用危险与疗效均属未知的新药物或新技术,试验结果无法依靠人类现今所掌握的医学知识得出必然的结论,临床试验的高风险性和未知性明显区别于普通的医疗行为,所以临床试验的损害救济也应当区别于医疗侵权责任,但目前缺少临床试验的专门立法,导致临床试验的损害救济无据可循。

2. 司法实践及分析　临床试验损害救济的立法缺位,导致司法实践中产生混乱。有些法院对临床试验侵权案件仍按医疗损害赔偿责任进行审判,产生多种问题。

各个法院在具体案件审理过程中采用的审判依据不同:在"心脏康复丹"案中,法院以医疗损害责任纠纷进行认定,但事实上,"心脏康复丹"是没有临床资料的新药,因此应当属于医学人体试验侵权责任的范畴。

法院在判断侵权行为与损害之间的因果关系时存在困难:在"阿罗神胶囊"案中,法院认为被告的行为与原告遭受的损害之间,事实上存在或然性。但是在"心脏康复丹"案例中,法院直接认定林某的死亡与服用"心脏康复丹"之间无因果关系。事实上,由于"心脏康复丹"是新药,对其可能产生的后果很难判断,发生不良反应的时间也无法判断,所以直接认定无因果关系存在问题。

对于过错的判断和归责原则的适用存在分歧:在"试药老太休克告拜耳"案中,法院认为被告存在过错,应当承担赔偿责任。在"阿罗神胶囊"案中,法院适用过错责任原则,认为医院侵犯了原告的知情同意权。而在"心脏康复丹"案中,法院援用了人道主义原则给予死者一定的经济补偿,并非依据未经批准进行人体试验认定其有过错而承担侵权责任。

第二节　PCBL：该如何保护临床试验中受试者的权利？

为了确保试验的科学性和可靠性，确保试验过程符合人类社会的伦理要求和保障受试者的人格和权利，临床试验必须由试验方以外的第三方机构——伦理委员会对其进行监督和审核。为了确实地保障受试者的个人权益，受试者在参与试验之前必须签订知情同意书。伦理委员会与知情同意书是保障受试者权益的两项主要措施。

一、伦理委员会

伦理委员会，是指由医学专业人员、法律专家及非医务人员至少 5 人组成的独立组织，其职责为核查临床试验方案及附件是否合乎道德，并为之提供公众保证，确保受试者的安全、健康和权益受到保护。其职责如下。

(一) 试验方案的审议

临床试验开始前，试验方案需经伦理委员会审议同意并签署批准意见后方能实施。伦理委员会应从保障受试者权益的角度严格按下列各点审议试验方案：研究者的资格、经验，人员配备及设备条件等是否符合试验要求；试验方案是否适当，包括研究目的、受试者及其他人员可能遭受的风险和受益及试验设计的科学性；受试者入选的方法、获取知情同意书的方法是否适当；受试者因参加临床试验而受到损害甚至发生死亡时，给予治疗或保险措施；试验方案提出的修正意见是否可接受；定期审查临床试验进行中受试者的风险程度。

(二) 试验过程的监督

在试验进行期间，试验方案的任何修改均应经伦理委员会批准后方能执行；试验中发生任何严重不良事件，均应向伦理委员会报告。

(三) 试验方案的表决

伦理委员会应在接到申请后尽早召开会议，审阅讨论，签发书面意见，并附上出席会议的委员名单、其专业情况及本人签名。伦理委员会的意见可以是：同意；做必要的修正后同意；作必要的修正后重审；不同意；终止或暂停已批准的临床试验。

二、知情同意书

知情同意，指向受试者告知一项试验的各方面情况后，受试者自愿确认其同意参加该项临床试验的过程，须以签名和注明日期的知情同意书作为文件证明。研究者需向受试者说明试验性质、试验目的、可能的受益和风险、可供选用的其他治疗方法，以及符合《赫尔辛基宣言》规定的受试者的权利和义务等，使受试者充分了解后表达其同意。

(一) 信息的揭示

大多数人体临床试验规则都制定具体的施行程序，以使受试者在正式试验前了解足够的情况。这些内容必须以受试者可以理解的语言记载于同意书上，包括试验目的和方法、可能产生的副作用和潜在的危险、受试者参与的预期时间以及预期试验效果、研究结果对受试者或其他人之可预期的合理利益、其他对受试者可选择的治疗之方式和说明、受试者同意前有提问题的机会、受试者有权随时退出、受试者资料将受到保密的程度。《纽伦堡守则》要求研究人员告知受试者试验的性质、时间、目的、进行的方法和手段、可预期的不方便和危害、对健康的可能影响。

未被告知的试验，有几个国际上的案例可供参考。20 世纪 60 年代，美国联邦政府扩大对临床研究的补助，接受试验的人数也大量增加，然而违背伦理与法律滥用受试者的临床试验却在重视人权的美国被大量揭露。最为著名的是"塔斯基吉梅毒试验",面对免费治疗等条件的诱惑,399名感染梅毒的黑人男子和201名未感染梅毒的黑人男子在不知情的情况下成为试验品。这项试验违背人性之处在于研究人员隐瞒事实真相,有意不对这些梅毒感染者提供任何治疗。即使是在1947年青霉素成为治疗梅毒的有效武器后,研究人员也未对参与试验的黑人患者提供必需的治疗。

在1963—1971年,俄勒冈州立监狱中,有67位男性囚犯(大部分为非裔美国籍)以200元美金的代价,让自己的睾丸接受了X线照射,以便研究放射线对于精子功能的影响,随后又被切除了输精管。他们只知道可能要冒一些风险,但没人告诉他们试验的后果。

以上几个案例明显违反了"意思自治原则",具有讽刺意味的是,这些案例大多是在《纽伦堡守则》发表之后发生的,因此参与研究者不能不说是明知故犯。美国政府在舆论压力下,不得不对保护人类受试者采取更积极的作为,参议院劳工及人力资源委员会召开了数场听证会,1974年通过《国家研究法案》,将保护人类受试者的立法明确列入联邦法规,并设立了生物医学及行为研究之人类保护国家委员会。

(二) 信息的理解

传达信息的方式方法与信息本身同样重要,比如混乱且迅速地传达、未给相当的思考时间,或者缩减受试者提问的机会等,都可能影响受试者对试验信息的理解而作出不当的选择。因为受试者的理解力是智力、合理性、成熟性及语言的组合,应该根据其理解能力的强弱来决定传达信息的方式,或书面或口头说明。总之,试验机构应确保受试者理解其所传达的信息。保证所提供的资料或说明,能让受试者对有关潜在的危险性及副作用有充分的理解。

当受试者的理解力受到严重限制时,可能需要制定特殊规定,例如对于心智不健全或精神残疾情况,应分别依其情况(比如婴儿和儿童、精神障碍患者、临终患者以及昏迷患者)进行考虑。如其研究能在心智正常的人身上得到相同的结果,就不能以心智或行为失常者为受试者,除非研究需要为这些人提供绝无仅有的治疗,否则应尊重其不参加试验的决定。

(三) 自愿的同意

自愿同意是指受试者自由意志下的任意同意,亦即受试者在作出同意的决定时,不受其他人不正当的影响或强迫。强迫是指一个人有意利用威胁或暴力控制他人作出决定,例如殴打他人,迫使他人同意或者暗示患者如不参加人体临床试验,就得不到应有的治疗。不正当的影响是指以利诱等方法诱使一个人作出其本来不会作出的决定,例如:暗示患者如果参加人体临床试验就能得到额外的医疗服务或奖金;对于贫困的患者,以免除治疗费用为号召,显然使其在利诱下同意参与临床试验行为,其同意即欠缺任意性。

自愿同意是自由选择采取某一行动或不采取任何行动。自由选择是指一个人能够自己作出抉择,并对之负责,不受以前的承诺或权威的束缚,不受强迫和不正当影响的控制,自愿同意是根据自己的判断独立作出的决定。"根据自己的判断""独立作出决定"并不是不受他人的影响。不受任何人的影响在现代社会不太可能,此系指不受他人的操纵、干涉、欺骗,不被剥夺重要信息,亦即不受人控制的意思。在别人控制下作出的决定不是自愿同意,不是自由选择,不能认为有效。

(四) 同意的能力

同意的能力是知情同意的前提,且是自愿采取行动和理解信息的先决条件。如何判定一个人是否有同意能力的标准?通常认为包括理解信息的能力和对自己行动的后果进行推理的能力,亦即能够处理一定量的信息、能够选定目的和适合目的的手段的能力。在临床试验中,同意能力是指能理解试验的程序,能权衡其利弊得失、能对面前的选择作出评价、能理解所采取的行动的后果、能根据这种知识和运用这些能力作出决定。

欠缺同意能力之人亦称为无行为能力人。不管其无同意能力是属器质性的还是功能性的,是永久性的还是暂时性的,均可以采取代理同意来解决,即由当事人的监护人代理决定。但因试验行为常伴随有不利益的危险,所以法定代理人代为同意的场合,应以有利于被代理人的治疗性人体临床试验为限。

《药物临床试验质量管理规范》第二十三条第四款和第六款规定,研究者或者指定研究人员应当充分告知受试者有关临床试验的所有相关事宜,包括书面信息和伦理委员会的同意意见。签署知情同意书之前,研究者或者指定研究人员应当给予受试者或者其监护人充分的时间和机会了解临床试验的详细情况,并详尽回答受试者或者其监护人提出的与临床试验相关的问题。

告知内容包括:受试者参加试验应是自愿的,且有权在试验的任何阶段随时退出试验,而不会遭到歧视或报复,其医疗待遇与权益不会受到影响;必须使受试者了解,参加试验及在试验中的个人资料均属保密;必须告知受试者试验目的、试验的过程与期限、检查操作、受试者预期可能的受益和风险,告知受试者可能被分配到试验的不同组别;必须给受试者充分的时间,以便考虑是否愿意参加试验,对无能力表达同意的受试者,应向其法定代理人提供上述介绍与说明;知情同意过程应采用受试者或法定代理人能理解的语言和文字,试验期间,受试者可随时了解与其有关的信息资料;发生与试验相关的损害时,受试者可以获得治疗和相应的补偿。

经充分和详细解释试验的情况后获得知情同意书。《药物临床试验质量管理规范》第二十三条对签署知情同意书的注意问题作出了具体规定。

(1)受试者或者其监护人,以及执行知情同意的研究者应当在知情同意书上分别签名并注明日期,如非受试者本人签署,应当注明关系。

(2)若受试者或者其监护人缺乏阅读能力,应当有一位公正的见证人见证整个知情同意过程。研究者应当向受试者或者其监护人、见证人详细说明知情同意书和其他文字资料的内容。如受试者或者其监护人口头同意参加试验,在有能力的情况下应当尽量签署知情同意书,见证人还应当在知情同意书上签字并注明日期,以证明受试者或者其监护人就知情同意书和其他文字资料得到了研究者准确的解释,并理解了相关内容,同意参加临床试验。

(3)受试者或者其监护人应当得到已签署姓名和日期的知情同意书原件或者副本及其他提供给受试者的书面资料,包括更新版知情同意书原件或者副本,和其他提供给受试者的书面资料的修订文本。

(4)受试者为无民事行为能力的,应当取得其监护人的书面知情同意;受试者为限制民事行为能力的人时,应当取得本人及其监护人的书面知情同意。当监护人代表受试者知情同意时,应当在受试者可理解的范围内告知受试者临床试验的相关信息,并尽量让受试者亲自签署知情同意书和注明日期。

(5)紧急情况下,参加临床试验前不能获得受试者的知情同意时,其监护人可以代表受试者知情同意,若其监护人也不在场时,受试者的入选方式应当在试验方案以及其他文件中清楚表述,并获得伦理委员会的书面同意;同时应当尽快得到受试者或者其监护人可以继续参加临床试验的知情同意。

(6)当受试者参加非治疗性临床试验时,应当由受试者本人在知情同意书上签字同意和注明日期。只有符合下列条件,非治疗临床试验可由监护人代表受试者知情同意:临床试验只能在无知情同意能力的受试者中实施;受试者的预期风险低;受试者健康的负面影响已减至最低,且法律法规不禁止该类临床试验的实施;该类受试者的入选已经得到伦理委员会审查同意。该类临床试验原则上只能在患有试验药物适用的疾病或者状况的患者中实施。在临床试验中应当严密观察受试者,若受试者出现过度痛苦或者不适的表现,应当让其退出试验,还应当给以必要的处置以保证受试者的安全。

(7)儿童作为受试者,应当征得其监护人的知情同意并签署知情同意书。当儿童有能力作出同意参加临床试验的决定时,还应当征得本人同意。如果儿童受试者本人不同意参加临床试验或者中途决定退出临床试验时,即使监护人已经同意参加或者愿意继续参加,也应当以儿童受试者本人的决定为准。除非在严重或者危及生命疾病的治疗性临床试验中,研究者、其监护人认为儿童受试者若不参加研究其生命会受到危害,这时其监护人的同意即可使患者继续参与研究。在临床试验过程中,儿童受试者达到了签署知情同意的条件,则需要由本人签署知情同意之后方可继续实施。

（石　悦）

思考题

1. 简述临床试验的特征。
2. 临床试验研究者的职责有哪些?
3. 临床试验申办者的职责有哪些?
4. 临床试验监查员的职责有哪些?
5. 临床试验中受试者的权利有哪些?

情景测试与思考

　　某地发生一例有关药品临床试验的医疗纠纷诉讼。原告有糖尿病史6年,平时一直使用胰岛素治疗。由于血糖控制不理想而到被告医院就诊,医师建议更换胰岛素,使用试验胰岛素治疗。后经被告医院筛选,原告签署知情同意书后,进入试验治疗期。由于试验过程中,原告的血糖控制不理想,所以每隔一段时间被告就要求原告加大用药剂量,同时在原告向负责试验的医师说明身体感到不适时,亦未得到任何处理。试验结束后,原告因腰酸、眼睑轻度水肿到被告医院就诊,被诊断为糖尿病肾病。

　　原告提出:试验组的医师在试验前的检查中就发现其肾功能异常,但未告知原告检查结果和这种情况下试验对于肾脏有何影响,并在使用试验药物后血糖一直控制不好,被告在已知试验药物对原告无效的情况下仍然加大剂量直到试验结束,因为商业利益,致使原告的肾功能严重受损。

　　被告辩称:原告已经签署了知情同意书,表明原告知悉试验的目的和试验可能给原告身体带来的影响。试验中,被告的医疗行为均源自原告的授权,并且原告所称的"加大药剂量"和"不做任何处理"等医疗行为均是出于减轻原告病情的目的。被告的医疗行为合理合法,不存在侵权或违约。

　　请你结合本章学习的知识,分析该案例中原、被告双方的权利义务关系,并就该案中原告与被告是否已经合理履行自己的义务、行使自己的权利进行论述。

课后阅读资料

[1] 翟晓梅,邱宗仁.生命伦理学导论[M].北京:清华大学出版社,2005.
[2] 万慧进.生命伦理与生命法学[M].杭州:浙江大学出版社,2004.
[3] 谈大正.生命法学导论[M].上海:上海人民出版社,2005.
[4] 倪正茂.生命法学探析[M].北京:法律出版社,2005.
[5] 克雷斯蒂安·冯·巴尔欧洲比较侵权行为法[M].张新宝,焦美华,译.北京:法律出版社,2004.
[6] 马克西米利安·福克斯.侵权行为法[M].齐晓馄,译,北京:法律出版社,2006.

第十三章
血液管理法律制度

【学习要点】

1. 无偿献血法律制度。
2. 采供血法律制度。
3. 临床用血法律制度。
4. 血液制品法律制度。

血液,被人们视为生命之源。在人类漫长岁月里,血液始终充满着神秘的色彩:在古埃及,人们用血液沐浴来治病;在古罗马和古希腊,人们通过喝血来增加精力和勇气。人类对输血疗法的尝试从未停止,直到1818年英国詹姆斯·布伦德尔(James Blundell)取得了首例人对人输血的成功。今天,输血已经成为慢性贫血、创伤失血、手术失血等众多疾病的不可替代的治疗手段。为了保障患者用血安全,我国制定了《献血法》《血液制品管理条例》《血站管理办法》《单采血浆站管理办法》《医疗机构临床用血管理办法》和《临床输血技术规范》等法律规范。

第一节 献血法律制度

血液主要成分为血浆和血细胞。血细胞又分为红细胞、白细胞和血小板。用于临床治疗的血液包括全血和成分血。一般认为,血液属于具有人格属性的物,其不能被视为商品,不能用于市场交易,今天,临床患者所使用的血液主要来自他人的无偿捐献。

一、概述

尽管人类科技高速发展,但仍然没有发明可替代人体血液的替代品。用于输血治疗的血液只能来自患者自身或他人。虽然自体输血方式可以减少由输血引起的并发症、避免发生交叉配血时的技术错误及输血引起的传染病,但自体输血使用存在一定局限性,如紧急情况下,输血具有不可预知性,血液病患者也无法自体输血。我国献血法律制度经历了一个从有偿献血到无偿献血的过程。

1978年卫生部《关于加强输血工作的请示报告》首次提出义务献血制度,规定工、农、商、学、机关干部和城镇居民,男二十至五十岁、女二十至四十五岁,身体健康者,都有献血的义务。1984年卫生部与中国红十字总会在全国倡导自愿无偿献血。1998年10月1日《中华人民共和国献血法》(以下简称《献血法》)施行,正式确定了无偿献血制度。无偿献血制度对保证医疗临床用血需要和安全、保障献血者和用血者身体健康、发扬人道主义精神及促进社会主义物质文明和精神文明建设,均具有重要的作用。

二、无偿献血的主体及奖励

《献血法》规定,国家实行无偿献血制度。国家提倡18~55周岁的健康公民自愿献血。国家提倡并指导择期手术的患者自身储血,动员家庭、亲友、所在单位以及社会互助献血。国家鼓励国家工作人员、现役军人和高等学校在校学生率先献血,为树立社会新风尚作表率。

对献血者,发给国务院卫生行政部门制作的无偿献血证书,有关单位可以给予适当补贴。对积极参加献血和在献血工作中作出显著成绩的单位和个人,给予奖励。无偿献血者临床需要用血时,免交采集、储存、分离、检验等费用;无偿献血者的配偶和直系亲属临床需要用血时,可以免交或者减交用血费用。

三、无偿献血血液采集及用途

《献血法》规定,血站是采集、提供临床用血的机构,是不以营利为目的的公益性组织。血站应当为献血者提供各种安全、卫生、便利的条件。血站对献血者必须免费进行必要的健康检查;身体状况不符合献血条件的,血站应当向其说明情况,不得采集血液。血站对献血者每次采集血液量一般为200ml,最多不得超过400ml,两次采集间隔期不少于六个月。

无偿献血的血液必须用于临床,不得买卖。血站、医疗机构不得将无偿献血的血液出售给单采血浆站或者血液制品生产单位。献血是无偿的,无偿取得的血液必须用于救治患者的生命与治疗疾病,公民临床用血时只交付用于血液的采集、储存、分离、检验等费用。

四、无偿献血的管理及动员

《献血法》规定,地方各级人民政府领导本行政区域内的献血工作,统一规划并负责组织、协调有关部门共同做好献血工作。县级以上卫生行政部门监督管理献血工作,各级红十字会依法参与推动献血工作。

各级人民政府要广泛宣传献血的意义,普及献血的科学知识,开展有关预防和控制经血液途径传播疾病的教育。新闻媒介应当开展献血的社会公益性宣传。国家机关、军队、社会团体、企业事业组织、居民委员会,应当动员和组织本单位或者本地区的适龄公民参加献血。

第二节　采供血和临床用血法律制度

输血疗法能够治病,但输血也存在风险。为了规范采血、供血和临床用血,原卫生部发布了《血站管理办法》(2006年3月1日施行,2017年12月26日修订)、《医疗机构临床用血管理办法》(2012年8月1日施行,2019年2月28日修订)和《临床输血技术规范》(2000年10月1日实施)。

一、采供血管理制度

在我国,最主要的采供血机构是血站。根据《血站管理办法》规定,血站是指不以营利为目的,采集、提供临床用血的公益性卫生机构。血站分为一般血站与特殊血站。

(一)一般血站

1. **一般血站的设置与职责**　一般血站包括血液中心、中心血站和中心血库。一般血站由地方人民政府设立。一个省级行政区域设置一个血液中心,一个设区的市设置一个中心血站,中心血库设置在中心血站服务覆盖不到的县级综合医院内。同一行政区域内不得重复设置血液中心、中心血站。血站与单采血浆站不得在同一县级行政区域内设置。省、自治区、直辖市人民政府卫生行政部门依据采供血机构设置规划批准设置血站,并报国家卫生行政部门备案。血站开展采供血活动,应当向所在省、自治区、直辖市人民政府卫生行政部门申请办理执业登记,取得《血站执业许可证》。没有取得《血站执业许可证》的,不得开展采供血活动。

一般血站的主要职责是在规定范围内开展无偿献血者的招募、血液的采集与制备、临床用血供应以及医疗用血的业务指导等工作,承担供血区域范围内血液储存的质量控制等。

2. **血站采血管理**　血站采血前应当对献血者身份进行核对并进行登记。血站应当按照国家有关规定对献血者进行健康检查和血液采集。血站采集血液应当遵循自愿和知情同意的原则,对献血者履行规定的告知义务。血站应当建立献血者信息保密制度,为献血者保密。献血、检测和供血的原始记录应当至少保存10年。血站应当保证所采集的血液由具有血液检测实验室资格的实验室进行检测。对检测不合格或者报废的血液,血站应当严格按照有关规定处理。

3. 血站供血管理　血液的包装、储存、运输应当符合《血站质量管理规范》规定的要求。血液包装袋上应当标明:①血站的名称及其许可证号;②献血编号或者条形码;③血型;④血液品种;⑤采血日期及时间或者制备日期及时间;⑥有效日期及时间;⑦储存条件。血站应当保证发出的血液质量符合国家有关标准,其品种、规格、数量、活性、血型无差错;未经检测或者检测不合格的血液,不得向医疗机构提供。

(二) 特殊血站

特殊血站包括脐带血造血干细胞库和国家卫生行政部门根据医学发展需要批准、设置的其他类型血库。脐带血造血干细胞库是指以人体造血干细胞移植为目的,具有采集、处理、保存和提供造血干细胞的能力,并具有相当研究实力的特殊血站。

1. 特殊血站的设置　根据全国人口分布、卫生资源、临床造血干细胞移植需要等实际情况,国务院卫生行政部门统一制定我国脐带血造血干细胞库等特殊血站的设置规划和原则。申请设置脐带血造血干细胞库等特殊血站的,应当按照国家卫生行政部门规定的条件向所在地省级人民政府卫生行政部门申请。省级人民政府卫生行政部门组织初审后报国家卫生行政部门。国家不批准设置以营利为目的的脐带血造血干细胞库等特殊血站。脐带血造血干细胞库等特殊血站执业,应当向所在地省级卫生行政部门申请办理执业登记。省级卫生行政部门应当组织有关专家和技术部门,按照《血站管理办法》和国务院卫生行政部门制定的脐带血造血干细胞库等特殊血站的基本标准、技术规范,对技术审查及执业验收审查合格的申请单位,发给《血站执业许可证》,并注明开展的业务。

2. 特殊血站的执业规范　脐带血造血干细胞库等特殊血站执业除应当遵守一般血站的执业要求外,还应当遵守以下规定:①按照国务院卫生行政部门规定的脐带血造血干细胞库等特殊血站的基本标准、技术规范等执业;②脐带血等特殊血液成分的采集必须符合医学伦理的有关要求,并遵循自愿和知情同意的原则,脐带血造血干细胞库必须与捐献者签署经执业登记机关审核的知情同意书;③脐带血造血干细胞库等特殊血站只能向有造血干细胞移植经验和基础,并装备有造血干细胞移植所需的无菌病房和其他必须设施的医疗机构提供脐带血造血干细胞;④出于人道主义、救死扶伤的目的,必须向境外医疗机构提供脐带血造血干细胞等特殊血液成分的,应当严格按照国家有关人类遗传资源管理规定办理手续;⑤脐带血等特殊血液成分必须用于临床。

二、临床用血法律制度

临床用血是指医疗机构对具有临床输血适应证的患者输全血或者成分血,为推进临床科学合理用血,保护血液资源,保障临床用血安全和医疗质量,我国发布了《医疗机构临床用血管理办法》和《临床输血技术规范》。

(一) 医疗机构临床用血管理

县级以上人民政府卫生行政部门负责对所辖医疗机构临床用血监督管理。

二级以上医院和妇幼保健院应当设立临床用血管理委员会,负责本机构临床合理用血管理工作。医疗机构应当设置输血科或者血库,并配备专业技术人员、设施、设备。不具备条件设置输血科或者血库的医疗机构,应当安排专(兼)职人员负责临床用血工作。

三级医院、有条件的二级医院和妇幼保健院应当开展自体输血技术,建立并完善管理制度和技术规范,提高合理用血水平,保证医疗质量和安全。医疗机构应当积极推行成分输血,保证医疗质量和安全。临床发现输血不良反应后,应当积极救治患者,及时向有关部门报告,并做好观察和记录。医师应当将患者输血适应证的评估、输血过程和输血后疗效评价情况记入病历;临床输血治疗知情同意书、输血记录单等随病历保存。

（二）临床输血技术规范

临床医师和输血医技人员应严格掌握输血适应证,正确应用成熟的临床输血技术和血液保护技术。

申请输血:决定输血治疗前,经治医师应向患者或其家属说明输同种异体血的不良反应和经血传播疾病的可能性,征得患者或家属的同意,并在输血治疗同意书上签字。无家属签字的无自主意识患者的紧急输血,应报医院职能部门或主管领导同意、备案,并记入病历。申请输血应由经治医师逐项填写临床输血申请单,由主治医师核准签字,连同受血者血样于预定输血日期前送交输血科(血库)备血。

受血者血样采集与送检:确定输血后,医护人员持输血申请单和贴好标签的试管采集血样,并由医护人员或专门人员将受血者血样与输血申请单送交输血科(血库),双方进行逐项核对。

交叉配血:凡输注全血、浓缩红细胞、红细胞悬液、洗涤红细胞、冰冻红细胞、浓缩白细胞、手工分离浓缩血小板等患者,应进行交叉配血试验。

血液入库、核对、贮存:全血、血液成分入库前要认真核对验收。输血科(血库)要认真做好血液出入库、核对、领发的登记,有关资料需保存十年。

发血:配血合格后,由医护人员到输血科(血库)取血。取血与发血的双方必须共同查对患者姓名、性别、病案号、门急诊/病室、床号、血型有效期及配血试验结果,以及保存血的外观等,准确无误时,双方共同签字后方可发出;血液发出后不得退回。

输血:输血前应由两名医护人员核对交叉配血报告单及血袋标签各项内容,检查血袋有无破损渗漏,血液颜色是否正常,准确无误方可输血。输血时,由两名医护人员带病历共同到患者床旁核对患者姓名、年龄、病案号、门急诊/病室、床号、血型等,确认与配血报告相符,再次核对血液后,用符合标准的输血器进行输血。输血过程中应严密观察受血者有无输血不良反应,如出现异常情况应及时处理。输血完毕后,医护人员将输血记录单(交叉配血报告单)贴在病历中,并将血袋送回输血科(血库)至少保存一天。

第三节　血液制品管理法律制度

一、血液制品的概述

血液制品是指各种人血浆蛋白制品,包括人血白蛋白、人胎盘血白蛋白、静脉注射用人免疫球蛋白、肌注人免疫球蛋白、组织胺人免疫球蛋白、特异性免疫球蛋白、免疫球蛋白(乙型肝炎、狂犬病、破伤风免疫球蛋白)、人凝血因子Ⅷ、人凝血酶原复合物、人纤维蛋白原、抗人淋巴细胞免疫球蛋白等。人体血浆中有 92%~93% 是水,仅有 7%~8% 是蛋白质,血液制品是从血浆蛋白质中提纯制成。

为加强血液制品管理,预防和控制经血液途径传播的疾病,保证血液制品的质量,我国发布了《血液制品管理条例》(1996 年 12 月 30 日施行,2016 年 2 月 6 日修订)和《单采血浆站管理办法》(2008 年 3 月 1 日施行,2015 年 5 月 12 日修订)。

二、血液制品管理

（一）血液制品生产单位的设置

新建、改建或者扩建血液制品生产单位,经国务院卫生行政部门根据总体规划进行立项审查同意后,由省、自治区、直辖市人民政府卫生行政部门依照药品管理法的规定审核批准。

（二）血液制品生产经营的要求

生产血液制品必须取得《药品生产企业许可证》和相应血液制品产品批准文号。严禁血液制品生产单位出让、出租、出借以及与他人共用《药品生产企业许可证》和产品批准文号。血液制品生产单位不得向无《单采血浆许可证》的单采血浆站或者未与其签订质量责任书的单采血浆站及其他任何单位收集原料血浆。血液制品生产单位不得向其他任何单位供应原料血浆。

开办血液制品经营单位，由省、自治区、直辖市人民政府卫生行政部门审核批准。血液制品生产经营单位生产、包装、储存、运输、经营血液制品，应当符合国家规定的卫生标准和要求。

三、单采血浆站的管理

《单采血浆站管理办法》规定，单采血浆站是指根据地区血源资源，按照有关标准和要求并经严格审批设立，采集供应血液制品生产用原料血浆的单位。

（一）单采血浆站的设置

血液制品生产单位设置单采血浆站应当提交设置单采血浆站申请书，经省级人民政府卫生行政部门审查符合条件的，核发《单采血浆许可证》。

（二）原料血浆的采集

单采血浆站必须对供血浆者进行健康状况征询、健康检查和血样化验，健康检查合格的，由县级人民政府部门发给《供血浆证》。单采血浆站在采血浆前，必须对供血浆者进行身份识别并核对其《供血浆证》，确认无误的，方可进行健康检查和血液化验；对检查、化验合格的，按有关技术操作标准及程序采集血浆，并详细记录。单采血浆站必须使用单采血浆机械采集血浆，严禁手工采集血浆。每次采集供血浆者的血浆量不得超过 580ml，两次供血浆时间间隔不得少于十四天。严禁采集非划定采浆区域内供血浆者的血浆。严禁采集冒名顶替者及无《供血浆证》者的血浆。严禁采集血液或者将所采集的原料血浆用于临床。血浆采集后必须单人份冰冻保存，严禁混浆。

（三）原料血浆的供应

单采血浆站只能向一个与其签订质量责任书的血液制品生产单位供应原料血浆。单采血浆站必须使用计算机系统管理供血浆者信息、采供血浆和相关工作过程。建立血浆标识的管理程序，确保所有血浆可以追溯到相应的供血浆者和供血浆过程。

> **案例 13-1**
>
> 2014 年 3 月 17 日罗某因从约 3 米高铁架子上干活时不慎摔落致头部等受伤入住空军某医院治疗，立即入手术室行右侧开颅血肿清除＋去骨瓣减压＋颅内压（ICP）探头植入术。术中失血量约 3 000ml，输 O 型红细胞 6 单位，O 型血浆 800ml，补液 3 000ml，人血白蛋白（10g）×3 静滴。2014 年 7 月 11 日罗某因"1 周前无明显诱因自觉乏力"到空军某医院住院治疗，经检查，罗某丙肝（HCV）抗体阳性。初步诊断为：病毒性肝炎丙型急性无黄疸型。罗某认为某市中心血站、空军某医院的过错，导致其患病毒性肝炎。在审理期间，经原告申请，由法院委托某司法鉴定中心进行医疗损害鉴定，司法鉴定中心作出司法鉴定意见书，认定：某市中心血站提供的被鉴定人罗某 2014 年 3 月 17 日至 2014 年 3 月 31 日所输悬浮红细胞及冰冻血浆等血液，无证据可以排除上述血液系抗 HCV 阴性的 HCV 携带供血员提供，过错参与度建议不超过 30% 为宜。法院依法确认某市中心血站对罗某的合理合法损失承担 25% 的赔偿责任，判决某市中心血站赔偿原告罗某医疗费、住院伙食补助费、护理费共计 9 179.44 元，同时赔偿原告后续治疗费用人民币 5 000 元。

第四节   PCBL：医师临时应急采血到底是否合法？

随着国家对无偿献血的大力宣传和广泛动员，无偿献血的观念深入人心，我国通过无偿献血基本满足了临床用血需求。但部分地区血液供应仍然紧张，原因一方面是临床血液需求的快速增长，另一方面是一些地区无偿献血基础薄弱。当患者因大量失血需紧急输血,而医疗机构又无法提供所需血液时,是否允许医疗机构临时采血?

> **案例 13-2**
>
> 　　李某入住某妇幼保健所待产,医师根据产妇的情况实施了剖宫产术。术中产妇出现出血,需要输血,但医院和当地储血库都没有与产妇血型匹配的血液,需要从市中心血站调剂,但市中心血站距离该地有 3 小时的车程。由于情况危急,产妇家属要求抽自己家人的血液,但是医院以"根据规定不允许私自采血"为由不予同意。过了 3 个小时后,从市中心血站调来的血液才第一次输进患者体内,第二次血液调来没有多久,产妇及胎儿母子双亡,死亡原因为失血性休克。

一、临时应急采血的法律规定

《献血法》规定:"为保证应急用血,医疗机构可以临时采集血液,但应当依照本法规定,确保采血用血安全。"《医疗机构临床用血管理办法》规定:"为保证应急用血,医疗机构可以临时采集血液,但必须同时符合以下条件:危及患者生命,急需输血;所在地血站无法及时提供血液,且无法及时从其他医疗机构调剂血液,而其他医疗措施不能替代输血治疗;具备开展交叉配血及乙型肝炎病毒表面抗原、丙型肝炎病毒抗体、艾滋病病毒抗体和梅毒螺旋体抗体的检测能力;遵守采供血相关操作规程和技术标准。医疗机构应当在临时采集血液后 10 日内将情况报告县级以上人民政府卫生行政部门。"

二、涉及应急采血的法理思考

(一)"应急采血"与"确保安全"立法宗旨

法律允许医疗机构紧急情况下"应急采血",其立法宗旨是在危及患者生命、急需输血的情况下挽救危急患者的生命,保障公民的生命健康权,但同时又规定了医疗机构应急采血所应当满足"确保采血用血安全"的要求。其立法目的主要是防止某些医疗机构为牟取非法利益,违反临床采血、用血安全的法律规定,损害患者健康。

(二)法律规定与生命权发生冲突时应如何取舍

临床应急输血是急救医疗行为中的一种紧急医学措施,是对急诊患者进行抢救的一种紧急手段。但是,输血也存在风险,其可能引起不良反应及急性并发症。生命权和健康权是每个公民的最高人格权,二者均受法律的保护。

紧急状态下,当患者的生命权与健康权发生冲突时,价值小的准则应当服从价值大的准则。站在患者个人的微观角度来看,无疑是生命第一,安全第二。但作为国家来说,必须要维护采血秩序和全民的健康权益,这是政府的责任。在遇到紧急危重患者,血液又无法供应,必须临时应急采血的情况下,必须具备法律规定的条件才被允许采血。在法律规定与患者生命权之间发生冲突时,如何抉择,便成了医疗机构面临的两难选择。

救死扶伤是医务人员的天职,紧急状态下,当患者的生命权与健康权发生冲突时,价值小的准则应当服从价值大的准则。面对生死选择,利弊大小,显而易见,医院应当及时采取临时采血措施,以挽救患者的生命。此种情形下,医务人员临时采血行为具有正当性基础。根据《医师法》的规定,对需要紧急救治的患者,医师应当采取紧急措施进行诊治,不得拒绝急救处置。

(谢青松)

思考题

1. 无偿献血有何意义？在实践中存在哪些问题？
2. 我国法律对血液临床使用有哪些规定？
3. 举例说明临床上与输血相关的常见过失有哪些？
4. 无过错输血造成患者感染，医疗机构和血站是否应当赔偿？
5. 医院临时采血条件有哪些？

情景测试与思考

阮某在某医院行剖宫产术，术后子宫出现大出血症状，医护人员迅速向她体内输入 1 600ml 悬浮红细胞，但阮某仍出血不止，生命垂危；在四处为她寻找 AB 血型的无偿献血者无果，电话征得区卫生局领导同意的情况下，妇产科主治医师卢某紧急为阮某无偿献血 200ml，使阮某转危为安。卢某的医德感动了患者全家，也感动了全体医务人员。但省卫生厅法监处经过调查认定，某医院没有采供血许可证，为患者进行采供血的行为属于非法采供血，通知医院停止非法采用血行为、进行整改，并对医院处以 6 万元罚款。

据悉自 2004 年 12 月至 2005 年 6 月，某医院共向 19 名健康献血者采血 6 200 多毫升，为 7 名急性大出血危及生命的患者进行应急供血。据了解，该地区距离省会市 175km，单边车程最快也要 3 小时。当时情况紧急，临时到血液中心取血最快也得 6 小时，肯定来不及。省卫生厅认为，该地区隶属省会市，从 2004 年 9 月开始，区内所需临床用血，都由市血液中心提供，它不隶属于"边远地区的医疗机构"或"所在地无血站"（血液中心）范围，因此，某医院所需血液仍然必须来自市血液中心。

对于临时应急采血应当如何进行处理，既保障患者的生命安全，又维持全民的输血安全？

课后阅读资料

［1］霍莉·塔克. 输血的故事 科学革命中的医学与谋杀［M］. 李珊珊，朱鹏，译. 北京：科学出版社，2016.
［2］比尔·海斯. 血液的故事［M］. 郎可华，译.2 版. 北京：生活·读书·新知三联书店，2016.
［3］周华友，李碧娟. 输血 从蒙昧到科学［M］. 北京：人民卫生出版社，2011.

第十四章

急救相关法律制度

【学习要点】
1. 急救的概念。
2. 急救中的主要社会主体及职责。
3. 医疗急救的基本流程。

在社会生活中,各种危急重症、意外伤害事故、突发灾难等情形的存在,让人们在医院甚至医院外急需救治。及时、有效的急救,能最大限度地降低急危重症患者的伤残率、死亡率,是保障人民群众生命安全的重要举措。

第一节 急救的概述

一、急救的概念与社会特征

急救,指对各种危急重症(如呼吸衰竭、休克等)、意外伤害事故(交通事故、犯罪伤害等)、突发灾难(地震、水灾等)等导致的急危重伤病者,采取紧急医疗救助行为,以在较短时间内解决危及患者生命的急迫问题或解除病痛。急救医学,是我国卫生健康事业和社会公共服务的重要组成部分,是党和国家实施"健康中国"战略的重要内容。急救医学发展程度,不仅是医学发展程度的体现,还是社会保障能力的衡量指标,更是国家综合国力的体现。

广义上的急救,泛指急救医疗服务体系(emergency medical service system,EMSS),是由院前医疗急救、院内急诊科急诊、急诊重症监护(EICU)、医院急危重患者抢救、转诊以及包括民众自救互救在内的社会急救体系等共同组成的有机整体。

狭义上的急救,特指院前医疗急救,即院前医疗急救机构按照调度机构的调度,在将急危重伤病者送至院内医疗急救机构救治前开展的以现场抢救、转运途中紧急救治和监护为主的医疗活动以及与院内医疗急救机构的交接活动。院前医疗急救,在医疗急救、重大活动救护保障、突发公共事件或灾难性事故紧急救援等方面发挥了重要作用。

院前急救情形可能发生在社会任何领域、任何地点、任何时间,因此具有以下特征:一是病情紧急性,如患者得不到及时救治,可能导致病情加重、身体残疾,甚至危及生命,需在短时间内采取必要措施;二是病情复杂性,可能涉及医学多个领域;三是救治条件有限性,救治条件、设备、人员都非常有限。这些特征意味着,院前急救不同于常规的院内医疗服务。为凸显院外急救医疗的特殊性,本章将以院前急救为主线展开介绍。

二、院前医疗急救的基本理念

(一) 公权主导

随着综合国力的增强,我国院前急救经历了从不规范,逐步发展到规范、稳定的公民权利之演变。当前,院前医疗急救被定位为公共产品,由国家或地方各级政府加以提供与保障。《基本医疗卫生与健康促进法》第二十七条明确规定,国家建立健全院前急救体系,为急危重症患者提供及时、规范、有效的急救服务。卫生健康主管部门,红十字会等有关部门、组织应当积极开展急救培训,普及急救知识,鼓励医疗卫生人员、经过急救培训的人员积极参与公共场所急救服务。公共场所应当按照规定配备必要的急救设备、设施。急救中心(站)不得以未付费为由拒绝或者拖延为急危重症患者提供急救服务。政府对院前医疗急救事业提供资源保障,坚持属地管理,分级负责,科学规划,持续发展,加强专业人才队伍建设,加强院前医疗急救基础设施、车辆装备、配套设备、信息化建设,切实体现院前医疗急救事业的公益性。

(二) 以人为本

生命健康权,是国民的一项基本人权。急救应以人民健康为重,各个领域的法律规范要引导、鼓励社会各界主体树立急救意识,参与急救活动,保障患者的生命健康。《民法典》第一百八十四条规定,因自愿实施紧急救助行为造成受助人损害的,救助人不承担民事责任。其明确了公众急救制度,保障了救助人与受助人权益。同时,该法第一千零五条规定,自然人的生命权、身体权、健康权受到侵害或者处于其他危难情形的,负有法定救助义务的组织或者个人应当及时施救。为此,医务人员要有急救意识、急救技能,要加强医德医风建设,不以任何理由拒绝、推诿、延误急救工作。《医师法》第二十七条明确规定,对需要紧急救治的患者,医师应当采取紧急措施进行诊治,不得拒绝急救处置。因抢救生命垂危的患者等紧急情况,不能取得患者或者其近亲属意见的,经医疗机构负责人或者授权的负责人批准,可以立即实施相应的医疗措施。国家鼓励医师积极参与公共交通工具等公共场所急救服务;医师因自愿实施急救造成受助人损害的,不承担民事责任。院前急救、院前院内急诊交接等急救流程应设置科学、合理、高速,坚持就近、就急、满足专业需要的原则,并在此前提下尊重患者或者其近亲属的意愿。急救医学,是保障人民群众生命健康的重要举措,也是保障基本人权和维护人之尊严的必然要求。

(三) 社会共同参与

为确保急危重症患者得到及时、有效的救治,应提高公众急救意识和能力。相关主体应开展中小学急救常识普及活动,推广高中生、大学生基本急救技能培训,提升全人群自救互救能力;各地要建立辖区公众急救培训管理体系,整合急救中心、红十字会、公立医院及社会化培训机构等多方力量,开展针对社会公众的心肺复苏、自动体外除颤仪(AED)使用等基本急救技能培训;将急救常识和基本急救技能培训内容纳入公安民警、消防救援人员、公共交通工作人员等重点人群在岗培训;鼓励有条件的场所和单位配备AED;各地要利用多种媒体形式,广泛宣传普及急诊急救知识。此外,社会各界捐赠是疾病应急救助基金的重要筹集渠道。

三、急救与急诊

院前急救是急救医学的一部分,急救医学又是急诊医疗体系的重要一环。1979年急诊医学获美国医学会正式承认,从此成为医学科学领域中第23门独立的学科。1983年,我国第一个院内独立建制急诊科在北京协和医院建立。

目前,急诊(emergency treatment),即紧急情况下的诊疗。急诊科,往往是医院急症诊疗的首诊场所。院外急救通常最先与院内急诊科对接。为满足急救需求,医院急诊科室应建设规范,位置合理,流程规范、科学,设备齐备,工作人员急救意识与技能强。急诊科工作时间一周7天,一天24小时,实行首诊负责制。急诊科往往根据患者病情的严重程度进行就诊及安排处置的优先次序,以分流患者,使患者在合适的时间去合适的区域获得恰当的诊疗。患者病情评估结果分为四级:一级是濒危患者;二级是危重患者;三级是急症患者;四级是非急症患者。急诊诊治区域分为三大区:红区、黄区和绿区。红区即抢救监护区,适用于一级和二级患者处置。黄区即密切观察诊疗区,适用于三级患者,原则上按照时间顺序处置患者,当出现病情变化或分诊护士认为有必要时可考虑提前应诊,病情恶化的患者应被立即送入红区。绿区即四级患者诊疗区。

第二节　院前急救主体及其职责与规范依据

一、急救中心(站)及职责

我国急救中心(站),负责院前医疗急救工作的指挥和调度,受理院前医疗急救呼叫,按照需求配备通信系统、救护车和医务人员,开展现场抢救和转运途中救治、监护。急救中心(站)应当符合医疗机构基本标准以及急救中心法定建设标准,由卫生健康行政部门按照《医疗机构管理条例》设置、审批和登记,遵循就近、就急、就专科的原则,按照区域划分,实现急救呼叫统一受理、车辆人员统一调度。同时,鼓励有条件的地区根据实际情况创新调度方式,科学合理调派急救资源。

全国统一院前医疗急救电话号码为"120"。急救中心(站)设置"120"呼叫受理系统和指挥中心,其他单位和个人不得设置"120"呼叫号码或者其他任何形式的院前医疗急救呼叫电话。因各种意外伤害事故、突发灾难中时常伴随着医疗急救的需求,120调度机构应当与110、119、122等城市公共服务平台建立联动机制,以共同做好突发事件和其他公共安全应急处置工作。120调度机构应当根据人口规模、急救呼叫业务量,设置相应数量的专线电话线路,保证急救呼叫电话畅通,并配置专门的调度人员24小时接听急救呼叫电话。调度人员应当掌握医疗急救知识、院前医疗急救机构设置基本情况和院内医疗急救机构接诊能力。

二、院前医疗急救主体及职责

我国院前医疗急救,由急救中心(站)与急救网络医院组成的院前医疗急救网络来共同实施,后者按照前者的指挥和调度开展院前医疗急救工作。急救中心(站)、急救网络医院救护车以及院前医疗急救人员的着装应当统一标识,统一标注急救中心(站)名称和院前医疗急救呼叫号码。

救护车,是指用于院前医疗急救的特种车辆。救护车的标志图案、标志灯具、警报器、车辆编号以及设备配置应符合国家、行业标准和有关规定,定期检修和消毒。

院前急救人员,由急救医师、医疗救护员、护士、驾驶员等人员组成。医师和护士应当按照有关法律法规规定取得相应执业资格证书。医疗救护员,是指人力资源社会保障部第四批新职业情况说明所定义,运用救护知识和技能,对各种急症、意外事故、创伤和突发公共卫生事件施行现场初步紧急救护的人员。医疗救护员应当按照国家有关规定经培训考试合格取得国家执业资格证书;上岗前,应当经设区的市级急救中心培训考核合格。驾驶员,应当经过院前医疗急救机构组织的急救技能培训并考核合格。

三、政府相关部门及职责

(一) 卫生健康行政部门

国家卫生健康行政部门负责规划和指导全国院前医疗急救体系建设,监督管理全国院前医疗急救工作,负责管理全国疾病应急救助工作,建立疾病应急救助信息登记平台。

县级以上地方卫生健康行政部门负责规划和实施本辖区院前医疗急救体系建设,监督管理本辖区院前医疗急救工作;应当加强急救中心(站)和急救网络医院的设置管理工作,对其执业活动进行检查指导;发现本辖区任何单位及其内设机构、个人未经批准使用急救中心(站)的名称或救护车开展院前医疗急救工作的,应当依法依规严肃处理,并向同级公安机关通报情况;应当加强对下级卫生健康行政部门的监督检查,发现下级卫生健康行政部门未履行职责的,应当责令其纠正或者直接予以纠正;负责加大对医疗机构的监管力度,杜绝因费用问题而拒绝、推诿急诊患者的问题发生等。

(二) 其他行政部门

县级以上人民政府,是财政责任的主体,应将救助资金和工作经费纳入财政预算,建立长效、稳定的财政投入机制。财政部门,负责及时向医疗机构支付相应费用,安排经办机构工作经费支出,同时会同省级、市(地)级卫生健康行政部门负责管理本级疾病应急救助基金。物价部门,负责确保院前医疗急救收费项目、收费标准与当地社会经济发展及医疗服务整体水平相适应,并建立相应调整机制。公安机关,负责协助医疗机构核查患者身份,重点核查身份不明的患者,在确保公民信息安全的情况下,充分依托警务大数据等手段,切实提高核查效率。同时,公安机关应依法保障医疗秩序。民政部门,负责协助经办机构,依据患者身份信息,核实是否为低保对象、特困人员等无负担能力人员,对符合条件的患者实施临时救助等。医保部门负责做好身份明确的已参保患者医疗费用结算工作。

四、主要规范依据

院前急救工作的顺利开展,离不开各救助主体在规范制度下的配合协作。1980 年 10 月、1987 年 7 月、1994 年 9 月、2009 年 5 月,卫生部曾先后发布了《关于加强城市急救工作的意见》《关于加强急诊抢救和提高应急能力的通知》《医疗机构基本标准(试行)》《急诊科建设与管理指南(试行)》。2013 年 3 月、8 月、10 月,《国务院办公厅关于建立疾病应急救助制度的指导意见》《疾病应急救助基金管理暂行办法》《院前医疗急救管理办法》等行政法律规范先后出台。其中,《疾病应急救助基金管理暂行办法》对疾病应急救助基金设立和筹集、基金支付、基金管理、职责分工、违规处理等进行了详细规定。2014 年 5 月《社会救助暂行办法》出台;同年 6 月,国家卫生计生委办公厅发布《关于做好疾病应急救助有关工作的通知》。2017 年国家卫生计生委办公厅又先后发布《关于印发疾病应急救助工作指导规范(试行)》《关于加强疾病应急救助工作信息化管理的通知》《关于进一步做好疾病应急救助工作的通知》等规范文件。2020 年 9 月,国家卫生健康委员会联合国家发展和改革委员会、教育部、工业和信息化部、公安部、人力资源和社会保障部、交通运输部、应急管理部以及国家医保局等 9 个部门发布的《关于印发进一步完善院前医疗急救服务指导意见的通知》,其从总体要求、加强院前医疗急救网络建设、加强院前医疗急救人才培养和队伍建设、提升院前医疗急救服务能力、加强政策保障、组织实施六个方面提出了 22 条具体指导意见,成为我国院前医疗急救的纲领性文件。2021 年 1 月,国家卫生健康委等部门发布《关于进一步推进疾病应急救助工作》的通知,进一步明确疾病应急救助基金的使用范围,提高救助基金使用管理水平,强化责任落实和政策保障。此外,《基本医疗卫生与健康促进法》《医师法》《医疗机构管理条例》《民法典》等法律规范,也对医疗急救问题作了回应。

第三节　医疗急救的基本流程

一、医疗急救的启动

(一)急救呼叫

当发生危急重症、意外伤害时,患者、目击者或救援者尽可能采取一些必要的措施,使患者处于相对稳定的状态;同时拨打急救中心电话 120,呼叫救护车,保持电话畅通,告知现场位置、患者人数等基本情况;目击者或救援者守候在患者身边。

(二)急救调度

调度机构,即急救中心(站)的工作人员应及时接听 120 急救呼叫电话,在尽量短的时间内询问并记录患者信息,如详细地址、联系人、联系方式、患者人数、大概病情等详尽的急救信息,根据国家和有关标准进行分类登记处理。

(1)对急、危、重患者,根据院前医疗急救需要按照就近原则,迅速派出或者从急救网络医院派出救护车和院前医疗急救专业人员,不得因指挥调度原因拒绝、推诿或者延误院前医疗急救服务。

(2)对非急、危、重患者,告知其非急救医疗转运服务的途径。行政区划不清或交界地带,由首次接听急救电话的急救中心(站)负责调派车辆并做好转接工作。

二、医疗急救的主要环节

(一) 院前医疗急救

接到"120"呼叫后,急救中心(站)或急救网络医院应根据需要迅速派出救护车和专业人员。急救人员应当及时接听派车电话,在规定时间内出车;及时与患者及其家属等现场人员取得联系,询问病情,指导自救;按照医疗急救操作规范对患者实施救治,并将患者及时转运至院内医疗急救机构。救护车在执行任务时遵守道路交通有关法律法规,按规定使用警笛警灯,在确保安全的前提下不受行驶路线、行驶方向、行驶速度和信号灯的限制。院前医疗急救机构应当根据患者情况,遵循就近、就急、满足专业需要、兼顾患者及其家属意愿的原则,将患者及时转运至具有相应急诊抢救能力的院内医疗急救机构。

急救人员到达现场后,若患者或近亲属拒绝救治或经现场救治后拒绝送院时,应向其说明患者病情、拒绝的风险以及国家有关疾病应急救助的基本精神,并获取患方明确的决定;同时及时通知指挥调度中心,协助更改车载状态。若到达现场时,患者已死亡或经现场救治后患者死亡,需及时上报指挥调度中心,并做好详细记录。

(二) 院前 - 院内急救对接

院前急救人员应与医院急诊进行及时、有效衔接流程,指导并协助驾驶员、护士及家属将患者转运到急诊室,及时、有效、准确地与院内接诊人员就患者病情、处置进行交接,保障患者获得连贯医疗救治,并移交相关医疗文书。相关文书由接诊医生或护士签字确定,一式两份,一份由签字的院内医生或护士留存,一份由院前急救人员带回存档。落实医院首诊负责制,规范院前、院内工作交接程序,整合相关科室,建立院前 - 院内一体化绿色通道,提高救治效率。有条件的地区可建设院前医疗急救机构和胸痛中心、卒中中心、创伤中心、危重孕产妇救治中心、危重儿童和新生儿救治中心实时交互智能平台,推行急诊急救一体化建设。

(三) 院内急救

医疗机构应严格执行急危重患者抢救制度,对急危重患者应当建立抢救资源配置与紧急调配的机制,确保各单元抢救设备和药品可用;应当建立绿色通道机制,确保优先救治。同时,医疗机构应当严格执行危急值报告制度,对提示患者处于生命危急状态的检查、检验结果建立复核、报告、记录制度等,以保障患者安全,并分别建立住院和门急诊患者危急值报告具体管理流程和记录规范,确保危急值信息准确,传递及时,信息传递各环节无缝衔接且可追溯。机构内急会诊应当在会诊请求发出后10分钟内到位,此外医疗机构还应当为非本机构诊疗范围内的急危重患者的转诊提供必要的帮助。

在抢救生命垂危的患者等紧急情况下,如果不能取得患者或者其近亲属意见的,经医疗机构的负责人或授权的负责人批准,医疗机构的医务人员可以立即对患者实施相应的医疗措施。

(四) 转诊

转诊包括院内转诊(inter-hospital transport),即发生在同一医疗单位不同医疗区域之间危重症患者的转运,以及院际转诊(intra-hospital transport),即发生在不同医疗单位之间危重症患者的转运。转诊过程中,应当如实向患者或者其近亲属介绍病情,明确告知转诊风险以及拒绝转诊的风险,尊重患方的知情同意权,获取患方明确的决定。医疗机构应当按照规定将患者及其病历记录的复印件转送至相应的医疗机构。

院前医疗急救人员到达现场后,确认为突发公共事件、传染性疾病、高危孕产妇、新生儿、"三无"等特殊患者的,院前医疗急救人员搜集现场情况及时报告调度机构,并将患者信息上传至院前医疗急救信息平台;调度机构根据相关规定确定转诊医疗机构;向院内医疗急救部门告知特殊患者的具体情况,院内做好接诊准备。

医疗机构应严格实行首诊负责制,禁止推诿患者及未经联系的危重症急救转诊行为。医疗机构对危重患者应当立即抢救。对超出一般医疗服务范围或者限于医疗条件和技术水平不能诊治的患者,应当及时转诊。对危重症患者,转诊前应与转入医院联系,转诊时提供专用车辆并视病情需要提供随行医护人员。转诊传染病患者或疑似传染病患者时,应当按照当地卫生行政部门的规定使用专用车辆。情况紧急不能转诊的,应当先行抢救并及时向有抢救条件的医疗卫生机构求助。

三、与急救相关的其他事项

(一) 费用支付

医疗机构急救中心(站)和急救网络医院应当严格按照物价部门规定收费,对收费项目和标准进行公示,不得因费用问题拒绝或者延误院前医疗急救服务。对于欠费者,在急救治疗结束后,医疗机构应当在公安机关等部门的协助下设法查明欠费者的身份,对已明确身份的患者,应当及时追讨欠费。对于无法查明身份或者身份明确但无力缴费的患者发生的急救费用,医疗机构可向疾病应急救助基金经办管理机构提交有关证明材料,申请支付,并按照要求将救助信息录入国家疾病应急救助信息登记平台。申请的救助对象、救助金额等信息要向社会公示,未经公示的不能拨付救助基金,确保每一笔基金的申请、审核、拨付和核销工作可追溯。

(二) 记录与报告

急救中心(站)和急救网络医院应当做好“120”院前医疗急救呼叫受理、指挥调度等记录及保管工作,按照医疗机构病历管理相关规定做好现场抢救、监护运送、途中救治和医院接收等记录及保管工作,并应当按有关规定做好突发事件紧急医疗救援的现场救援和信息报告工作。

急救人员应在完成急救任务的前提下,真实、准确、完整、及时地书写院前急救护理记录。记录接听电话的时间、出车时间、到达现场的时间、上车时间、到院时间、抢救措施时间,内容包括生命体征、病情变化及执行医嘱时间、所用药品的名称和剂量等。

医疗机构应当统一制定临床危急值信息登记专册和模板,确保危急值信息报告全流程的人员、时间、内容等关键要素可追溯。同时,医疗机构应当为申请疾病应急救助基金的患者建立专门档案,保存患者医疗救治以及疾病应急救助基金申请、审核、拨付等有关资料。

第四节　PCBL:一起医疗急救不力事件暴露了哪些问题?

> **案例 14-1**
>
> 　　2014 年 8 月 19 日上午,患者王某(男,49 岁)因“腹胀、胸闷、咳嗽”前往某县人民医院(无家属陪护)就诊,在收费处排队等待缴费过程中突然晕倒。患者倒地约 9 分钟内,先后有 2 位护士和 5 位医生到达现场;患者倒地约 6 分钟后,两位医生就地对患者实施了约 3 分钟的胸外心脏按压,确认患者无生命体征,停止抢救。该院医务科拨打 110,经派出所及法医确定死亡后,于 12 点15 分将遗体移送太平间。

一、事件的定性

上述案件中,患者王某虽在挂号前突然晕倒,但不能认定为无因管理。由于患者王某晕倒所在地为医疗机构,所以相关医务人员有对其进行医疗救治的义务。此时,医务人员救治延误、救治不当,均会被视为存在过错。如果医疗方的过错行为满足医疗过错损害赔偿要件,将面临民事赔偿责任的承担。最后,该事件经相关部门调查后被定性为,是一起医疗急救不力事件。

二、事件暴露的问题

相关部门调查发现,该起医疗急救不力事件集中暴露出该医院以下主要问题。一是相关医务人员急救意识、技能严重不足,医德医风建设缺失,院内急救流程混乱,始终未将患者转移至急诊科或病房进行救治。二是医院急诊科室建设不规范。该医院急诊科处于医院较为偏僻位置,设备配置简单,且无固定医务人员(均靠各科人员轮转),未发挥急诊科的职能作用。三是整改措施落实不到位。事件发生后,医院认识不到位,整改工作流于形式。医务人员的基本抢救知识培训未取得实效,医院抢救设备存放无序,整改后形成的规章、制度可操作性差。最终,相关部门决定对该县人民医院院长、医疗业务副院长予以免职;并对在事件发生过程中处置不当的医务人员依法给予警告直至暂停执业活动 6 个月的处罚;同时,有关部门还按照有关规定撤销了该县人民医院二级甲等医院的等级,并对有关问题进行限期整改;另派专家前往该县人民医院进行专项帮扶,对该院进行全员急救意识、技能等培训、考核,对不合格人员调离业务岗位,停薪学习培训;对经反复培训无法胜任有关业务工作的人员,依法依规给予相应处分或辞退。

综上,医疗急救中的患者病情紧急、危重,须以最快的速度给予有效救治。院前急救因客观条件有限,需要民众、急救中心等各界社会主体共同重视;医疗机构内的急救则应得到医疗机构及其医务人员全方位的重视,不可懈怠。

(曾日红)

思考题

1. 简述急救的社会意义及特征。
2. 简述急救与无因管理的关系。
3. 简述医疗急救的流程。

情景测试与思考

1. 如果你研究生毕业后正在某医院实习,某日在下班路上看到发生一起交通事故,车上 4 人均受伤严重,你应当怎么做?

2. 你作为急救人员,到达急救现场后,患者近亲属拒绝救治或经现场救治后拒绝送院,你应当怎么做?

课后阅读资料

蔡文伟,夏追平,廖海东.院前医疗急救法规及相关文件汇编[M].杭州:浙江大学出版社,2018.

第十五章

尸体与尸检法律制度

【学习要点】

1. 尸体的法律属性。

2. 医疗纠纷相关的尸检规定。

3. 传染病相关的尸检规定。

人的尸体是特殊物,因负载着人格利益而具有社会伦理道德内容,只能成为管理权的标的,在医学上有特别的利用价值。尸检在临床诊疗、医学教学科研、传染病防控、医疗纠纷处理、揭露和打击犯罪等方面有重要意义。

第一节　尸体法律制度

一、概述

人的尸体,是指人类死亡之后的遗骸。从医学视角来看,尸体是人丧失生命后遗留下来的物质实体,但有别于身体。身体是具有生命形态的人的物质实体,而尸体是丧失生命的人体的物质形态。我国学者杨立新等从法学视角认为,尸体是自然人死后身体的变化物,是具有人格利益、包含社会伦理道德因素、具有特定价值的特殊物,死者的近亲属作为权利人,对尸体享有所有权。这种所有权的性质为准所有权,与一般的所有权有所不同。

《刑法修正案(九)》对三百零二条的修正表明,尸体、尸骨和骨灰属于不同的概念。骨灰与尸体,同为人体死亡后的转化物,从身体完整性上,尸体在物理形态上与"人"相差无异,而骨灰转变为一抔"尘土",只余人格利益,并无身体利益。我国学者张明楷认为,从一般用语上,尸骨或遗骨不等于尸体;但从实质上、从法律解释上,将尸骨解释成尸体,不存在违法之嫌。

二、尸体的法律性质及特点

(一)法律性质

尸体的法律性质,围绕是否为民法上的"物",存在一定的争议,有物、非物、准物等学说。民法上的物,作为民事权利客体之一,是指存在于人身之外,能够满足人们的社会需要,又能为人所实际控制或支配的物质客体。

"非物说"学者认为,尸体非物,不能为继承人所继承,应依照法律或习惯确定其处置方法。"准物说"学者认为,尸体是兼具自然属性和人身属性的客观实体,只可以被有限占有和处分。通说认为,尸体应为民事权利之客体,可为民法上之物,成为继承人继承的客体,但毕竟与其他物不同,应以埋葬、管理、祭祀及供养为目的,只具有精神价值,不具有交换价值,不能自由使用、收益及处分。

(二)法律特点

1. 尸体是负载人格利益的特殊物　尸体上承载着确定的人格利益。尸体不再具有权利能力和行为能力,但其生前已形成的自己的姓名、性别、名誉、荣誉及隐私等人格特性,并不会随着死亡而必然消失,尸体所留存的人格利益会对其近亲属及社会利益产生影响。《民法典》第九百九十四条规定,死者的姓名、肖像、名誉、荣誉、隐私、遗体等受到侵害的,其配偶、子女、父母有权依法请求行为人承担民事责任。

2. 尸体是具有社会伦理道德内容的物　人类作为有思想、有情感的高级生物体,生死皆有尊严,尸体负载着特定的伦理道德因素,人格尊严会在逝者遗体上自然地延续。亲属对亲人尸体的虔敬之心,承载着生者对死者的精神寄托,体现了家庭和家族的伦理观念。社会将亵渎、猥亵尸体的行为,视为对本人的侵害,对死者近亲属精神上的侵害。对尸体的尊重体现了社会对逝者的人格的尊重,尸体所具有的这种社会文化属性使其区别于普通物。《民法典》第一千一百八十三条第二款规定,因故意或者重大过失侵害自然人具有人身意义的特定物造成严重精神损害的,被侵权人有权请求精神损害赔偿;《刑法》第三百零二条规定,盗窃、侮辱、故意毁坏尸体、尸骨、骨灰的,处三年以下有期徒刑、拘役或者管制。

3. 尸体是管理权的标的　尸体不是所有权的标的,只可以被有限占有和处分,保护死者尸体的完整权和死者人格权不被侵犯,是尸体管理权的重要内容。无论个人或国家的占有、处分行为都必须受一定的限制。对个人而言,与死者有特殊身份关系的人,主要是死者的近亲属,对尸体的占有有一定的时间限制,最终必须将尸体加以处分,如掩埋或捐赠等。无论继承人有多少,都只能基于公序良俗,以尸体的埋葬、祭祀、供奉、管理等为目的,而不能自由使用、收益及处分。对尸体的处理应充分尊重死者生前的意愿,死者本人对其遗体的处分权具有排他性。

对国家而言,出于保护社会利益的目的,也在一定条件下对尸体享有占有和处分权,但这种占有和处分应受到更严格的限制。

4. 尸体有医学利用的特殊物价值　尸体在医学上具有促进人体科学发展的研究意义。随着器官移植技术的进步,具有生理活性的尸体的器官或者组织,如内脏、眼角膜等极具移植价值,在新的人体上发挥功能,造福社会。尸体作为物的属性凸显,器官移植的突出价值也同时催生了盗窃尸体、窃取尸体器官案件的发生。

第二节　尸检法律制度

一、概述

尸检,是指对已经死亡的机体进行解剖、检验以查明死亡原因的一种医学手段。尸检在临床诊疗、医学教学科研及提高诊治水平等方面的作用显著,可为原因不明的死因提供具有说服力的证据,为医疗纠纷案件的处理提供重要依据。尸检还对揭露和打击犯罪有着极为重要的意义,不仅能准确判定死因、确定死亡性质,还能推断死亡时间、进行个体识别、分析推断致伤物及其作用方式,为侦查破案、审理案件指明方向。

二、尸检基本规则

1979年卫生部发布《尸体解剖规则》,解剖尸体必须经过医师进行死亡鉴定,签署死亡证明后,方可进行。

(一)种类与对象

尸体解剖分为三种,具体条件与对象如下。

1. 普通解剖　限于医药院校和其他有关教学、科研单位的人体学科在教学和科学研究时施行。下列尸体可收集作普通解剖之用:①死者生前有遗嘱或家属自愿供解剖者;②无主认领的尸体。供普通解剖使用的无主尸体,应保存一个月后方可使用。在此一个月内,如发现姓名及通信地点时,应及时通知相关人员,在限期内前来认领。逾期不领者,在呈报主管机关或公安部门批准后,即可解剖。

2. 法医解剖　限于各级人民法院、人民检察院、公安局以及医学院校附设的法医科(室)施行。凡符合下列条件之一者应进行法医解剖:①涉及刑事案,必须经过尸体解剖才能判明死因的尸体和无名尸体需查明死因及性质者;②急死或突然死亡,有他杀或自杀嫌疑者;③因工、农业中毒或烈性传染病死亡涉及法律问题的尸体。

3. 病理解剖　限于教学、医疗、医学科学研究和医疗预防机构的病理科(室)施行。病理解剖科(室)只接受医疗、预防、科研、卫生行政机构和其他有关国家机关的委托进行尸体解剖。凡符合下列条件之一者应进行病理解剖:①死因不清楚者;②有科学研究价值者;③死者生前有遗嘱或家属自愿供解剖者;④疑似职业中毒、烈性传染病或集体中毒死亡者。病理解剖应尊重少数民族风俗习惯,要积极宣传病理解剖的科学意义,提倡移风易俗。

(二) 报告义务

1. 如发现死因为烈性传染病者,应于确定诊断后 12 小时内报告当地卫生健康行政主管部门。

2. 在实行病理解剖时,如发现有他杀或自杀可疑时,病理解剖单位应报请公安机关派法医进行解剖或由法医与病理医师共同解剖。

(三) 知情同意

1. 对上述病理解剖中①、②项的尸体,一般应先取得家属或单位负责人同意。但对享受国家公费医疗或劳保医疗并在国家医疗卫生机构住院病死者,医疗卫生机构认为有必要明确死因和诊断时,原则上应当进行病理解剖,各有关单位应积极协助医疗卫生机构做好家属工作。

2. 凡病理解剖或法医解剖的尸体,可以留取部分组织或器官作为诊断及研究之用,但应以尽量保持外形完整为原则。如有损坏外形的必要时,应征得家属或死者生前所在单位的同意。

(四) 期限

病理解剖或法医解剖,一般应在一个月内向委托单位发出诊断报告。

三、医疗纠纷相关的尸检规定

(一) 医疗事故的尸检规定

医疗事故是行政法概念,处理医疗事故中的尸检的依据是《医疗事故处理条例》和《医疗事故争议中尸检机构及技术人员标准》。

1. 尸检的时限　患者死亡,医患双方当事人不能确定死因或者对死因有异议的,应当在患者死亡后 48 小时内进行尸检;具备尸体冻存条件的,可以延长至七日。

2. 尸检的同意权人　尸检是患者近亲属的权利,应当经死者近亲属同意并签字。

3. 尸检的资格　尸检应当由按照国家有关规定取得相应资格的机构和病理解剖专业技术人员进行。承担尸检任务的机构和病理解剖专业技术人员有进行尸检的义务。

4. 责任承担　医疗事故争议双方当事人可以请法医病理学人员参加尸检,也可以委派代表观察尸检过程。拒绝或者拖延尸检,超过规定时间,影响对死因判定的,由拒绝或者拖延的一方承担责任。

5. 尸体的存放和处理　患者在医疗机构内死亡的,尸体应当立即移放太平间。死者尸体存放时间一般不得超过 2 周。逾期不处理的尸体,经医疗机构所在地卫生行政部门批准,并报经同级公安部门备案后,由医疗机构按照规定进行处理。

(二)《医疗纠纷预防与处理条例》中的尸检规定

2018 年 10 月 1 日《医疗纠纷预防与处理条例》施行,该条例是有关尸检的重要依据之一。

1. 医疗机构负有告知尸检的法定义务　《医疗纠纷预防与处理条例》第二十三条规定,发生医疗纠纷,患者死亡的,医疗机构应当告知其近亲属有关尸检的规定。因此,告知尸检是医方的法定义务,告知的范围与程度应当是"具有实质性意义的信息",具体有三点:①告知应明确充分。告知至少应包括尸检的必要性或对于明确死因的重要意义,尸检的时限,不同意或者拖延尸检的不利后果,责任承担等内容。②告知应采用书面形式,医疗机构可通过尸检告知书,征求死者近亲属是否愿意尸检的意见,由死者近亲属签字确认,并及时提醒封存病历,将尸检告知书与病历一并封存。死者近亲属既不表示同意也不表示拒绝的,应及时固定相关证据,例如录音、录像或无利害关系的证人证言等,以用于事后证明。③告知应遵循有利无伤害原则(non-maleficence;avoiding harm),避免对死者近亲属造成二次伤害。

2. 死者近亲属有是否尸检的同意权　《医疗纠纷预防与处理条例》第二十六条规定,死者近亲属有配合尸检的义务,但是否进行尸检的同意权掌握在死者近亲属手中。死者近亲属在充分知情后拒绝或拖延尸检的,则应自行承担相应后果。尸检的委托,比照第二十五条有关检验的规定,应当由双方共同委托依法具有尸检资质的机构进行;双方无法共同委托的,由医疗机构所在地县级人民政府卫生主管部门指定。实践中,死者近亲属也可以自行委托相应机构。

3. 出具虚假尸检报告的责任　《医疗纠纷预防与处理条例》第四十九条规定,尸检机构出具虚假尸检报告的,由县级以上人民政府卫生、司法行政部门依据职责没收违法所得,并处 5 万元以上 10 万元以下罚款,对该尸检机构和有关尸检专业技术人员责令暂停 3 个月以上 1 年以下尸检业务,对直接负责的主管人员和其他直接责任人员给予或者责令给予降低岗位等级或者撤职的处分;情节严重的,撤销该尸检机构和有关尸检专业技术人员的尸检资格,对直接负责的主管人员和其他直接责任人员给予或者责令给予开除的处分;构成犯罪的,依法追究刑事责任。

(三) 尸检的责任承担

> **案例 15-1**
>
> 　某婴儿出生三天后突然在医院死亡,其家人用冰柜把其尸体冻存起来,为的是"留下这唯一的证据"。然而,几个月后某鉴定中心对其家人的鉴定申请回函:"因婴儿死亡之后未做尸体解剖,根据有关规定,尸检应在死亡后 48 小时内进行,死亡原因不清,仅凭现有样本资料无法出具明确的鉴定结论。"试问:不尸检或尸检不能,影响查清死亡原因的,责任应如何承担?

　上述案例,法院认为,现有法律法规都没有明确规定尸检的义务人是医院,且如果患者家属想进行尸检,完全可以自行委托相应机构进行,故未尸检的法律后果不应由医院承担。根据鉴定结论认定医院的诊疗行为存在过错情况,判决医院承担 30% 的责任。

　尸检不能的责任应由哪一方承担? 实践中,存在着因种种原因未进行尸检,或尸检不能等影响医患双方责任认定的情形。我国现行法规并未明确尸检的委托人是医疗机构还是患方,责任主体不明确,就可能导致医患双方均不主动申请尸检的情况,"拒绝或拖延一方"的责任主体难以确定。而不尸检导致死亡原因不能查清时,相应的责任应当由哪一方承担等问题就成为实践中的难点。

　大多数学者认为,未经尸检无法确定过错及因果关系的,根据举证责任判定。在医疗机构未向死者近亲属告知尸检义务,导致无法根据尸检结果作出医疗过错及因果关系认定时,医疗机构承担不利后果。根据《民法典》第一千二百一十八条的过错责任原则,应由作为原告的患方承担的举证责任,由患方申请包括尸检在内的医疗损害鉴定。在患方未申请尸检导致医疗机构的过错不能认定时,应由患方承担不利后果。

四、传染病相关的尸检规定

(一) 尸检目的

　为了及时查明传染病病因,提高传染病诊疗水平,有效控制传染病流行,防止疫情扩散,医疗机构在必要时可以根据《传染病病人或疑似传染病病人尸体解剖查验规定》(卫生部令第 43 号)对病因不明的传染病患者或者疑似传染病患者尸体进行解剖查验工作。

(二) 尸检对象

　根据《传染病防治法》的规定,尸检的对象是患甲类传染病,即鼠疫、霍乱,以及炭疽死亡的,或患其他传染病或疑似传染病死亡有尸检必要的。

新型冠状病毒感染初始死亡率高,尸检发现该病毒是在小支气管大量分泌黏液,不能单纯靠通气治疗,改用覆趴在床上进行拍背的方式,情况得以扭转。烈性传染病涉及公共卫生安全,尽早进行尸检,可以起到预警和防止传染蔓延的作用。

(三)知情同意

医疗机构为了查找传染病病因,对在医疗机构死亡的传染病患者或疑似传染病患者,经所在地设区的市级卫生行政部门批准,进行尸体解剖查验,并告知死者家属,做好记录。除上述类型的传染病或疑似传染病外的尸检,都应先征得患者家属同意后方可进行。

(四)尸检机构

从事甲类传染病和采取甲类传染病预防、控制措施的其他传染病患者或疑似传染病患者尸体解剖查验的机构,由省级以上卫生行政部门指定。

(五)卫生管理

疾病预防控制机构接到有关部门通知,对在医疗机构外死亡、具有传染病特征的患者尸体应当采取消毒隔离措施。对解剖查验中的标本采集、保藏、携带和运输应当执行《病原微生物实验室生物安全管理条例》等规定。在解剖查验过程中,对所产生的医疗废物应当按照《医疗废物管理条例》等有关规定进行处理。

第三节　PCBL:为救患者擅自摘取尸体角膜可行吗?

一、是否构成盗窃、侮辱尸体罪?

> **案例 15-2**
>
> 　　某医师是某医院眼科的角膜移植专家。1998 年 10 月 13 日晚,在做术前准备工作时发现冰箱中存放的角膜已坏死,此时,如不及时进行移植手术,患者可能完全失明。他想到可以从尸体上获取角膜,于是去太平间对看门老人说"进去看看有无有用的角膜",老人说"你进去吧"。进太平间后,他看到一具女尸适合,就用随身携带的器具取出了眼球,并为其装上义眼。第二天他用该角膜为两位患者恢复了光明。10 月 19 日,死者亲属为死者整容时发现眼球丢失,当即报案。公安机关以涉嫌盗窃、侮辱尸体罪立案调查,该医师被索赔 50 万元。本案引起社会的广泛关注,有认为是刑事犯罪,有认为是民事侵权,有认为属于紧急避险。试问:该医师的行为如何定性?

大多数学者认为,涉案医师的行为不构成《刑法》第三百零二条规定的盗窃、侮辱尸体罪。理由是:①该行为对社会秩序有一定的危害,但情节比较轻微,尚未达到严重的程度;②该医师不存在非法占有目的,在摘取死者的眼球后为其装上义眼,没有侮辱尸体的故意,也未败坏社会风尚;③除了"盗窃、侮辱尸体罪"外,在刑法上找不到其他可适用的罪名。因此,1999 年 3 月初人民检察院对该案作出了不予起诉的决定。

二、是否民事侵权行为?

该医师的动机是为了治病救人,但在死者生前没有捐献角膜的意愿,也未取得死者近亲属同意的情况下,擅自摘取尸体眼球的行为,侵害了尸体所承载的人格利益,给死者近亲属造成了一定的感情伤害,侵害了尸体管理权,应当对由此造成的对死者近亲属的损害(包括精神损害),承担民事侵权责任。

三、紧急避险的观点成立吗?

有观点认为,与其他侵权案不同的是本案有受益人,而且医师也没有其他明显不当行为,所以可以根据法律上关于紧急避险的规定,以不构成犯罪或减轻处罚进行抗辩,阻却其违法性。但是,大多数学者认为该行为不构成紧急避险,理由如下。

1.《刑法》第二十一条规定的紧急避险,是合法权益受到"正在发生的危险"的威胁,为避险而实施的行为。本案中,不能按期进行角膜移植,不是"正在发生的危险",而是情况紧急应立即采取其他合理措施的情形;死者及其近亲属的人格利益、知情决定权等与患者的角膜移植的利益相比,没有高低之别,并不属于"较小"利益。因此,不符合刑法关于紧急避险的规定。

2.《民法典》第一百八十二条规定的紧急避险需满足应当有紧急的险情、要有引起紧急险情发生的人或要有自然灾害等条件。本案中,医师的初衷是为了患者的健康权益而对死者及其近亲属的合法权益造成了一定的损害,具有与紧急避险相似的表面特征,但角膜损坏无法按时移植,不能称为紧急险情;患者、医师、死者均不是引起险情紧急发生的人;通常意义上的自然灾害不应包括疾病。因此,不构成民法上的紧急避险,不能免责或降低责任。

(田 丰)

思考题

1. 尸体的法律属性是什么?
2. 死者近亲属对尸体享有哪些权利和义务?
3. 医务人员应如何履行尸检的告知义务?
4. 脑死亡者的身体是尸体吗?为什么?

情景测试与思考

1. 张某因腹痛前往医院,诊断为急性阑尾炎,行抗病毒、止痛等治疗。因离家较近,张某未要求住院,每天按时前往输液治疗,医院未表示异议。两天后,张某因腹痛、冒虚汗、脸色苍白,再次被家人送到医院,3小时后,张某经抢救无效死亡。家属表示可以不尸检直接签订补偿协议。你应当怎么做?

2. 患者80岁,因胸闷气促入院。入院后查该患者动脉血氧分压(PaO_2)仅为30mmHg,氧饱和度50%,予二级护理,医院未给予吸氧。当晚护士巡房时发现患者不知何时已死亡。医院给出死亡诊断:心源性猝死。家属不同意尸检,也不签字。你该如何处理?

课后阅读资料

[1] 黄丁全. 医疗法律与生命伦理[M]. 北京:法律出版社,2015.
[2] 王岳. 医事法[M]. 北京:人民卫生出版社,2020.
[3] 徐爱国. 医疗的法律问诊[M]. 北京:商务印书馆,2018.

NOTES

第十六章
医疗文书法律制度

【学习要点】

1. 医疗文书的法律运用。
2. 病历书写法律规定。
3. 病历管理法律规定。
4. 病历的权利归属。
5. 电子病历法律规定。

　　医疗文书详细记录了患者疾病动态变化过程、医疗机构对患者实施的诊治护理措施和医患沟通的全过程。它既是医务人员判断诊疗效果的重要依据，又是评价医疗质量和卫生行政监管的重要凭证。在司法案件的审理中，医疗文书常常作为重要的证据使用，在医疗纠纷诉讼中更是被称为"证据之王"。随着互联网信息技术的发展，传统的纸质病历正在逐渐被电子病历所取代。医疗文书的法律制度也在发生相应变化。

第一节　医疗文书概述及法律运用

一、医疗文书概述

(一) 医疗文书的概念

　　医疗文书，又称医学文书，是指医务人员撰写的与医疗执业相关的旨在反映医疗行为过程和内容的法律性档案文件。

(二) 医疗文书的法律属性

　　1. 医疗文书属于业务文书　医疗文书是医务人员在履行医疗职务过程中所制作的业务文书，是对患者的病情及变化、医疗机构所采取的诊疗措施和医患沟通等情况的记录。

　　2. 医疗文书属于正式文书　医疗文书具有法律证据效力，法律对医疗文书制作的主体、形式和内容均有严格规定。

　　(1) 制作主体法定：医疗机构是名义上的制作主体，医务人员是实际上的制作主体。医疗文书的书写者已由最开始的医师发展到医师、护士、医技人员和实习人员等医务人员群体。

　　(2) 制作形式法定：医疗文书种类很多，比如出生证、死亡证、处方和病历等，其制作格式、制作时限和表述方式均由法律严格规定。

　　(3) 制作内容法定：医疗文书的内容必须如实反映患者病情和医疗机构的诊疗措施。

　　为了规范医疗文书的内容，有些病历已经制作成表格式病历，既方便医务人员填写，又保证所填写的内容完整、形式规范。

　　3. 医疗文书属于档案文件　《卫生档案管理暂行规定》规定，医疗文书属于卫生档案。同时，医疗文书也是患者健康档案的主要信息来源和重要组成部分。

（三）医疗文书的种类

医疗文书有广义和狭义之分。狭义的医疗文书特指病历,而广义的医疗文书,除病历外,还包括医疗证明、处方和科室工作记录等。

1. 病历　是指医务人员在医疗活动过程中形成的文字、符号、图表、影像、切片等资料的总和,包括门(急)诊病历和住院病历。病历归档以后形成病案。按照病历记录形式不同,可区分为纸质病历和电子病历。电子病历与纸质病历具有同等效力。

2. 其他医疗文书　医疗文书除病历外,还包括:①医疗证明,如出生医学证明、疾病证明书、健康证明、职业病诊断证明书和死亡医学证明等;②处方及药房记录;③科室工作记录本,如病房记录、护士交班本、医嘱本和门诊日志等;④其他文书资料,如取发血液登记本、收费清单、医疗物品采购记录等。

二、医疗文书的法律运用

病历客观记载了患者的病情发展经过、医疗机构所采取的诊疗措施及医疗机构履行告知义务等情况,其不仅在诊治疾病、教学科研中有着非常重要的作用,而且在法律实务中也常常被作为重要证据而广泛运用。

（一）医疗损害赔偿

医疗纠纷案件涉及对医疗行为是否存在过错、过错行为与损害后果是否存在因果关系及原因力大小等专门性问题,司法鉴定机构对专门性问题的鉴定以及法院对案件事实的查明都依赖于病历资料。《民法典》规定,患者在诊疗活动中受到损害,医疗机构隐匿或者拒绝提供与纠纷有关的病历资料,遗失、伪造、篡改或者违法销毁病历资料的,推定医疗机构有过错。这也从反面证实,缺乏病历资料将有可能导致案件事实无法查明。

（二）医疗行政监管

卫生行政部门依法履行对医疗活动的行政监管职责。卫生行政部门在查处非法行医、超范围行医、医疗事故等违法行为过程中,病历资料是卫生行政部门调查事实并作出是否行政处罚的重要证据材料。

（三）人身伤害案件

在涉及人身伤害的刑事案件中,受害人受伤后就医的医疗文书能证明损伤事实和后果,甚至推测案件性质、损伤机制,同时也是法医学损伤程度、伤残程度鉴定的重要依据。在涉及人身侵权损害赔偿的民事案件中,医疗文书既是患者伤残程度鉴定的依据,也是计算医疗费、住院伙食补助费、护理费、营养费等赔偿费用的重要证据。

（四）工伤赔偿案件

根据《工伤保险条例》规定,医疗机构出具的医疗诊断证明或者职业病诊断证明书(或者职业病诊断鉴定书)是劳动保障行政部门认定工伤的重要依据。

（五）保外就医案件

《刑事诉讼法》规定,对罪犯确有严重疾病,必须保外就医的,由省级人民政府指定的医院诊断并开具证明文件。

（六）保险理赔案件

在伤害造成的残疾或死亡的人身伤害保险中,医疗文书往往作为理赔的依据;在健康保险中,对被保险人投保前的特定疾病排除和投保后约定疾病的出现都需要医疗文书进行证明。

第二节　医疗文书书写法律制度

医疗文书的重要性不言而喻,病历书写应当确保客观、真实、准确、及时、完整、规范,《民法典》

NOTES

《医师法》《医疗纠纷预防和处理条例》《病历书写基本规范》《中医病历书写基本规范》和《处方管理办法》等对医疗文书的书写进行了严格的规定。

一、有关病历书写的法律规定

（一）医疗机构和医务人员承担书写病历的义务

《民法典》规定，医疗机构及其医务人员应当按照规定填写并妥善保管住院志、医嘱单、检验报告、手术及麻醉记录、病理资料、护理记录等病历资料。

（二）任何单位和个人不得伪造、篡改、隐匿、擅自销毁和抢夺病历

《医师法》规定，医师实施医疗、预防、保健措施，不得隐匿、伪造、篡改或者擅自销毁病历等医学文书及有关资料。违反者，由县级以上人民政府卫生健康主管部门责令改正，给予警告，没收违法所得，并处一万元以上三万元以下的罚款；情节严重的，责令暂停六个月以上一年以下执业活动直至吊销医师执业证书。

《医疗纠纷预防和处理条例》规定，任何单位和个人不得篡改、伪造、隐匿、毁灭或者抢夺病历资料。

（三）按病历书写规范要求书写病历

原卫生部发布的《病历书写基本规范》对病历书写作出了详细规定，医务人员必须按照规范书写病历，确保病历的客观性、完整性和合法性。

1. 病历书写基本要求。病历书写应当客观、真实、准确、及时、完整、规范。病历书写应规范使用医学术语，文字工整，字迹清晰，表述准确，语句通顺，标点正确。

2. 病历修改要求。病历书写过程中出现错字时，应当用双线画在错字上，保留原记录清楚、可辨，并注明修改时间，修改人签名。不得采用刮、粘、涂等方法掩盖或去除原来的字迹。上级医务人员有审查修改下级医务人员书写的病历的责任。修改时，应当注明修改日期，修改人员签名，并保持原记录清楚、可辨。

3. 病历书写人员的要求。病历应当按照规定的内容书写，并由相应医务人员签名。实习医务人员、试用期医务人员书写的病历，应当经所在医疗机构注册的医务人员审阅、修改并签名。进修医务人员，由医疗机构根据其胜任本专业工作的实际情况认定后书写病历。

4. 病历书写内容的要求。门（急）诊病历内容包括门（急）诊病历首页、病历记录、化验单、医学影像检查资料等。住院病历内容包括住院病案首页、入院记录、病程记录、手术同意书、麻醉同意书、输血治疗知情同意书、特殊检查（特殊治疗）同意书、病危（重）通知书、医嘱单、辅助检查报告单、体温单、医学影像检查资料、病理资料等。门（急）诊病历和住院病历书写应当符合《病历书写基本规范》规定。

5. 病历书写的时间要求。门（急）诊病历记录应当由接诊医师在患者就诊时及时完成，急诊病历书写就诊时间应当具体到分钟。因抢救急危患者，未能及时书写病历的，有关医务人员应当在抢救结束后 6 小时内据实补记，并加以注明，记录抢救时间应当具体到分钟。

6. 打印病历的书写内容及要求。打印病历是指应用字处理软件（如 Word 文档、WPS 文档等）编辑生成并打印的病历。打印病历应当按照规定的内容录入并及时打印，由相应医务人员手写签名。打印病历编辑过程中应当按照权限要求进行修改，已完成录入打印并签名的病历不得修改。

二、有关处方书写的法律规定

处方是指由注册的执业医师和执业助理医师在诊疗活动中为患者开具的、由取得药学专业技术职务任职资格的药学专业技术人员审核、调配、核对，并作为患者用药凭证的医疗文书。

（一）处方书写的基本规则

《处方管理办法》规定，处方书写应当符合下列规则：①患者一般情况、临床诊断填写清晰、完整，

并与病历记载一致;②每张处方限于一名患者的用药;③字迹清楚,不得涂改,如需修改,应当在修改处签名并注明修改日期;④药品名称应当使用规范的中文名称书写,没有中文名称的可以使用规范的英文名称书写;⑤患者年龄应当填写实足年龄,新生儿、婴幼儿写日、月龄,必要时要注明体重;⑥药品用法用量应当按照药品说明书规定的常规用法用量使用,特殊情况需要超剂量使用时,应当注明原因并再次签名;⑦除特殊情况外,应当注明临床诊断;⑧开具处方后的空白处画一斜线以示处方完毕等。

(二)开具处方的主体规定

《处方管理办法》规定,经注册的执业医师在执业地点取得相应的处方权。经注册的执业助理医师在医疗机构开具的处方,应当经所在执业地点执业医师签名或加盖专用签章后方有效。经注册的执业助理医师在乡、民族乡、镇、村的医疗机构独立从事一般的执业活动,可以在注册的执业地点取得相应的处方权。医师取得麻醉药品和第一类精神药品处方权后,方可在本机构开具麻醉药品和第一类精神药品处方。试用期人员开具处方,应当经所在医疗机构有处方权的执业医师审核并签名或加盖专用签章后方有效。进修医师由接收进修的医疗机构对其胜任本专业工作的实际情况进行认定后授予相应的处方权。

三、出具医学证明的法律规定

《医师法》规定,医师实施医疗、预防、保健措施,签署有关医学证明文件,必须亲自诊察、调查,并按照规定及时填写医学文书。医师不得出具虚假医学证明文件以及与自己执业范围无关或者与执业类别不相符的医学证明文件。医师在执业活动中出具虚假医学证明文件,或者未经亲自诊查、调查,签署诊断、治疗、流行病学等证明文件或者有关出生、死亡等证明文件,由县级以上人民政府卫生健康主管部门责令改正,给予警告,没收违法所得,并处一万元以上三万元以下的罚款;情节严重的,责令暂停六个月以上一年以下执业活动直至吊销医师执业证书。《医疗机构管理条例》规定,医疗机构出具虚假证明文件的,由县级以上人民政府卫生行政部门予以警告;对造成危害后果的,可以处一万元以上十万元以下的罚款;直接责任人员由所在单位或者上级机关给予行政处分。

第三节　病历管理法律制度

医疗机构应当建立健全病历管理制度,设置病案管理部门或者配备专(兼)职人员,负责病历和病案管理工作。

一、病历保管的法律规定

(一)关于病历保管主体的规定

《医疗机构病历管理规定(2013年版)》规定,门(急)诊病历原则上由患者负责保管,住院病历由医疗机构负责保管。

(二)关于病历保管时限的规定

《医疗机构管理条例实施细则》规定,医疗机构的门诊病历的保存期不得少于15年,住院病历的保存期不得少于30年。

(三)关于病历借阅的法律规定

《医疗机构病历管理规定(2013年版)》规定,医疗机构及其医务人员应当严格保护患者隐私,禁止以非医疗、教学、研究目的的泄露患者的病历资料。除为患者提供诊疗服务的医务人员,以及经卫生行政部门、中医药管理部门或者医疗机构授权的负责病案管理、医疗管理的部门或者人员外,其他任何机构和个人不得擅自查阅患者病历。其他医疗机构及医务人员因科研、教学需要查阅、借阅病历的,应当向患者就诊医疗机构提出申请,经同意并办理相应手续后方可查阅、借阅。

NOTES

二、病历复制的法律规定

（一）关于病历复制主体的规定

患者本人或者其委托代理人、死亡患者法定继承人或者其代理人,向医疗机构提出复制或者查阅病历资料的申请,医疗机构应当受理,并依规定提供病历复制或者查阅服务。公安、司法、人力资源和社会保障、保险以及负责医疗事故技术鉴定的部门,因办理案件、依法实施专业技术鉴定、医疗保险审核或仲裁、商业保险审核等需要,提出审核、查阅或者复制病历资料要求的,经办人员提供证明材料后,医疗机构可以根据需要提供患者部分或全部病历。

（二）关于病历复制内容的规定

《医疗纠纷预防和处理条例》规定,患者有权查阅、复制其门诊病历、住院志、体温单、医嘱单、化验单(检验报告)、医学影像检查资料、特殊检查同意书、手术同意书、手术及麻醉记录、病理资料、护理记录、医疗费用以及国务院卫生主管部门规定的其他属于病历的全部资料。

（三）关于病历复制程序的规定

申请查阅、复制患者病历的,应当提供申请者的有效身份证明、授权委托书或有效工作证明等证明材料。

三、病历封存的法律规定

病历封存属于证据保全措施,其目的是防止病历被人为伪造、篡改、销毁、隐匿,给医疗纠纷案件的处理造成不利影响。

《医疗纠纷预防和处理条例》规定,发生医疗纠纷需要封存、启封病历资料的,应当在医患双方在场的情况下进行。封存的病历资料可以是原件,也可以是复制件,由医疗机构保管。病历尚未完成但需要封存的,对已完成病历先行封存;病历按照规定完成后,再对后续完成部分进行封存。医疗机构应当对封存的病历开列封存清单,封存清单由医患双方签字或者盖章,各执一份。病历资料封存后医疗纠纷已经解决,或者患者在病历资料封存满三年未再提出解决医疗纠纷要求的,医疗机构可以自行启封。

第四节　病历的权利归属

关于病历所涉权利的争论从未停止:谁才是病历的权利主体? 权利主体对病历享有哪些权利? 权利主体在什么范围内享有这些权利?

一、病历的所有权归属

病历所有权是指权利主体对病历享有占用、使用、收益和处分的权利。对于病历所有权的归属有几种观点:① "医疗机构所有说"。病历由医疗机构及医务人员制作产生,医疗机构通过原始取得方式取得物的所有权。② "患者所有说"。病历是记载患者个人健康信息的载体,个人健康信息属于个人所有,病历应该归个人所有。③ "分别所有说"。病历的物质部分,如纸张、油墨等归医院所有,而病历的资讯部分归患者或其遗属所有。由于病历的物质和资讯部分不可分,医院虽然占有病历但不能随意泄露病历的内容。患者或其遗属不能向医院要求交付病历的正本,只可以自行负担影印费用,要求交付病历的影印本,或要求检查过目病历而已。④ "知识产权说"。认为病历知识产权部分应由医疗机构和医务人员所有。制作人用自己的纸张所做记录的所有权应由制作人享有;这种所有权应当包括知识产权,并应由记录的制作个人或医疗机构所拥有。

我国法律对病历的所有权缺乏规定,只是对病历所有权的部分权能行使进行了规定。

（1）关于病历的占有:门诊病历一般由患者本人占有,而住院病历则由医疗机构占有。相关主体对病历享有占有权利的同时,应承担对病历的保管义务。

（2）关于病历的使用：基于就诊、诉讼或者其他目的，患者及其近亲属可以复制或复印病历；医疗机构和医务人员基于医疗、教学和科研需要，经过批准后可以查阅或借阅病历；其他机构和单位因为正当的目的、经过保管者依法审批后，可以查阅和复制病历。

（3）关于病历的收益：法律未予规定，在临床实践中不允许任何主体通过病历获取经济收益。

案例 16-1

病历封存后加插病历被认定为篡改病历，承担全责

丁某因"颈部疼痛 10 年，加重伴双上肢疼痛、麻木、乏力、头痛头昏、左下肢无力 1 周"，入住某医院住院治疗。医院为丁某行颈椎前路减压植骨内固定术，11 时 50 分手术结束。当晚 22 时 17 分丁某诉咽喉部不适，呼吸困难，面色潮红。经抢救无效于 2011 年 7 月 11 日 4 时去世，丁某家属与医院于当日封存了患者的住院病历资料。委托尸检后认定丁某死亡原因符合颈椎前路减压植骨内固定术后脑出血及多器官衰竭。7 月 22 日在某医院启封复印原封存的病历资料时，医院工作人员插入了若干材料，双方因此发生纠纷并报警。丁某家属向长沙市芙蓉区人民法院提起诉讼，在审理过程中双方对病历资料发生争议导致鉴定材料未能协商一致，使鉴定机构退函，未能鉴定。一审法院认定，医患双方在封存病历资料时，均未列出清单保存，双方都未尽到应有的谨慎注意义务，考虑到患者本身原发疾病的固有风险及医患关系中信息不对等等因素，酌情确定医患双方的过错比例为 6∶4。患方不服提出上诉，长沙市中级人民法院认为医方往已经封存的病历中加插病历的行为系篡改病历的行为，推定某医院承担全部法律责任。医院不服，提出再审申请，湖南省高级人民法院认为，医方加插病历导致鉴定无法作出，应推定某医院存在过错。同时，由于患者丁某本身患有多种疾病及原发疾病的固有风险，酌情推定某医院承担 70% 过错责任。患方不服，向检察院申请抗诉，最高人民检察院向最高人民法院提出抗诉。最高人民法院认为某医院加插病历行为不仅扰乱了正常的病历管理秩序，而且行为性质恶劣，最终导致了鉴定结论无法作出、各方责任无法确定的严重后果，判令医方承担完全民事责任，不仅有利于医疗机构的规范管理，更能体现对患者家属的精神抚慰和合法权益的有力保护，从而维持了长沙市中级人民法院的判决。

二、患者对病历的知情权

患者享有知情同意权是第二次世界大战后的纽伦堡审判以后通过的《纽伦堡法典》所确认的一项准则。知情同意权表现到病历上就是患者及其代理人有权要求医疗机构对其公开病历资料。具体包括：①患者在住院时有权了解病历记载的信息及查阅医疗记录；②患者在出院后有权复印或复制其医疗记录。

我国关于患者对病历的知情权法律制度经过三个阶段。

（1）1987—2002 年：《医疗事故处理办法》第八条规定，发生医疗事故或事件的医疗单位，应指派专人妥善保管有关的各种原始资料。患者所在单位、患者、家属、事故当事人及其亲属不予调阅。

（2）2002—2018 年：为了防止医方在医疗纠纷发生后伪造、篡改、隐藏、销毁病历的现象，《医疗事故处理条例》第十条规定了患者对客观病历的复制权。

（3）2018 年以后：为了确保病历的客观真实性，公平公正处理医疗纠纷，《医疗纠纷预防和处理条例》第十六条规定了患者对属于病历的全部资料的复制权。

三、病历中患者的隐私权和个人信息

病历记载的内容包含患者的基本信息和患者的疾病信息。前者如姓名、住址、联系方式、身份证号和亲属关系；后者包括患者疾病诊断、身体描述、既往史、婚育史、性生活史和家庭史等信息。患者基于对医生的信任和治疗的需要，将个人隐私暴露给医务人员，这就要求医务人员应当保守患者的隐

私信息。《民法典》规定,医疗机构及其医务人员应当对患者的隐私和个人信息保密。泄露患者的隐私和个人信息,或者未经患者同意公开其病历资料的,应当承担侵权责任。《医师法》规定,医师在执业活动中泄露患者隐私或者个人信息,由县级以上人民政府卫生健康主管部门责令改正,给予警告,没收违法所得,并处一万元以上三万元以下的罚款;情节严重的,责令暂停六个月以上一年以下执业活动直至吊销医师执业证书。

> **案例 16-2**
>
> ### 医院允许他人复印患者病历,被判赔偿 2 万
>
> 　　吴某因牙龈上火去何某所在甲诊所就诊,何某为吴某治疗后未见好转。5 月吴某到乙医院治疗。出院后吴某到乙医院复印病历时发现其病历曾被甲诊所的何某复印。吴某向乙医院举报后获知,何某通过其在乙医院的同学袁某私下复印了患者的病历。吴某以隐私权被侵犯为由将何某、袁某起诉到法院。法院认为,医务人员私自复印患者病历侵犯了患者的隐私权,判决何某与袁某赔偿吴某 2 万元,并当面道歉。

第五节　PCBL:医院使用的电子病历如何实现合法规范?

　　目前,我国病案的记录形式主要有三种:传统手写病历、计算机打印病历及电子病历。随着互联网信息技术的发展,传统的手写病历正在被计算机打印病历和电子病历所取代。2010 年 9 月 28 日卫生部发布《关于开展电子病历试点工作的通知》,决定在 22 个省(自治区、直辖市)的 29 家医院和 3 个区域开展电子病历试点工作。通过电子病历系统记载病历,书写高效快捷,内容清晰可辨,系统辅助书写,便于数据共享,方便复制、封存和保管,这些都是传统手写病历无法比拟的优势。

一、电子病历概述

　　电子病历是指医务人员在医疗活动过程中,使用医疗机构信息系统生成的文字、符号、图表、图形、数据、影像等数字化信息,并能实现存储、管理、传输和重现的医疗记录。使用文字处理软件编辑、打印的病历文档,属于打印病历,不属于电子病历。

　　电子病历具有以下特征。

　　(1)信息数字化。电子病历的相关信息内容,无论是文字、照片,还是检验数据和图片,都是以数字符号的形式来存储的。

　　(2)内容多样化。电子病历中除了传统的病历内容外,还包括各种检查、检验的图片、影像资料,医师查房、会诊的音频、视频信息和监护数据等。其不再是单个患者单次就诊的病历,而是包括所有患者历次就诊、住院的病历信息数据库。

　　(3)管理科技化。电子病历的制作是以一定的硬件和软件为基础,并通过计算机信息平台加以实现的;电子病历的管理,包括入库、拷贝、建立索引、质量检查、统计分析等均通过信息技术实现;电子病历的网络化管理,能充分实现患者诊疗的便捷。

　　(4)修订即时化。由于电子病历的信息内容显示在计算机上,电子病历的相关内容在修改上变得非常容易而简单,并且在终端显示上不留痕迹。

二、电子病历书写的要求

　　电子病历书写和管理除应当遵守病历书写和管理的一般规定外,还应当遵守电子病历的特殊规定。《电子病历应用管理规范(试行)》规定,医疗机构应当为患者电子病历赋予唯一患者身份标识,以确保患者基本信息及其医疗记录的真实性、一致性、连续性、完整性。电子病历系统应当对操作人员

进行身份识别,保存历次操作印痕,标记操作时间和操作人员信息,并保证历次操作印痕、标记操作时间和操作人员信息可查询、可追溯。医务人员采用身份标识登录电子病历系统完成书写、审阅、修改等操作并予以确认后,系统应当显示医务人员姓名及完成时间。电子病历系统应当设置医务人员书写、审阅、修改的权限和时限。实习医务人员、试用期医务人员记录的病历,应当由其所在医疗机构具有执业资格的上级医务人员审阅、修改并确认。上级医务人员审阅、修改、确认电子病历内容时,电子病历系统应当进行身份识别,保存历次操作痕迹,标记准确的操作时间和操作人信息。电子病历归档后原则上不得修改,特殊情况下确需修改的,经医疗机构医务部门批准后进行修改并保留修改痕迹。

三、电子病历的查阅与复制

《电子病历应用管理规范(试行)》规定,电子病历系统应当设置病历查阅权限,并保证医务人员查阅病历的需要。医疗机构应当为申请人提供电子病历的复制服务。复制的电子病历文档应当可供独立读取,打印的电子病历纸质版应当加盖医疗机构病历管理专用章。

四、电子病历的封存

《电子病历应用管理规范(试行)》规定,封存的电子病历复制件可以是电子版;也可以对打印的纸质版进行复印,并加盖病案管理章后进行封存。封存的电子病历复制件应当满足以下技术条件及要求:①储存于独立可靠的存储介质,并由医患双方或双方代理人共同签封;②可在原系统内读取,但不可修改;③操作痕迹、操作时间、操作人员信息可查询、可追溯;④其他条件及要求。

五、电子病历的证据效力

医疗机构作为电子病历的制作者,有义务保证电子病历作为合法证据所应当具备的合法性、客观性和关联性要求。目前电子病历还存在一些问题,导致其合法性受到质疑。一是尚未建立全国统一的电子病历系统。尽管电子病历试点已经试行十余年,但目前各个医院使用不同的电子病历系统,缺乏统一的标准和管理。电子病历系统存放于各医疗机构,电子病历的修改权限和修改痕迹均由各自医院监管,一些医疗机构为了逃避法律责任,通过删除电子病历系统的后台操作,修改文档的生成日期,使病历篡改完全不留痕迹,这样容易造成电子病历的客观性受到质疑。二是电子病历的举证不统一。电子病历封存件可以是电子版,也可以是打印的纸质版。目前司法实践中,绝大多数情况下,医疗机构电子病历仍以打印件的形式进行保存和作为证据提交,而打印件只是终末病历,不能呈现出电子病历是否经过修改及修改的内容,这就造成患方很难对电子病历的客观性、原始性进行质证。2016年中共中央办公厅、国务院办公厅印发的《国家信息化发展战略纲要》提出,推进全国电子健康档案和电子病历数据整合共享,实施健康医疗信息惠民行动,促进和规范健康医疗大数据应用发展。通过建设全国统一的电子病历系统,既有利于患者健康数据的共享,也有利于建立统一的电子病历标准,实现统一监管,从而提高电子病历作为证据的合法性和可信度。

(谢青松)

思考题

1. 病历书写应当注意哪些法律问题?
2. 医患双方对病历各享有什么权利?
3. 对电子病历应该如何封存?
4. 对电子病历举证有何要求?
5. 电子病历与计算机打印病历有何区别?

情景测试与思考

1. 发生医疗纠纷后,你会为了规避赔偿责任篡改病历吗?
2. 患者有权复制全部病历,对医院和医务人员会造成影响吗?

课后阅读资料

[1] 何家弘 . 电子证据法研究 [M]. 北京 : 法律出版社,2002.
[2] 张保生 . 证据法学 [M]. 北京 : 中国政法大学出版社,2009.
[3] 李燕 . 医疗权利研究 [M]. 北京 : 中国人民公安大学出版社,2009.

第十七章
医疗信息化法律制度

【学习要点】

1. 互联网医疗服务的准入监管。
2. 互联网多点执业的规则。
3. 互联网医疗服务的边界把控。
4. 药品网络销售的规则。
5. 医疗卫生机构的网络安全保障。
6. 医疗大数据的安全保障与开发利用。

伴随着计算机科学和现代网络通信、数据技术的发展,"互联网+"强势进入医疗行业,医疗服务走向网络化、数字化、信息化。自 2015 年,国家着手为医疗信息化建设布局,《国务院关于积极推进"互联网+"行动的指导意见》将基于互联网的医疗列为"'互联网+'益民服务"的重要组成部分;国务院《促进大数据发展行动纲要》提出,"构建电子健康档案、电子病历数据库,建设覆盖公共卫生、医疗服务、医疗保障、药品供应、计划生育和综合管理业务的医疗健康管理和服务大数据应用体系"。在此背景下,医疗信息化法律规则的制定工作迅速展开,以保障互联网医疗质量和医疗大数据安全。

第一节 "互联网+"医疗服务

一、概述

在国家"互联网+"益民服务的政策定位下,"互联网+"医疗服务兴起的推动力是,国家要实现优质医疗资源的下沉、流动和共享,解决医疗资源总体不足、城乡分配不均等体制性问题。因此,依托公立医疗机构发展互联网医疗是国家政策引领下的大势,而非公立医疗机构是在自身发展确有需求时入场。

新冠病毒感染疫情暴发后,医疗卫生资源紧张、一线医务人员高强度工作等问题,成为互联网医疗发展的催化剂。2020 年 2 月 26 日,国务院应对新冠病毒感染疫情联防联控机制综合组《关于开展线上服务进一步加强湖北疫情防控工作的通知》提出亟需"拓展线上服务空间,缓解线下诊疗压力,构建线上线下一体化服务模式"。

为规范互联网医疗活动,保障此类医疗服务中患者的健康利益,继 2018 年《国务院办公厅关于促进"互联网+医疗健康"发展的意见》发布后,国家卫生健康委员会、国家中医药管理局于 2018 年 7 月 17 日发布《互联网诊疗管理办法(试行)》《互联网医院管理办法(试行)》和《远程医疗服务管理规范(试行)》三部文件,于 2022 年 2 月 8 日发布《互联网诊疗监管细则(试行)》。为了规范药品网络销售和药品网络交易平台服务活动,保障公众用药安全,国家市场监督管理总局于 2022 年 8 月 3 日发布《药品网络销售监督管理办法》(自 2022 年 12 月 1 日起实施)。

二、互联网医疗服务的准入监管

互联网医疗服务的提供者既可以是实体医疗机构,又可以是互联网医院,但需要满足准入监管的要求。

第一,《互联网医院管理办法(试行)》赋予互联网医院合法地位,且确立了其准入制度。谁可以设立互联网医院? 一是,实体医疗机构可以自行或者与第三方机构合作搭建信息平台,使用在本机构和其他医疗机构注册的医师开展互联网诊疗活动的,应当申请将互联网医院作为第二名称。二是,商业机构也可以设置互联网医院,但必须依托实体医疗机构申请互联网医院执业许可。国家禁止纯云端的互联网医院。

互联网医院的优势在于,汇聚医师资源,其能够使用落地的实体医疗机构注册的医师和其他医疗机构注册的医师开展各种形式的互联网医疗服务。但互联网医院的准入门槛高,建设成本大。《互联网医院基本标准(试行)》要求互联网医院达到如下基本标准。一是,诊疗科目设置遵守"线上线下一致原则",即互联网医院根据开展业务内容确定诊疗科目,不得超出所依托的实体医疗机构诊疗科目范围。二是,在医务人员配置上,互联网医院的执业医师应具有三年以上独立临床工作经验;与互联网医院的临床科室所对应的实体医疗机构的临床科室中至少有一名正高级、一名副高级职称的执业医师常驻;原则上有专职药师负责在线处方审核工作;由专人负责管理、维护互联网信息系统等。三是,互联网信息系统的安全等级必须依据《信息安全等级保护管理办法》达到国家信息安全等级保护三级,准入前接入省互联网医疗监管平台,自觉接受监管等。

> ### 案例 17-1
>
> 　　某公司与卫生院签订"××远程医疗云信息服务协议书",公司的义务是提供远程医疗云信息服务,以提高卫生院诊断水平,确保正确诊断率。卫生院通过网络将 LDR(low dynamic range,低动态范围成像)数字图像发送到公司远程医疗云信息中心;公司邀请高年资放射诊断医师判读组对图像进行判读后写出诊断报告,再通过远程医疗云信息中心把诊断报告发送给卫生院;LDR 相关信息储存于远程医疗云信息服务中心。在第三方公司提供的 X 线机设备成像模糊,无法拍摄出满足现代临床诊疗需求的 LDR 数字图像时,卫生院可以要求第三方公司承担违约责任或解除合同。

第二,互联网医院的准入门槛高,这让诸多医疗机构望而却步,那么,可否不申请互联网医院,却能够提供在线医疗服务呢? 答案是肯定的。依据《互联网诊疗管理办法(试行)》,实体医疗机构可以在《医疗机构执业许可证》副本服务方式中增加互联网诊疗,以此为前提,只利用本机构注册的医师开展互联网诊疗。这里的互联网诊疗,是指医疗机构利用在本机构注册的医师,通过互联网等信息技术开展部分常见病、慢性病复诊和"互联网+"家庭医生签约服务,即 D2P(doctor-to-patient)模式。

第三,无论是否为互联网医院,医疗机构都可以根据《远程医疗服务管理规范(试行)》开展远程医疗服务。这里的远程医疗服务,是指邀请方医疗机构和受邀方医疗机构对接,运用信息化技术为邀请方患者诊疗提供技术支持的医疗活动,即 D2D(doctor-to-doctor)模式。

在实践中,违反准入监管要求的操作主要有三类:一是,未申请注册为互联网医院就直接邀请非本医疗机构的医师为本机构患者提供在线医疗服务;二是,实体医疗机构未申请注册为互联网医院,也未在《医疗机构执业许可证》副本服务方式中增加互联网诊疗,就开展在线医疗服务;三是违反诊疗科目"线上线下一致原则"。

作为应对,《互联网诊疗监管细则(试行)》主要在如下三方面强化监管要求。一是,扩大监管范围。此前要求省级卫生健康行政部门建立省级互联网医疗服务监管平台,与"互联网医院"信息平台对接,实现实时监管。新要求是"对开展互联网诊疗活动的医疗机构进行监管"。二是,要求互联网医院定期校验,确保互联网医院基本标准持续性得到满足。三是,要求地方各级卫生健康主管部门对互联网诊疗活动建立评价和退出机制。

三、互联网多点执业的规则

互联网医疗服务应该遵守国家法律法规对医师执业地的要求。执业地有两层含义,分别是省级行政区划和医疗机构。关于前者,《医师法》第十八条第一款规定,医师变更执业地点等注册事项的,应当依法办理变更注册手续。根据《医师执业注册管理办法》第七条第二款,对于执业医师而言,执业地点是指其执业的医疗、预防、保健机构所在地的省级行政区划。关于后者,《医师法》第十五条第一款规定,医师在二个以上医疗卫生机构定期执业的,应当以一个医疗卫生机构为主,并按照国家有关规定办理相关手续。

基于执业地的两层含义,互联网医疗服务框架下的多点执业大致分为两种情形。

情形一是,省内互联网多医疗机构执业。医师只需办理多机构执业的备案手续,并经其执业注册的医疗机构同意。《互联网医院管理办法(试行)》要求,互联网医院提供服务的医师,应当确保完成主要执业机构规定的诊疗工作。

情形二是,跨省互联网多医疗机构执业。医师到省外医疗机构提供互联网医疗服务的,如果属于法律规定的无须办理注册变更的情形,包括"医疗联合体内的医疗机构中执业""医师外出会诊",可以免予办理变更注册手续。上述情形之外,医师可以根据《医师执业注册管理办法》,跨执业地点增加省外医疗机构为自己的执业机构。

四、互联网医疗服务的边界

根据《医师法》第二十四条,医师实施医疗、预防、保健措施,签署有关医学证明文件,必须亲自诊查、调查。这是医师亲自诊查义务的法律依据。亲自诊查并不当然否定互联网医疗服务,例如,医师与患者通过视频进行病情沟通虽不是当面,但也是亲自。亲自诊查为互联网医疗服务的边界设置限制,以确保互联网医疗的安全性,降低、避免误诊风险。

> **案例 17-2**
>
> 　　原告医师与被告医院签订互联网医师合作协议,约定合作内容为互联网医疗,被告以原告名义在医疗网络平台注册账号,由原告在此平台上为被告患者提供服务。但在合同执行中,被告将以原告名义注册的账号及密码交由自己的员工使用。此员工使用原告账号,并以原告名义接诊患者并开具处方 2 946 张。原告要求被告在其平台首页公告赔礼道歉的诉讼请求得到法院支持。

(一)限制一:禁止假他人之手

为了防范医疗机构派驻线上替身医师,要求医疗机构在互联网诊疗平台显著位置公布本机构提供互联网诊疗服务医务人员的电子证照等信息,方便患者查询;要求医师接诊前实名认证,确保由本人提供诊疗服务。

禁止以人工智能自动生成处方。国家发展和改革委员会已将"人工智能辅助诊疗"列入 2021 年12 月 20 日发布的《"十四五"生物经济发展规划》之中,但人工智能辅助诊疗当下主要用于医学图像辅助诊断。这意味着,诊疗主体是医师,人工智能只是辅助。禁止人工智能软件等冒用、替代医师本人提供诊疗服务。处方应由接诊医师本人开具,严禁使用人工智能等自动生成处方。

(二)限制二:医疗水平的线上线下一致原则

从医疗安全角度出发,原则上,只有在线上医疗服务能够达到与线下当面提供医疗服务相当的医疗水平时,才允许开展。

1. 医疗机构间对接的 D2D 模式。远程会诊和远程诊断是典型的 D2D 模式。根据《远程医疗服务管理规范(试行)》,前者是指医疗机构之间通过远程进行会诊,受邀方提供诊断治疗意见,邀请方明确诊断治疗方案;后者特指受邀医疗机构对医学影像、病理、心电、超声等的诊断。

NOTES

2. 医患对接的 D2P 模式。《医师法》第三十条规定："执业医师按照国家有关规定,经所在医疗卫生机构同意,可以通过互联网等信息技术提供部分常见病、慢性病复诊等适宜的医疗卫生服务。"该条款限定于部分常见病、慢性病复诊等适宜的医疗卫生服务。根据线上线下一致原则,条款中"等适宜的医疗卫生服务"的适用范围应限于在线开展不会降低医疗水平的诊疗活动。

基于上述原理,原则上禁止 D2P 在线首诊。首诊存在于陌生患者和首诉病症两种情形。纵然是复诊患者,当病情出现变化或存在其他不适宜在线诊断的情形的,医师应当引导患者到实体医疗机构就诊。如何判断上述"不适宜"?《互联网诊疗监管细则(试行)》要求患者就诊时提供具有明确诊断的病历资料,以确保医师对其此前诊疗信息的获取;同时,要求由接诊医师留存上述相关资料,判断是否符合复诊条件。医疗机构应当明确互联网诊疗的终止条件。

禁止 D2P 在线首诊应容忍例外。对于身处僻远地区的患者或离岸患者,或需要救急医疗的患者,在线首诊是救治的唯一机会,故例外可得允许。例外容忍的 D2P 在线首诊通常情况下应获得患者的知情同意。但根据《民法典》第一千二百二十条,"因抢救生命垂危的患者等紧急情况,不能取得患者或者近亲属意见的,经医疗机构负责人或者授权的负责人批准,可以立即实施相应的医疗措施"。在此,相应的医疗措施应包括在线医疗服务。

五、药品网络销售

药品网络销售是互联网医疗服务的后端,关乎公众用药安全,应依照国家相关规定合规开展。国家药品监督管理局主管全国药品网络销售的监督管理工作;省级药品监督管理部门负责本行政区域内药品网络销售的监督管理工作,负责监督管理药品网络交易第三方平台以及药品上市许可持有人、药品批发企业通过网络销售药品的活动。

(一) 药品网络销售的基本要求

1. 谁能够开展药品网络销售? 药品网络销售主体可以是药品上市许可持有人或者药品经营企业。中药饮片生产企业也可以销售其生产的中药饮片,但应当履行药品上市许可持有人相关义务。药品上市许可持有人向个人销售药品的前提是,取得药品零售资质。

药品网络销售的主体可以通过药品网络交易第三方平台(以下简称第三方平台)销售。根据《药品管理法》第六十二条,第三方平台提供者必须依法进行备案;有义务对申请进入平台经营的药品网络销售主体的资质等进行审核;在发现主体有违规或严重违规行为时,履行及时制止并立即报告药品监督管理部门,或立即停止提供网络交易平台服务的义务。《药品网络销售监督管理办法》对第三方平台管理提出更加细化性要求。

2. 所有药品都可以网络销售吗? 答案是否定的。国家根据药品种类以及购买方是否为个人消费者,对药品网络销售设置诸多的限制。

政策法规明确禁止销售的药品不得在网络上销售。此类药品包括三类。一是国家实行特殊管理的药品,包括疫苗、血液制品、麻醉药品、精神药品、医疗用毒性药品、放射性药品、药品类易制毒化学品等,具体目录由国家药品监督管理局组织制定。二是医疗机构制剂,又称院内制剂,是指医疗机构根据本单位临床需要经批准而配制、自用的固定处方制剂。医疗机构制剂应当是市场上没有供应的品种,不得在市场上销售或者变相销售。三是中药配方颗粒,是由单味中药饮片经水加热提取、分离、浓缩、干燥、制粒而成的颗粒,在中医药理论指导下,按照中医临床处方调配后,供患者冲服使用。

对于处方药,《药品网络销售监督管理办法》的出台标志着国家为处方药网络零售开绿灯。但这并不意味着,处方药网络销售、网络零售不受限制。限制一是,当某处方药同时是国家实行特殊管理的药品时,禁止网络销售。限制二是,国家药品监督管理局在《药品网络销售禁止清单》中列出了禁止网络零售的处方药种类。

3. 药品网络零售中是否允许赠药? 药品网络零售企业不得违反规定以买药品赠药品、买商品赠药品等方式向个人赠送处方药、甲类非处方药。

(二) 先方后药的要求

一直以来,凭方购药在网络零售中异化为"先购药、后补方",即:购买者先在线订购;依照在线购药流程填写身份、病症、病史等信息,发给在线医师,获得处方;经由药剂师审核后,购药流程推进到发药环节。一旦医师处方或药剂师审核流于形式,处方药购买与非处方药购药就别无二致,带来用药安全隐患。

《药品网络销售监督管理办法》采取如下措施确保先方后药。一是电子处方溯源管理。网售处方药实行实名制;网络零售企业和承接电子处方的第三方平台应与电子处方提供单位签订协议。二是处方药信息展示的管理。网络零售企业必须展示风险警示信息;禁止在处方药销售主页面、首页面直接公开展示处方药包装、标签等信息;禁止在处方审核前展示说明书等信息。三是加强对药师资质及其电子处方审核职责的要求。药品网络零售企业应当建立在线药学服务制度,由依法经过资格认定的药师或者其他药学技术人员开展处方审核调配、指导合理用药等工作。

对疏于审核电子处方,导致大量无签名处方、剂量记载错误处方流入线下配药环节这种侵害众多潜在消费者合法权益的行为,人民检察院公益诉讼可督促加强药品网络销售监管。

第二节 医疗大数据

一、概述

医疗信息化的发展以及消费者对自身健康管理的重视都给健康医疗信息的汇聚、管理、应用等带来革命性变化。医疗机构掌握的医疗信息不再限于病历等医疗文书中记载的信息,而是扩大到提供医疗服务过程中的图文对话、音频资料等过程记录中所获的信息,以及处方流转和药品配送物流等信息。消费者通过智能化手段进行健康管理也是健康医疗信息的来源。体量庞大的健康医疗信息不仅承载着消费者的隐私、个人信息,而且可以转化为巨大的经济价值。

国务院办公厅在 2016 年 6 月 21 日发布《关于促进和规范健康医疗大数据应用发展的指导意见》,将健康医疗大数据定位为"国家重要的基础性战略资源"。为了加强健康医疗大数据服务管理,促进"互联网 + 医疗健康"发展,充分发挥健康医疗大数据作为国家重要基础性战略资源的作用,国家卫生健康委员会在 2018 年 7 月 12 日发布《国家健康医疗大数据标准、安全和服务管理办法(试行)》。上述管理办法将医疗大数据定义为,在人们疾病防治、健康管理等过程中产生的与健康医疗相关的数据。根据此定义,医疗大数据的外延很广,可涵盖健康相关的数据。《基本医疗卫生与健康促进法》(2020 年 6 月 1 日实施)第四十九条将"推动健康医疗大数据、人工智能等的应用发展"首次写入法律。

医疗大数据相关规则的法律渊源是,在宪法框架下,民法、刑法、国家安全法等一般法律,网络安全、数据安全和个人信息保护的特别法律,医疗领域的特别法律,以及国务院和相关主管部门发布的行政法规、规章和规范性文件等共同构成的法律体系。其中,《网络安全法》(2017 年 6 月 1 日实施)和《数据安全法》(2021 年 9 月 1 日实施)以及《个人信息保护法》(2021 年 11 月 1 日实施)是信息领域的三部基本法,也是医疗大数据法律制度的核心组成部分。在医疗领域,国家卫生健康委员会、国家中医药管理局、国家疾病预防控制局于 2022 年 8 月 8 日联合发布《医疗卫生机构网络安全管理办法》,针对医疗卫生机构的网络安全管理、数据安全管理提出细化性要求。

医疗大数据相关法律法规要解决的主要问题是,网络安全、数据安全与发展、个人信息保护。

二、网络安全

在中华人民共和国境内建设、运营、维护和使用网络,以及网络安全的监督管理,适用《网络安全法》。网络安全的内容包括"网络运营安全"和"网络信息安全"。

(一)网络运营安全

网络运营安全包括两项重要制度设计,分别是"网络安全等级保护"和"关键信息基础设施安全保护"。

国家实行网络安全等级保护制度。首先,网络安全等级分为五级,一至五级等级逐级增高。互联网医院信息系统必须实施第三级信息安全等级保护,这是监督保护级。该等级意味着,等级保护对象受到破坏后,会对公民、法人和其他组织的合法权益产生特别严重损害,或者对社会秩序和公共利益造成严重损害,或者对国家安全造成损害。再有,网络运营者应当按照网络安全等级保护制度的要求,履行安全保护义务,保障网络免受干扰、破坏或者未经授权的访问,防止网络数据泄露或者被窃取、篡改。

案例 17-3

某私立医院未安装边界防护设备、未安装日志行为审计设备、未设置数据安全备份策略等其他网络安全技术措施,使医院业务在互联网上长期处于"裸奔"状态。黑客通过互联网攻破医院系统后植入勒索病毒,导致医院业务全面"停摆"。

公安部门对该医院未按照网络安全等级保护制度的要求履行安全保护义务的行为进行了查处,并且根据《网络安全法》第二十一条和第五十九条的规定,处以罚款 10 000 元,对直接负责的主管人员处以 5 000 元罚款的行政处罚。

对关键信息基础设施,在网络安全等级保护制度的基础上,实行重点保护。为此,国务院在 2021 年 7 月 30 日发布《关键信息基础设施安全保护条例》(2021 年 9 月 1 日实施)。

关键信息基础设施,是指公共通信和信息服务、能源、交通、水利、金融、公共服务、电子政务、国防科技工业等重要行业和领域的,以及其他一旦遭到破坏、丧失功能或者数据泄露,可能严重危害国家安全、国计民生、公共利益的重要网络设施、信息系统等。

在医疗领域,《医疗卫生机构网络安全管理办法》要求各医疗卫生机构落实《关键信息基础设施安全保护条例》和网络安全等级保护制度要求;对关键信息基础设施、网络安全等级保护第三级及以上网络实行重点保护,防止网络安全事件发生。

(二)网络信息安全

网络信息安全是从系统层面保障"网络数据"的安全可靠。网络数据,是指通过网络收集、存储、传输、处理和产生的各种电子数据。

《网络安全法》针对网络信息安全制定了如下规则。一是,网络运营者(包括网络的所有者、管理者和网络服务提供者)收集、使用个人信息的规则。二是,给网络运营者和依法负有网络安全监督管理职责的部门及其人员分别科处守密义务;给网络运营者科处对于违法发布、传输的信息的处置义务,以及建立网络信息安全投诉、举报制度等义务。三是,个人信息主体有权要求网络运营者删除或者更正其违法收集、使用的个人信息或者收集、储存的错误个人信息。四是,禁止任何个人和组织非法获取、买卖、提供个人信息,利用网络从事与违法犯罪相关的活动,以及在发送的电子信息、提供的应用软件中设置恶意程序或者含有法律、行政法规禁止发布或传输的信息。

在医疗领域中,根据《基本医疗卫生与健康促进法》第一百零一条,违反本法规定,医疗卫生机构等的医疗信息安全制度、保障措施不健全,导致医疗信息泄露,或者医疗质量管理和医疗技术管理制度、安全措施不健全的,医疗卫生机构会接受行政处罚;情节严重的,直接负责的主管人员和其他直接责任人员也会被依法追究法律责任。

三、数据安全与发展

在中华人民共和国境内开展数据处理活动及其安全监管,适用《数据安全法》。数据,是指任何以电子或者其他方式对信息的记录,包括但不限于网络数据。

(一) 数据安全与发展并举

与《网络安全法》强调"安全"不同,《数据安全法》立足于数据的"安全"与"发展"两个制高点,提出"国家统筹发展和安全,坚持以数据开发利用和产业发展促进数据安全,以数据安全保障数据开发利用和产业发展"。

在医疗领域,《医疗卫生机构网络安全管理办法》亦要求各医疗卫生机构应按照有关法律法规的规定,参照国家网络安全标准,履行数据安全保护义务,坚持保障数据安全与发展并重,通过管理和技术手段保障数据安全和数据应用的有效平衡。

(二) 数据分级分类保护

国家实施数据分级分类保护制度,这在《数据安全法》中首次入法。数据分级分类的依据有两个,一是数据在经济社会发展中的重要程度;二是一旦遭到篡改、破坏、泄露或者非法获取、非法利用,对国家安全、公共利益或者个人、组织合法权益造成的危害程度。对于分级分类后的重要数据,其处理者应当按照规定对其数据处理活动定期开展风险评估,并向有关主管部门报送风险评估报告。所涉数据属于网络数据的,《网络安全法》要求网络运营者应当按照网络安全等级保护制度的要求,采取数据分类、重要数据备份和加密等措施。

在医疗领域,《医疗卫生机构网络安全管理办法》适用于网络数据,坚持分等级保护,重点保障重要数据和个人信息安全。此办法要求各医疗卫生机构在落实网络安全等级保护制度的基础上,依据数据的重要程度以及遭到破坏后的危害程度建立本单位数据分类分级标准,并提出数据分类分级应遵循的六大原则,包括合法合规原则、可执行原则、时效性原则、自主性原则、差异性原则及客观性原则。

四、个人信息保护

在我国法律中,医务人员为患者守密的内涵从最初保护"隐私",扩大到保护"隐私和个人信息"。《民法典》第一千二百二十六条规定,医疗机构及其医务人员应当对患者的隐私和个人信息保密。《医师法》第二十三条也明确指出,保护患者隐私和个人信息是医师在执业活动中履行的义务之一。伴随着《个人信息保护法》的出台,个人信息保护获得了全面的法律保障。隐私是自然人的私人生活安宁和不愿为他人知晓的私密空间、私密活动、私密信息。相比隐私,个人信息的内容更加丰富。

(一) 个人信息的内涵和外延

《民法典》和《个人信息保护法》分别定义了个人信息(表 17-1),虽然措辞略有不同,但对个人信息范畴的把握是一致的。在理解此定义时,有两点注意事项。

表 17-1　个人信息的概念和范畴

法律名称	个人信息的概念和范畴
《民法典》	第一千零三十四条第二款:个人信息是以电子或者其他方式记录的能够单独或者与其他信息结合识别特定自然人的各种信息 第一千零三十四条第三款:个人信息中的私密信息,适用有关隐私权的规定;没有规定的,适用有关个人信息保护的规定
《个人信息保护法》	第四条第一款:个人信息是以电子或者其他方式记录的与已识别或者可识别的自然人有关的各种信息,不包括匿名化处理后的信息 第二十八条第一款:敏感个人信息是一旦泄露或者非法使用,容易导致自然人的人格尊严受到侵害或者人身、财产安全受到危害的个人信息

1. 个人信息不包括匿名化处理后的信息。受法律保护的个人信息应与特定自然人的个人身份之间有关联,换言之,由个人信息能够识别特定自然人。根据个人信息的上述特点,可将信息区分为

已识别信息、去识别化信息、匿名化信息。第一,已识别信息能够单独识别特定自然人。第二,去识别化,是指个人信息经过处理,使其在不借助额外信息的情况下无法识别特定自然人的过程。去识别化信息能够与其他信息结合识别特定自然人。第三,匿名化,是指个人信息经过处理无法识别特定自然人且不能复原的过程。不同于去识别化信息,匿名化信息不再可能与特定自然人产生关联,因此不受法律保护。

> **案例 17-4**
>
> 　　原告是处方药购买者,被告是连锁药店。原告向被告购买某一处方药,被告将原告的处方资料进行了去识别化处理,将个人姓名、生日及社会安全号码等删除,仅保留治疗病史、开具的药物种类、分量及日期、诊断结果和医师姓名,贩卖给了数据分析公司。原告遂诉至法院。

2. 私密信息和敏感个人信息之间的关系。私密信息的概念出现于《民法典》中,对其适用有关隐私权的规定。敏感个人信息出现于《个人信息保护法》中,包括生物识别、宗教信仰、特定身份、医疗健康、金融账户、行踪轨迹等信息,以及不满十四周岁未成年人的个人信息。对于未满十四周岁的未成年人,敏感个人信息的范畴大于私密信息,前者包含后者。而对于已满十四周岁者而言,私密信息和敏感个人信息的内容部分重叠,但不完全重合,例如,生物识别所使用的人脸信息属于敏感个人信息,但暴露于公共场所的人脸信息一般不被视为私密信息;而个人兴趣、偏好可以是私密信息,但未必属于敏感个人信息。

(二)个人信息访问使用等的权限

有权限者方能合法收集、存储、传输、使用、处理个人信息。问题在于,谁有此权限,如何获取此权限,反之,无权限者要承担什么法律责任。访问使用等的合法性基础可概括为三点,分别是主体权限、主体同意、免于主体同意的其他合法性事由。

1. 主体权限。个人信息的主体有权限。例如,在患者到医疗机构就医的场景下,病历是个人医疗信息的重要载体。在医疗信息化背景下,电子病历逐渐普及。患者是病历所记载的个人医疗信息的主体。根据《医疗纠纷预防和处理条例》第十六条的规定,患者有权查阅、复制其门诊病历、住院志、体温单、医嘱单、化验单(检验报告)、医学影像检查资料、特殊检查同意书、手术同意书、手术及麻醉记录单、病理资料、护理记录、医疗费用以及国务院卫生主管部门规定的其他属于病历的全部资料。患者死亡的,其近亲属可以依法查阅、复制病历资料。

2. 主体同意。主体之外的人获得主体同意后,被授权访问使用个人信息。根据《网络安全法》的规定,网络运营者收集、使用个人信息,应当遵循合法、正当、必要的原则,公开收集、使用规则,明示收集、使用信息的目的、方式和范围,并经被收集者同意。《个人信息保护法》要求,原则上,处理个人信息应当取得个人同意。对于敏感个人信息,只有在具有特定的目的和充分的必要性,并采取严格保护措施的情形下,个人信息处理者方可处理敏感个人信息,并且应当取得个人的单独同意,依法应当取得书面同意的,从其规定。个人医疗健康信息一般属于敏感个人信息,适用单独同意的要求。

3. 主体同意的例外。《个人信息保护法》第十三条第二款规定了免于主体同意但具备其他合法性事由即可处理个人信息的例外情形。这些情形包括:①为订立、履行个人作为一方当事人的合同所必需,或者按照依法制定的劳动规章制度和依法签订的集体合同实施人力资源管理所必需;②为履行法定职责或者法定义务所必需;③为应对突发公共卫生事件,或者紧急情况下为保护自然人的生命健康和财产安全所必需;④为公共利益实施新闻报道、舆论监督等行为,在合理的范围内处理个人信息;⑤依照本法规定在合理的范围内处理个人自行公开或者其他已经合法公开的个人信息;⑥法律、行政法规规定的其他情形。

(三)无权限访问使用等的法律后果

无权限访问使用个人信息的法律后果包括侵权责任、行政处罚和刑事责任。

1. 侵权责任。根据《民法典》第一千二百二十六条的规定,医疗机构及其医务人员泄露患者的隐私和个人信息,或者未经患者同意公开其病历资料的,应当承担侵权责任。在医疗信息化的背景下,错误记录以致污染医疗大数据的行为也会成为侵权责任的根据。

> **案例 17-5**
>
> 被告卫生室在未进行充分诊断的基础上将四名原告的疾病录入为急性丁型病毒性肝炎。而当地医疗保障事务中心出具的证明显示,原告均无该病的报销记录和用药记录。原告在发现错误后,要求修改医保信息,但录入信息已无法在系统中进行修改。
>
> 法院认为,公民个人健康信息属于个人敏感信息,在健康医疗大数据应用背景下,被告错误录入疾病名称必然会对原告在应用个人健康信息时造成一定的影响或后果,二者之间具有因果关系,故被告应当承担相应的侵权责任,判决被告登报澄清医保信息误录入的情况,并在报上对原告赔礼道歉。

2. 行政处罚。行政处罚的法律依据较多。根据《网络安全法》第六十四条,网络运营者、网络产品或者服务的提供者违反法律规定,侵害个人信息依法得到保护的权利的,要受到行政处罚。《个人信息保护法》第六十六条规定了违法处理个人信息者的行政处罚;本法第六十八条规定了国家机关不履行个人信息保护义务的,以及履行个人信息保护职责的部门的工作人员玩忽职守、滥用职权、徇私舞弊,尚不构成犯罪的,要受到行政处罚。根据《医师法》第五十六条,医师在执业活动中泄露患者隐私或者个人信息的,医师本人要被处以行政处罚。

3. 刑事责任。刑事责任的根据主要有两个罪名。一是侵犯公民个人信息罪。根据《刑法》第二百五十三条之一的规定,违反国家有关规定,向他人出售或者提供公民个人信息,情节严重的,构成犯罪。违反国家有关规定,将在履行职责或者提供服务过程中获得的公民个人信息出售或者提供给他人的,从重处罚。上述规定是惩处医疗信息倒卖的重要依据。二是非法获取计算机信息系统数据罪。根据《刑法》第二百八十五条的规定,违反国家规定,侵入计算机信息系统或者采用其他技术手段,获取该计算机信息系统中存储、处理或者传输的数据,或者对该计算机信息系统实施非法控制,情节严重的,构成犯罪。对个人医疗信息无访问权限者非法进入医疗机构的计算机信息系统的,适用此罪。

五、医疗健康信息跨境流动

医疗健康信息涉及大量敏感个人健康生理信息,其跨境流动是关乎国家安全、公共卫生和国际合作的重要议题。并且,与其他领域以主动追求经济利益的数据跨境流动不同,医疗健康信息跨境流动的目标多为公益导向,如跨境医疗会诊、跨境医学研究、国际临床试验等。这要求制度设计既要保障数据安全,又要促进科研创新和国际合作。在医疗领域,数据处理者包括医疗卫生机构,以及医药企业、医疗健康网络平台的运营者等,上述主体应依法开展医疗健康信息跨境流动活动。

1. 受监管的个人信息跨境流动。受监管的个人信息跨境流动包括如下情况:一是将在境内运营中收集和产生的个人信息传输至境外;二是收集和产生的个人信息存储在境内,境外机构、组织或者个人可以查询、调取、下载、导出;三是《个人信息保护法》第三条第二款规定的情形,即在境外处理境内自然人个人信息等其他个人信息处理活动,包括以向境内自然人提供产品或者服务为目的,分析、评估境内自然人的行为,以及法律、行政法规规定的其他情形。需要注意的是,数据处理者在境外收集和产生的个人信息传输至境内处理后向境外提供,处理过程中没有引入境内个人信息或者重要数据的,免于对其实施三项管理机制。

2. 个人信息跨境流动的管理机制。《个人信息保护法》第三十八条第一款确立了个人信息跨境提供的三项管理机制,包括通过国家网信部门组织的安全评估(简称安全评估),按照国家网信部门的规定经专业机构进行个人信息保护认证(简称个人信息保护认证),以及按照国家网信部门制定的标准合同与境外接收方订立合同并在网信部门备案（简称标准合同备案）。

在《网络安全法》《数据安全法》《个人信息保护法》的框架下，国家网信部门等相关部门陆续出台部门规章以及规范性文件（见表17-2），为三项管理机制的实施提出具体要求。在国家探索便利化的数据跨境流动安全管理机制的政策引导下，国家网信部门于2024年3月22日发布《促进和规范数据跨境流动规定》，旨在贯彻落实三项管理机制的过程中，注重保障数据安全，保护个人信息权益，同时促进数据依法有序自由流动。特别在数据跨境流动便利化的方向上，上述规定导入了三项管理机制豁免机制（简称豁免机制）。

表17-2　个人信息跨境提供的三项管理机制实施相关具体要求

管理机制	名称	发布机构	发布日期
安全评估	《数据出境安全评估办法》	国家互联网信息办公室	2022年7月7日
	《数据出境安全评估申报指南（第二版）》	国家互联网信息办公室	2024年3月22日
个人信息保护认证	《个人信息保护认证实施规则》	国家互联网信息办公室，国家市场监督管理总局	2022年11月4日
标准合同备案	《个人信息出境标准合同办法》	国家互联网信息办公室	2023年2月22日
	《个人信息出境标准合同备案指南（第二版）》	国家互联网信息办公室	2024年3月22日

3. 安全评估的适用场景。在个人信息跨境提供的三项管理机制中，安全评估是国家最严格的监管措施，其适用于如下场景：场景一是，数据处理者不限，向境外提供重要数据；场景二是，关键信息基础设施运营者向境外提供个人信息；场景三是，关键信息基础设施运营者以外的数据处理者自当年1月1日起累计向境外提供100万人以上个人信息（不含敏感个人信息）或者1万人以上敏感个人信息。在场景二和场景三中，豁免机制的条件得到满足的，可免于安全评估。

重要数据是安全评估的绝对条件，因此，明确重要数据的内涵和外延尤为重要。根据《数据出境安全评估办法》第十九条的规定，重要数据，是指一旦遭到篡改、破坏、泄露或者非法获取、非法利用等，可能危害国家安全、经济运行、社会稳定、公共健康和安全等的数据。为了明确重要数据的范围，《网络数据安全管理条例》（2025年1月1日实施）要求，"各地区、各部门应当按照数据分类分级保护制度，确定本地区、本部门以及相关行业、领域的重要数据具体目录，对列入目录的网络数据进行重点保护"。而对于未被相关部门、地区告知或者公开发布为重要数据的，《促进和规范数据跨境流动规定》第二条指出，"数据处理者不需要作为重要数据申报数据出境安全评估"。而在医疗领域中，根据《医疗卫生机构网络安全管理办法》，各医疗卫生机构依据数据的重要程度以及遭到破坏后的危害程度建立本单位数据分类分级标准。

在实践层面，2023年，首都医科大学附属北京友谊医院与阿姆斯特丹大学医疗中心的共同研究项目在北京通过了数据出境安全评估，这不仅是医疗领域的首例，也是全国范围内数据出境安全评估获批的首例。

4. 标准合同备案和个人信息保护认证的使用场景。在上述安全评估的适用场景之外，关键信息基础设施运营者以外的数据处理者自当年1月1日起累计向境外提供10万人以上、不满100万人个人信息（不含敏感个人信息）或者不满1万人敏感个人信息的，应当在订立标准合同和个人信息保护中择一适用。豁免机制的条件得到满足的，可免于订立标准合同或个人信息保护认证。

在实践层面，进入2024年后跨国药企在上海和广东等地也开始依法通过标准合同备案实现相关个人信息的跨境提供。

5. 特别法的优先适用。医疗健康信息跨境流动涉及到国家秘密、人类遗传资源信息对外提供和开放共享等情况时，相关特别法应该得到优先适用。

第三节 PCBL：远程人体手术是否可得允许？

远程人体手术是否可得允许？《互联网诊疗管理办法(试行)》《互联网医院管理办法(试行)》《远程医疗服务管理规范(试行)》以及《互联网诊疗监管细则(试行)》等文件对此没有明确规定。

远程人体手术的高风险主要有两个原因：一是通信信号传输中可能出现误差和时延；二是主刀医师与患者远离，不能立即临场处理手术中的突发或异常情况。长期以来，医师通过对动物实施远程手术不断探索、攻克技术上的难题。

伴随着 5G 技术的发展和 D2D 协同模式的成熟，远程人体手术在临床上实现了重大突破。2019年 3 月 16 日，位于解放军总医院海南医院的神经外科主任医师通过中国移动 5G 网络实时传送的高清视频画面，远程操控手术，为身处北京的中国人民解放军总医院的帕金森病患者完成了脑起搏器植入手术。2022 年 4 月 10 日，北京协和医院泌尿外科主任医师在协和远程医疗中心与位于 6 公里外北京大学第一医院手术室内的医师合作，采用远端和近端的双控制台，操控北京大学第一医院手术室内的康多手术机器人机械臂系统，完成多点远程实时交互肾盂成形手术。

远程人体手术属于人工智能辅助治疗技术，是国家限制类技术，被列入国家卫生健康委员会 2022 年 3 月 30 日发布的《国家限制类技术目录》中。国家限制类技术在符合《医疗技术临床应用管理办法》要求的前提下，可被用于临床。远程人体手术属于特殊的手术方法，术前应就远程人体手术的风险、可替代医疗方案等情况向患者进行特别说明告知，保护其知情同意权。

（于佳佳）

思考题

1. 为什么互联网诊疗不能提供首诊服务？
2. 请用自己手机实际操作，检验目前互联网医疗存在哪些问题？
3. 请用自己手机实际操作，检验目前互联网处方药品销售存在哪些问题？
4. 国家为什么在保障医疗大数据安全的同时，强调对医疗大数据的开发应用？
5. 国内医药企业与境外大学研究所合作研发新药的过程中，需要向境外合作者提供新药临床试验数据，该数据涉及受试者的医疗健康信息，请思考在上述情况下向境外提供新药临床试验数据存在着哪些法律风险以及如何防范。

情景测试与思考

某患者术后从涉案医院出院时，通过涉案医师的推荐付费注册涉案医疗信息公司运营的医疗 App，之后分别于术后当月 9 日、11 日、18 日在 App 平台上与涉案医师沟通病情。

9 日的咨询内容是，上班后感觉早搏比休息时增多。此时距离出院仅有两三天，病情尚在恢复期。涉案医师建议吃药后复查动态心电图。11 日的咨询内容是，出现眼前"一黑一黑"的症状。涉案医师仍让患者观察，未分析新出现的病情原因并及时建议到医院就诊，存在不足。在 18 日的咨询中，从患者描述的症状看，症状明显增多，病情有加重的可能，但涉案医师没有告知患者及时到医院就医。18 日，患者虽到另一家医院就诊，但翌日病情恶化，经抢救无效死亡。

经查，涉案医师是患者住院期间的治疗组成员，参与患者手术中的辅助工作，负责术后及出院后的随访，其在 App 上答复患者得到了科室及涉案医院同意，可被认定为职务行为。

请思考如下问题：涉案医院的医师通过医疗 App 对患者进行术后和出院后随访，是否存在过错？

课后阅读资料

［1］FERGUSON A H. Should A Doctor Tell？：The evolution of medical confidentiality in Britain［M］. New York：Routledge，2020.

［2］TZANOU M. Health data privacy under the GDPR（Routledge research in the law of emerging technologies）［M］. New York：Routledge，2020.

［3］范先群 . 互联网 + 医疗健康［M］. 北京：人民卫生出版社，2020.

［4］JOHNSTON C. Digital health technologies：law，ethics，and the doctor-patient relationship（law and change）［M］. New York：Routledge，2022.

第十八章
放射诊疗相关法律问题

【学习要点】

1. 医疗机构开展放射诊疗工作的执业条件。
2. 医疗照射正当化和放射防护最优化原则。
3. 放射诊疗致人损害适用无过错归责原则。

放射诊疗工作是指使用放射性同位素、射线装置进行临床医学诊断、治疗和健康检查的活动。放射性同位素指某种发生放射性衰变的元素中具有相同原子序数但质量不同的核素。射线装置指 X 线机、加速器、中子发生器以及含放射源的装置。

放射技术应用于医学是利与害并存的,放射诊疗安全需要通过技术和管理两种手段,管理层面上主要是法律的规制。医务人员在对患者和受检者进行医疗照射时,应遵守医疗照射正当化和放射防护最优化的原则,有明确的医疗目的,严格控制受照剂量,确保诊治安全,同时做好相关防护,最大程度地减少射线对人体的损害。放射诊疗过程中损害的对象主要是患者或受检者、放射工作人员和其他公众(如陪检或候诊人员)。因放射原因造成人员伤害的,应依法承担法律责任,其中民事侵权责任适用无过错责任原则。

第一节　放射诊疗的分类管理及执业条件

一、放射诊疗实施分类管理制度

放射诊疗工作按照诊疗风险和技术难易程度分为四类管理,分别是放射治疗、核医学、介入放射学、X 线影像诊断。放射治疗,是指利用电离辐射的生物效应治疗肿瘤等疾病的技术。核医学,是指利用放射性同位素诊断或治疗疾病或进行医学研究的技术。介入放射学,是指在医学影像系统监视引导下,经皮针穿刺或引入导管做抽吸注射、引流或对管腔、血管等做成型、灌注、栓塞等,以诊断与治疗疾病的技术。X 线影像诊断,是指利用 X 线的穿透等性质取得人体内器官与组织的影像信息以诊断疾病的技术。

国家对放射源和射线装置实行分类管理。根据放射源、射线装置对人体健康和环境的潜在危害程度,从高到低将放射源分为 I 类、II 类、III 类、IV 类、V 类,将射线装置分为 I 类、II 类、III 类。

二、放射诊疗活动实施许可制度

医疗机构开展放射诊疗工作必须取得放射诊疗许可,按照所开展的放射诊疗工作的类别,分别向相应部门提出建设项目卫生审查、竣工验收和设置放射诊疗项目申请:①开展放射治疗、核医学工作的,向省级卫生行政部门申请办理;②开展介入放射学工作的,向设区的市级卫生行政部门申请办理;③开展 X 线影像诊断工作的,向县级卫生行政部门申请办理。同时开展不同类别放射诊疗工作的,向具有高类别审批权的卫生行政部门申请办理。

医疗机构取得放射诊疗许可证后,应到卫生行政部门办理相应诊疗科目登记手续,否则,不得开展放射诊疗工作。医疗机构也不得开展超出核准登记科目以外的其他放射诊疗活动。

放射诊疗许可证必须按期校验,申请校验时应提交本周期有关放射诊疗设备性能与辐射工作场所的检测报告、放射诊疗工作人员健康监护资料和工作开展情况报告。逾期不申请校验或擅自变更放射诊疗科目的,或校验不符合相关要求,且逾期不改进或改进后仍不符合要求的,由原批准部门注销其放射诊疗许可证。

三、医疗机构开展放射诊疗工作的执业条件

(一) 开展放射诊疗工作应具备的基本条件

医疗机构开展放射诊疗工作应具备以下基本条件:①具有经核准登记的医学影像科诊疗科目;②具有符合国家相关标准和规定的放射诊疗场所和配套设施;③具有质量控制与安全防护专(兼)职管理人员和管理制度,并配备必要的防护用品和监测仪器;④产生放射性废气、废液、固体废物的,具有确保放射性废气、废物、固体废物达标排放的处理能力或可行的处理方案;⑤具有放射事件应急处理预案。

(二) 开展放射诊疗工作应具有的人员

医疗机构开展不同类别放射诊疗工作,应分别具有下列人员:①开展放射治疗工作的,应具有中级以上专业技术职务任职资格的放射肿瘤医师;病理学、医学影像学专业技术人员;大学本科以上学历或中级以上专业技术职务任职资格的医学物理人员;放射治疗技师和维修人员。②开展核医学工作的,应具有中级以上专业技术职务任职资格的核医学医师;病理学、医学影像学专业技术人员;大学本科以上学历或中级以上专业技术职务任职资格的技术人员或核医学技师。③开展介入放射学工作的,应具有大学本科以上学历或中级以上专业技术职务任职资格的放射影像医师;放射影像技师;相关内、外科的专业技术人员。④开展 X 线影像诊断工作的,应具有专业的放射影像医师。

(三) 配备安全防护装置和辐射检测仪器

医疗机构应按下列要求配备并使用安全防护装置、辐射检测仪器和个人防护用品:①放射治疗场所应按照相应标准设置多重安全联锁系统、剂量监测系统、影像监控、对讲装置和固定式剂量监测报警装置;配备放疗剂量仪、剂量扫描装置和个人剂量报警仪;②开展核医学工作的,设有专门的放射性同位素分装、注射、储存场所,放射性废物屏蔽设备和存放场所;配备活度计、放射性表面污染监测仪;③介入放射学与其他 X 线影像诊断工作场所应配备工作人员防护用品和受检者个人防护用品。

(四) 在相关设备和场所设置警示标志

医疗机构应在下列设备和场所设置醒目的警示标志:①装有放射性同位素和放射性废物的设备、容器,设有电离辐射标志;②放射性同位素和放射性废物储存场所,设有电离辐射警告标志及必要的文字说明;③放射诊疗工作场所的入口处,设有电离辐射警告标志;④在放射诊疗工作场所的控制区进出口及其他适当位置,设有电离辐射警告标志和工作指示灯。

第二节　放射诊疗的质量保证和安全防护

医疗机构应配备专(兼)职的管理人员,负责放射诊疗工作的质量保证和安全防护。医疗机构从以下几个方面做好质量保证和安全防护工作。

一、保证放射诊疗设备和检测仪表符合要求

医疗机构的放射诊疗设备和检测仪表,应符合下列要求:新安装、维修或更换重要部件后的设备,应经检测机构检测合格后方可启用;定期进行稳定性检测、校正和维护保养,由检测机构每年至少进行一次状态检测;按国家有关规定检验或校准用于放射防护和质量控制的检测仪表;放射诊疗设备及其相关设备的技术指标和安全、防护性能,应符合有关标准与要求。

NOTES

二、做好放射诊疗工作场所和防护设施的防护检测

医疗机构应定期对放射诊疗工作场所、放射性同位素储存场所和防护设施进行放射防护检测,保证辐射水平符合有关规定或标准。放射性同位素不得与易燃、易爆、腐蚀性物品同库储存。储存场所应采取有效的防泄漏等措施,并安装必要的报警装置。

放射性同位素储存场所应有专人负责,有完善的存入、领取、归还登记和检查的制度,做到交接严格,检查及时,账目清楚,账物相符,记录资料完整。

放射诊疗工作人员应佩戴个人剂量计。医疗机构应按有关规定和标准,对放射诊疗工作人员进行上岗前、在岗期间和离岗时的健康检查,定期进行专业及防护知识培训,并分别建立个人剂量、职业健康管理和教育培训档案。

三、遵守医疗照射正当化和放射防护最优化原则

放射诊疗工作人员对患者和受检者进行医疗照射时,应遵守医疗照射正当化和放射防护最优化的原则,有明确的医疗目的,严格控制受照剂量。对邻近照射野的敏感器官和组织进行屏蔽防护,并事先告知患者和受检者辐射对健康的影响。

(一) 实施放射诊断检查应遵守的规定

医疗机构在实施放射诊断检查前应对不同检查方法进行利弊分析,在保证诊断效果的前提下,优先采用对人体健康影响较小的诊断技术。实施检查应遵守下列规定:①严格执行检查资料的登记、保存、提取和借阅制度,不得因资料管理、受检者转诊等使受检者接受不必要的重复照射;②不得将核素显像检查和X线胸部检查列入婴幼儿及少年儿童体检的常规检查项目;③对育龄妇女腹部或骨盆进行核素显像检查或X线检查前,应问明是否怀孕,非特殊需要,不得对受孕8~15周的妇女进行下腹部放射影像检查;④应尽量以胸部X线摄影代替胸部荧光透视检查;⑤实施放射性药物给药和X线照射操作时,禁止非受检者进入操作现场,因患者病情需要其他人员陪检时,应对陪检者采取防护措施。

医疗机构使用放射影像技术进行健康普查的,应经过充分论证,制订周密的普查方案,采取严格的质量控制措施。

(二) 实施放射治疗应遵守的规定

医疗机构在对患者实施放射治疗前,应进行影像学、病理学及其他相关检查,严格掌握放射治疗的适应证。对确需进行放射治疗的,应制订科学的治疗计划,并按照下列要求实施:①对体外远距离放射治疗,放射诊疗工作人员在进入治疗室前,应首先检查操作控制台的源位显示,确认放射线束或放射源处于关闭位时,方可进入;②对近距离放射治疗,放射诊疗工作人员应使用专用工具拿取放射源,不得徒手操作;对接受敷贴治疗的患者采取安全护理,防止放射源被患者带走或丢失;③在实施永久性籽粒插植治疗时,放射诊疗工作人员应随时清点所使用的放射性籽粒,防止在操作过程中遗失;放射性籽粒植入后,必须进行医学影像学检查,确认植入部位和放射性籽粒的数量;④治疗过程中,治疗现场至少有两名放射诊疗工作人员,并密切注视治疗装置的显示及患者情况,及时解决治疗中出现的问题;严禁其他无关人员进入治疗场所;⑤放射诊疗工作人员应严格按照放射治疗操作规范、规程实施照射;不得擅自修改治疗计划;⑥放射诊疗工作人员应验证治疗计划的执行情况,发现偏离计划现象时,及时采取补救措施并向本科室负责人或本机构负责医疗质量控制的部门报告。

(三) 开展核医学诊疗应遵守的规定

医疗机构应遵守相应的操作规范、规程,防止放射性同位素污染人体、设备、工作场所和环境。按照有关标准的规定对接受体内放射性药物诊治的患者进行控制,避免其他患者和公众受到超过允许水平的照射。

对于核医学诊疗产生的放射性固体废物、废液及患者的放射性排出物,应单独收集,与其他废物、

废液分开存放,按国家有关规定处理。

四、制定放射事件应急预案并依法处置

根据《放射诊疗管理规定》,放射事件包括:①诊断放射性药物实际用量偏离处方剂量 50% 以上的;②放射治疗实际照射剂量偏离处方剂量 25% 以上的;③人员误照或误用放射性药物的;④放射性同位素丢失、被盗和污染的;⑤设备故障或人为失误引起的其他放射事件。

医疗机构应制定防范和处置放射事件的应急预案。发生上述情形之一的,应及时进行调查处理,如实记录并报告,同时立即采取有效应急救援和控制措施,防止事件的扩大和蔓延。

《放射性同位素与射线装置安全和防护条例》设"辐射事故应急处理"专章,《放射事故管理规定》对放射事故进行了界定。

第三节　PCBL:放射诊疗致人身损害为什么适用无过错归责原则?

一、侵权责任中的无过错责任原则

(一) 无过错责任原则的设立意图

侵权责任法律制度的基本作用,一是保护受害人,二是减少侵权行为。绝大多数情形下,侵权责任的承担需要侵权人主观上有过错。随着工业化的发展和法人制度的确立及危险事项的增多,关于企业责任若仍贯彻过错责任,则受害人无端受损而得不到救济,企业制造危险并从中获利而不承担任何责任,这有悖社会公平正义,背离过错责任原则的宗旨,因此,无过错责任便作为对过错责任原则的修正逐渐形成为一项独立的归责原则被广泛运用于企业责任。它适用于正常情况下一般人难以意识、即便意识到也难以避免的危险情形,如产品缺陷、环境污染、高危作业等所造成的损害。可见,设立无过错责任原则的意义,在于加重行为人对产品、高度危险行为等的关注义务,严格其生产、销售、使用等活动,以保护公众不受危害,即便受到损害也能得到救济,使其损害赔偿请求权容易实现。

(二) 无过错责任的构成要件

无过错责任原则亦称危险责任原则、严格责任原则,不以侵权人的过错为责任要件而依法律的特别规定承担责任。

无过错责任的构成要件有:①实施了侵权行为,包括侵权人的活动以及其所管理的人或物造成了他人民事权益的损害行为;②受害人有客观存在的损害事实;③侵权行为与损害结果之间存在因果关系,该损害结果是由侵权人的行为或者管理的人或物造成的;④其适用必须有法律的特别规定。

二、放射诊疗造成的损害适用无过错责任原则

(一) 放射诊疗属于高度危险作业

高度危险作业是指从事高空、高压、易燃、易爆、剧毒、放射性和高速运输工具等对周围环境有高度危险的作业。一般认为,具体行为构成高度危险作业应当具备三个条件:①作业本身具有高度的危险性。该危险性变成现实损害的概率很大,超过了一般人正常的防范意识,或者说超过了一般条件下人们可以避免或躲避的危险。②即使采取安全措施并尽到了相当的注意也无法避免损害,具有不完全受人控制或者难以控制的危害性。③不考虑高度危险作业人对造成损害是否存在过错。

放射诊疗属于高度危险作业吗? 既然具有高度危险性为什么还要使用?

随着放射技术的不断进步,各种利用射线独有的穿透与电离作用、放射性衰变及核素示踪特征等的电离辐射技术在医学上被广泛应用,形成了各类放射诊疗技术,经过不断发展与完善,已成为现代医学不可或缺的重要组成部分。然而,它的危害性也有目共睹,例如 γ 线容易造成人体细胞内 DNA 断裂进而引起细胞突变、造血功能缺失、癌症等疾病,甚至造成组织和器官严重损伤而导致死亡。

2017 年 10 月 27 日世界卫生组织下属的国际癌症研究机构,把 X 线和伽马射线辐射列在了一类致癌物清单中。射线对人身所造成的损害主要来自两个方面:一是人为因素,即诊疗中未严格遵守法律规定的条件、措施、标准等;二是射线本身对人身的损害。虽然放射诊疗属于高度危险作业,然而其在某些疾病的诊治上的不可替代性,使得人类只能"两害相权取其轻"。

(二)民法典关于放射性作业适用无过错责任的规定

我国《民法典》第一千二百三十六条规定:从事高度危险作业造成他人损害的,应当承担侵权责任。很明显,这类责任的承担适用无过错侵权责任。《民法典》第一千二百三十九条规定:占有或者使用易燃、易爆、剧毒、高放射性、强腐蚀性、高致病性等高度危险物造成他人损害的,占有人或者使用人应当承担侵权责任;但是,能够证明损害是因受害人故意或者不可抗力造成的,不承担责任。被侵权人对损害的发生有重大过失的,可以减轻占有人或者使用人的责任。根据该条规定,除非能够证明损害是因受害人故意或者不可抗力造成的,否则都要承担责任。

(杨　平)

思考题

1. 简述不同类别放射诊疗工作的执业条件有什么不同。
2. 简述医疗照射正当化和放射防护最优化原则。
3. 思考放射诊疗造成的损害适用无过错责任的意义。

情景测试与思考

如果你想对接诊的患者进行放射诊断检查,必须遵守怎样的规定? 如果你接诊的是已经受孕 8~15 周的女性,是否可以对她进行下腹部放射影像检查?

课后阅读资料

川村凑.日本核殇七十年[M].刘高力,译,杭州:浙江文艺出版社,2021.

第十九章
人体器官移植相关法律问题

【学习要点】
1. 人体器官移植的基本原则。
2. 人体器官的捐献与摘取相关法律规定。
3. 人体器官的分配与买卖相关法律规定。
4. 我国人体器官移植法律制度的完善。

人体器官移植这项令人瞩目的尖端医疗技术,为器官损伤、衰竭甚至患有不治之症的患者带来希望,为他们提供了恢复健康、回归正常生活乃至延长寿命的机会。我国已经制定的《人体器官捐献和移植条例》和《刑法修正案(八)》中的相关条文,对人体器官的临床应用进行了全面规制。在我国移植器官供需严重不平衡的现实状况下,我国的人体器官移植事业正面临着新的挑战与机遇,亟需从法治层面予以配合和推动。

第一节　人体器官移植概述

人体器官移植,是为救助几乎完全丧失器官功能的患者,而将健康器官植入给患者以替代其病损器官的医疗行为。根据器官来源的不同,可分为尸体器官移植、活体器官移植、人造器官移植和异种器官移植。目前临床开展的是尸体器官移植与活体器官移植,人造器官移植和异种器官移植仍处于研究试验阶段。我国《列子·汤问》里记载有扁鹊为鲁国公扈和赵国齐婴换心的故事,国外也有不少关于器官移植的传说,反映了古代人类对器官移植的美好愿望。随着医学的发展与进步,到了 20 世纪器官移植才真正得以实现。1954 年美国医生穆雷成功实施了世界上首例肾脏移植手术,开启了人类器官移植的历史。在 1977 年我国上海瑞金医院成功实施第一例肝移植手术之后,器官移植在我国获得快速发展。

人体器官移植涉及供体、受体、医疗机构等多方主体,包括捐献、摘取、保存、运送、植入等多道环节。在这些环节中违反法定要件或法定程序的行为具有严重的社会危害性,不仅无法让器官移植技术实现帮助患者恢复健康、延续生命的目的,还会对供体(捐献器官的人)或受体(接受器官的人)生命权和健康权造成侵害或危险,同时还会打击器官供体对捐献器官的积极性。因此,需要法律对人体器官移植作出行之有效的规制。

第二节　人体器官移植法律制度

一、人体器官移植法律规制现状及问题

器官移植不仅涉及供体和受体的健康与生命等个人法益,还涉及器官不可买卖性等社会法益。世界各国普遍重视人体器官移植的法律规制,大多数开展器官移植的国家都通过立法明确器官移植的要件及程序,将器官移植的发展纳入法治轨道。

我国内地对人体器官移植的法律规制起步较晚,但发展比较迅速。上海于 2001 年 3 月颁布的《上海市遗体捐献条例》成为我国第一部关于器官移植的地方立法。之后,山东、武汉、宁波、深圳以及福建等地也陆续出台了遗体捐献条例。2006 年,卫生部公布《人体器官移植技术临床应用管理暂行规定》,第一次从国家层面为我国的人体器官移植的发展与规范指出了方向。在此基础之上,2007 年,国务院公布并施行《人体器官移植条例》,首次从行政法规层面对人体器官移植进行了全面规范。2009 年,卫生部公布《关于活体器官的若干规定》,对活体器官提供者的范围进行了限定。2011 年施行的《刑法修正案(八)》增设了"组织出卖人体器官罪",对非法摘取活体器官行为和非法摘取尸体器官行为进行了刑法规制。同年,卫生部与中国红十字会共同公布《人体器官捐献登记管理办法》,实现了公民死后器官捐献的法治化。2018 年年末,国家卫健委发布了《中国人体器官分配、共享基本原则与核心政策》,推动了我国人体器官分配的透明化。2020 年通过的《民法典》在"人格权"编第二章"生命权、身体权和健康权"中对遗体和人体器官、人体组织捐献作出明确规定,明确禁止人体买卖,与《人体器官移植条例》中的相关规定进行了有效衔接。2023 年 12 月,国务院公布《人体器官捐献和移植条例》(以下称《捐献和移植条例》),对器官的捐献和移植制度进行了体系性完善。以上法律文件相互配合,有力地推动了我国的人体器官移植事业的法治化进程,也为此后的进步奠定了基础。

(一) 人体器官移植的基本原则

关于器官移植,《捐献和移植条例》共规定了五项基本原则。其中,第六条和第八条分别规定了"禁止买卖原则"和器官捐献的"自愿、无偿原则",规定我国公民既有捐献器官的自由,也有不捐献器官的自由,捐献应当是无偿的,禁止器官买卖。第九条、第十条规定了"保护未成年人原则",允许捐献器官的只能是具有完全民事能力的公民,禁止未满十八周岁的公民捐献活体器官。第十五条规定了"技术管理原则",明确我国医疗机构从事人体器官移植应当具备的条件。第二十条规定了"禁止差别原则",在安排等待分配的患者时应当遵循公正、公平、公开的原则。这几个基本原则是在参考世界卫生组织人体器官移植指导原则以及十多个域外国家的人体器官移植法的基础上制定的,具有较高的合理性,为我国的人体器官移植的健康发展奠定了坚实基础。

(二) 人体器官移植的科目登记

根据《捐献和移植条例》第二十三条的规定,医疗机构从事人体器官移植,应当向国务院卫生健康部门提出申请。国务院卫生健康部门审查同意的,向所在地省、自治区、直辖市人民政府卫生健康部门申请办理人体器官移植诊疗科目登记。此外,能够从事人体器官移植的医疗机构需要具备四个要件:①有与从事人体器官移植相适应的管理人员、执业医师和其他医务人员;②有满足人体器官移植所需要的设备、设施和技术能力;③有由医学、法学、伦理学等方面专家组成的人体器官移植伦理委员会;④有完善的人体器官移植质量管理和控制等制度。

省、自治区、直辖市人民政府卫生健康部门进行人体器官移植诊疗科目登记,除依据上面规定的条件外,还应当考虑本行政区域人体器官移植的医疗需求和合法的人体器官来源情况,审核后应及时公布已经办理人体器官移植诊疗科目登记的医疗机构名单。已经办理人体器官移植诊疗科目登记的医疗机构不再具备上述法定条件的,应当停止从事人体器官移植,并向原登记部门报告。原登记部门应当自收到报告之日起两个工作日内注销该医疗机构的人体器官移植诊疗科目登记,并予以公布。省级以上人民政府卫生主管部门应当定期组织专家根据人体器官移植手术成功率、植入的人体器官和术后患者的长期存活率,对医疗机构的人体器官移植临床应用能力进行评估,并及时公布评估结果;对评估不合格的,由原登记部门撤销人体器官移植诊疗科目登记。未办理人体器官移植诊疗科目登记而擅自开展人体器官移植的,除依照《医疗机构管理条例》对医疗机构和相关责任人员予以行政处罚外,情节严重的,对其中非法行医人员要追究非法行医罪的刑事责任。

（三）人体器官的捐献与摘取

1. 遗体器官　遗体器官捐献，即公民在死后捐献出自己的器官。依照《捐献和移植条例》第九条和《民法典》第一千零六条的规定，死后器官捐献要符合以下两个要件之一：①供体在生前表明死后同意捐献器官，且应当是具有完全民事行为能力并年满十八周岁的成年人；②供体生前没有明确表达同意但也未表示不同意，但存在其近亲属共同出具的愿意捐献器官的书面同意书。此要件通过《刑法修正案（八）》得到了来自于刑法的强力保障。违背死者生前意愿摘取其尸体器官的行为按照盗窃、侮辱尸体罪定罪处罚。本条的保护法益是死者的残存人格尊严以及死者亲属对死者的情感。所以，只有当死者本人生前同意或者其近亲属共同同意捐献其器官时，摘取该遗体器官的行为才能阻却违法性得以合法化。

我国针对提供器官的同意模式采用的是扩大同意模式，除本人同意外，获得家属同意也可进行器官捐献。我国的器官捐献的登记工作由各省的人体器官捐献管理中心实施。现在，除了到各省的捐献管理中心现场登记外，在中国人体器官捐献管理中心的网站上也可登记。

器官捐献的供体出现后，实施器官移植的医疗机构会对供体进行医学检查，评估受体感染疾病的风险。当检查结果显示适合移植时，由伦理委员会对捐献意愿的真实性、是否存在买卖人体器官的现象、配型和受体的适应证是否符合伦理原则以及移植技术管理规范等问题进行审查，委员同意人数达到三分之二以上方可进行移植。出于对捐赠者的尊重，器官摘取后，要对遗体进行外观复原。移植手术结束后，该医疗机构需要保存关于供体的相关医学资料。

遗体器官捐献的前提是供体已经死亡。在医学上，死亡的标准分为"心脏死亡"与"脑死亡"。"心脏死亡"说认为只有心脏彻底丧失功能才意味着人真正死亡。"脑死亡"说则认为当人的包括脑干在内的全脑功能不可逆转地丧失时就是死亡。目前，我国法律还未明确规定法律上的死亡标准，但法学界的通说及实务判定死亡的传统标准是心脏死亡。根据 2011 年 5 月卫生部发布的《关于启动心脏死亡捐献器官移植试点工作的通知》附件 1《中国心脏死亡器官捐献分类标准》（简称为《分类标准》），我国现阶段公民逝世后心脏死亡器官捐献分为三大类：①国际标准化脑死亡器官捐献（DBD）；②国际标准化心死亡器官捐献（DCD）；③中国过渡时期脑 - 心双死亡标准器官捐献（DBCD）。其中第①类，分类标准要求必须由通过原卫生部委托机构培训认证的脑死亡专家明确判定为脑死亡，在此基础上，家属完全理解并选择按脑死亡标准停止治疗、捐献器官，可以为医疗机构及医务人员规避日后被追责的法律风险。关于第③类，分类标准规定，此类虽已完全符合脑死亡的捐献标准，但鉴于对脑死亡法律支持框架的缺位，仍应依照心死亡器官捐献程序严格实施。可见，该分类标准已尝试推动脑死亡标准，但因缺乏法律支撑，目前临床上人体器官移植仍立足于心脏死亡标准。

2. 活体器官　我国对活体器官的捐献条件有严格限制。依照《捐献和移植条例》的相关规定，除获得捐献人的知情同意外，活体器官供体需年满十八周岁、具有完全行为能力。而且，器官的受体仅限于活体器官捐献人的配偶、直系血亲或者三代以内旁系血亲。活体器官捐献的供体出现后，与遗体器官捐献同样，由医疗机构对供体进行医学检查，评估受体感染疾病的风险。检查通过后，提交伦理委员会审查，有三分之二以上委员同意方可进行移植。审查通过后医疗机构及相关医疗人员需要向捐献者说明摘取器官的风险、术后注意事项、可能的并发症以及预防措施，捐献者同意后让其签署知情同意书，确认供体和受体之间是否存在条例第十一条所规定的关系。此外，摘取器官的直接后果不得伤害到供体其他的正常生理功能，手术结束后要保存供体的医学资料并定期对其进行回访指导。

（四）人体器官的分配与买卖

《捐献和移植条例》第二十条规定，"遗体器官的分配，应当符合医疗需要，遵循公平、公正和公开的原则。具体办法由国务院卫生健康部门制定"。换言之，条文仅简单规定了分配原则，对人体器官的分配方法未作具体规定，导致出现多付移植费用的外国人以旅游名义来华接受器官移植手术的现象。该行为剥夺了原本属于当地患者的获救机会。鉴于此，2007 年 6 月，卫生部发布《关于境外人员申请人体器官移植有关问题的通知》，禁止医疗机构和医疗相关人员为以旅游为名来华的外国人进行器官移植手术。2008年5月，国际移植学会发表《伊斯坦布尔宣言》，以剥夺当地患者的移植机会违反公平和正义为由，原则上禁止了器官移植旅游。受此影响，WHO在2009年的总会上，发布了各国应当在本国内实现器官移植的指导方针。可见，原卫生部发布的通知与WHO的指导方针具有一致性。

2012年7月中国红十字会直属的"中国人体器官捐献管理中心"获批成立，负责参与人体器官捐献的宣传动员、报名登记、捐献见证、公平分配、救助激励、缅怀纪念及信息平台建设等相关工作。当器官捐献者出现后，其相关信息被输入全国人体器官分配系统，电脑软件会自动将其器官分配给相匹配的待机患者。2018年7月，国家卫健委印发《中国人体器官分配与共享基本原则和核心政策》。其器官分配目标为：①降低等待者死亡率；②提高器官移植受者的术后生存率；③保障人体器官分配与共享的公平性；④减少人体器官的浪费。整体而言，我国人体器官分配的规范性与透明性在不断增高。

根据我国人体器官捐献管理中心的统计数据，截至2024年8月13日，我国实现捐献器官的人数为54 284人，捐献器官个数达到167 360个。整体来看，我国器官捐献数量逐年上升，但较于器官需求量而言，我国器官供需关系仍不平衡。我国禁止器官买卖，买卖人体器官或者从事与买卖人体器官有关活动的，由设区的市级以上地方人民政府卫生主管部门依照职责分工没收违法所得，并处交易额十倍以上二十倍以下的罚款。医疗机构参与上述活动的，还应当对负有责任的主管人员和其他直接责任人员依法给予处分，并由原登记部门撤销该医疗机构人体器官移植诊疗科目登记，该医疗机构十年内不得从事人体器官移植；医务人员参与上述活动的，由原发证部门吊销其执业证书，终身禁止其从事医疗卫生服务。国家工作人员参与买卖人体器官或者从事与买卖人体器官有关活动的，由有关国家机关依据职权依法给予撤职、开除的处分。

《刑法》第二百三十四条之一第一款规定："组织他人出卖人体器官的，处五年以下有期徒刑，并处罚金；情节严重的，处五年以上有期徒刑，并处罚金或者没收财产。""组织出卖人体器官罪"是我国刑法中正式设立的第一个与人体器官移植有关的罪名，为《刑法修正案（八）》所增设。器官买卖的行为，涉及重大健康法益的处分，已超出了被害人同意的有效范围，无法依靠被害人同意理论实现正当化。本罪除保护供体的生命健康法益外，更为重要的保护法益是"人类尊严"，即人的不可"物化"性，人体器官的非商品性。因此对于买卖器官的组织行为自然需要通过刑法予以禁止。

（五）人体器官的植入

与摘取器官行为同样，器官的植入行为要成为正当业务行为，需要符合医学适应性、医术正当性以及患者的知情同意这三个要件。换言之，除具备医学目的以及受体的知情同意外，还需要考量器官移植的必要性及有效性，特别要谨慎进行利益与风险的衡量，其中的风险既包括供体被摘取器官的生命、健康受损风险，也包括受体被植入器官的风险。那些风险显然高于利益的器官植入（比如：有其他可以救治受体疾病的常规治疗方法；植入的是已经癌变的器官；因配型不符，成功率只有1%等情形），即使具有受体的知情同意，也难以实现正当化。器官移植作为特殊的治疗行为，其正当化要件由人体器官移植技术临床应用与伦理委员会（以下简称"伦理委员会"）进行预审。如不同意摘取人体器官的，医疗机构不得作出移植人体器官的决定，医务人员不得移植人体器官。伦理委员会在我国人体器官移植中发挥着重要作用。

二、人体器官移植相关法律规制之完善

（一）脑死亡标准

我国尚未确立脑死亡的死亡标准。人体心脏停止搏动后，只要血块完全凝结，器官就不能用于移植，器官留有活性的时间很短。而患者脑死亡后，其身体器官并未停止运转，这样有活性的器官用于器官移植，其匹配度和成功率相较于尸体器官都更高。目前世界上已有不少国家确立了脑死亡的标准，比如，英国、德国、奥地利、瑞士、日本等。

（二）合理确定活体器官的供体范围

为了打击"移植婚姻"，卫生部于2009年发布了《关于规范活体器官移植的若干规定》。依据其第二款的规定，活体器官捐献人与接受人的配偶关系仅限于结婚三年以上或者婚后已育有子女的配偶。此规定严格限定了活体器官的供体范围，有利于打击变相的器官买卖行为。但是，此规定对配偶的限定过于严格。上述规定排除了夫妻结婚未满三年，但婚后其中一方被确诊为需要进行活体器官移植的合法性。

（三）器官的"开源"与"节流"

首先，激励人们积极参与死后捐献。捐献器官、奉献爱心的意识应当从小开始培养，充分利用学校教育以及各类媒体宣传，普及器官捐献的法律规定和政策，在全社会形成一种大爱奉献的氛围。在此基础上，逐步建立器官捐献的鼓励、促进和补偿机制。此外，可以考虑对供体进行经济补偿和激励。问题的关键是如何让器官捐献方获得一定利益，但同时此利益又并不会增加不富裕受体方的负担，相反，还要使这些不富裕的患者也可以公平地享受到器官移植医疗服务。

其次，拓展活体器官捐献来源。《捐献和移植条例》出于保护弱者的原则，禁止精神病患者和未满十八周岁的未成年人捐献活体器官。但该规定是否符合这两者的最佳利益也有不同争议。

最后，降低移植器官的需求量。预防是最好的治疗，应提高我国对心脏、肝脏、肾脏等器官疾病的防治水平，尽量在患者产生器官移植的需求之前将疾病治愈。当然，最佳的问题解决途径是，国家大力倡导健康的生活方式和理念，完善医疗卫生保障体系，提高人民群众的身体素质和健康水平，从源头上减少国民对器官移植的需求。

（四）人体器官移植伦理委员会制度的完善

伦理委员会的成立宗旨是为了防止器官买卖等非法行为，保护供体和受体的合法利益。但在器官移植临床中，负责器官移植的医生作为伦理委员会成员参加关联事案审查工作的现象较为普遍。作为利益相关方，其难以同时代表供体和受体双方的利益。因此，我国有必要完善《捐献和移植条例》，增加伦理委员会成员的"利益关系人回避制度"，规定与审查事案有关联的器官移植医生不得作为伦理委员会的成员参与审查投票，当然针对审查内容可以给予其陈述意见的机会。此外，当下众多伦理委员会的审查标准以及程序差异化较大，经常出现"同案不同判"现象，显然有失公平与正义。应由卫生健康主管部门牵头，组织全国重要的医学、法学、伦理学专家进行交流、研讨，形成全国通用的审查标准和程序，最后由卫生健康主管部门以指导原则或行业指南的形式发布。

第三节　PCBL：病变器官移植是否合法？

一、病变器官移植的问题

由于器官供需的严重不平衡，有不少长期待机等不到捐献器官的患者，即使他人摘取下来的病变器官，也希望可以移植给自己。虽然是病变的器官，但总归比自己几乎彻底丧失功能的器官强，所以确实存在患者本人不仅同意且迫切希望的情形。这类使用人体病变器官进行移植的行为是人体器官移植中最难评价的。日本宇和岛市曾发生过一起医生将一位供体已经得了癌症的肾脏移植给了一位需要接受肾脏移植的受体的案件。这类移植行为能否实现正当化存在很大争议。

二、病变器官移植之法律评价

病变器官究竟是否适合移植，属于医学判断。该信息应如实充分地向受体提供。如上述，如果受体存在法益关系错误，其愿意接受器官移植的承诺无效，植入行为成立伤害罪。但如果，受体是在接受说明，充分了解病变器官风险之后而仍然决定愿意接受该器官移植，对此该如何处理？

关于植入器官的行为，其问题在于是否符合作为正当医疗行为要件之一的"医术正当性"。根据国外的研究资料，首先，有数据显示如果使用病变肾脏进行移植，这类肾脏的生存率与通常的肾脏相比要低不少。其次，如果使用的是已长有恶性肿瘤的肾脏，即使通过免疫抑制疗法治疗，这些带入的肿瘤细胞仍有很高概率复发，导致受体生存率下降。因此，这类病变肾脏的移植难以符合"医术正当性"，自然无法通过"正当治疗行为"合法化，而且，由于其属于"具有生命危险的伤害"，通过"被害人同意"理论也无法实现正当化。有国外资料显示，首先，由功能障碍或器官障碍引发的良性肾脏疾病，应当选择保留肾脏的保守治疗。其次，即使是肾肿瘤等良性疾病，也应当通过抗生素等药物予以治疗。最后，哪怕是肾细胞癌等恶性肾脏疾病，为了降低患者的健康风险，临床一般也倾向于选择切除部分肾脏的疗法。因此，即使是恶性疾病，完全摘除患者肾脏行为不仅欠缺"医学适应性"，而且不符合"医术正当性"，不仅不能成为"正当治疗行为"实现正当化，而且同样由于"具有生命危险"，无法通过"被害人同意"理论实现正当化。

综上，病变肾脏的活体器官移植，无论是摘除行为还是植入行为，均难以通过"正当治疗行为"实现正当化。

三、器官移植法律规制之展望

人体器官移植技术是一把双刃剑：一方面能够让原本陷于绝境的患者重燃希望，是医学史上的巨大进步；另一方面，一旦滥用就会侵害供体和受体的健康与生命法益，甚至是人类尊严。法律是促进器官移植技术发展和保护供体与受体权益的最后一道屏障，合理有效的法律规制能够规避风险，更加充分地发挥其有利的一面，反之则可能侵害人权，给社会带来极大危害。我国应当在借鉴世界先进经验并结合我国现实情况的基础上，科学、合理地解决人体器官移植法律规制中的相关问题，促进人体器官移植事业健康发展，让更多的患者享受到这项技术所带来的喜悦与希望！

（刘建利）

思考题

1. 简述我国关于器官移植的基本原则。
2. 简述我国死后器官捐献的同意模式。
3. 简述我国活体器官捐献的要件与正当化依据。
4. 简述买卖人体器官的法律责任。
5. 如何解决我国移植器官供需严重不平衡的问题？

情景测试与思考

重度肾脏疾病患者甲，随时有生命危险，只有接受肾脏移植才能治愈。某日接到通知，终于等到肾源，当日晚可进行器官移植手术。甲的仇家乙获知此消息后，潜伏在医院门口，故意毁坏移植用的肾脏。甲因未能及时接受器官移植手术，1个月后死亡。

请分析乙行为的法律责任。

课后阅读资料

［1］刘建利. 医事行为的刑法规制［M］. 南京：东南大学出版社，2019.
［2］唐义红，荣振华. 活体器官移植法律与伦理问题研究［M］. 北京：中国政法大学出版社，2017.

第二十章
传染病防治与突发公共卫生事件应急法律制度

【学习要点】

1. 传染病防控的基本原则和主要法律制度。
2. 突发公共卫生事件应急管理体系及应对策略。
3. 传染病防控和突发公共卫生事件应对中医务人员的相关法律职责。

传染病是影响人民健康的主要危害因素之一,特别是重大传染病疫情,会对人民健康乃至社会发展和人民生活造成重大影响和危害。预防、控制和消除传染病的发生与流行,保障人体健康和公共卫生活动中产生的各种社会关系,需要法律的规范和保障。依法抗疫是最重要的原则和最有力的武器。

国家历来重视对传染病的防控工作。现在,我国传染病防治和突发公共卫生事件应急法律体系包括:《传染病防治法》(1989 年实施、2004 年修订、2013 年修正、2025 年修正)、《国境卫生检疫法》及相关的《基本医疗卫生与健康促进法》《疫苗管理法》《食品安全法》《献血法》等法律;《国内交通卫生检疫条例》《突发公共卫生事件应急条例》《病原微生物实验室生物安全管理条例》《医疗废物管理条例》《艾滋病防治条例》《血吸虫病防治条例》等行政法规;《性病防治管理办法》《结核病防治管理办法》《消毒管理办法》《传染性非典型肺炎防治管理办法》《突发公共卫生事件与传染病疫情监测信息报告管理办法》《传染病病人或疑似传染病病人尸体解剖查验规定》《医疗机构传染病预检分诊管理办法》等部门规章,以及配套的卫生标准和卫生规范等。

第一节　传染病防治管理法律制度

一、概述

(一) 基本原则

传染病防治应坚持预防为主、防治结合的方针,坚持政府主导、依法防控、科学防控、联防联控、群防群控等基本原则。传染病具有传染性,能迅速传播、流行,危害大,控制难,同时传染病患者也是传染源,因此,预防为主、防治结合是传染病防治的工作方针。各级政府在制定社会经济发展规划时,必须包括传染病防治目标,并积极组织实施,采取有效的措施,以减少传染病的发生和流行。要及时发现患者,尽快隔离治疗,实行预防措施和治疗措施相结合。

(二) 适用范围

《传染病防治法》是公共卫生法的主要组成部分,它是以保障公民的生命健康和公共卫生安全为根本目标,直接涉及每一个人的切身利益,关系到每一个人的安全。在中华人民共和国领域内的一切单位和个人,必须接受疾病预防控制机构、医疗机构有关传染病的调查、检验、采集样本、隔离治疗等预防、控制措施,如实提供有关情况。"领域"包括领空、领水、领海和延伸意义上的领域。"一切单位"

包括我国的一切机关、团体、企事业单位,也包括在我国境内的外资企业、中外合资、合作企业等;"一切个人"包括我国领域内的一切自然人,包括中国人、具有外国国籍的人和无国籍人。因为传染病防治方面的特殊性,根据我国有关法律规定和国际惯例,外交人员无传染病防治方面的豁免权,所以驻中国的外国使、领馆人员也应遵守传染病防治法律的规定。

(三) 病种管理

根据经济社会发展水平、传染病发病水平和危害程度,结合国际上通用做法,按照传染病对人体健康和社会的危害程度以及采取的防控措施,分为甲类、乙类、丙类,以及突发原因不明的传染病等其他传染病,并对不同类别传染病采取相应的预防、控制措施。甲类传染病,是指对人体健康和生命安全危害特别严重,可能造成重大经济损失和社会影响,需要特别严格管理、控制疫情蔓延的传染病,包括鼠疫、霍乱。乙类传染病,是指对人体健康和生命安全危害严重,可能造成较大经济损失和社会影响,需要严格管理、降低发病率、减少危害的传染病,包括新型冠状病毒感染、传染性非典型肺炎、艾滋病、病毒性肝炎、脊髓灰质炎、人感染新亚型流感、麻疹、流行性出血热、狂犬病、流行性乙型脑炎、登革热、猴痘、肺结核等。丙类传染病,是指常见多发,对人体健康和生命安全造成危害,可能造成一定程度的经济损失和社会影响,需要关注流行趋势、控制暴发和流行的传染病,包括流行性感冒、流行性腮腺炎、风疹、急性出血性结膜炎、麻风病等。为了应对现实中新发传染病或已有传染病的新的流行状况,《传染病防治法》还规定了对病种及防控类别进行及时调整的制度。国务院卫生健康主管部门根据传染病暴发、流行情况和危害程度,及时确定和调整各类传染病名录予以公布。甲类传染病及需要采取甲类传染病的预防、控制措施的名录,须由国务院卫生健康主管部门报经国务院批准后予以公布、实施,解除甲类管理的路径也同此。如新冠疫情期间,根据流行情况,国务院批准将新型冠状病毒感染纳入和解除其采取甲类传染病管理。省、自治区、直辖市人民政府对本行政区域内常见、多发的其他地方性传染病,可以根据情况决定按照乙类或者丙类传染病管理并予以公布,报国务院卫生健康主管部门备案。对于需要采取甲类传染病预防、控制措施的乙类传染病和突发原因不明的传染病,经法定程序可以采取甲类传染病预防、控制措施,需要解除上述措施的,经法定程序后予以解除。

(四) 传染病防治管理体系

传染病防治需要全社会各部门共同努力,《传染病防治法》在确立各级政府的领导地位的同时,对相关部门的工作及职责进行了具体规定。

县级以上人民政府建立健全传染病防治的疾病预防控制、医疗救治、应急处置、物资保障和监督管理体系。县级以上地方人民政府疾病预防控制部门负责本行政区域传染病预防、控制的组织指导工作,负责本行政区域传染病疫情应对相关工作。县级以上地方人民政府其他有关部门在各自职责范围内负责传染病防治有关工作。

传染病防控,特别是重大疫情控制涉及医学、社会学、管理学、信息技术等多学科专业性工作,因此,还应建立专家咨询机制,为传染病防治政策的制定及实施提供咨询、评估、论证等技术支撑。

医疗卫生机构是传染病防控中的专业队伍,发挥着重要作用。各级疾病预防控制机构承担传染病监测、预测、流行病学调查、疫情报告以及其他预防、控制工作。

传染病防控需要提高公众对传染病的防治意识和应对能力。一切单位、团体和个人有责任和义务协助、支持和配合传染病防控工作。国家开展预防传染病的健康教育,新闻媒体应当无偿开展传染病防治和公共卫生教育的公益宣传。各级各类学校应当对学生进行健康知识和传染病预防知识的教育。

> **案例20-1**
>
> 王某在重大传染病疫情流行期间,隐瞒个人病情,拒不履行预防、控制措施,导致疫情扩散。
> 请思考:①公民在传染病防控中的法定义务? ②如何提高公众对传染病的防控意识?

二、传染病的预防

(一) 主要预防制度

传染病传播包括以下三要素:传染源、传播途径以及易感人群。预防传染病要从严格控制传染源、切断传播途径、保护易感人群入手。传染病预防制度主要包括:公共卫生基础建设和健康生活方式倡导;预防接种和免疫规划制度;传染病监测与风险评估制度;传染病预警制度;传染病防控预案制度;日常卫生管理制度等。

(二) 医务人员的主要职责

根据所在医疗卫生机构的不同类别,医务人员应承担本人所在岗位的相关职责。各级疾病预防控制机构承担传染病预防控制规划、监测、流行病学调查、实验室检验检测、诊断、病原学鉴定、免疫规划、健康教育、咨询以及其他预防、控制工作、防治基础性研究等。二级以上医疗机构应当有专门的科室并指定专门的人员,承担本机构的传染病预防、控制和传染病疫情报告以及责任区域内的传染病预防工作。基层医疗卫生机构应当有专门的科室或者指定人员负责传染病预防、控制管理工作,在疾病预防控制机构指导下,承担本机构的传染病预防、控制和责任区域内的传染病防治健康教育、预防接种、传染病疫情报告、传染病患者健康监测以及城乡社区传染病疫情防控指导等工作。采供血机构、生物制品生产单位必须严格执行国家有关规定,保证血液、血液制品的质量,防止由输入血液、使用血液制品引起的经血液传播疾病。病原微生物实验室应当符合国家规定的条件和技术标准,建立严格的监督管理制度,对传染病病原体样本按照规定的措施实行严格管理,严防传染病病原体的实验室感染和病原微生物的扩散。医务人员应严格执行各项卫生制度,预防传染病的发生和流行。

三、传染病的监测、报告和预警

(一) 传染病的监测、报告和预警制度

1. 传染病的监测制度　国家建立健全传染病监测制度,建设多点触发、反应快速、权威高效的传染病监测预警体系。国家加强传染病监测,依托传染病监测系统实行传染病疫情和突发公共卫生事件网络直报,建立重点传染病以及原因不明的传染病监测哨点,拓展传染病症状监测范围,收集传染病症候群、群体性不明原因疾病等信息。疾病预防控制机构对传染病的发生、流行以及影响其发生、流行的因素进行监测,及时掌握重点传染病流行强度、危害程度以及病原体变异情况。

2. 传染病的报告制度　承担传染病防控相关职责的部门及执行职务的人员,在发现传染病疫情或者发现其他传染病暴发、流行以及突发原因不明的传染病时,应当遵循疫情报告属地管理原则,按照规定的内容、程序、方式和时限报告。任何单位和个人发现传染病患者或者疑似传染病患者时,应当及时向附近的疾病预防控制机构或者医疗机构报告。

3. 传染病的预警制度　国家建立健全传染病预警制度,疾病预防控制机构根据传染病监测信息和传染病疫情风险评估结果,向社会发布健康风险提示;发现可能发生突发公共卫生事件,经评估认为需要发布预警的,向同级疾病预防控制部门提出发布预警的建议。疾病预防控制部门收到建议后应当及时组织专家进行分析研判,需要发布预警的,由卫生健康主管部门、疾病预防控制部门立即向同级人民政府报告。县级以上人民政府依照有关突发公共卫生事件应对的法律、行政法规和国务院规定的权限和程序,决定向社会发布预警。

(二) 医务人员的主要职责

1. 提高识别能力　医疗机构是传染病患者就诊的第一站,也是发现和控制传染源的第一线。医务人员要提高对传染病的警觉性和识别力,及时、准确发现《传染病防治法》规定的传染病疫情、具备传染病流行特征的不明原因聚集性疾病或者发现其他传染病暴发、流行等信息。

2. 及时规范上报　医务人员发现甲类传染病患者、病原携带者、疑似患者或者新发传染病、突发原因不明的传染病,以及其他传染病暴发、流行时,应当于 2 小时内进行网络直报;发现乙类传染病患者、疑似患者或者国务院疾病预防控制部门规定需要报告的乙类传染病病原携带者时,应当于 24 小

时内进行网络直报；发现丙类传染病患者时，应当于 24 小时内进行网络直报。不得隐瞒、谎报、缓报传染病疫情。

3. 严格执行相关卫生管理制度　医疗机构及其人员必须严格执行国务院卫生健康主管部门规定的管理制度、操作规范，防止传染病的医源性感染和医院感染。做好医疗活动中与医院感染有关的危险因素监测、安全防护、消毒、隔离和医疗废物处置工作。实验室应当符合国家规定的条件和技术标准，建立严格的监督管理制度，对传染病病原体样本按照规定的措施实行严格监督管理，严防传染病病原体的实验室感染和病原微生物的扩散。使用血液和血液制品，必须遵守国家有关规定，防止由输入血液、使用血液制品引起的经血液传播疾病。

四、传染病疫情的控制

（一）主要控制措施

《传染病防治法》规定了发现传染病疫情、传染病暴发流行、发现甲类传染病、发生新发传染病或突发原因不明的传染病、甲类或乙类传染病、发生重大传染病疫情等情况下，具有法定义务的组织和机构应当采取的控制与应急的相关制度及各主体的具体权限。

主要控制措施包括发生传染病疫情时的疫情调查；传染病暴发、流行时的紧急措施；发生甲类传染病时对场所或者该场所内的特定区域人员的隔离措施；甲类、乙类传染病暴发、流行时的疫区宣布及封锁等。疫区封锁期间，当地人民政府要保障区域内的医疗服务、社会稳定，提供基本生活保障等。

（二）医务人员的职责

1. 发现甲类传染病时，应当及时采取下列措施：①对患者、病原携带者，予以隔离治疗或医学观察，隔离期限根据医学检查结果和疫情防控要求确定；②对疑似患者，确诊前在指定场所单独隔离治疗；③对患者、病原携带者、疑似患者的密切接触者，在指定场所进行医学观察和采取其他必要的预防措施。在此需要注意的是，医疗机构并没有被直接授予采取强制措施的权力，对于拒绝隔离治疗或者隔离期未满擅自脱离隔离治疗的，可以请公安机关协助采取强制隔离治疗措施。

2. 医疗机构发现乙类或者丙类传染病患者时，应当根据病情采取必要的治疗和控制传播措施。县级以上地方人民政府疾病预防控制部门指定的医疗机构对肺结核患者进行治疗；对具有传染性的肺结核患者进行耐药检查和规范隔离治疗，对其密切接触者进行筛查。基层医疗卫生机构对肺结核患者进行健康管理。

3. 对本单位内被传染病病原体污染的场所、物品以及医疗废物，必须依照法律、法规的规定实施消毒和无害化处置。

五、传染病的医疗救治

《传染病防治法》2004 年修订后，增加医疗救治专章，2025 年修订版继续保留该章，较为详细地规范了传染病救治的相关制度。近几年国家还出台了一系列政策文件，保障了包括应急建设和定点改造医疗机构、全国医务人员对口支援、医疗救治和防护物资保障、科研技术攻关、医疗费用财政兜底等在内的各项重大医疗救治措施的落实。

1. 医疗救治体系　县级以上人民政府应当加强和完善传染病医疗救治服务网络的建设，指定具备传染病救治条件和能力的医疗机构承担传染病救治任务，或者根据传染病救治需要设置传染病医院。应吸纳新冠疫情防控经验，加强和完善平疫结合，健全优化重大疫情救治体系，建立由传染病专科医院、综合性医院、中医医院、院前急救机构、临时性救治场所等构成的综合救治体系。

2. 医疗救治实施　医疗机构应当实行传染病预检、分诊制度；按照传染病诊断标准和治疗要求提高传染病医疗救治能力；注重发挥中西医各自优势，提高救治效果。对传染病患者或者疑似传染病患者提供医疗救护、现场救援和接诊治疗，规范书写病历记录以及其他有关资料，并妥善保管。不具备相应救治能力的，应当将患者及其病历记录复印件一并转至具备相应救治能力的医疗机构。应当按照规定对使用的医疗器械进行消毒；对按照规定一次性使用的医疗器具，应当在使用后予以销毁。

NOTES

案例 20-2

2022 年 3 月,某市卫生监督执法人员收到线索举报,辖区内某一民营医疗机构存在预检分诊人员脱岗情况。卫生执法人员现场监督检查,发现该医疗机构"小门"敞开,预检分诊处无人值守,就诊患者随意进出,尚未整改。该单位被处以警告,并责令停业整顿三天。

3. 医疗救治保障　主要包括以下三方面:①对医疗救治物资的保障。县级以上人民政府负责储备防治传染病的药品、医疗器械和其他物资,以备调用。②对救治费用的保障。国家对患有特定传染病的困难人群实行医疗救助,减免医疗费用。③对医务人员的保障。对从事传染病预防、医疗、现场处理疫情的人员,采取有效的卫生防护措施和医疗保健措施,并给予适当的津贴。

六、医务人员的法律责任

《传染病防治法》规定了传染病防治中各行政管理部门、医疗卫生机构、社会组织及个人等相关主体的违法责任。涉及医务人员的将承担法律责任的违法行为主要包括以下方面:①未依法履行传染病监测、疫情风险评估职责;②未依法履行传染病疫情报告职责,隐瞒、谎报、缓报、漏报传染病疫情,或者干预传染病疫情报告;③未主动收集传染病疫情信息,或者对传染病疫情信息和疫情报告未及时进行分析、调查、核实;④发现传染病疫情或者接到传染病疫情报告时,未依据职责及时采取本法规定的措施;⑤未遵守国家有关规定,导致因输入血液、使用血液制品引起经血液传播疾病的发生;⑥未按照规定承担本机构的传染病预防、控制工作,医疗机构感染控制任务或者责任区域内的传染病预防工作;⑦未按照规定对本机构内被传染病病原体污染的场所、物品以及医疗废物、医疗污水实施消毒或者无害化处置;⑧发现传染病疫情时,未按照规定对传染病患者、疑似患者提供医疗救护、现场救援、接诊治疗、转诊,或者拒绝接受转诊;⑨医疗机构未按照规定对使用的医疗器械进行消毒或者灭菌,或者对按照规定一次性使用的医疗器械使用后未予以销毁、再次使用;⑩非法采集血液或者组织他人出卖血液;⑪疾病预防控制机构、医疗机构的实验室和从事病原微生物实验的单位,不符合国家规定的条件和技术标准,对传染病病原体和样本未按照规定的措施实行严格管理;⑫违反国家有关规定,采集、保藏、提供、携带、运输、使用病原微生物菌(毒)种和传染病检测样本;⑬医疗机构、疾病预防控制机构、检验检测机构未按照传染病检验检测技术规范和标准开展检验检测活动,或者出具虚假检验检测报告;⑭医疗机构、疾病预防控制机构泄露传染病患者、病原携带者、疑似患者或者上述人员的密切接触者的个人隐私或者个人信息。

以上违法行为构成犯罪的,依法承担刑事责任;导致传染病传播、流行,给他人人身、财产造成损害的,依法承担民事责任。

第二节　国境卫生检疫法律制度

一、概述

国境卫生检疫法也是传染病防控的主要法律制度。国境卫生检疫是保障本国人民的健康和履行国际义务的重要制度。目前我国主要的法律法规文件包括《国境卫生检疫法》《国境卫生检疫法实施细则》和《国境口岸卫生监督办法》等。随着全球化的发展,国际间人员、交通工具和货物的流动日益频繁,传染病传播的风险也相应增加。为了不断完善国境卫生检验制度,《国境卫生检疫法》自1986 年颁布以来经过了多次修正和修订;2024 年 6 月的修订版于 2025 年 1 月 1 日起实施。

1. 立法目的　《国境卫生检疫法》的立法目的是加强国境卫生检疫工作,防止传染病跨境传播,保障公众生命安全和身体健康,防范和化解公共卫生风险。

2. 适用范围　在我国对外开放的口岸(以下简称"口岸"),海关依照《国境卫生检疫法》的规定履行检疫查验、传染病监测、卫生监督和应急处置等国境卫生检疫职责。国境卫生检疫涉及的传染病病种包括检疫传染病、监测传染病和其他需要在口岸采取相应卫生检疫措施的新发传染病、突发原因不明的传染病。检疫传染病目录由国务院疾病预防控制部门会同海关总署编制、调整，报国务院批准后公布。监测传染病目录，由国务院疾病预防控制部门会同海关总署编制、调整并公布。

3. **基本原则**　国境卫生检疫工作坚持中国共产党的领导，坚持风险管理、科学施策、高效处置的原则，健全常态和应急相结合的口岸传染病防控体系。

二、检疫查验

1. **检疫查验对象**　进境出境的人员、交通运输工具，集装箱等运输设备、货物、行李、邮包等物品及外包装（以下统称"货物、物品"），应当依法接受检疫查验，经海关准许，方可进境出境。

2. **基本制度要求**　进境出境的人员、交通运输工具、货物、物品，应当分别在最先到达的口岸和最后离开的口岸接受检疫查验；货物、物品也可以在海关指定的其他地点接受检疫查验。

3. **尸骸及特殊物品管理**　尸体或骸骨，血液等人体组织、病原微生物、生物制品等关系公共卫生安全的货物、物品，除纳入药品、兽药、医疗器械管理外的，都应当由海关经检疫查验合格后方可进境出境。因患检疫传染病死亡的，尸体应当就近火化。

三、传染病监测

1. **监测内容**　各地海关应当按照口岸传染病监测规划和方案，结合对进境出境的人员、交通运输工具、货物、物品等实施检疫查验，系统、持续地收集、核对和分析相关数据，对可能跨境传播的传染病的发生、流行及影响因素、发展趋势等进行评估。

2. **报告与处置**　各地海关发现传染病，应当采取相应的控制措施，并及时向海关总署报告，同时向口岸所在地县级以上地方人民政府疾病预防控制部门以及移民管理机构通报。县级以上地方人民政府疾病预防控制部门发现传染病，应当及时向当地海关、移民管理机构通报。任何单位和个人发现口岸或者进境出境的人员、交通运输工具、货物、物品等存在传播传染病风险的，应当及时向就近的海关或者口岸所在地疾病预防控制机构报告。对可能患有监测传染病的人员，海关应当发给就诊方便卡，并及时通知口岸所在地县级以上地方人民政府疾病预防控制部门。对持有就诊方便卡的人员，医疗机构应当优先诊治。

四、卫生监督与应急处置

1. **卫生监督**　海关依照国境卫生检疫法以及有关法律、行政法规和国家规定的卫生标准，对口岸和停留在口岸的进境出境交通运输工具的卫生状况实施卫生监督。海关发现口岸或者进境出境交通运输工具的卫生状况不符合法律、行政法规和国家规定的卫生标准要求的，有权要求有关单位和个人进行整改，必要时要求其实施卫生处理。

2. **应急处置**　发生重大传染病疫情，需要在口岸采取应急处置措施的，海关总署、国务院卫生健康主管部门、国务院疾病预防控制部门应当提请国务院批准启动应急响应。根据重大传染病疫情应急处置需要，经国务院决定，可以采取下列措施并应当事先公布：①对来自特定国家或者地区的人员实施采样检验；②禁止特定货物、物品进境出境；③指定进境出境口岸；④暂时关闭有关口岸或者暂停有关口岸部分功能；⑤暂时封锁有关国境；⑥其他必要的应急处置措施。

五、法律责任

以下违反《国境卫生检疫法》规定的相关人员将依法承担法律责任。

1. 进境出境人员不如实申报健康状况、相关信息或者拒绝接受检疫查验。

2. 交通运输工具不依法申报报告相关事项，不依法接受检疫查验、卫生监督的，对交通运输工具负责人实施处罚。

NOTES

3. 进境出境货物、物品的收发货人、收寄件人、携运人（携带人）、承运人或者其代理人未按照规定向海关申报与检疫查验有关的事项或者不如实申报有关事项，或者拒绝接受检疫查验、拒绝实施卫生处理，或者未经海关准许移运或提离货物、物品等。

4. 托运尸体、骸骨，血液等人体组织、病原微生物、生物制品等关系公共卫生安全的货物、物品进境出境，未按照规定向海关申报或者不如实申报，或者未经检疫查验合格擅自进境出境。

5. 其他违法行为，如：未经许可在口岸从事食品生产经营、饮用水供应服务、公共场所经营；违反《国境卫生检疫法》有关卫生监督的其他规定，或者拒绝接受卫生监督；使用买卖、出借或者伪造、变造的国境卫生检疫单证；工作人员在国境卫生检疫工作中玩忽职守、滥用职权、徇私舞弊等。

第三节　突发公共卫生事件应急法律制度

一、概述

为了有效预防、及时控制和消除突发公共卫生事件的危害，保障公众身体健康与生命安全，维护正常的社会秩序，2003 年 5 月 9 日国务院公布实施《突发公共卫生事件应急条例》（2011 年 1 月 8 日修订），构建起我国突发公共卫生事件应急法律制度，并配套颁布实施了包括《国家突发公共卫生事件应急预案》《国家突发公共事件医疗卫生救援应急预案》及十余部特定事件等单项预案。2007 年 11 月 1 日起施行的《突发事件应对法》，将突发公共卫生事件纳入突发事件类别，提升了突发公共卫生事件应急管理法律层级。

1. 突发公共卫生事件的概念和分级。突发公共卫生事件，是指突然发生，造成或者可能造成社会公众健康严重损害的重大传染病疫情、群体性不明原因疾病、重大食物和职业中毒以及其他严重影响公众健康的事件。按照社会危害程度、影响范围等因素，公共卫生事件分为特别重大、重大、较大和一般四级。《国家突发公共卫生事件应急预案》规定了特别重大突发公共卫生事件的七种具体情形。

2. 突发公共卫生事件的应对体系。国务院、省、自治区、直辖市人民政府成立的突发事件应急处理指挥部是辖区内突发公共卫生事件的指挥机构。卫生健康主管部门和其他有关部门，在各自的职责范围内做好突发事件应急处理的有关工作。

3. 突发公共卫生事件的工作原则。突发事件应急工作，应当遵循预防为主、常备不懈的方针，贯彻统一领导、分级负责、反应及时、措施果断、依靠科学、加强合作的原则。

二、预防与应急准备

1. 突发公共卫生事件应急预案制度。国务院卫生健康主管部门按照分类指导、快速反应的要求，制定全国突发事件应急预案，报请国务院批准。省、自治区、直辖市人民政府根据全国突发事件应急预案，结合本地实际情况，制定本行政区域的突发事件应急预案。

2. 突发公共卫生事件的预防控制体系。国家建立统一的突发事件预防控制体系。县级以上地方人民政府应当建立和完善突发事件监测与预警系统。

3. 能力提升与物资储备。县级以上各级人民政府应当加强急救医疗服务网络的建设，配备相应的医疗救治药物、技术、设备和人员，定期对医疗卫生机构和人员开展突发事件应急处理相关知识、技能的培训，定期组织医疗卫生机构进行突发事件应急演练，推广最新知识和先进技术；提高医疗卫生机构应对各类突发事件的救治能力。国务院有关部门和县级以上地方人民政府及其有关部门，应当根据突发事件应急预案的要求，保证应急设施、设备、救治药品和医疗器械等物资储备。

三、报告与信息发布

1. 信息报告。国家建立突发事件应急报告制度。突发事件监测机构、医疗卫生机构和有关单位发现有下列情形之一的，应当在 2 小时内向所在地县级人民政府卫生行政主管部门报告：①发生或者可能发生传染病暴发、流行的;②发生或者发现不明原因的群体性疾病的;③发生传染病菌种、毒种丢失的;④发生或者可能发生重大食物和职业中毒事件的。接到报告的卫生健康主管部门应当在2小时内向本级人民政府报告,并同时向上级人民政府卫生行政主管部门和国务院卫生行政主管部门报告。县级人民政府应当在接到报告后2小时内向设区的市级人民政府或者上一级人民政府报告;设区的市级人民政府应当在接到报告后2小时内向省、自治区、直辖市人民政府报告。省、自治区、直辖市人民政府应当在接到报告1小时内,向国务院卫生行政主管部门报告。国务院卫生健康主管部门对可能造成重大社会影响的突发事件,应当立即向国务院报告。

任何单位和个人对突发事件,不得隐瞒、缓报、谎报或者授意他人隐瞒、缓报、谎报。国家建立突发事件举报制度,任何单位和个人有权向人民政府及其有关部门报告突发事件隐患,有权向上级人民政府及其有关部门举报地方人民政府及其有关部门不履行突发事件应急处理职责,或者不按照规定履行职责的情况。

2. 信息发布。国务院卫生健康主管部门负责向社会发布突发事件的信息。必要时,可以授权省、自治区、直辖市人民政府卫生行政主管部门向社会发布本行政区域内突发事件的信息。信息发布应当及时、准确、全面。

四、应急处理

1. 调查与准备。接到报告的地方人民政府、卫生行政主管部门应当立即组织力量对报告事项调查核实、确证,采取必要的控制措施,并及时报告调查情况。卫生健康主管部门或者其他有关部门指定的专业技术机构,有权进入突发事件现场进行调查、采样、技术分析和检验,对地方突发事件的应急处理工作进行技术指导,有关单位和个人应当予以配合;任何单位和个人不得以任何理由予以拒绝。

2. 风险评估与预案启动。突发事件发生后,卫生健康主管部门应当组织专家对突发事件进行综合评估,初步判断突发事件的类型,提出是否启动突发事件应急预案的建议。应急预案启动后,突发事件发生地的人民政府有关部门,应当根据预案规定的职责要求,服从突发事件应急处理指挥部的统一指挥,立即到达规定岗位,采取有关的控制措施。医疗卫生机构应当服从突发事件应急处理指挥部的统一指挥,相互配合、协作。

3. 应急控制措施。根据突发事件应急处理的需要,突发事件应急处理指挥部有权紧急调集人员、储备的物资、交通工具以及相关设施、设备;必要时,可以对食物和水源采取控制措施;对人员进行疏散或者隔离,并可以依法对传染病疫区实行封锁并采取控制措施。

五、医疗机构及其医务人员职责

医疗卫生机构应当对因突发事件致病的人员提供医疗救护和现场救援,对就诊患者必须接诊治疗,并书写详细、完整的病历记录;对需要转送的患者,应当按照规定将患者及其病历记录的复印件转送至接诊的或者指定的医疗机构。

医疗卫生机构有下列行为之一的,由卫生健康主管部门责令改正,通报批评,给予警告;情节严重的,吊销《医疗机构执业许可证》;对主要负责人、负有责任的主管人员和其他直接责任人员依法给予降级或者撤职的纪律处分;造成传染病传播、流行或者对社会公众健康造成其他严重危害后果,构成犯罪的,依法追究刑事责任:①未依照本条例的规定履行报告职责,隐瞒、缓报或者谎报的;②未依照本条例的规定及时采取控制措施的;③未依照本条例的规定履行突发事件监测职责的;④拒绝接诊患者的;⑤拒不服从突发事件应急处理指挥部调度的。

第四节　PCBL:向艾滋病患者密切接触者披露病情侵犯患者隐私权吗?

一、问题的提出

近年来,随着我国法律的完善,患方权益保护也越来越受到重视。由于艾滋病的性传播性,艾滋病患者的隐私权与其性伴侣的知情权如何协调的问题,成为医务人员在提供医疗服务中的一个难题。

> **案例 20-3**
>
> 　　王某因不适到医院就诊,医师告诉王某需要复检,并要求患者带其配偶一起来。一周后,患者与其妻子一同来到医院,医师告知患者及其妻子,王某患有艾滋病,并要求王某的妻子和其他家庭成员接受检查。王某妻子回家后,因精神压力极大而跳楼自杀。王某向人民法院起诉,认为医院不应当将其患病的信息告知其妻子,要求医院对其妻子的死承担民事责任。

二、医方的法定权利义务

　　1. 有权获知艾滋病病毒感染者、艾滋病患者患病信息。《传染病防治法》规定:在中华人民共和国领域内的一切单位和个人,必须接受疾病预防控制机构、医疗机构有关传染病的调查、检验、采集样本、隔离治疗等预防、控制措施,如实提供有关情况。

　　2. 有上报疫情的义务。《传染病防治法》规定了依法上报法定传染病疫情职责,艾滋病属于严格管理的乙类传染病。

　　3. 有保护患者隐私的义务。《民法典》《医师法》《基本医疗卫生与健康促进法》《传染病防治法》等均要求依法保护患者隐私和个人信息。故意泄露传染病患者、病原携带者、疑似传染病患者、密切接触者涉及个人隐私的有关信息、资料应承担法律责任。

　　4. 有告知义务。《艾滋病防治条例》规定:对确诊的艾滋病病毒感染者和艾滋病患者,医疗卫生机构的工作人员应当将其感染或者发病的事实告知本人;本人为无行为能力人或者限制行为能力人的,应当告知其监护人。

三、问题分析

　　关于医疗机构及其相关医务人员是否能向艾滋病患者密切接触者披露病情,我国国家立法并无相关规定,仅在《艾滋病防治条例》中规定艾滋病病毒感染者和艾滋病患者本人应将感染或者发病的事实及时告知与其有性关系者。当然,医务人员在告知患者患病信息时,应开展艾滋病传播与防控的健康教育,提醒其有告知其密切接触者相关信息的义务。

　　近年来,新颁布或新修订的一些地方立法有了新的发展。主要变化包括如下几个方面。

　　1. 明确规定医疗卫生机构的告知权　如《云南省艾滋病防治条例》第二十条规定:"感染者和病人应当将感染艾滋病病毒的事实及时告知其配偶或者性伴侣;本人不告知的,医疗卫生机构有权告知。"

　　2. 艾滋病病毒感染者和艾滋病患者委托告知,或不履行本人的告知义务情形下,医疗卫生机构的告知权　如《新疆维吾尔自治区艾滋病防治条例》第二十七条规定:"艾滋病病毒感染者和艾滋病人在得知检测结果后应当自行或者委托医疗卫生机构将感染状况告知其配偶、与其有性关系者及监护人;三十日内未自行告知或者未委托告知的,其户籍地或者居住地医疗卫生机构和医务人员有权告知其配偶、与其有性关系者和监护人,并提供医学指导。"《广西壮族自治区艾滋病防治条例》规定:"艾滋病病毒感染者和艾滋病病人在得知阳性结果后一个月内应当将感染状况告知配偶或者与其有性关系者,或者委托疾病预防控制机构代为告知其配偶或者与其有性关系者;艾滋病病毒感染者和艾滋病病人不告知或者不委托告知的,疾病预防控制机构有权告知其配偶或者与其有性关系者,并提供医学指导。"

　　地方立法的新发展有利于加强艾滋病防控工作,也有利于保护艾滋病患者密切接触者的健康权;

能够更好地贯彻"以人民健康为中心",推进健康中国建设。由于地方立法在其辖区有效,医疗机构及医务人员应查阅所在地艾滋病防治条例,以明确具体行为规范。

(乐 虹)

思考题

1. 在传染病防控中,医务人员有哪些法律职责?
2. 应如何平衡疫情防控中公共利益与个人利益之间的关系?

情景测试与思考

1. 如果你接诊了一位被确诊为艾滋病的已婚患者,你应当怎么做才能更好地保护其配偶的健康权?

2. 当发生突发公共卫生事件,医院拟派遣你参加相关应急救援工作,你可以因为个人意愿而拒绝吗?

课后阅读资料

[1] 劳伦斯·高斯汀,林赛·威利. 公共卫生法[M]. 苏玉菊,刘碧波,穆冠群,译. 北京:北京大学出版社,2021.
[2] 约翰·科根,基思·赛雷特,A.M. 维安. 公共卫生法 伦理 治理与规制[M]. 宋华琳,李芹,李鸼,等,译. 南京:译林出版社,2021.
[3] 国务院法制办公室,卫生部《传染病防治法》修订小组. 中华人民共和国传染病防治法释义法律法规释义系列[M]. 北京:中国法制出版社,2004.

第二十一章

生物安全法律制度

【学习要点】

1. 生物安全法的基本原则和主要法律制度。
2. 医疗机构实验室生物安全管理法律制度。
3. 医务人员的相关行为规范与法律责任。

生物技术由于与生命现象、与人类自身直接相关,所以具有格外的重要性和敏感性,存在生物资源和人类遗传资源的安全、生物技术误用谬用、外来生物入侵、生物恐怖袭击、实验室生物安全等与生物相关的广泛风险和诸多威胁。生物安全(biosafety)直接影响生态安全、生命健康安全和经济安全等各方面,是国家安全、世界安全的重要组成部分。我国在积极推进和倡导构建人类卫生健康共同体、主张加强对生物科研的指导与规范的同时,努力加强国家生物安全风险防控和治理体系建设,提高国家生物安全治理能力,切实筑牢国家生物安全屏障。

第一节　生物安全管理主要法律制度

一、概述

《中华人民共和国生物安全法》(以下简称《生物安全法》)由中华人民共和国第十三届全国人民代表大会常务委员会第二十二次会议于 2020 年 10 月 17 日通过,自 2021 年 4 月 15 日起施行。

《生物安全法》是生物安全领域的一部基础性、综合性、系统性、统领性法律,它的颁布和实施起到一个里程碑的作用,标志着我国生物安全进入依法治理的新阶段。目前,我国已经构建起以《生物安全法》为核心,包括《传染病防治法》《职业病防治法》《环境保护法》《安全生产法》《国家安全法》以及《病原微生物实验室生物安全管理条例》《人类遗传资源管理条例》《基因工程安全管理办法》《医疗废物管理条例》《危险化学品安全管理条例》《易制毒化学品管理条例》《可感染人类的高致病性病原微生物菌(毒)种或样本运输管理规定》等相关行政法规、部门规章、技术标准的生物安全防控法律体系。

(一) 立法目的

《生物安全法》明确规定:为了维护国家安全,防范和应对生物安全风险,保障人民生命健康,保护生物资源和生态环境,促进生物技术健康发展,推动构建人类命运共同体,实现人与自然和谐共生,制定本法。这确立了《生物安全法》的立法目的和总体要求。

(二) 适用范围

生物安全,是指国家有效防范和应对危险生物因子及相关因素威胁,生物技术能够稳定健康发展,人民生命健康和生态系统相对处于没有危险和不受威胁的状态,生物领域具备维护国家安全和持续发展的能力。下列活动均属于《生物安全法》适用范围:①防控重大新发突发传染病、动植物疫情;②生物技术研究、开发与应用;③病原微生物实验室生物安全管理;④人类遗传资源与生物资源安全管理;⑤防范外来物种入侵与保护生物多样性;⑥应对微生物耐药;⑦防范生物恐怖袭击与防御生物武器威胁;⑧其他与生物安全相关的活动。

(三) 基本原则

生物安全是国家安全的重要组成部分。维护生物安全应当贯彻总体国家安全观,统筹发展和安全,坚持以人为本、风险预防、分类管理、协同配合的原则。要坚持中国共产党对国家生物安全工作的领导,建立健全国家生物安全领导体制,加强国家生物安全风险防控和治理体系建设,提高国家生物安全治理能力。国家鼓励生物科技创新,加强生物安全领域的国际合作。

(四) 防控体系

中央国家安全领导机构负责国家生物安全工作的决策和议事协调,研究制定、指导实施国家生物安全战略和有关重大方针政策,统筹协调国家生物安全的重大事项和重要工作,建立国家生物安全工作协调机制。

省、自治区、直辖市建立生物安全工作协调机制,组织协调、督促推进本行政区域内生物安全相关工作。

地方各级人民政府对本行政区域内生物安全工作负责。县级以上地方人民政府有关部门根据职责分工,负责生物安全相关工作。

基层群众性自治组织应当协助地方人民政府以及有关部门做好生物安全风险防控、应急处置和宣传教育等工作。

有关单位和个人应当配合做好生物安全风险防控和应急处置等工作。

(五) 公民责任

任何单位和个人不得危害生物安全。各级人民政府及其有关部门应当加强生物安全法律法规和生物安全知识宣传普及工作;相关科研院校、医疗机构以及其他企业事业单位应当将生物安全法律法规和生物安全知识纳入教育培训内容;新闻媒体应当开展生物安全法律法规和生物安全知识公益宣传,对生物安全违法行为进行舆论监督;提升公民维护生物安全的社会责任意识及知识与能力。任何单位和个人有权举报危害生物安全的行为;接到举报的部门应当及时依法处理。

二、主要法律制度

(一) 生物安全风险防控制度

国家建立生物安全风险防控制度,包括:①生物安全风险监测预警制度;②生物安全风险调查评估制度;③生物安全信息共享制度;④生物安全信息发布制度;⑤生物安全名录和清单制度;⑥生物安全标准制度;⑦生物安全审查制度;⑧生物安全应急制度;⑨生物安全事件调查溯源制度;⑩首次进境或者暂停后恢复进境的动植物、动植物产品、高风险生物因子国家准入制度;⑪境外重大生物安全事件应对制度。

(二) 防控重大新发突发传染病、动植物疫情

重大新发突发传染病(major new or sudden outbreaks of infectious diseases),是指我国境内首次出现或者已经宣布消灭后再次发生,或者突然发生,造成或者可能造成公众健康和生命安全严重损害,引起社会恐慌,影响社会稳定的传染病。重大新发突发动物疫情,是指我国境内首次发生或者已经宣布消灭的动物疫病再次发生,或者发病率、死亡率较高的潜伏动物疫病突然发生并迅速传播,给养殖业生产安全造成严重威胁、危害,以及可能对公众健康和生命安全造成危害的情形。重大新发突发植物疫情,是指我国境内首次发生或者已经宣布消灭的严重危害植物的真菌、细菌、病毒、昆虫、线虫、杂草、害鼠、软体动物等再次引发病虫害,或者本地有害生物突然大范围发生并迅速传播,对农作物、林木等植物造成严重危害的情形。

> **知识链接**
>
> ### 新发传染病（emerging infectious diseases）
>
> 　　新发传染病是相对于过去已知的传染病而言的。1992年，美国医学会在发表的《新出现的传染病：微生物对美国人群健康的威胁》报告中首次提出新发传染病的概念："新的、刚出现的或呈现抗药性的传染病，其在人群中的发生在过去20年中不断增加或者有迹象表明在将来其发病有增加的可能性。"由于对新发传染病缺乏识别和防控手段，所以容易发生重大疫情。近年来，新发传染病已经成为国际上共同面临的健康问题。2003年，WHO将新发传染病定义为"由新种或新发病原微生物引起的传染病，以及近年来导致地区性或国际性公共卫生问题的传染病"。
>
> 　　新发传染病的社会危害和影响，已经成为全球公共卫生中的重点和热点问题。如艾滋病、人感染高致病性禽流感、疯牛病、埃博拉出血热、严重急性呼吸综合征（SARS）、新型冠状病毒感染等新发传染病，都对人类健康构成了严重威胁。

　　为防控重大疫情，《生物安全法》要求构建和完善相关体系与制度，主要包括以下方面。

　　1. 监测预警体系　国务院卫生健康、农业农村、林业草原、海关、生态环境主管部门建立新发突发传染病、动植物疫情、进出境检疫、生物技术环境安全监测网络，并纳入国家生物安全风险监测预警体系。疾病预防控制机构、动物疫病预防控制机构、植物病虫害预防控制机构（以下统称专业机构）应当对传染病、动植物疫病和列入监测范围的不明原因疾病开展主动监测，收集、分析、报告监测信息，预测新发突发传染病、动植物疫病的发生、流行趋势。国务院有关部门、县级以上地方人民政府及其有关部门应当根据预测和职责权限及时发布预警，并采取相应的防控措施。

　　2. 信息报告与发布制度　任何单位和个人发现传染病、动植物疫病的，应当及时向医疗机构、有关专业机构或者部门报告。医疗机构、专业机构及其工作人员发现传染病、动植物疫病或者不明原因的聚集性疾病的，应当及时报告，并采取保护性措施。依法应当报告的，任何单位和个人不得瞒报、谎报、缓报、漏报，不得授意他人瞒报、谎报、缓报，不得阻碍他人报告。

　　3. 联防联控机制　建立重大新发突发传染病、动植物疫情联防联控机制。发生重大新发突发传染病、动植物疫情，应当依照有关法律法规和应急预案的规定及时采取控制措施。

　　4. 抗生素药物管理　加强对抗生素药物等抗微生物药物使用和残留的管理，支持应对微生物耐药的基础研究和科技攻关。县级以上人民政府卫生健康主管部门应当加强对医疗机构合理用药的指导和监督，采取措施防止抗微生物药物的不合理使用。

（三）生物技术研究、开发与应用安全

　　加强对生物技术研究、开发与应用活动的安全管理，禁止从事危及公众健康、损害生物资源、破坏生态系统和生物多样性等危害生物安全的生物技术研究、开发与应用活动。对生物技术研究、开发活动实行分类管理。根据对公众健康、工业农业、生态环境等造成危害的风险程度，将生物技术研究、开发活动分为高风险、中风险、低风险三类。

　　医疗卫生机构从事生物技术研究、开发与应用活动应当符合伦理原则；应当采取生物安全风险防控措施，制定生物安全培训、跟踪检查、定期报告等工作制度，强化过程管理。从事生物医学新技术临床研究，应当通过伦理审查，并在具备相应条件的医疗机构内进行；进行人体临床研究操作的，应当由符合相应条件的卫生专业技术人员执行。

（四）病原微生物实验室生物安全

　　国家加强对病原微生物实验室生物安全的管理，制定统一的实验室生物安全标准。国家根据病原微生物的传染性、感染后对人和动物的个体或者群体的危害程度，对病原微生物实行分类管理。详见本章第二节。

（五）人类遗传资源与生物资源安全

国家对我国人类遗传资源和生物资源享有主权,加强对我国人类遗传资源和生物资源采集、保藏、利用、对外提供等活动的管理和监督。采集、保藏、利用、对外提供我国人类遗传资源,应当遵循有关法律法规,符合伦理原则,不得危害公众健康、国家安全和社会公共利益。从事下列活动,应当经国务院科学技术主管部门批准:①采集我国重要遗传家系、特定地区人类遗传资源或者采集国务院科学技术主管部门规定的种类、数量的人类遗传资源;②保藏我国人类遗传资源;③利用我国人类遗传资源开展国际科学研究合作;④将我国人类遗传资源材料运送、邮寄、携带出境。将我国人类遗传资源信息向境外组织、个人及其设立或者实际控制的机构提供或者开放使用的,应当向国务院科学技术主管部门事先报告并提交信息备份。境外组织、个人及其设立或者实际控制的机构不得在我国境内采集、保藏我国人类遗传资源,不得向境外提供我国人类遗传资源。国家加强对外来物种入侵的防范和应对,保护生物多样性。任何单位和个人未经批准,不得擅自引进、释放或者丢弃外来物种。

（六）防范生物恐怖与生物武器威胁

国家采取一切必要措施防范生物恐怖与生物武器威胁。禁止开发、制造或者以其他方式获取、储存、持有和使用生物武器。禁止以任何方式唆使、资助、协助他人开发、制造或者以其他方式获取生物武器。

医疗卫生机构及其人员不仅要严格执行相关规定,还应加强人员培训,提高遭受生物恐怖袭击、生物武器攻击后的人员救治能力。

（七）生物安全能力建设

为加强生物安全能力建设,国家制定生物安全事业发展规划,统筹布局全国生物安全基础设施建设,采取措施支持生物安全科技研究,加强生物安全能力建设,提高应对生物安全事件的能力和水平。县级以上人民政府应当支持生物安全事业发展。

国家加强重大新发突发传染病、动植物疫情等生物安全风险防控的物资储备。加强生物安全应急药品、装备等物资的研究、开发和技术储备。国务院有关部门根据职责分工,落实生物安全应急药品、装备等物资研究、开发和技术储备的相关措施。国务院有关部门和县级以上地方人民政府及其有关部门应当保障生物安全事件应急处置所需的医疗救护设备、救治药品、医疗器械等物资的生产、供应和调配;交通运输主管部门应当及时组织协调运输经营单位优先运送。

三、医务人员的法律责任

医疗机构及其医务人员如果有以下违法行为,将依法承担行政处分、行政处罚、暂停一定期限的执业活动、吊销相关执业证书等法律责任:①履行生物安全管理职责的工作人员在生物安全工作中滥用职权、玩忽职守、徇私舞弊或者有其他违法行为;②瞒报、谎报、缓报、漏报,授意他人瞒报、谎报、缓报,或者阻碍他人报告传染病、动植物疫病或者不明原因的聚集性疾病;③编造、散布虚假的生物安全信息;④从事国家禁止的生物技术研究、开发与应用活动;⑤未遵守国家生物技术研究开发安全管理规范从事生物技术研究、开发活动;⑥未在相应等级的实验室从事病原微生物实验活动,或者高等级病原微生物实验室未经批准从事高致病性、疑似高致病性病原微生物实验活动;⑦将使用后的实验动物流入市场;⑧购买或者引进列入管控清单的重要设备、特殊生物因子而未进行登记,或者未报国务院有关部门备案;⑨个人购买或者持有列入管控清单的重要设备或者特殊生物因子;⑩个人设立病原微生物实验室或者从事病原微生物实验活动;⑪未经实验室负责人批准进入高等级病原微生物实验室;⑫未经批准,采集、保藏我国人类遗传资源或者利用我国人类遗传资源开展国际科学研究合作;⑬未经批准,擅自引进外来物种或向境外提供我国人类遗传资源等。

以上违法行为构成犯罪的,依法追究刑事责任;造成人身、财产或者其他损害的,依法承担民事责任。

第二节　医疗卫生机构病原微生物实验室管理法律制度

一、概述

随着生物技术的发展,实验室的生物安全管理不容忽视,特别是病原微生物实验室。在实验室开展高致病性病原微生物的研究,就有可能发生职业暴露而导致实验室感染。自1886年报告首例实验室霍乱感染事件以来,病原微生物实验室感染事件时有发生。有些事件造成了重大健康伤害。医疗卫生机构应充分认识做好病原微生物实验室生物安全管理工作的重要性,切实落实相关法律制度,防范实验室生物安全风险。

(一) 管理体系

国务院卫生健康主管部门主管与人体健康有关的实验室及其实验活动的生物安全监督工作。国务院其他有关部门在各自职责范围内负责实验室及其实验活动的生物安全管理工作。县级以上地方人民政府及其有关部门在各自职责范围内负责实验室及其实验活动的生物安全管理工作。

所有病原微生物实验室及其从事的实验活动都应遵循法律规范。病原微生物(pathogenic organisms),是指可以侵犯人、动物引起感染甚至传染病的微生物,包括病毒、细菌、真菌、立克次体、寄生虫等。实验活动,是指实验室从事与病原微生物菌(毒)种、样本有关的研究、教学、检测、诊断等活动。

(二) 分类分级管理

国家根据病原微生物的传染性、感染后对个体或者群体的危害程度,将病原微生物分为四类:①第一类病原微生物,是指能够引起人类或者动物非常严重疾病的微生物,以及我国尚未发现或者已经宣布消灭的微生物;②第二类病原微生物,是指能够引起人类或者动物严重疾病,比较容易直接或者间接在人与人、动物与人、动物与动物间传播的微生物;③第三类病原微生物,是指能够引起人类或者动物疾病,但一般情况下对人、动物或者环境不构成严重危害,传播风险有限,实验室感染后很少引起严重疾病,并且具备有效治疗和预防措施的微生物;④第四类病原微生物,是指在通常情况下不会引起人类或者动物疾病的微生物。

第一类、第二类病原微生物统称为高致病性病原微生物。

二、实验室设置认证

医疗卫生机构设立病原微生物实验室,应当依法取得批准或者进行备案;个人不得设立病原微生物实验室或者从事病原微生物实验活动。

国家根据实验室对病原微生物的生物安全防护水平,并依照实验室生物安全国家标准的规定,将实验室分为一级、二级、三级、四级。三级、四级为高等级病原微生物实验室,其新建、改建、扩建应当遵守下列规定:①符合国家生物安全实验室体系规划并依法履行有关审批手续;②经国务院科技主管部门审查同意;③符合国家生物安全实验室建筑技术规范;④依照《中华人民共和国环境影响评价法》的规定进行环境影响评价并经环境保护主管部门审查批准;⑤生物安全防护级别与其拟从事的实验活动相适应。

根据2018年7月16日科学技术部令第18号《高等级病原微生物实验室建设审查办法》规定,向科学技术部申请建设实验室,应当符合下列条件:①符合国家生物安全实验室体系建设规划要求;②开展实验室建设确属必要;③具备保障实验室规范安全运行的能力和机制;④符合法律法规规定的其他条件。实验室通过认可的,颁发相应级别的生物安全实验室证书。证书有效期为五年。

三、实验室活动管理

从事病原微生物实验活动应当在相应等级的实验室进行。低等级病原微生物实验室不得从事国家病原微生物目录规定应当在高等级病原微生物实验室进行的病原微生物实验活动。

高等级病原微生物实验室从事高致病性或者疑似高致病性病原微生物实验活动,应当经省级以上人民政府卫生健康主管部门批准,并将实验活动情况向批准部门报告。对我国尚未发现或者已经宣布消灭的病原微生物,未经批准不得从事相关实验活动。

应当严格遵守有关国家标准和实验室技术规范、操作规程,采取安全防范措施。加强对实验动物、实验活动废弃物的管理。制定生物安全事件应急预案,定期组织开展人员培训和应急演练。进入高等级病原微生物实验室的人员应当经实验室负责人批准。

高等级病原微生物实验室应当接受公安机关等部门有关实验室安全保卫工作的监督指导,严防高致病性病原微生物泄漏、丢失和被盗、被抢。发生高致病性病原微生物泄漏、丢失和被盗、被抢或者其他生物安全风险的,应当按照应急预案的规定及时采取控制措施,并按照国家规定报告。

> **案例 21-1**
>
> ### 运输高致病性病原微生物样本被盗
>
> 某医疗机构实验室检测一个患者生物样本时,怀疑其为鼠疫。医院高度重视该样本,为确保检测无误,医院决定派人将样本送往北京国家实验室。但运送人员在火车上管理不善,导致样本被盗。
>
> 请思考:①高致病性病原微生物样本被盗有哪些生物安全风险? ②根据《病原微生物实验室生物安全管理条例》,运输高致病性病原微生物样本应遵循哪些行为规范?

四、实验室病原微生物感染防控

近年来,随着微生物实验教学和科学研究的发展,实验室病原微生物感染事件时有发生。防控实验室病原微生物感染已经成为学校和医疗卫生机构应高度重视的管理问题。

> **案例 21-2**
>
> 某高校使用自购实验动物进行实验教学时,未对实验动物进行检疫,导致28名师生感染人兽共患传染病。
>
> 调查分析确认,这些事件发生的根本原因就是实验室管理不善,缺乏或没有落实管理制度,人员培训不足,缺乏生物安全和实验室感染控制意识。
>
> 请思考:个人防控实验室病原微生物感染的责任有哪些?

责任人应切实承担管理责任。《生物安全法》明确规定:病原微生物实验室设立单位的法定代表人和实验室负责人对实验室的生物安全负责。《病原微生物实验室生物安全管理条例》明确规定:实验室负责人为实验室生物安全的第一责任人。

应建立健全管理制度,定期检查,保证制度落实。指定专门的机构或者人员承担实验室感染控制工作。加强人员培训并进行考核合格的,方可上岗。应当为实验室人员提供符合防护要求的防护用品并采取其他职业防护措施。从事高致病性病原微生物相关实验活动的实验室,还应当对实验室工作人员进行健康监测并建立健康档案。出现与本实验室从事的高致病性病原微生物相关实验活动有关的感染临床症状或者体征时,应当即时报告,同时派专人陪同及时就诊。

实验室发生高致病性病原微生物泄漏时,工作人员应当立即采取控制措施,防止高致病性病原微生物扩散,并同时向负责实验室感染控制工作的机构或者人员报告。负责人员接到报告后,应当立即启动实验室感染应急处置预案,并组织人员对该实验室生物安全状况等情况进行调查;依法依规向主管部门报告,并同时采取控制措施,对有关人员进行医学观察或者隔离治疗,封闭实验室,防止扩散。主管部门接到报告后将根据情况依法采取预防、控制措施,实验室设立单位及人员应积极配合落实。

第三节 PCBL:国际合作临床研究项目中可能涉及哪些人类遗传资源管理法律制度?

近年来,科技部针对违反人类遗传管理问题,作出多起行政处罚,处罚对象包括多家公司和医院。在临床研究中如果涉及人类遗传资源的采集和信息分析等工作,就可能涉及人类遗传管理问题,必须遵循国家相关法律制度。主要法律文件包括《生物安全法》《人类遗传资源管理条例》和《人类遗传资源管理条例实施细则》。

人类遗传资源,包括人类遗传资源材料和人类遗传资源信息。人类遗传资源材料是指含有人体基因组、基因等遗传物质的器官、组织、细胞等遗传材料。人类遗传资源信息是指利用人类遗传资源材料产生的数据等信息资料。

一、基本规则

国家对我国人类遗传资源和生物资源享有主权。采集、保藏、利用、对外提供我国人类遗传资源,应当符合伦理原则,不得危害公众健康、国家安全和社会公共利益。

从事下列活动,应当经国务院科学技术主管部门批准:①采集我国重要遗传家系、特定地区人类遗传资源或者采集国务院科学技术主管部门规定的种类、数量的人类遗传资源;②保藏我国人类遗传资源;③利用我国人类遗传资源开展国际科学研究合作;④将我国人类遗传资源材料运送、邮寄、携带出境。为了取得相关药品和医疗器械在我国上市许可,在临床试验机构利用我国人类遗传资源开展国际合作临床试验、不涉及人类遗传资源出境的,不需要批准;但是,在开展临床试验前应当将拟使用的人类遗传资源种类、数量及用途向国务院科学技术主管部门备案。将我国人类遗传资源信息向境外组织、个人及其设立或者实际控制的机构提供或者开放使用的,应当向国务院科学技术主管部门事先报告并提交信息备份。

二、采集、保藏行政许可

拟在我国境内开展的下列活动应获得行政许可:①重要遗传家系人类遗传资源采集活动。重要遗传家系是指患有遗传性疾病、具有遗传性特殊体质或者生理特征的有血缘关系的群体,且该群体中患有遗传性疾病、具有遗传性特殊体质或者生理特征的成员涉及三代或者三代以上,高血压、糖尿病、红绿色盲、血友病等常见疾病不在此列。首次发现的重要遗传家系应当按照《人类遗传资源管理条例实施细则》第二十六条规定及时进行申报。②特定地区人类遗传资源采集活动。特定地区人类遗传资源是指在隔离或者特殊环境下长期生活,并具有特殊体质特征或者在生理特征方面有适应性性状发生的人类遗传资源。特定地区不以是否为少数民族聚居区为划分依据。③用于大规模人群研究且人数大于 3 000 例的人类遗传资源采集活动。大规模人群研究包括但不限于队列研究、横断面研究、临床研究、体质学研究等。

为取得相关药品和医疗器械在我国上市许可的临床试验涉及的人类遗传资源采集活动不在此列,无须申请人类遗传资源采集行政许可。

应当申请行政许可的人类遗传资源保藏活动同时涉及人类遗传资源采集的,申请人仅需要申请人类遗传资源保藏行政许可,无须另行申请人类遗传资源采集行政许可。

采集、保藏、利用、对外提供我国人类遗传资源,应当尊重和保障人类遗传资源提供者的隐私权和个人信息等权益,按规定获取书面知情同意,确保人类遗传资源提供者的合法权益不受侵害;应当遵守科技活动的相关要求及技术规范,包括但不限于标准、规范、规程等。

三、国际合作行政许可与备案

为取得相关药品和医疗器械在我国上市许可的临床试验涉及的探索性研究部分,应当申请人类遗传资源国际科学研究合作行政许可。开展多中心临床研究的,组长单位通过伦理审查后即可由申办方或者组长单位申请行政许可或者备案。申办方或者组长单位取得行政许可或者完成备案后,参与临床研究的医疗卫生机构将本单位伦理审查批件或者认可组长单位所提供伦理审查批件的证明材料以及本单位出具的承诺书提交科技部,即可开展国际合作临床研究。

为取得相关药品和医疗器械在我国上市许可,在临床医疗卫生机构利用我国人类遗传资源开展国际合作临床试验、不涉及人类遗传资源材料出境的,不需要批准,但应当符合下列情况之一,并在开展临床试验前将拟使用的人类遗传资源种类、数量及其用途向科技部备案:①涉及的人类遗传资源采集、检测、分析和剩余人类遗传资源材料处理等在临床医疗卫生机构内进行;②涉及的人类遗传资源在临床医疗卫生机构内采集,并由相关药品和医疗器械上市许可临床试验方案指定的境内单位进行检测、分析和剩余样本处理。

四、对外提供、开放使用事先报告

将人类遗传资源信息向境外组织、个人及其设立或者实际控制的机构提供或者开放使用的,中方信息所有者应当向科技部事先报告并提交信息备份。已取得行政许可的国际科学研究合作或者已完成备案的国际合作临床试验实施过程中,中方单位向外方单位提供合作产生的人类遗传资源信息的,如国际合作协议中已约定由合作双方使用,不需要单独事先报告和提交信息备份。

将人类遗传资源信息向境外组织、个人及其设立或者实际控制的机构提供或者开放使用,可能影响我国公众健康、国家安全和社会公共利益的,应当通过科技部组织的安全审查。应当进行安全审查的情形包括:①重要遗传家系的人类遗传资源信息;②特定地区的人类遗传资源信息;③人数大于500例的外显子组测序、基因组测序信息资源;④可能影响我国公众健康、国家安全和社会公共利益的其他情形。

（乐　虹）

思考题

1. 医疗卫生工作中,存在哪些生物安全风险?
2. 在促进生物技术研究、开发与应用的同时,如何保障生物安全?

情景测试与思考

如果你参加的国际合作科研项目需要采集、保藏、利用、对外提供我国人类遗传资源,应当遵循有关法律法规,符合伦理原则,不得危害公众健康、国家安全和社会公共利益。如果违法,将承担什么法律责任?

课后阅读资料

[1]《国家生物安全知识百问》编写组.国家生物安全知识百问[M].北京:人民出版社,2021.

[2] 朱万孚,陈冠英.生物医学安全与法规[M].北京:北京大学医学出版社,2023.

[3] 王宏广.中国生物安全:战略与对策[M].北京:中信出版社,2022.

第二十二章
母婴保健相关法律制度

【学习要点】

1. 母婴保健法立法目的及适用范围。
2. 婚前保健、孕产期保健的服务内容。
3. 母婴保健医学技术鉴定的内容。
4. 母婴保健行政管理的内容与法律责任。

妇女儿童健康是人类发展的前提和基础,关系国家前途和民族未来。做好母婴保健工作,对于保障母婴身体健康,完善基本公共卫生服务,提高人口素质,促进经济社会和谐发展具有重要意义。

第一节　母婴保健法律制度

母婴保健法律制度建设对母婴保健事业健康、可持续发展具有"固根本"的保障作用。

一、母婴保健法律制度概述

(一) 母婴保健法概念

母婴保健法是调整在保障母亲和婴儿健康,提高出生人口素质活动中产生的各种社会关系的法律规范总称。

保护妇女儿童的健康成为国际社会普遍关注的重大问题,"儿童优先""母亲安全"已达成国际共识。我国政府一贯重视和关心妇女儿童的健康,将提高广大妇女儿童的健康水平与国民经济发展紧密相连。我国把孕产妇死亡率、婴儿死亡率和出生缺陷发生率作为衡量母婴保健工作的重要指标,并积极推进降低其发生率的相关工作,取得显著成效。

(二) 我国母婴保健法发展历程

我国非常重视母婴保健法律制度的建设,早在 20 世纪 80 年代制定的《宪法》中明确规定了保护妇女、儿童权利的条款。《宪法》第四十九条规定:"婚姻、家庭、母亲和儿童受国家的保护。"《宪法》第二十一条规定:"国家发展医疗卫生事业,发展现代医药和我国传统医药,鼓励和支持农村集体经济组织、国家企事业组织和街道组织举办各种医疗卫生设施,开展群众性的卫生活动,保护人民健康。"这是我国母婴保健法律制度的宪法基础。《中华人民共和国母婴保健法》(以下简称《母婴保健法》)作为我国第一部保护妇女和儿童健康的法律,1994 年 10 月 27 日第八届全国人民代表大会常务委员会第十次会议通过,于 1995 年 6 月 1 日正式实施(2009 年 8 月 27 日第一次修订,2017 年 11 月 4 日第二次修订)。2001 年 6 月 20 日国务院公布实施《中华人民共和国母婴保健法实施办法》(以下简称《母婴保健法实施办法》)(2017 年、2022 年修订)。《母婴保健法》和《民法典》婚姻家庭编、《妇女权益保障法》共同成为我国维护和保障妇女合法权益的三大法律支柱。这三部法律互为补充,体现了国家对妇女的生育、健康、婚姻、家庭以及社会政治经济地位和作用的全面保护。

（三）母婴保健法立法目的及适用范围

《母婴保健法》是我国第一部保护妇女儿童健康的专门法律,其立法宗旨是为了保障母亲和婴儿健康,提高出生人口素质。凡在中华人民共和国境内从事母婴保健服务活动的机构及其工作人员、母婴保健服务的对象和当事人都应当遵守《母婴保健法》和《母婴保健法实施办法》。

（四）母婴保健服务保障与监管

1. 母婴保健服务保障　国家发展母婴保健事业,提供必要条件和物质帮助,使母亲和婴儿获得医疗保健服务。国家对边远贫困地区的母婴保健事业给予扶持;各级人民政府应当将母婴保健工作纳入本级国民经济和社会发展计划,为母婴保健事业的发展提供必要的经济、技术和物质条件,并对少数民族地区、贫困地区的母婴保健事业给予特殊支持。

2. 母婴保健监管体系　国务院卫生行政部门主管全国母婴保健工作,并对全国母婴保健工作实施监督管理。主要职责是:①制定《母婴保健法》及《母婴保健法实施办法》的配套规章和技术规范;②制定全国母婴保健工作发展规划和实施步骤;③组织推广母婴保健及其他生殖健康的适宜技术;④对母婴保健工作实施监督。

县级以上地方人民政府卫生行政部门负责本行政区域内的母婴保健监督管理工作,履行下列监督管理职责:①依照《母婴保健法》和《母婴保健法实施办法》以及国务院卫生行政部门规定的条件和技术标准,对从事母婴保健工作的机构和人员实施许可,并核发相应的许可证书;②对《母婴保健法》和《母婴保健法实施办法》的执行情况进行监督检查;③对违反《母婴保健法》和《母婴保健法实施办法》的行为,依法给予行政处罚;④负责母婴保健工作监督管理的其他事项。

3. 母婴保健监测　省、自治区、直辖市人民政府卫生行政部门指定的医疗保健机构负责本行政区域内的母婴保健监测和技术指导。

母婴保健监测是指对母婴保健各项业务工作的监测、指导和检查等,如婚前医学检查、孕产期及婴儿保健、母乳喂养、技术鉴定、产前诊断、遗传咨询等综合服务情况进行监测和指导,对技术标准执行情况、专业人员的业务素质和技术水平、仪器使用情况进行定期检查,了解危害母婴健康主要疾病的发病趋势,发现影响母婴健康的重大问题应当及时上报。

母婴保健技术指导是指对下级母婴保健机构开展各项母婴保健工作给予技术上的帮助,如技术人员的培训、技术指标的掌握运用、先进技术的推广应用等。

4. 母婴保健服务机构及人员管理　医疗保健机构依法开展婚前医学检查、遗传病诊断、产前诊断以及施行结扎手术和终止妊娠手术的,必须符合国务院卫生行政部门规定的条件和技术标准,并经县级以上地方人民政府卫生行政部门许可。从事遗传病诊断、产前诊断的医疗、保健机构和人员,须经省、自治区、直辖市人民政府卫生行政部门许可;从事婚前医学检查的医疗、保健机构和人员,须经设区的市级人民政府卫生行政部门许可;从事助产技术服务、结扎手术和终止妊娠手术的医疗、保健机构和人员,须经县级人民政府卫生行政部门许可,并取得相应的合格证书。从事遗传病诊断、产前诊断的人员,必须经过省、自治区、直辖市人民政府卫生行政部门的考核,并取得相应的合格证书。

从事母婴保健工作的人员应当严格遵守职业道德,为当事人保守秘密。

二、婚前保健

根据《母婴保健法》第七条及《婚前保健工作规范》规定,婚前保健服务是对准备结婚的男女双方,在结婚登记前所进行的婚前卫生指导、婚前卫生咨询和婚前医学检查服务。《婚前保健工作规范》(2002年6月17日卫生部卫基妇发〔2002〕147号修订发布),是关于婚前保健服务提供的具体工作规范。

（一）婚前保健服务

1. 婚前卫生指导　婚前卫生指导是对准备结婚的男女双方进行的以生殖健康为核心,与结婚和生育有关的保健知识的宣传教育。婚前卫生指导内容主体包括：①有关性保健和性教育；②新婚避孕知识及生育规划指导；③受孕前的准备、环境和疾病对后代影响等孕前保健知识；④遗传病的基本知识；⑤影响婚育的有关疾病的基本知识；⑥其他生殖健康知识。

2. 婚前卫生咨询　婚检医师应针对医学检查结果发现的异常情况以及服务对象提出的具体问题进行解答、交换意见、提供信息，帮助受检对象在知情的基础上作出适宜的决定。医师在提出"不宜生育"和"暂缓结婚"等医学意见时，应充分尊重服务对象的意愿，耐心、细致地讲明科学道理，对可能产生的后果给予重点解释，并由受检双方在体检表上签署知情意见。

3. 婚前医学检查　是对准备结婚的男女双方可能患影响结婚和生育的疾病进行的医学检查。婚前医学检查包括对下列疾病的检查：①严重遗传性疾病，即由于遗传因素先天形成，患者全部或部分丧失自主生活能力，子代再现风险高，医学上认为不宜生育的疾病；②指定传染病，即《传染病防治法》中规定的艾滋病、淋病、梅毒以及医学上认为影响结婚和生育的其他传染病；③有关精神病，即精神分裂症、躁狂抑郁型精神病以及其他重型精神病；④其他与婚育有关的疾病，如重要脏器疾病和生殖系统疾病等。经婚前医学检查，医疗保健机构应当出具婚前医学检查证明。

(二) 婚前医学检查证明和医学意见

婚前医学检查单位应向接受婚前医学检查的当事人出具《婚前医学检查证明》，并在"医学意见"栏内注明医学意见。

经婚前医学检查，发现一方或双方患有重度、极重度智力低下，不具有婚姻意识能力，或重型精神病，在病情发作期有攻击危害行为的，注明"建议不宜结婚"。

经婚前医学检查，对诊断患医学上认为不宜生育的严重遗传性疾病的，医师应当向男女双方说明情况，提出医学意见。

经婚前医学检查，发现指定传染病在传染期内、有关精神病在发病期内或者其他医学上认为应暂缓结婚的疾病时，注明"建议暂缓结婚"；对于婚检发现的可能会终生传染的不在发病期的传染病患者或病原体携带者，在出具婚前检查医学意见时，应向受检者说明情况，提出预防、治疗及采取其他医学措施的意见。

在出具任何一种医学意见时，婚检医师应当向当事人说明情况，并进行指导。

三、孕产期保健

孕产期保健是指医疗保健机构为从怀孕开始至产后 42 天内的育龄妇女、孕产妇及胎儿、婴儿提供的医疗保健服务。孕产期保健是母婴保健的中心环节。

(一) 孕产期保健服务内容

孕产期保健服务包括的内容是：①母婴保健指导，对孕育健康后代以及严重遗传性疾病和碘缺乏病等地方病的发病原因、治疗和预防方法提供医学意见；②孕妇、产妇保健，为孕妇、产妇提供卫生、营养、心理等方面的咨询和指导以及产前定期检查等医疗保健服务；③胎儿保健，为胎儿生长发育进行监护，提供咨询和医学指导；④新生儿保健，为新生儿生长发育、哺乳和护理提供医疗保健服务。

(二) 医学指导、医学意见及产前诊断

1. 医学指导　对患严重疾病或者接触致畸物质，妊娠可能危及孕妇生命安全或者可能严重影响孕妇健康和胎儿正常发育的，医疗保健机构应当予以医学指导。

2. 医学意见　医师发现或者怀疑育龄夫妻患有严重遗传性疾病的，应当提出医学意见，育龄夫妻应当根据医师的医学意见采取相应的措施；生育过严重遗传性疾病或者严重缺陷患儿的，再次妊娠前，夫妻双方应当按照国家有关规定到医疗、保健机构进行医学检查。医疗、保健机构应当向当事人介绍有关遗传性疾病的知识，给予咨询、指导。对诊断患有医学上认为不宜生育的严重遗传性疾病

的,医师应当向当事人说明情况,并提出医学意见。

3. 产前诊断　是指对胎儿进行先天性缺陷和遗传性疾病的诊断。经产前检查,医师发现或者怀疑胎儿异常的,应当对孕妇进行产前诊断。孕妇有下列情形之一的,医师应当对其进行产前诊断:①羊水过多或者过少的;②胎儿发育异常或者胎儿有可疑畸形的;③孕早期接触过可能导致胎儿先天缺陷的物质的;④有遗传病家族史或者曾经分娩过先天性严重缺陷婴儿的;⑤初产妇年龄超过35周岁的。

(三) 终止妊娠

经产前诊断,有下列情形之一的,医师应当向夫妻双方说明情况,并提出终止妊娠的医学意见:①胎儿患严重遗传性疾病的;②胎儿有严重缺陷的;③因患严重疾病,继续妊娠可能危及孕妇生命安全或者严重危害孕妇健康的。

施行终止妊娠或者结扎手术,应当经本人同意,并签署意见;本人无行为能力的,应当经其监护人同意,并签署意见。

(四) 住院分娩

国家提倡住院分娩。医疗、保健机构应当按照国务院卫生行政部门制定的技术操作规范,实施消毒接生和新生儿复苏,预防产伤及产后出血等产科并发症,降低孕产妇及围产儿发病率、死亡率。没有条件住院分娩的,应当由经过培训、具备相应接生能力的家庭接生人员接生。高危孕妇应当在医疗、保健机构住院分娩。不能住院分娩的孕妇应当由经过培训、具备相应接生能力的接生人员实行消毒接生。

县级人民政府卫生行政部门应当加强对家庭接生人员的培训、技术指导和监督管理。

(五) 新生儿出生医学证明

新出生的婴儿在出生时,开具的《出生医学证明》是一项重要法律医学凭证,记录着婴儿出生时的健康情况和基本自然情况,其中包括父母的基本信息,是新生儿确定国籍、申报户口、拥有身份证号码、打预防针、将来入托入学、参加保险等的重要依据,对母婴的保健也起到了重要的作用。医疗保健机构和从事家庭接生的人员按照国务院卫生行政部门的规定,出具统一制发的新生儿出生医学证明;有产妇和婴儿死亡以及新生儿出生缺陷情况的,应当向卫生行政部门报告。

(六) 严禁采用技术手段对胎儿进行性别鉴定

《母婴保健法》明确规定:严禁采取技术手段对胎儿进行性别鉴定,但医学上确有需求的除外。《母婴保健法实施办法》第二十三条规定,对怀疑胎儿可能为伴性遗传病,需要进行性别鉴定的,由省、自治区、直辖市人民政府卫生行政部门指定的医疗、保健机构按照国务院卫生行政部门的规定进行鉴定。

四、婴儿保健

(一) 婴儿保健服务

医疗、保健机构应当按照国家有关规定提供以下婴儿保健服务:①开展新生儿先天性、遗传性代谢病筛查、诊断、治疗和监测;②进行新生儿访视,建立儿童保健手册(卡),定期对其进行健康检查,提供有关预防疾病、合理膳食、促进智力发育等科学知识,做好婴儿多发病、常见病防治等医疗保健服务;③按照规定的程序和项目对婴儿进行预防接种,婴儿的监护人应当保证婴儿及时接受预防接种。

(二) 母乳喂养

医疗、保健机构应当为实施母乳喂养提供技术指导,为住院分娩的产妇提供必要的母乳喂养条件,但不得向孕产妇和婴儿家庭宣传、推荐母乳代用品。

妇女享有国家规定的产假。有不满一周岁婴儿的妇女,所在单位应当在劳动时间内为其安排一定的哺乳时间。

五、医学技术鉴定

母婴保健医学技术鉴定是指接受母婴保健服务的公民或提供母婴保健服务的医疗保健机构，对婚前医学检查、遗传病诊断和产前诊断结果或医学技术鉴定结论持有异议时所进行的技术鉴定活动。

母婴保健医学技术鉴定委员会分为省、市、县三级，县级以上地方人民政府可以设立医学技术鉴定组织，负责对婚前医学检查、遗传病诊断和产前诊断结果有异议的进行医学技术鉴定。医学技术鉴定组织的组成人员，由卫生行政部门提名，同级人民政府聘任。母婴保健医学技术鉴定委员会成员应当符合下列任职条件：县级母婴保健医学技术鉴定委员会成员应当具有主治医师以上专业技术职务；设区的市级和省级母婴保健医学技术鉴定委员会成员应当具有副主任医师以上专业技术职务。

当事人对婚前医学检查、遗传病诊断、产前诊断结果有异议，需要进一步确诊的，可以自接到检查或者诊断结果之日起十五日内向所在地县级或者设区的市级母婴保健医学技术鉴定委员会提出书面鉴定申请；母婴保健医学技术鉴定委员会应当自接到鉴定申请之日起三十日内作出医学技术鉴定意见，并及时通知当事人；当事人对鉴定意见有异议的，可以自接到鉴定意见通知书之日起十五日内向上一级母婴保健医学技术鉴定委员会申请再鉴定。母婴保健医学技术鉴定委员会进行医学鉴定时须有五名以上相关专业医学技术鉴定委员会成员参加。医学技术鉴定实行回避制度，凡与当事人有利害关系，可能影响公正鉴定的人员，应当回避。

六、法律责任

（一）行政责任

《母婴保健法》规定：从事母婴保健工作的人员违反本法规定，出具有关虚假医学证明或者进行胎儿性别鉴定的，由医疗保健机构或者卫生行政部门根据情节给予行政处分；情节严重的，依法取消执业资格。

《母婴保健法实施办法》规定了依法取消执业资格的具体情形：因延误诊治，造成严重后果的；给当事人身心健康造成严重后果的；造成其他严重后果的。同时规定违法进行胎儿性别鉴定的，由卫生行政部门给予警告，责令停止违法行为；对医疗、保健机构直接负责的主管人员和其他直接责任人员，依法给予行政处分。进行胎儿性别鉴定两次以上的或者以营利为目的进行胎儿性别鉴定的，由原发证机关撤销相应的母婴保健技术执业资格或者医师执业证书。

（二）民事责任

母婴保健工作人员在诊疗护理过程中，因诊疗护理过失造成病员死亡、残疾、组织或器官损伤导致功能障碍的，应根据《民法典》有关规定承担相应的民事责任。

（三）刑事责任

取得相应合格证书的从事母婴保健的工作人员严重不负责任，造成就诊人死亡或者严重损害就诊人身体健康的，依照《刑法》第三百三十五条"医疗事故罪"有关规定追究刑事责任。

未取得国家颁发的有关合格证书，施行终止妊娠手术或者采取其他方法终止妊娠，致人死亡、残疾、丧失或者基本丧失劳动能力的，依照《刑法》第三百三十六条"非法行医罪"有关规定追究刑事责任。《刑法》第三百三十六条第二款规定，未取得医生执业资格的人擅自为他人进行节育复通手术、假节育手术、终止妊娠手术或者摘取宫内节育器，情节严重的，处三年以下有期徒刑、拘役或者管制，并处或者单处罚金；严重损害就诊人身体健康的，处三年以上十年以下有期徒刑，并处罚金；造成就诊人死亡的，处十年以上有期徒刑，并处罚金。

第二节 PCBL：大月份引产中，胎儿权利该如何保护？

案例 22-1

是否该取消强制婚检的争论

我国实行强制婚检源于1986年。当时，卫生部和民政部共同下发了《关于婚前健康检查问题的通知》，对婚前健康检查问题作出了具体规定，那些在婚检中被发现患有法律规定禁止结婚或者暂缓结婚疾病的，民政部门有权不予批准。1994年2月颁布的《婚姻登记管理条例》（以下简称《条例》），第一次把婚检制度写入行政法规。《条例》第9条规定，在实行婚前健康检查的地方，申请结婚登记的当事人"必须"到指定的医疗保健机构进行婚前健康检查，并向婚姻登记机关提交婚前健康检查证明。1995年6月1日起施行的《母婴保健法》，以立法的形式明确规定了婚前保健，该法第12条规定，男女双方在结婚登记时，"应当"持有婚前医学检查证明或者医学鉴定证明，婚姻登记机关"应当"查验上述证明。至此，强制婚检成为国家一项正式的法律制度。2001年4月我国对《婚姻法》进行了修订，新《婚姻法》中没有将婚检列为婚姻登记的法律程序。2003年10月依据《婚姻法》制定的新《婚姻登记条例》正式实施，该条例没有对婚检作强制性规定，实行自愿婚检制度。然而婚检制度从强制到自愿这一事实转向却与1994年由全国人大常委会颁布的《母婴保健法》第12条规定相背离，该法此后虽经两次修订，但强制婚检规定始终没有调整，于是造成了《婚姻登记条例》和《母婴保健法》在法规范效力上长达二十年的冲突。同时，社会各界围绕是否该取消强制婚检，进行了长时间的激烈争辩。

2021年1月，伴随着《民法典》的正式实施，《婚姻法》被废止，但争议并未就此解决，而是变得"更加复杂"。《民法典》带来了关于婚姻无效制度的两点变化：一是《民法典》既删除了《婚姻法》第7条关于"患有医学上认为不应当结婚的疾病禁止结婚"的规定，也删除了《婚姻法》第10条关于"婚前患有医学上认为不应当结婚的疾病，婚后尚未治愈的"列为"婚姻无效"的情形；二是《民法典》第1053条设立了违反重大疾病婚前告知义务的可撤销婚姻制度。这两点变化不仅从根本上改变了强制婚检实施的制度前提，而且大大弱化了《母婴保健法》继续坚持强制婚检的合法性基础。然而至今，《母婴保健法》中关于强制婚检规定还未调整，这就意味着社会关于是否该取消强制婚检仍存在争论。

梳理相关文献，支持取消强制婚检的主要观点：一是基于个人自由与隐私权视角，反对强制婚检者认为，婚姻是个人自由选择的权利，政府不应通过强制手段干涉私人领域，而婚检涉及个人健康隐私，强制要求可能侵犯公民隐私权，违背自愿原则；二是基于婚姻平等考量视角，部分观点认为，强制婚检隐含对特定群体（如残障人士、传染病患者）的歧视，可能加剧社会偏见，与婚姻自由、反歧视的法律精神相悖；三是基于实际执行效果有限视角，部分研究显示，强制婚检在预防出生缺陷或传染病传播上的效果并不显著；四是基于行政成本与效率视角，部分观点认为强制婚检需要政府投入大量资源进行监管，而自愿婚检结合宣传教育可能更具成本效益。

相关文献显示，反对取消强制婚检的主要观点是：一是基于公共健康风险防控视角，反对者强调婚检对预防遗传病、传染病传播的重要性；二是基于优生优育社会责任视角，反对者认为婚检被视为降低出生缺陷、减轻家庭与社会负担的关键环节；三是基于知情权与婚姻伦理视角，反对者认为婚检结果可保障伴侣对彼此健康状况的知情权，避免由隐瞒疾病引发的婚姻纠纷。争论的核心在于"个人权利"与"公共健康"的边界划分。

问题：你如何看待目前我国婚检制度的相关法律规定？你认为如何更有效实施婚检制度，才能做

NOTES

到既保护"个人权利"又维护"公共健康"？

（马国芳）

思考题

1. 试述我国母婴保健立法中有关胎儿权利保护现状。
2. 分析我国男女性别比失衡的原因与因应之道。
3. 分析我国低出生率的原因与因应之道。

情景测试与思考

　　甄某某与贾某于 2020 年 12 月登记结婚。婚后共同生活期间，甄某某发现贾某患有淋病，遂以贾某结婚登记前隐瞒不宜结婚的重大疾病、未如实告知为由，诉至人民法院，要求以《中华人民共和国民法典》（以下简称《民法典》）第一千零五十三条之规定，判决撤销二人的婚姻关系。经法院审理，贾某自认患有慢性淋病多年，且明知该疾病具有传染性，但因种种原因婚前未向甄某某如实告知，并当庭向甄某某表示歉意。

　　法院经审理认为，贾某患有淋病，具有较强的传染性且难以治愈，贾某在结婚登记前对甄某某未如实告知，现甄某某在法定期间内以贾某婚前隐瞒重大疾病为由主张撤销婚姻，事实清楚，于法有据，贾某亦表示认可，法院应予以支持。依照《民法典》第一千零五十三条，《中华人民共和国母婴保健法》第九条、第三十八条之规定，判决撤销二人的婚姻。

课后阅读资料

　　勒纳乌尔.不存在的孩子：19—20 世纪堕胎史［M］.高煜，译.北京：中国人民大学出版社，2015.

第二十三章
精神卫生法律制度

扫码获取
数字内容

【学习要点】

1. 精神障碍诊疗中自愿原则的法理基础。
2. 精神障碍非自愿住院医疗的类型、条件和程序。

近年来,随着我国经济体制改革的不断深入和居民经济文化水平的逐步提高,社会竞争日趋加剧,人们面临各种压力,心理和精神健康问题获得越来越多的关注。精神疾病不仅关系到患者的身心健康,长期不治、任其恶化还会对他人甚至社会造成严重的危害。精神障碍患者已经成为我国社会治安防控中不可忽视的对象。一方面,严重精神障碍患者制造的重大恶性事件频发,严重侵害了社会公共安全;另一方面,一些正常的公民被强行送去精神病院接受治疗,"被精神病"事件的披露折射出精神卫生领域的乱象。

精神障碍患者较躯体疾病患者更加脆弱,他们几乎在任何社会都是属于最弱势的一个群体。社会同情、接纳、治疗精神障碍患者的历史,远远短于驱赶、囚禁、迫害他们的历史,所以精神卫生是卫生健康体系中最迫切需要立法关注的领域。

第一节　精神卫生法律制度概述

中华人民共和国成立以来,我国精神卫生立法一直进展缓慢。对于精神障碍患者的社会歧视和偏见广泛存在,精神障碍患者普遍有被侵犯人权的情况发生。直到 2012 年《中华人民共和国精神卫生法》(以下简称《精神卫生法》)才终于面世,并于 2013 年 5 月 1 日起实施。该法就精神障碍的预防、诊断和治疗、康复等方面进行了制度构建。这标志着我国精神障碍患者人权保障水平和社会文明程度上升到一个新的高度。

一、基本原则

(一) 自愿医疗原则

《保障精神疾病患者和改善精神健康的原则》(1991 年联合国大会 46/119 号决议)规定:除另有规定的外,未经患者知情同意,不得对其施行任何治疗。如果患者需要在精神卫生机构接受治疗,应尽一切努力避免非自愿住院。顺应世界精神卫生立法潮流,坚持国际立法基本准则,吸收其先进理念。我国《精神卫生法》确立了"精神障碍的住院治疗实行自愿原则"。精神障碍的住院治疗与其他疾病的住院治疗一样,原则上要根据患者的意愿进行,实行自愿原则。除法律另有规定的外,患者不同意住院治疗的,医疗机构不得对患者实施住院治疗。

这样的立法设计体现了对于患者自决权的尊重。就精神障碍患者而言,由于各种原因,其自身存在感知、情感和思维等精神活动的紊乱或者异常,导致明显的心理痛苦或者社会适应等功能损害,在很多情况下,无法自主表达其内心真实的意愿,人们也很难准确把握其自主表达是否能够反映其真实意愿。但这仅仅是权利实现的途径问题,我们并不能以此否定精神障碍患者的自决权,其自决权仍应受到最大限度的尊重和最低程度的限制。

(二) 共同治理原则

世界范围内的精神卫生实践表明,精神疾病的严重性、复杂性、社会性,在本质上要求其防治机制的综合性。第 66 届世界卫生大会通过的《2013—2020 年精神卫生综合行动计划》再次重申建立多部门合作的 "伙伴关系"。《全国精神卫生工作体系发展指导纲要》(2008—2015 年)指出,我国尚未建立有效的机构间工作衔接机制。精神疾病的预防、治疗和康复是一个社会系统工程,既不单是卫生部门的事,也不是几个有限的部门之间的合作,需要促进社会力量广泛参与,激发社会形成重视精神卫生、关爱精神障碍患者的社会环境。在制度建构方面,不应仅仅强调有关职能部门之间的合作,还要主动社会动员,整合社会资源,促进包括志愿者组织在内的公益性组织、社团和患者及其家属共同参与精神卫生的全面治理中来。《精神卫生法》第六条规定 "精神卫生工作实行政府组织领导、部门各负其责、家庭和单位尽力尽责、全社会共同参与的综合管理机制"。从应然意义上讲,精神卫生法律制度属于社会法范畴,它不应当局限于精神卫生工作的管理法律制度的范畴,而应当是一部精神障碍患者权益保障法,并且是一部精神卫生的社会促进法。因此,如何动员全社会的资源,形成 "政府领导、部门合作、社会参与" 的社会协同机制,是精神卫生立法的一个重要价值追求。

(三) 精神障碍患者合法权益保护原则

精神障碍患者这类特殊群体,其自身精神活动的紊乱或者异常导致心理痛苦或者社会适应等功能损害,加之病因和发病机制不明,缺乏针对性的防治手段和措施,治愈率低,病残率高,社会危害性难以预料和控制;而且对于精神卫生知识的缺失,使公众对于精神障碍患者普遍存在反感甚至歧视,自古以来精神障碍患者就属于社会的弱者,他们大多受到孤立和歧视。值得欣慰的是,为改变这种状态,国际社会、各国政府和广大精神卫生工作者进行了长期不懈的努力。对精神障碍患者的权利保护,各国普遍选取了精神卫生立法的权利保护机制。相比较于制定精神卫生政策等其他保护机制,精神卫生立法更具稳定性和强制性,从而更有利于精神障碍患者权利的实现。有学者研究发现,世界范围内精神卫生立法的发展大致分成两个阶段:第一阶段的重点是保护社会,其内容主要为重性精神障碍患者的收治;第二阶段,则为保护患者,扩大精神卫生服务,促进精神健康。从 20 世纪 50 年代开始,世界各国相继对精神卫生法规进行了大规模的修订,既往的社会防卫性的司法模式逐步演变成了治疗性的尊重人权的医学模式的精神卫生法。我国《精神卫生法》关于 "发展精神卫生事业,规范精神卫生服务,维护精神障碍患者合法权益" 的立法宗旨顺应了精神卫生立法的时代潮流。

二、主要法律制度

(一) 非自愿医疗制度

非自愿医疗,又称非自愿住院医疗、非自愿就医。2011 年公布的《精神卫生法(草案)》首次正式提出了 "非自愿住院医疗" 这一完整概念。该草案第二十七条规定:"精神障碍的住院治疗由患者自主决定。只有精神障碍患者不能辨认或者不能控制自己行为,且有伤害自身、危害公共安全或者他人人身安全、扰乱公共秩序危险的,才能对患者实施非自愿住院医疗。" 2012 年 10 月 26 日通过的《精神卫生法》,使用的是 "违背本人意志进行确定其是否患有精神障碍的医学检查" 这一提法。现行的《精神卫生法》首次明确了 "非自愿医疗" 的概念,这也是大多数学者所持的非自愿住院医疗的法律依据。而我国强制医疗制度来源于西方国家的 "保安处分",其实质是对成为限制或无刑事责任能力的精神障碍患者所适用的旨在隔离排除和强制医疗的刑事实体措施。

当患者没有病识感,即不认为自己有病,往往不会有自行求医行为。然而有些精神障碍患者,或因情绪的不稳,容易有冲动的行为,或因不合逻辑的思考、怪异的思想,或异常的知觉,发生自伤或者伤人的行为状况时,为了保护患者及他人的安全,避免生命、身体或财物遭受损害,必须采取紧急措施,将不愿住院的患者送往医疗机构接受治疗,且治疗必须以住院的方式。

强制精神障碍患者入院接受治疗的强制住院制度,是对该患者人身自由的剥夺,是对其行使拒绝治疗权利的严重限制。此制度存在的正当化支撑是法律家长主义和警察权思想。具体而言,法律家长主义具有为了保护本人自身利益,进而干涉自由的特质。精神障碍患者罹患疾病,危及自身生命时,有时并不具有能力作出最有利于自己的决定。此时法律先行强制其入院,以确保患者的利益。警察权思想认为,为了防止精神障碍患者对社会秩序造成危害,必须于其具有明显的危险性时,强制其入院治疗。

1. **送治主体**　《精神卫生法》规定,疑似精神障碍患者发生伤害自身、危害他人安全的行为,或者有伤害自身、危害他人安全的危险的,其近亲属、所在单位、当地公安机关应当立即采取措施予以制止,并将其送往医疗机构进行精神障碍诊断。由此我们可以看出,送治主体比较宽泛,除了公安机关,还包括近亲属和所在单位。

2. **收治标准**　如果诊断结论、病情评估表明,就诊者为严重精神障碍患者并有下列情形之一的,应当对其实施住院治疗:①已经发生伤害自身的行为,或者有伤害自身的危险的;②已经发生危害他人安全的行为,或者有危害他人安全的危险的。首先,《精神卫生法》的规定区分了"送治标准"和"收治标准",前者是"疑似",后者是"表明",无疑这样的表述比较科学、合理。其次,进一步区分了不同类型的严重精神障碍患者及其不同法律待遇,因为他们存在法理性基础的差异。如上所述,一种是以监护权为基础,"已经发生伤害自身的行为,或者有伤害自身的危险的";另一种是以警察权为基础,"已经发生危害他人安全的行为,或者有危害他人安全的危险的"。立法在设计时出发点不相同,监护权侧重于保护患者的个人利益,而警察权侧重于保护公共利益。

3. **收治决定主体及程序**　如上所述,两种非自愿医疗的法理基础是不同的,所以法律对其进行了不同的设计。《精神卫生法》规定,具有伤害自身及伤害自身危险的患者的住院治疗,其监护人拥有否决权。具有伤害他人及伤害他人危险的患者住院治疗,给予了监护人享有程序上的救济权利。监护人申请救济的,如果再次诊断结论或者鉴定报告表明,精神障碍患者具有伤害他人或者伤害他人危险的,其监护人应当同意对患者实施住院治疗。但是如果监护人仍不配合,公安机关就可以依法介入非自愿住院治疗。通过比较不难看出,从患者权利角度而言,警察权是一种危险的权力,法律必须对这一权力的行使作出必要的更严格的限制。因此《精神卫生法》只赋予"危害他人安全或危害他人安全的危险"的监护人申请再次诊断和鉴定的救济权利。

4. **收治住院**　精神障碍患者有《精神卫生法》第三十条第二款第二项情形,其监护人不办理住院手续的,由患者所在单位、村民委员会或者居民委员会办理住院手续,并由医疗机构在患者病历中予以记录。

5. **出院**　《精神卫生法》第四十四条规定了精神障碍患者的出院程序。对于伤及自身的高危患者,监护人可以随时要求出院;对于伤害他人的高危患者,医院根据患者病情,及时组织进行检查评估后,认为可以出院的,应立即告知患者和监护人安排出院。

(二)精神障碍患者监护制度

精神障碍患者的早期发现、诊断、治疗和康复都离不开监护人的看护和居家管理。相关法律规定,为成年精神障碍患者设定监护人的前提是其为无民事行为能力人或者限制民事行为能力人。而认定精神障碍患者为无民事行为能力人或者限制民事行为能力人,必须经其利害关系人依法向法院申请并由法院宣告。由于申请程序复杂、周期冗长,要求利害关系人付出一定的时间和经济的成本,并承担一定程度的申请失败的风险,所以实践中利害关系人很少主动向法院申请。这种"无申请则无宣告"的状况就决定了我国精神障碍患者的监护人设立难,造成许多精神障碍患者没有监护人的现状。针对这种现实,《精神卫生法》规定:精神障碍患者的监护人,是指可以担任监护人的人。

我国精神障碍患者监护人制度表现出了诸多问题,现实生活中经常发生监护人难找、监护人不尽职责等现象,从而严重损害了精神障碍患者的合法权益。由于监护人监督制度的缺失:一方面,相当数量的监护人不能或者不能很好地履行监护责任,导致一些精神障碍患者缺乏监护,致使精神病患者流落街头或者衣食无着;另一方面,监护人滥用监护权的现象也较普遍,一些监护人采用暴力或者其他关押措施管制精神障碍患者,还有的监护人为自己的利益随意处置精神障碍患者的财产。相关调查结果显示:相当数量的监护人送患者入院后对患者不闻不问、不接不管,使精神障碍患者长期滞留医院。

《民法典》顺应了国际关于成年监护制度的发展趋势,由"隔离式概括监管模式"向"人权监护模式"转变,以尊重自我决定和有限监护为基本原则,平衡了自治和他治,防止精神障碍者的自由被过度地干预,极大地维护了其人格尊严。

(三) 严重精神障碍发病报告制度

> **知识链接**
>
> #### 严重精神障碍患者的危险性评估分级
>
> 我国严重精神障碍患者的危险性评估共分为6级。0级:通常指患者没有危险性;1级:患者存在精神紊乱的情况,如出现关系妄想、被害妄想或幻听幻视,以及乱喊、乱叫、乱跑等行为,可能会给他人的人身安全造成危害或风险,但是患者只是口头上的威胁,并没有真正的实行;2级:患者不仅有精神和行为紊乱,而且还会出现行为方面的问题,如打烂物品、撕破衣服、扔掉食物等,但是这些行为只在家里发生,不会在公共场合出现,经过他人的劝说或警告可以停止;3级:明显打砸行为,不分场合,针对财物,不能接受劝说而停止;4级:持续的打砸行为,不分场合,针对财物或人,不能接受劝说而停止;5级:持管制性危险武器的针对人的任何暴力行为,或者纵火、爆炸等行为,无论在家里还是公共场合。

随着循证(evidence-based)卫生决策的理念深入到政府、政策制定者的观念之中,利用监测数据了解特定领域卫生问题的现状、构建政策问题等已非常普遍。《精神卫生法》第二十四条规定:国务院卫生行政部门建立精神卫生监测网络,实行严重精神障碍发病报告制度,组织开展精神障碍发生状况、发展趋势等的监测和专题调查工作。精神卫生监测和严重精神障碍发病报告管理办法,由国务院卫生行政部门制定。国务院卫生行政部门应当会同有关部门、组织,建立精神卫生工作信息共享机制,实现信息互联互通、交流共享。

2012年卫生部制定了《重性精神疾病信息管理办法》,规定需要报告的重性精神疾病共有六种,具体是:①精神分裂症;②分裂情感性障碍;③偏执性精神病;④双相情感障碍;⑤癫痫所致精神障碍;⑥精神发育迟滞。同时该文件还规定,省、市两级建立卫生部门与公安部门之间的重性精神疾病信息定期交换与共享机制。但是交换的范围仅限于危险性评估三级以上患者相关信息。该制度具体要求如下。首先,医疗机构应当按照卫生行政部门规定的内容、程序、时限和方式将确诊患有精神疾病的患者情况,向该医疗机构所在区、县的精神疾病预防控制机构报告;区、县精神疾病预防控制机构应当对信息进行核实,并向市精神疾病预防控制机构报告。其次,区、县精神疾病预防控制机构应当对重性精神障碍患者建立档案,将重性精神障碍患者信息通报社区卫生服务机构和街道办事处、乡镇人民政府;街道办事处、乡镇人民政府应当及时了解本辖区重性精神障碍患者的情况,并与精神疾病预防控制机构建立患者信息沟通机制。最后,区、县精神疾病预防控制机构和社区卫生服务机构应当定期访视重性精神障碍患者;居民委员会、村民委员会应当协助进行定期访视,并根据精神障碍患者的病情需要,协助其进行治疗。无论是"信息报告制度""信息通报制度",还是"定期访视制度",我们看到立法表述均使用的是"应当",亦即无须征得精神障碍患者或者监护人的同意。《精神卫生法》第四条规定,"有关单位和个人应当对精神障碍患者的姓名、肖像、住址、工作单位、病历资料以及其他可能推断出其身份的信息予以保密;但是,依法履行职责需要公开的除外"。

(四) 区分心理咨询与治疗

心理咨询的对象一般不是患者,大部分是精神状态基本健康,但心理上存在冲突的亚健康状态的人。心理咨询,是指以帮助求助者发现问题为目的,通过挖掘求助者自身的潜能来解除心理困扰,防止心理问题演变为精神障碍的一种沟通交流的方式或方法。心理治疗,是指借助心理学的、非药物的技术和方法改变患者的心理状态来达到治疗精神障碍的目的。临床上心理治疗最常见的对象是神经症等精神障碍患者,同时也包括需配合药物治疗进行心理治疗的患者。心理咨询和心理治疗的不同点决定了它们在规制过程中需要区别对待,在立法时应区分心理咨询和心理治疗的执业范围,对二者的权利和义务进行不同规定,这样才能使二者在规范的过程中更加科学。

心理治疗不同于心理咨询,它属于医疗行为,所以心理咨询人员不可以从事心理治疗。目前从事心理治疗的人员主要有两类:一类是开展临床心理诊疗的精神科医师(临床心理专业属于精神科的二级科目),有精神障碍的诊断权、心理治疗权、药物处方权;另一类是专门的心理治疗师(技师类),属于卫生技术人员,只有精神障碍的心理诊断(不可出具诊疗证明)、心理治疗权,无药物处方权。

《精神卫生法》规定了心理咨询的职业范围和义务,即心理咨询人员应当提高业务素质,遵守执业规范,为社会公众提供专业化的心理咨询服务。心理咨询人员不得从事心理治疗或者精神障碍的诊断、治疗。心理咨询人员发现接受咨询的人员可能患有精神障碍的,应当建议其到符合《精神卫生法》规定的医疗机构就诊。心理咨询人员应当尊重接受咨询人员的隐私,并为其保守秘密。

第二节 PCBL:心理咨询人员的保密义务是否存在豁免情形?

美国著名的 Tarasoff 案引发了心理咨询领域对保密豁免延长线上的"预警和保护义务"(duty to warn and protect)的关注。本案中,一名受雇于加州大学伯克利分校的心理咨询师在咨询过程中得知患者 Prosenjit Poddar 求之不得、因爱生恨,产生了杀害同学 Tatiana Tarasoff 的念头。咨询师 Moore 博士很重视这一情况,要求校警控制住 Poddar 并开展调查,但警方在简单问询后便将其释放,Moore 博士的主管也决定不再要求警方介入,且未通知 Tatiana Tarasoff 或其家人。然而,在接受咨询两个月后,Poddar 持刀闯入 Tatiana Tarasoff 家中将其杀害,除了凶手被追究刑事责任外,心理咨询师也遭到死者家属提起民事诉讼。本案一直诉至加利福尼亚州最高法院,判决书写道,"我们难以忍受医生隐瞒自己的患者构成致命威胁的信息、导致社会成员进一步暴露在危险中"(we can hardly tolerate the further exposure to danger that would result from a concealed knowledge to the therapist that his patient was lethal),继而衍生出对心理咨询行业影响重大的"Tarasoff 规则":心理咨询师应承担合理的注意义务(reasonable care)以保护可以预见的受害者(foreseeable victim)。

保密是心理咨询人员重要的伦理和法律职责,它要求心理咨询人员尊重来访者的隐私,并为其保守秘密。公元前 370 年的《希波克拉底誓言》规定"凡我所见所闻,无论有无业务关系,我认为应守秘密者,我愿保守秘密"。《精神卫生法》第二十三条也对心理咨询人员的保密义务作出了原则性规定。然而,无论是孟德斯鸠的"法律自由论",还是密尔的"不伤害原则",抑或罗伯特诺奇克的"权利具有边界约束的作用"的道德边界理论,都是在探讨权利的边界问题。在心理咨询服务关系中,来访者的隐私权保护同样存在边界。换言之,心理咨询人员在保护来访者隐私可能威胁到公共安全、来访者本人及他人的生命健康权利以及其他重要利益时,面临行为选择的两难境地。在此情形下为消解权利间冲突,豁免心理咨询人员保密义务,赋予其向特定主体信息披露义务乃是题中应有之义。

结合本案,心理咨询机构在根据理性研判来访者有自伤或伤害他人的严重危险时,负有预告、警示义务。规定预警和保护义务具有正当性,但我国法律目前还没有对"心理咨询机构对他人是否具有注意义务"作出回应,学界也缺乏有关讨论。这导致了两个问题:其一,心理咨询机构对第三人的损害是否承担侵权责任存在争议;其二,心理咨询机构未经同意泄露来访者隐私的行为因无法律明文规定无法获得豁免。基于此,应当在法律层面对心理咨询机构的预警和保护义务作出规定。法律规范层面,上海、杭州、辽宁、内蒙古、甘肃的《精神卫生条例》针对来访者有伤害自身以及危害他人安全倾向的情形,规定了心理咨询服务提供方的通知义务,有一定积极意义,但缺乏上位法依据。有必要在立法层面对此加以确认,明确预警和保护义务的目的、客体和方式。

首先,需要强调预警和保护义务的目的是预警,其并不发挥直接干预的功能。一方面,作为预警和保护义务主体的心理咨询机构不具有法定的强制送治义务,即使是针对疑似精神障碍患者,其也并不属于《精神卫生法》规定的"近亲属、所在单位、当地公安机关"三类强制送治主体;另一方面,心理

NOTES

咨询机构不属于医疗机构,无法实施约束、隔离等保护性医疗措施。目前,心理咨询机构缺少规范的转介途径,亟须建立和完善有关法律法规,搭起心理咨询机构同公安机关、医疗机构等的衔接渠道。

其次,预警和保护的客体为自然人的生命健康权。具体而言,对于来访者在咨询过程中透露的准备或正在实施的危害上述客体的计划,心理咨询机构经理性研判认为有预警的必要性,则应当进行披露。通常来说,伤害应具有一定的严重程度,例如轻微自残行为(一般指通过划伤、咬、击打等方式对自身造成轻微损伤的行为)则不在预警和保护的范围之内。

最后,预警和保护义务的报告方式为由心理咨询机构向特定相关主体披露。心理咨询机构作为预警和保护义务的主体,承担对外披露义务,而心理咨询师对内向心理咨询机构披露。心理咨询机构优先直接向第三人披露,在缺乏报告能力如:第三人为不特定多数人或第三人无法联络时,可向公安部门披露。在来访者为无或限制行为能力人的情况下,还要向其监护人或近亲属披露,以在正当理由下最大限度保护潜在受害人。

(李筱永)

思考题

1. 简述《精神卫生法》中自愿医疗原则及其意义。
2. 简述精神障碍非自愿医疗的条件及程序。
3. 简述精神障碍者权利保护的具体内容。
4. 简述关于心理咨询行业法律制度的构建。

情景测试与思考

1. 如果你接诊了一位被确诊为严重精神障碍的患者,而且该患者已经存在伤害他人的行为,按照《精神卫生法》的规定该患者符合非自愿住院治疗的标准。但是,患者及其监护人坚决反对住院治疗方案,你应当怎么做?

2. 某个三甲医院的医师在门诊接诊一位未成年精神障碍患者时,发现其疑似遭受不法侵害,你应当怎么做?

课后阅读资料

[1] 李筱永,张博源. 精神卫生治理研究立法、实施和效果[M]. 北京:中国政法大学出版社,2019.
[2] 王岳. 疯癫与法律[M]. 北京:法律出版社,2014.
[3] 伊森·沃特斯. 像我们一样疯狂:美式心理疾病的全球化[M]. 黄晓楠,译. 北京:北京师范大学出版社,2016.

第二十四章
职业病防治法律制度

《职业病防治法》是我国第一部保护劳动者健康权益的法律。它从职业病前期预防、职业病诊断与鉴定、劳动过程中的防护与管理、职业病患者的权利保障等方面对劳动者依法享有职业卫生保护的权利和用人单位职业病防治责任作出明确规定。《职业病防治法》的不断完善和职业病防治管理体系与标准体系的加快建设，掀开了劳动者职业健康保护的新篇章，使职业病防治工作步入了新的发展阶段，对于进一步促进和保障劳动者在职业活动中的身心健康和社会福利，推动我国经济社会、人力资源的可持续发展具有重要意义。

第一节 概　　述

一、职业病概念

职业病一般有广义和狭义之分。广义上的职业病是由工作环境中有害因素作用于机体所引起的疾病。狭义的职业病，即法定职业病，指企业、事业单位和个体经济组织（以下统称为"用人单位"）的劳动者在职业活动中，由接触粉尘、放射性物质和其他有毒、有害物质等因素而引起的疾病。

二、职业病分类

目前我国职业病种类从 2002 年的 115 种增加到 2013 年的 132 种，主要有职业性尘肺病及其他呼吸系统疾病、职业性放射性疾病、职业性化学中毒、物理因素所致职业病、职业性传染病、职业性皮肤病、职业性眼病、职业性耳鼻喉口腔疾病、职业性肿瘤和其他职业病十大类。

三、职业健康与安全保障法律体系

我国职业健康与安全保障法律体系为一个以保护劳动者在生产劳动中免受职业性危害因素影响的各种职业健康相关法律法规构成的有机整体。我国已有较完善的职业健康法律规制体系，是包含多种法律形式和法律层次的综合性系统，即以宪法为纲领，以《职业病防治法》为主体，以相关法规、规章和标准为辅助，与其他各部门法密切相关。职业健康与安全保障法律体系大体可分为以下四个层次。

1.《宪法》 "加强劳动保护，改善劳动条件"这一明确规定，是我国职业健康与安全保障法律体系中具有最高法律地位及效力的规定。

2. **职业健康与安全保障的基本法律** 包括社会法、经济法、行政法、民法、商法和刑法等。社会法涉及职业病防治法律内容的包括《职业病防治法》《安全生产法》《劳动法》和《劳动合同法》等。其中《职业病防治法》是第一部保障劳动者的职业健康和安全的法律，于 2001 年 10 月 27 日第九届全国人民代表大会常务委员会第二十四次会议通过，并于 2002 年 5 月 1 日起实行，分别在 2011 年 12 月 31 日、2016 年 7 月 2 日、2017 年 1 月 4 日和 2018 年 12 月 29 日进行了修正，更新对职业卫生技术服务机构的相关规定。2011 年第 1 次修正主要有四处。一是职业卫生技术服务机构依法从事职业病危害因素检测、评价工作，应当接受安全生产监督管理部门的监督检查。二是明确规定承担职业病诊断的医疗卫生机构应当具备的条件：持有《医疗机构执业许可证》；具有与开展职业病诊断相适应的医疗卫生技术人员;具有与开展职业病诊断相适应的仪器、设备;具有健全的职业病诊断质量管理制度;同时也规定了承担职业病诊断的医疗卫生机构不得拒绝劳动者进行职业病诊断的要求。三是将用人单位和医疗卫生机构发现职业病患者或者疑似职业病患者的报告部门改为所在地卫生行政部门和安全生产监督管理部门。四是增加了职业病诊断、鉴定机构需要了解工作场所职业病危害因素情况时的规定,用人单位不得拒绝、阻挠,也可以向安全生产监督管理部门提出,安全生产监督管理部门应当在十日内组织现场调查。2017 年第三次修改规定了承担职业健康检查的医疗卫生机构资格为取得《医疗机构执业许可证》,同时要求职业病诊断证明书应当由参与诊断的取得职业病诊断资格的执业医师签署。2018 年的修正中,对职业卫生技术服务机构依法从事职业病危害因素检测、评价工作的监督检查职责,由安监部门改为卫生行政部门。

经济法主要有《标准化法》《煤炭法》,民商法门类主要有《公司法》和《乡镇企业法》等。行政法包括《行政处罚法》《行政许可法》等。《刑法》主要规定了违反法律所构成的犯罪,包括危害公共安全罪,生产、销售伪劣商品罪等。

3. 职业健康与安全保障的相关法规　职业病防治的行政法规由国务院组织制定并批准公布,如《尘肺病防治条例》和《使用有毒物品作业场所劳动保护条例》等,以及相关地方性法规。

4. 职业健康与安全保障的规章及标准　职业病防治部门规章是由卫生、安全生产监督管理等部门为加强职业病防治工作而制订颁布的规定,如《职业病诊断与鉴定管理办法》和《职业健康监护管理办法》等。有关职业病防治的标准包括国家标准、部门标准、行业标准以及企业标准等,由职业卫生专业基础标准、工作场所作业条件卫生标准、有害因素职业接触限值、职业照射放射防护标准等组成。

以上四种职业健康与安全保障相关的法律法规共同构筑保护劳动者健康权益的防 - 治 - 保规范化、系统化的法律体系,预防和保护劳动者免受职业性有害因素所致的健康影响和危险,使劳动者工作环境得以改善,促进和保障劳动者在职业活动中保持身心健康并享有社会福利。

四、职业病防治工作方针和管理原则

职业病防治工作坚持预防为主、防治结合的方针,建立用人单位负责、行政机关监管、行业自律、职工参与和社会监督的机制,实行分类管理、综合治理。

"预防为主,防治结合"是职业病防治工作的方针,是根据"职业病可以预防,但是很难治愈"这个特点提出来的,它概括了职业病防治法的基本要求。所以,职业病防治工作必须从致病源头抓起,实行前期预防。"预防为主",是做好职业病防治工作的基础和前提,就是要做到"防微杜渐""防患于未然",把职业病防治工作,由传统的发生问题后进行处理的工作模式转变为风险预防管理的模式,把工作重点放在预防上。

"分类管理,综合治理"是职业病防治工作的基本管理原则。由于导致职业病的危害因素很多,职业病的危害程度也不完全相同,在职业病防治管理工作中按照不同危害类别和职业病进行分类管理十分必要。"综合治理"就是要将职业病防治作为一项系统工程来抓。各部门要加强沟通、协调配合,形成统一的强有力的监督链,做到全方位的综合治理,才有可能实现最佳治理结果。

第二节　职业病防治法律制度

一、职业病前期预防的法律规定

预防为主,是从源头上控制和消除职业病,避免严重的职业病危害后果,确保劳动者的职业健康。职业病防治遵循三级预防原则。一级预防亦称病因预防,从根本上杜绝职业危害因素对人的作用;二级预防亦称临床前期预防,通过早发现、早诊断、早治疗及时发现问题并防止职业病的发展;三级预防亦称临床预防,在明确诊断为职业病后,及时获得合理的治疗,预防病情恶化复发,出现并发症和伤残。

(一) 工作场所职业卫生要求

产生职业病危害的用人单位的设立除应当符合法律、规定的设立条件外,其工作场所还应当符合下列职业卫生要求:①职业病危害因素的强度或者浓度符合国家职业卫生标准;②有与职业病危害防护相适应的设施;③生产布局合理,符合有害与无害作业分开的原则;④有配套的更衣间、洗浴间、孕妇休息间等卫生设施;⑤设备、工具、用具等设施符合保护劳动者生理、心理健康的要求;⑥法律、行政法规和国务院卫生行政部门、安全生产监督管理部门关于保护劳动者健康的其他要求。

(二) 职业病危害项目申报制度

用人单位工作场所存在职业病目录所列职业病的危害因素的,应当及时、如实向所在地卫生行政部门申报危害项目,接受监督。职业病危害因素分类目录由国务院卫生行政部门制定、调整并公布。职业病危害项目申报的具体办法由国务院卫生行政部门制定。

(三) 职业病危害预评价制度

1. 预评价报告制度　新建、扩建、改建建设项目和技术改造、技术引进项目可能产生职业病危害的,建设单位在可行性论证阶段应当进行职业病危害预评价。医疗机构建设项目可能产生放射性职业病危害的,建设单位应当向卫生行政部门提交放射性职业病危害预评价报告。卫生行政部门应当自收到预评价报告之日起三十日内,作出审核决定并书面通知建设单位。未提交预评价报告或者预评价报告未经卫生行政部门审核同意的,不得开工建设。

职业病危害预评价报告应当对建设项目可能产生的职业病危害因素及其对工作场所和劳动者健康的影响作出评价,确定危害类别,采取职业病防护措施。

2. 实行"三同时"制度　建设项目的职业病防护设施所需费用应当纳入建设项目工程预算,并与主体工程同时设计,同时施工,同时投入生产和使用。建设项目的职业病防护设施设计应当符合国家职业卫生标准和卫生要求;其中,医疗机构放射性职业病危害严重的建设项目的防护设施设计,应当经卫生行政部门审查同意后,方可施工。

(四) 职业病危害控制效果评价制度

建设项目在竣工验收前,建设单位应当进行职业病危害控制效果评价。医疗机构可能产生放射性职业病危害的建设项目竣工验收时,其放射性职业病防护设施经卫生行政部门验收合格后,方可投入使用;其他建设项目的职业病防护设施应当由建设单位负责依法组织验收,验收合格后,方可投入生产和使用。卫生行政部门应当加强对建设单位组织的验收活动和验收结果的监督核查。

二、职业病诊断与鉴定

(一) 职业病诊断

职业病诊断应当由取得《医疗机构执业许可证》的医疗卫生机构承担。承担职业病诊断的医疗卫生机构不得拒绝劳动者进行职业病诊断的要求。从事职业病诊断的医师应当具备下列条件,并取得省级卫生健康主管部门颁发的职业病诊断资格证书:①具有医师执业证书;②具有中级以上卫生专业技术职务任职资格;③熟悉职业病防治法律法规和职业病诊断标准;④从事职业病诊断、鉴定相关工作三年以上;⑤按规定参加职业病诊断医师相应专业的培训,并考核合格。

职业病诊断应当综合分析患者的职业史、职业病危害接触史、工作场所职业病危害因素情况、临床表现以及辅助检查结果等资料作出最终的判断依据。由于职业危害因素种类的多样性和临床表现的复杂性,职业危害对个体所造成的损伤和危害程度不尽相同,诊断过程为有效保护劳动者的健康和权益,承担职业病诊断的医疗卫生机构对职业病诊断的基本因素依法进行综合分析后,没有证据否定职业病危害因素与患者临床表现之间的必然联系的,排除其他致病因素后,应当诊断为职业病。

诊断机构对诊断结果出具职业病诊断证明书,一式五份,劳动者一份,用人单位所在地县级卫生健康主管部门一份,用人单位两份,诊断机构存档一份。职业病诊断证明书应当由参与诊断的取得职业病诊断资格的执业医师签署,并经承担职业病诊断的医疗卫生机构审核盖章。诊断机构还应建立职业病诊断档案并永久保存,档案应当包括:①职业病诊断证明书;②职业病诊断记录;③用人单位、劳动者和相关部门、机构提交的有关资料;④临床检查与实验室检验等资料。

职业病诊断程序一般经历申请、受理、调查取证、诊断四个阶段。

1. 劳动者或用人单位提出诊断申请。申请时,应当提供以下资料:①职业史、既往史书面材料;②职业健康监护档案复印件;③职业健康检查结果;④作业场所历年职业卫生监测资料;⑤诊断机构要求提供的其他有关材料。

2. 受理。对劳动者或用人单位所提供资料审核符合要求的,予以受理;不符合要求的,通知当事人予以补正。

3. 调查取证。诊断机构除当事人提供的资料外,必要时,针对诊断中的疑点进行取证。诊断机构依法要求用人单位为劳动者提供有关资料,同时,进行临床检查和实验室检查。用人单位不提供工作场所职业病危害因素检测结果等资料的,诊断机构可以依法提请卫生健康主管部门督促用人单位提供。劳动者对用人单位提供的工作场所职业病危害因素检测结果等资料有异议,或者因劳动者的用人单位解散、破产,无用人单位提供资料的,职业病诊断机构应当依法提请用人单位所在地卫生健康主管部门进行调查。

4. 诊断。参加诊断的医师应当根据临床检查结果,对照受理或现场取证的所有资料,进行综合分析,按照职业病诊断标准,提出诊断意见。医疗卫生机构发现疑似职业病患者时,应当告知劳动者本人并及时通知用人单位,及时向所在地卫生行政部门报告。

(二) 职业病诊断鉴定

由于职业病诊断活动复杂,对技术要求高,同时涉及当事人经济利益,依据《职业病防治法》,当事人对职业病诊断存在异议时,可向诊断机构所在地方卫生行政部门申请鉴定,并由设区的市级以上地方人民政府卫生行政部门组织职业病诊断鉴定委员会进行鉴定。

职业病诊断鉴定委员会承担职业病诊断鉴定工作。省、自治区、直辖市人民政府卫生行政部门应当设立相关的专家库,需要对职业病争议作出诊断鉴定时,由当事人或者当事人委托有关卫生行政部门从专家库中以随机抽取的方式确定参加诊断鉴定委员会的专家。职业病诊断鉴定委员会应当按照国务院卫生行政部门颁布的职业病诊断标准和职业病诊断、鉴定办法进行职业病诊断鉴定,向当事人出具职业病诊断鉴定书。职业病诊断鉴定委员会组成人员应当遵守职业道德,客观、公正地进行诊断鉴定,并承担相应的责任。职业病诊断鉴定委员会组成人员不得私下接触当事人,不得收受当事人的财物或者其他好处,与当事人有利害关系的,应当回避。

(三) 职业病诊断和鉴定中问题处理

职业病诊断、鉴定过程中,在确认劳动者职业史、职业病危害接触史时,当事人对劳动关系、工种、工作岗位或者在岗时间有争议的,可以向当地的劳动人事争议仲裁委员会申请仲裁;接到申请的劳动人事争议仲裁委员会应当受理,并在三十日内作出裁决。当事人在仲裁过程中对自己提出的主张,有责任提供证据。劳动者无法提供由用人单位掌握管理的与仲裁主张有关的证据的,仲裁庭应当要求用人单位在指定期限内提供;用人单位在指定期限内不提供的,应当承担不利后果。

劳动者对仲裁裁决不服的,可以依法向人民法院提起诉讼。用人单位对仲裁裁决不服的,可以在职业病诊断、鉴定程序结束之日起十五日内依法向人民法院提起诉讼;诉讼期间,劳动者的治疗费用按照职业病待遇规定的途径支付。人民法院受理有关案件需要进行职业病鉴定时,应当从省、自治区、直辖市人民政府卫生行政部门依法设立的相关的专家库中选取参加鉴定的专家。

三、劳动过程中的防护与管理

(一) 职业病防治管理措施

用人单位应当设置或者指定职业卫生管理机构或者组织,配备专职或者兼职的职业卫生管理人员,负责本单位的职业病防治工作;制订职业病防治计划和实施方案;建立、健全职业卫生管理制度和操作规程;建立、健全职业卫生档案和劳动者健康监护档案;建立、健全工作场所职业病危害因素监测及评价制度;建立、健全职业病危害事故应急救援预案。

用人单位应当保障职业病防治所需的资金投入,不得挤占、挪用,并对由资金投入不足导致的后果承担责任。

(二) 职业卫生培训与健康检查

1. 职业卫生培训　用人单位应当对劳动者进行上岗前的职业卫生培训和在岗期间的定期职业卫生培训,普及职业卫生知识,督促劳动者遵守职业病防治法律、法规、规章和操作规程,指导劳动者正确使用职业病防护设备和个人使用的职业病防护用品。

2. 职业卫生健康检查　职业健康检查应当由取得《医疗机构执业许可证》的医疗卫生机构承担。对从事接触职业病危害作业的劳动者,用人单位应当按照国务院卫生行政部门的规定组织上岗前、在岗期间和离岗时的职业健康检查,并将检查结果书面告知劳动者。职业健康检查费用由用人单位承担。

用人单位不得安排未经上岗前职业健康检查的劳动者从事接触职业病危害的作业;不得安排有职业禁忌的劳动者从事其所禁忌的作业;对在职业健康检查中发现有与所从事的职业相关的健康损害的劳动者,应当调离原工作岗位,并妥善安置;对未进行离岗前职业健康检查的劳动者不得解除或者终止与其订立的劳动合同。

(三) 职业病危害因素监测

职业病危害因素检测、评价由依法设立的取得国务院卫生行政部门或者设区的市级以上地方人民政府卫生行政部门按照职责分工给予资质认可的职业卫生技术服务机构进行。

用人单位应当实施由专人负责的职业病危害因素日常监测,并确保监测系统处于正常运行状态。定期对工作场所进行职业病危害因素检测、评价。检测、评价结果存入用人单位职业卫生档案,定期向所在地卫生行政部门报告并向劳动者公布。

发现工作场所职业病危害因素不符合国家职业卫生标准和卫生要求时,用人单位应当立即采取相应治理措施,仍然达不到国家职业卫生标准和卫生要求的,必须停止存在职业病危害因素的作业;职业病危害因素经治理后,符合国家职业卫生标准和卫生要求的,方可重新作业。

(四) 职业病防护设施和防护用品提供

用人单位必须采用有效的职业病防护设施,并为劳动者提供个人使用的职业病防护用品。用人单位为劳动者个人提供的职业病防护用品必须符合防治职业病的要求;不符合要求的,不得使用。

用人单位应当优先采用有利于防治职业病和保护劳动者健康的新技术、新工艺、新设备、新材料,逐步替代职业病危害严重的技术、工艺、设备、材料。

(五) 职业病危害因素提醒与告知

1. 设置警示标识　产生职业病危害的用人单位,应当在醒目位置设置公告栏,公布有关职业病防治的规章制度、操作规程、职业病危害事故应急救援措施和工作场所职业病危害因素检测结果。对产生严重职业病危害的作业岗位,应当在其醒目位置,设置警示标识和中文警示说明。警示说明应当载明产生职业病危害的种类、后果、预防以及应急救治措施等内容。

2. 设置报警装置　对可能发生急性职业损伤的有毒、有害工作场所,用人单位应当设置报警装置,配置现场急救用品、冲洗设备、应急撤离通道和必要的泄险区。对放射工作场所和放射性同位素的运输、贮存,用人单位必须配置防护设备和报警装置,保证接触放射线的工作人员佩戴个人剂量计。

(六) 劳动合同内容告知

用人单位与劳动者订立劳动合同(含聘用合同,下同)时,应当将工作过程中可能产生的职业病危害及其后果、职业病防护措施和待遇等如实告知劳动者,并在劳动合同中写明,不得隐瞒或者欺骗。劳动者在已订立劳动合同期间因工作岗位或者工作内容变更,从事与所订立劳动合同中未告知的存在职业病危害的作业时,用人单位应当依照前款规定,向劳动者履行如实告知的义务,并协商变更原劳动合同相关条款。用人单位违反前两款规定的,劳动者有权拒绝从事存在职业病危害的作业,用人单位不得因此解除与劳动者所订立的劳动合同。

(七)职业健康档案建立

用人单位应当为劳动者建立职业健康监护档案,并按照规定的期限妥善保存。职业健康监护档案应当包括劳动者的职业史、职业病危害接触史、职业健康检查结果和职业病诊疗等有关个人健康资料。

劳动者离开用人单位时,有权索取本人职业健康监护档案复印件,用人单位应当如实、无偿提供,并在所提供的复印件上签章。

(八)职业安全事故紧急救援

发生或者可能发生急性职业病危害事故时,用人单位应当立即采取应急救援和控制措施,并及时报告所在地卫生行政部门和有关部门。卫生行政部门接到报告后,应当及时会同有关部门组织调查处理;必要时,可以采取临时控制措施。卫生行政部门应当组织做好医疗救治工作。

对遭受或者可能遭受急性职业病危害的劳动者,用人单位应当及时组织救治,进行健康检查和医学观察,所需费用由用人单位承担。

(九)劳动者职业卫生保护权利

《职业病防治法》规定劳动者享有下列职业卫生保护权利:①获得职业卫生教育、培训;②获得职业健康检查、职业病诊疗、康复等职业病防治服务;③了解工作场所产生或者可能产生的职业病危害因素、危害后果和应当采取的职业病防护措施;④要求用人单位提供符合防治职业病要求的职业病防护设施和个人使用的职业病防护用品,改善工作条件;⑤对违反职业病防治法律、法规以及危及生命健康的行为提出批评、检举和控告;⑥拒绝违章指挥和强令进行没有职业病防护措施的作业;⑦参与用人单位职业卫生工作的民主管理,对职业病防治工作提出意见和建议。

用人单位应当保障劳动者行使前款所列权利。因劳动者依法行使正当权利而降低其工资、福利等待遇或者解除、终止与其订立的劳动合同的,其行为无效。

四、职业病患者的权利保障

(一)劳动者依法享有职业卫生保护的权利

劳动者依法享有职业卫生保护的权利,是劳动者的基本权利,也是制定《职业病防治法》的前提,或者说是这部法律产生的基础和最充足的理由:①用人单位应当按照国家有关规定,安排职业病患者进行治疗、康复和定期检查;②用人单位对不适宜继续从事原工作的职业病患者,应当调离原岗位,并妥善安置;③用人单位对从事接触职业病危害的作业的劳动者,应当给予适当岗位津贴。

(二)用人单位必须依法参加工伤社会保险

工伤社会保险是职业病防治中保护劳动者权益的一项基本措施。职业病患者的诊疗、康复费用,伤残以及丧失劳动能力的职业病患者的社会保障,按照国家有关工伤保险的规定执行。

(三)劳动者依法享有民事赔偿权利

职业病患者除依法享有工伤保险外,依照有关民事法律,尚有获得赔偿的权利的,有权向用人单位提出赔偿要求。劳动者被诊断患有职业病,但用人单位没有依法参加工伤保险的,其医疗和生活保障由该用人单位承担。职业病患者变动工作单位,其依法享有的待遇不变。用人单位在发生分立、合并、解散、破产等情形时,应当对从事接触职业病危害的作业的劳动者进行健康检查,并按照国家有关规定妥善安置职业病患者。用人单位已经不存在或者无法确认劳动关系的职业病患者,可以向地方人民政府医疗保障、民政部门申请医疗救助和生活等方面的救助。

五、法律责任

未取得职业卫生技术服务资质认可擅自从事职业卫生技术服务的,根据《职业病防治法》第七十九条规定,需承担相应的行政责任;从事职业卫生技术服务的机构和承担职业病诊断的医疗卫生机构若有以下行政违法行为,依据《职业病防治法》第八十条规定承担相应行政责任:①超出资质认可或者诊疗项目登记范围从事职业卫生技术服务或者职业病诊断的;②不履行《职业病防治法》规定的法定职责的;③出具虚假证明文件。

从事职业卫生技术服务的机构以及承担职业病诊断的医疗卫生机构构成犯罪的,依据《刑法》第二百二十九条规定,可能构成提供虚假证明文件罪或者出具证明文件重大失实罪。

（胡汝为）

思考题

1. 职业病的特点是什么?
2. 简述我国职业病的三级预防原则。
3. 从事职业病诊断的医师应当具备哪些条件?
4. 职业病诊断时,应当综合分析哪些因素?

情景测试与思考

患者,男,25岁,工龄5年,入职体检(非职业健康体检)合格。2016年1月,开始进行金属矿山的开采,主要作业工种是爆破。在此期间用人单位未进行工作场所职业病危害因素检测,未进行职业性健康检查,无有效的个人防护用品,且常加班作业。最近出现咳嗽、咳痰、胸痛、呼吸困难等症状,怀疑是尘肺病,来到当地医疗机构就诊,你作为他的主治医生,应该如何对其开展诊断?

课后阅读资料

郭于华,吴小沔,赵茗煦.尘肺农民工口述记录[M].北京:知识产权出版社,2020.

第二十五章

人体基因技术与人类辅助生殖技术法律制度

【学习要点】

1. 人体基因技术的规制框架。
2. 人类辅助生殖技术实施的原则。

基因技术应用于人体，意味着人类进入以基因预测、基因预防、基因诊断、基因治疗为特征的"基因医学时代"；人类辅助生殖技术运用医学技术和方法对配子、合子、胚胎进行人工操作，以达到受孕目的，与人体基因技术密切相关。人体基因技术与人类辅助生殖技术在促进人类健康和福祉的同时，也带来了一系列伦理影响。在伦理对人体基因技术与人类辅助生殖技术进行指引的基础上，还需法律规范对其中的重要问题作出更明确的规定。

第一节　人体基因技术法律制度

所谓"基因技术"，是指一切被发展用来认识、解读、操纵、改造基因，以达成一定目的的技术。将基因技术运用于人类，即人体基因技术，意味着对人体的研究从细胞层次跃入了分子层次，在医疗领域主要产生如下应用：首先，深入基因的层次诊断疾病的原因；其次，通过矫正或者置换缺陷基因来治愈疾病；再次，借助基因预测预防疾病；最后，基于个体独特的基因构建"个性化"医疗。此外，还可以通过基因信息来评估个体的健康状态，有助于完成自身的健康管理，规划婚姻、生育等。

人体基因技术一方面令人们对未来的医疗愿景充满了期待，另一方面其研究和应用也始终与伦理争议相互交缠。关于人体基因技术涉及的主要伦理和社会问题，我国学者进行了系统的归纳，包括：人体基因技术的目的（除了诊断、治疗和预防疾病以外，能否应用于优生或者司法）、知情同意、基因隐私和基因歧视、专利容许性、商业化、基因海盗和基因殖民主义、基因治疗的范围和许可（除了治疗以外，可否应用于基因增强）、克隆人等。

一、人体基因技术的立法发展

1. 国际社会的规制　联合国教科文组织大会（UNESCO）于 1997 年通过了《世界人类基因组与人权宣言》（*Universal Declaration on the Human Genome and Human Rights*），确立了尊重人的尊严、自由与人权，禁止基于遗传特征的一切形式的歧视的原则；2003 年通过了《国际人类基因数据宣言》（*International Declaration on Human Genetic Data*），其宗旨是：在采集、处理、使用和保存人类基因数据、人类蛋白质组数据与提取此类数据的生物标本方面，确保尊重人的尊严，保护人权和基本自由，并兼顾思想和言论自由，其中也包括了研究自由；确定指导各国制定相关法律和政策的原则；为指导有关机构和个人在上述方面开展实践奠定基础。

国际人类基因组组织（The Human Genome Organization，HUGO）伦理委员会于 1997 年发布了《关于 DNA 取样：控制和获得的声明》，1999 年发布了《关于克隆的声明》，2000 年发布了《关于利益共享的声明》,2001 年发布了《关于基因治疗研究的声明》,2002 年发布了《遗传研究的正当行为声明》等。这些声明确立和认可了遗传研究正当性的四个原则,即:人类基因组是人类共同遗产的一部分;坚持人权的国际规范;尊重参与者的价值、传统、文化和完整性;承认和坚持人类的尊严和自由。其中,《关于基因治疗研究的声明》的目标之一是区分体细胞基因治疗、生殖细胞系治疗(可遗传的基因修改)和增强型基因修改,号召各界广泛讨论为了增强特性和干预生殖细胞系,未来可能利用基因转移技术的适宜性。

2. 我国的立法发展　在人体基因技术立法方面,我国除了在人类辅助生殖技术法规中作了相关规定以外,主要有:1993 年发布的《人的体细胞治疗及基因治疗临床研究质控要点》;1999 年国家药品监督管理局审议通过了《新生物制品审批办法》,该办法的附录专门规定了"人基因治疗申报临床试验指导原则";2003 年国家食品药品监督管理局颁布《人基因治疗研究和制剂质量控制技术指导原则》,强调了我国基因治疗仅适用于体细胞而不适用于生殖细胞;2015 年国家卫生计生委和国家食品药品监督管理局发布《干细胞临床研究管理办法(试行)》,对医疗机构开展的干细胞临床研究进行规制,强调干细胞临床研究必须遵循科学、规范、公开、符合伦理、充分保护受试者权益的原则,对干细胞临床研究机构的条件与职责、研究的立项与备案、临床研究过程、研究报告制度、专家委员会职责等进行了全面的规定。但是,人体基因技术专项规定主要由较低层次的部门规章加以规制,而且内容非常简单。基因治疗主要纳入药物法和医疗法领域进行管理。《生物制品管理规程》《新药审批办法》和《药品管理法》均规定了涉及基因治疗的条款。

2020 年 10 月 17 日《生物安全法》颁布,作为我国生物安全领域基础性、综合性、系统性和统领性的法律,其目的在于维护国家生物安全,保障人民生命健康,保护生物资源,促进生物技术健康发展,防范生物威胁,促进人类命运共同体建设。本法适用范围涵盖人类遗传资源安全管理,包括人类遗传资源材料和人类遗传资源信息两类。前者指含有人体基因组、基因等遗传物质的器官、组织、细胞等遗传材料,后者指利用人类遗传资源材料产生的数据等信息资料。《生物安全法》对于人类遗传资源的采集、保藏、利用、对外提供等活动进行管理和监督,规定上述活动应当符合伦理原则,不得危害公众健康、国家安全和社会公共利益。

与《生物安全法》相衔接,2020 年 12 月 26 日通过的《刑法修正案(十一)》增加了"非法采集人类遗传资源、走私人类遗传资源材料罪"和"非法植入基因编辑、克隆胚胎罪"。

二、人体基因编辑技术研究和应用的规制

在我国立法实践中,过去对生命科技的规制近乎空白,近几年发展迅速。2021 年实施的《生物安全法》规定,禁止从事危及公众健康、损害生物资源、破坏生态系统和生物多样性等危害生物安全的生物技术研究、开发与应用活动;病原微生物实验室应当采取措施,加强对实验动物的管理,防止实验动物逃逸,对使用后的实验动物按照国家规定进行无害化处理,实现实验动物可追溯。禁止将使用后的实验动物流入市场;未经批准,采集、保藏我国人类遗传资源或者利用我国人类遗传资源开展国际科学研究合作的,由国务院科学技术主管部门责令停止违法行为,没收违法所得和违法采集、保藏的人类遗传资源;禁止开发、制造或者以其他方式获取、储存、持有和使用生物武器;禁止以任何方式唆使、资助、协助他人开发、制造或者以其他方式获取生物武器。《生物安全法》第九章"法律责任"第七十四条规定了"违反本法规定,从事国家禁止的生物技术研究、开发与应用活动的……处以责令停止违法行为,没收违法所得、技术资料和用于违法行为的工具、设备、原材料等物品,罚款,禁止从事相关行为,吊销执业证书等处罚……"。第七十五条规定了"违反本法规定,从事生物技术研究、开发活动未遵守国家生物技术研究开发安全管理规范的……处以责令改正、警告、责令停止相关活动、罚款等处罚……"。同时,第八十二条规定了"违反本法规定,构成犯罪的,依法追究刑事责任"。

与《生物安全法》相衔接,《刑法修正案(十一)》增设了"非法植入基因编辑、克隆胚胎罪",即《刑

法》第三百三十六条之一规定，"将基因编辑、克隆的人类胚胎植入人体或者动物体内，或者将基因编辑、克隆的动物胚胎植入人体内，情节严重的，处三年以下有期徒刑或者拘役，并处罚金；情节特别严重的，处三年以上七年以下有期徒刑，并处罚金"。该罪增设的目的在于保护人的尊严、人类共同生物安全以及预防风险；规制的实质着眼于对临床应用环节的禁止，但并未禁止上游的基础研究活动；将情节严重作为成立犯罪的标准，体现了科技风险的预防原则，全方位规制涉及人类重大法益的尖端医疗技术的应用；在预防和打击严重侵犯法益的行为与尖端医疗技术带来的风险和利益之间寻求利益冲突平衡，实现在保护公共利益和个人权利的同时，鼓励尖端医疗技术的创新与发展。

第二节　人类辅助生殖技术法律制度

人类辅助生殖技术（assisted reproductive technology，ART）属于限制性应用的特殊临床诊疗技术，具体包括人工授精（artificial insemination，AI）和体外受精 - 胚胎移植技术（in vitro fertilization and embryo transfer，IVF-ET）及各种衍生技术。

人类辅助生殖技术应用除医学问题外，还涉及社会、伦理、法律等诸多问题。如在使用人工授精和体外受精 - 胚胎移植技术的操作过程中可能存在过度促排卵、人为减胎等操作，造成孕母罹患卵巢过度刺激综合征、感染、卵巢扭转、大出血，甚至永久地丧失生育力，对孕母的健康权保护带来极大挑战。为保证我国人类辅助生殖技术安全、有效和健康发展，国家卫生健康主管部门出台了一系列相关法律文件，包括 2001 年发布的《人类辅助生殖技术管理办法》《人类精子库管理办法》，2003 年修订的《人类辅助生殖技术规范》《人类精子库基本标准和技术规范》《人类辅助生殖技术和人类精子库伦理原则》等。这些法律文件构建起我国人类辅助生殖技术管理法律体系，确立了我国对人类辅助生殖技术和精子库技术实行的严格准入制度。

一、人类辅助生殖技术的立法发展

为保证人类辅助生殖技术安全、有效和健康发展，促进人民健康，需要规范人类辅助生殖技术的应用和管理。人类辅助生殖技术的应用应当在医疗机构中进行，以医疗为目的，并符合国家生育规划政策、伦理原则和有关法律规定。卫生部于 1989 年颁布《关于严禁用医疗技术鉴别胎儿性别和滥用人工授精技术的紧急通知》，这是我国关于人类辅助生殖技术的第一部规范性文件。2001 年卫生部颁布《人类辅助生殖技术管理办法》是我国第一部较为系统的人类辅助生殖技术管理的部门规章，严格禁止以任何形式买卖配子、合子、胚胎和使用代孕技术。同年的《人类精子库管理办法》对人类精子库的医疗机构设置审批、精子采集与提供等进行规定。2003 年 6 月修订的《人类辅助生殖技术规范》《人类精子库基本标准和技术规范》和《实施人类辅助生殖技术的伦理原则》是我国首个人类辅助生殖技术领域的规范、标准和伦理原则的部门规章，分别明确和细化了开展人类辅助生殖技术所需的设置条件、场所、人员、技术、适应人群和人类辅助生殖技术的七大伦理原则。2006 年卫生部颁布的《人类辅助生殖技术与人类精子库培训基地认可标准及管理规定》和《人类辅助生殖技术与人类精子库校验实施细则》制定了培训基地的标准和管理规定，并确立了人类辅助生殖技术与人类精子库年度校验要求。2007 年发布的《关于加强人类辅助生殖技术和人类精子库设置规划和监督管理的通知》确立人类辅助生殖技术和人类精子库为限制性应用的高新技术，严格限定新开展类辅助生殖技术和人类精子库的医疗机构的准入条件，并严格控制机构数量。《人类辅助生殖技术配置规划指导原则》于 2015 年颁布，明确配置规划的基本原则和生殖技术配置测算实行分类控制的要求。2019 年国家卫生健康委员会先后颁布《辅助生殖技术随机抽查办法》和《关于加强辅助生殖技术服务机构和人员管理的若干规定》，分别明确随机抽查机制和提出对辅助生殖机构与从业人员的管理要求。与此同时，我国部分法律和条例中也对人类辅助生殖技术开展的机构、人员、操作过程和伦理原则等作出了部分相关规定。《人类遗传资源管理条例》对采集、保藏、利用、对外提供我国人类遗传资源作出规定。《生物安全法》（2020）第三十四条强调从事生物技术研究、开发与应用活动，应当符合伦理原则；《民法典》（2020）第一千零九条也明确规定：从事与人体基因、人体胚胎等有关的医学和科研活动，应当遵守法律、行政法规和国家有关规定，不得危害人体健康，不得违背伦理道德，不得损害公共利益。截至2022年，我国现行涉及对人类辅助生殖技术进行规范的法律共3部，部门规章和部门规范性文件共12部，构成我国现有的人类辅助生殖技术规范体系。人类辅助生殖技术的机构设置、在编人员、场所要求、设备条件及管理方式必须符合以上规定，否则均认为属于人类辅助生殖技术的滥用。

二、人类辅助生殖技术实施的原则

1. 技术应用原则　《人类辅助生殖技术管理办法》（2001）规定，人类辅助生殖技术的应用应当在医疗机构中进行，以医疗为目的，并符合国家生育规划政策、伦理原则和有关法律规定。禁止以任何形式买卖配子、合子、胚胎。医疗机构和医务人员不得实施任何形式的代孕技术。由于使用人类辅助生殖技术采集、保藏和利用的配子、合子、胚胎等属于人类遗传资源和信息，所以应用人类辅助生殖技术也应当遵循《人类遗传资源管理条例》（2019）的相关规定。该条例规定采集、保藏、利用、对外提供我国人类遗传资源，不得危害我国公众健康、国家安全和社会公共利益；应当符合伦理原则，并按照国家有关规定进行伦理审查；应当尊重人类遗传资源提供者的隐私权，取得其事先知情同意，并保护其合法权益；应当遵守国务院科学技术行政部门制定的技术规范；禁止买卖人类遗传资源。

2. 伦理原则　为安全、有效、合理地实施人类辅助生殖技术，保障个人、家庭以及后代的健康和利益，维护社会公益，伦理原则主要包括：①有利于患者的原则；②知情同意的原则；③保护后代的原则；④社会公益原则；⑤保密原则；⑥严防商业化的原则；⑦伦理监督的原则。

三、人类辅助生殖技术的应用管理

1. 实施规范　人类辅助生殖技术必须在经过批准并进行登记的医疗机构中实施。未经卫生健康主管部门批准，任何单位和个人不得实施人类辅助生殖技术。实施人类辅助生殖技术应当符合《人类辅助生殖技术规范》的规定，具备完善、健全的规章制度和技术操作手册。实施供精人工授精和体外受精-胚胎移植技术及其各种衍生技术的医疗机构应当与健康主管部门批准的人类精子库签订供精协议，严禁私自采精。医疗机构在实施时应当索取精子检验合格证明。除法律规定的情形外，不得进行性别选择。

2. 知情同意原则　接受辅助生殖技术的夫妻双方应当签署知情同意书。涉及伦理问题的，应当提交医学伦理委员会讨论。

3. 个人信息保护　实施人类辅助生殖技术的医疗机构应当为当事人保密，不得泄露有关信息。

4. 人员培训　应当对实施人类辅助生殖技术的人员进行医学业务和伦理学知识的培训。

5. 档案管理　要建立健全技术档案管理制度，供精人工授精医疗行为方面的医疗技术档案和法律文书应当永久保存。

6. 监测与评估　卫生健康主管部门指定卫生技术评估机构对开展人类辅助生殖技术的医疗机构进行技术质量监测和定期评估。技术评估的主要内容为人类辅助生殖技术的安全性、有效性、经济性和社会影响。监测结果和技术评估报告报医疗机构所在地的省、自治区、直辖市人民政府卫生健康主管部门备案。

四、人类精子库应用管理

人类精子库是以治疗不育症及预防遗传病和提供生殖保险等为目的，利用超低温冷冻技术，采集、检测、保存和提供精子的机构。为了规范人类精子库管理，保证人类辅助生殖技术安全、有效应用和健康发展，人类精子库必须设置在医疗机构内，精子的采集和提供应当遵守当事人自愿和符合社会伦理原则，任何单位和个人不得以营利为目的进行精子的采集与提供活动。同时，人类精子的采集与

NOTES

提供应遵循以下管理规范。

1. 精子采集场所规范　精子的采集与提供应当在经过批准的人类精子库中进行。未经批准,任何单位和个人不得从事精子的采集与提供活动。

2. 保证精子质量　人类精子库应当对供精者进行健康检查和严格筛选,不得采集有遗传病家族史或者患遗传性疾病患者、精神疾病患者、传染病患者或者病原携带者、长期接触放射线和有害物质者、精液检查不合格者及其他严重器质性疾病患者的精液。

3. 知情同意原则　人类精子库工作人员应当向供精者说明精子的用途、保存方式以及可能带来的社会伦理等问题。人类精子库应当和供精者签署知情同意书。

4. 检验与筛查　精子库采集精子后,应当进行检验和筛查。精子冷冻六个月后,经过复检合格,方可向经卫生行政部门批准开展人类辅助生殖技术的医疗机构提供,并向医疗机构提交检验结果。未经检验或检验不合格的,不得向医疗机构提供。

5. 档案建立与管理　人类精子库应当建立供精者档案,作好档案管理,对供精者的详细资料和精子使用情况进行计算机管理并永久保存。

6. 保密原则　人类精子库应当为供精者和受精者保密,未经供精者和受精者同意不得泄露有关信息。除司法机关出具公函或相关当事人具有充分理由同意查阅外,其他任何单位和个人一律谢绝查阅供精者的档案;确因工作需要及其他特殊原因非得查阅档案时,则必须经人类精子库机构负责人批准,并隐去供精者的社会身份资料;除精子库负责人外,其他任何工作人员不得查阅有关供精者身份资料和详细地址。

7. 人类精子库不得开展的工作　①人类精子库不得向未取得人类辅助生殖技术批准证书的机构提供精液;②人类精子库不得提供未经检验或检验不合格的精液;③人类精子库不得提供新鲜精液进行供精人工授精,精液冷冻保存需经半年检疫期并经复检合格后,才能提供临床使用;④人类精子库不得实施非医学指征的,以性别选择生育为目的的精子分离技术;⑤人类精子库不得提供两人或两人以上的混合精液;⑥人类精子库不得采集、保存和使用未签署供精知情同意书者的精液;⑦人类精子库工作人员及其家属不得供精;⑧设置人类精子库的科室不得开展人类辅助生殖技术,其专职人员不得参与实施人类辅助生殖技术。

第三节　PCBL:失独家庭争夺冷冻胚胎监管权——人类遗传物质潜在载体的法律属性与处置边界之争

案例 25-1

　　江苏无锡冷冻胚胎继承权纠纷案引发社会广泛关注,争议焦点集中于胚胎的法律属性、伦理意义及失独家庭的情感诉求。尽管法律对胚胎权属无明文规定,但双方父母强调胚胎承载家族遗传信息和情感寄托,是两家人"唯一的血脉载体"。

　　沈某父母以"子女冷冻胚胎监管、处置权纠纷"为案由,于2013年11月向江苏省宜兴市人民法院提起诉讼,将刘某父母列为被告,并追加鼓楼医院为第三人。原、被告双方均主张对胚胎的监管权,认为胚胎是子女生命的唯一延续,而医院则强调胚胎的法律属性不明,且代孕在中国属于违法行为,移交胚胎可能引发伦理风险。

　　经查明,2010年10月,江苏无锡的沈某与刘某登记结婚,两人均为独生子女。因自然生育困难,2012年8月,夫妻二人前往南京市鼓楼医院接受体外受精-胚胎移植(试管婴儿)手术,成功培育出13枚受精胚胎,其中4枚符合移植标准,计划于2013年3月25日进行胚胎植入手术。然而,2013年3月20日,沈某与刘某在驾车途中遭遇严重车祸,刘某当场死亡,沈某经抢救无效于 5 天后离世。事故发生后,双方父母(沈某父母与刘某父母)在悲痛中发现,医院仍保存着夫妻生前留下的 4 枚冷冻胚胎。四位老人希望取回胚胎以延续家族血脉或作为精神寄托,但鼓楼医院以"配子、胚胎处理知情同意书"为由拒绝移交。该同意书规定,胚胎保存期为一年,逾期医院有权丢弃,且胚胎处置权仅限夫妻双方。

学界主要存在如下观点:第一种观点是主体说,主张胚胎因潜在生命属性应被视为有限法律主体;第二种观点是客体说,认为胚胎属"特殊之物"并适用物权规则;第三种观点是中间说,强调胚胎介于人与物之间,需特殊伦理规则平衡;第四种观点是伦理物说,主张以伦理价值优先限制胚胎商业化利用;第五种观点是监管权优先说,建议在立法空白下通过监管权分配解决争议。

一审法院判决严格采纳客体说,认定冷冻胚胎为"含有未来生命特征的特殊之物",因夫妻死亡后生育目的消失,且继承法未将其纳入遗产范围,故依照《中华人民共和国民法通则》(于 2021 年 1 月 1 日废止)第五条、《中华人民共和国继承法》(于 2021 年 1 月 1 日废止)第三条之规定,作出驳回沈某父母诉讼请求的判决。二审法院则突破传统框架,融合中间说与监管权优先说,提出胚胎是"介于人与物之间的过渡存在",法律属性虽未明确,但应考虑失独家庭的情感寄托与伦理需求,故依照《中华人民共和国民法通则》(于 2021 年 1 月 1 日废止)第五条、第六条、第七条,《中华人民共和国民事诉讼法》第一百七十条第一款第(二)项之规定改判由双方父母共同监管胚胎。二审判决指出,胚胎"承载家族血脉延续与精神利益",在现行法律未禁止的情况下,亲属享有"监管与处置的合法权利",但应避免代孕等后续使用产生的问题。

此案的终审判决,或许意味着我国在处理此类案件的司法实践上,正从"严格形式主义"向"伦理实质主义"发生转向。这一转向揭示了技术发展所带来的伦理困境,也意味着我国亟须针对此类问题进行系统性规定。

(杨 丹　胡汝为)

思考题

1. 人类基因编辑技术可以划分为哪些类型? 为什么采取不同的规制模式及强度?
2. 人类辅助生殖技术的合法使用应遵循的基本规范是什么?
3. 医生和医疗机构使用人类辅助生殖技术的过程要注意的法定程序、义务是什么?

情景测试与思考

1. 美国著名影星安吉丽娜·朱莉(Angelina Jolie)2013 年 5 月 14 日在《纽约时报》发表"我的医疗选择"一文。文中称,她通过基因检测发现遗传了其母亲的 BRCA1 基因,罹患乳腺癌和卵巢癌的概率比较高,分别为 87% 和 50%,于是实施了预防性切除乳腺手术,将患上这两种癌症的风险降低到 5% 以下。

通过基因测序进行预防性侵入手术,切除当时健康的乳腺,你对此有何看法?

2. 一对夫妻因患不孕症到市妇幼保健院不孕不育科请求诊治,同意并授权该不孕不育科工作人员,使用囊胚培养技术培养他们的胚胎……同日,夫妻二人与该妇幼保健院还签订"配子与胚胎去向知情同意书",主要内容:本人取卵 18 枚,正常受精 14 枚,移植 0 枚,冷冻 9 枚;签订"胚胎冷冻和冻胚移植知情同意书",主要内容:经过与医师或实验室人员充分讨论后,决定为其冻存 9 个胚胎;签订"体外受精胚胎移植知情同意书"等相关文件以利用医疗辅助手段从而实现受孕的目的。随后夫妻胚胎培养成功,符合手术条件。半个月后,丈夫在工作中受伤,经抢救无效不幸身亡。后妻子要求妇幼保健院为其开展体外受精胚胎移植诊疗服务,并移植冷冻囊胚胎。

　　作为该妇幼保健院的工作人员,你是否会为该名女士开展相关服务? 依据是什么?

课后阅读资料

[1]迈克尔·桑德尔.反对完美:科技与人性的正义之战[M].黄慧慧,译.北京:中信出版社,2013.

[2]杨丹.尖端医疗领域刑法理论及立法对策研究[M].北京:法律出版社,2016.

[3]谭畅.近百份判决书里的代孕纠纷:灰色产业里的罪与非罪[N].南方周末,2021-01-24.

第二十六章
安宁疗护相关法律问题

【学习要点】

1. 安宁疗护的界定。
2. 安宁疗护在实践中的模式。
3. 预先医疗决定在我国的推广和发展。
4. 通过意定监护制度落实患者的预先医疗决定。

安宁疗护旨在为疾病终末期患者提供身心照护,帮助患者安详离世。国家卫健委也明确提出推动安宁疗护服务的发展,为疾病终末期患者提供疼痛及其他症状控制、舒适照护等服务,对患者及家属提供心理支持和人文关怀。现代医学技术的发展,呼吸机及体外循环设备的使用给了疾病终末期患者延长生命的希望,但设备在维持延命医疗的同时也增加了患者的痛苦。关于疾病终末期患者使用延命医疗还是进行安宁疗护,是涉及患者生死的重大医疗决策,因此,基于患者自主意愿的预先医疗决定在安宁疗护的医疗实践中也就尤为重要。

第一节 安宁疗护的界定与发展

一、安宁疗护的界定

安宁疗护的拉丁文是 hospitium,源自拉丁词根 hospes,含有主人好客、款待与欢迎的意思,原是要让旅途劳顿的人感到安适,演变到现在成为关怀照护的哲学,让人安宁地走完自生至死的最后一程。在安宁疗护运动的影响下,建立了许多安宁疗护的医院。这些医院以临终者最后阶段的人的价值尊严和安适为目标,努力地与患者进行交流,直到患者的最后一刻。

1990 年世界卫生组织对安宁疗护下了定义:"对治愈性治疗已无反应及利益的末期患者之整体积极的照顾。此时借着缓解疼痛及其他不适症状,并同心理层面、社会层面、灵性层面的照顾,协助患者及家属获得最佳的生活质量。"其后世界卫生组织又对安宁疗护作出进一步的解释:"安宁疗护肯定生命的意义,但同时也承认死亡的自然过程,人不可加速死亡,也无须英雄式的拖延死亡过程,医疗团队协助患者,缓解身体上的痛苦症状,同时提供患者及家属心理和灵性上的支持照顾,使患者达到最佳的生活质量,并使家属顺利度过哀伤期。"

2002 年世界卫生组织最新定义安宁疗护为针对面对罹患威胁生命疾病的患者与家属的一种医学照护方法,通过早期确认、准确评估、控制身体病痛和提供心理、精神上的需求来预防并缓解患者的痛苦,以提高患者及家属的生活质量。此定义中强调,安宁疗护以团队照顾的方式满足患者及家属的需求;提供患者病痛及其他身心痛苦症状的缓解,并协助家属在患者临终期及患者死亡后的哀伤期的调适。

2017 年国家卫生计生委员会发布了《安宁疗护中心基本标准(试行)》和《安宁疗护中心管理规范(试行)》,确定了安宁疗护是为疾病终末期患者在临终前通过控制痛苦和不适症状,提供身体、心理、精神等方面的照护和人文关怀等服务,以提高生命质量,帮助患者舒适、安详、有尊严离世。安宁疗护实践区别于一般的医疗服务,是以医生、护士、药师、营养师、心理师、社工、志愿者等多学科协作模式的服务。2024年国家卫生健康委员会发布了《老年安宁疗护病区设置标准》等规范性文件。安宁疗护强调以临终患者和家属为中心,以多学科协作模式进行,主要内容包括疼痛及其他症状控制,舒适照护,心理、精神及社会支持等。

二、对安宁疗护的理解

安宁疗护关系到对临终患者的疾病和生活的照护,参照世界卫生组织2020年对安宁疗护内容的阐述,安宁疗护的内涵包括:①缓解疾病的疼痛和其他使人痛苦的症状;②肯定和珍视生命的同时,将临终和死亡看作是人生的正常历程;③不意图加速或者延迟死亡的来临;④整合心理层面和精神层面的照护;⑤提供一个支持系统,帮助患者尽可能积极地活着,直到死亡来临;⑥提供一个支持系统,帮助患者家属度过亲人患病过程和丧亲期的哀伤;⑦采取团队合作方式满足患者及其家人的需求,包括在患者亲属需要时的丧亲咨询;⑧增进患者及其家属的生活质量,可能的话也积极地影响疾病进程;⑨安宁疗护可以在疾病进程的早期就介入,与其他试图延长生命的医疗一起发挥作用,例如化疗或放疗,还包括那些能够让人们更好地了解和处理使人痛苦的临床并发症的治疗。

从安宁疗护的内涵可以看到安宁疗护的目标和对安宁疗护的期许:①安宁疗护在于确认生命的尊严,把死亡视为一个自然过程,也是医疗过程的一部分,安宁疗护不加速死亡也不延缓死亡。②安宁疗护将致力于延缓痛苦和舒缓其他不适症状,同时整合患者心理和精神层面的困难,提供多层面的照护。换言之,乃顺应疾病的自然过程,竭力缓解患者身体上的病痛折磨,达到"无痛苦死亡"的期望。③安宁疗护强调来自周遭的支持,不仅支持患者积极地活着直到离世,也协助家属在亲人患病期间以及丧亲之后的心理反应都能有所调试。日本安宁疗护之父柏木夫用英文安宁疗护"hospice"的7个字母引申出以下的含义:H,hospitality,亲切,爱心;O,organized care,团队照护;S,symptom control,症状控制;P,psychological support,精神支持;I,individualized care个性化的关怀照护;C:communication,沟通互动;E,education,教育。

三、安宁疗护的模式

安宁疗护不同于一般传统医疗,它是针对疾病终末期患者及其家属的特别照顾。整个照顾过程中,患者有最大的自主权,家属也全程参与,满足患者身体的、情绪的、社会的、精神的以及患者家属的需要,是一种提升疾病终末期患者生活质量的全人照顾。安宁疗护的过程有一些特性,包括:①患者所患的疾病已经无法治愈,只能针对症状做缓和治疗,而非治愈性治疗;②患者会日渐衰弱,可能陷入昏迷状态,对外界事物反应差;③过程中患者有恐惧、焦虑等反应,会影响其行为,需给予情绪和精神的支援;④死亡为渐进的过程,而非突发的,在处理上需要特殊注意。安宁疗护重视照顾与舒适,因此需建立良好的医患关系和有效的沟通,目标从治愈(cure)转移为照顾(care)。

四、安宁疗护在我国的发展

近年来,安宁疗护在全国范围内也越来越被受到重视和不断得到发展。国家卫健委及相关部门也相继出台了一系列政策文件,积极推动发展安宁疗护事业。实践中一些综合性医疗卫生机构开设了安宁疗护病房,招募志愿者组成团队为疾病终末期患者提供安宁疗护。

2015年11月,国务院办公厅转发《关于推进医疗卫生与养老服务相结合指导意见的通知》,其中明确提出建立健全医疗卫生机构与养老机构合作机制,整合医疗、康复、养老和护理资源,为老年人提供治疗期住院、康复期护理、稳定期生活照料以及临终关怀一体化的健康和养老服务。支持养老机构开展医疗服务,养老机构可根据服务需求和自身能力,按相关规定申请开办老年病医院、康复医院、护理院、中医医院、临终关怀机构等。鼓励医疗卫生机构与养老服务融合发展,统筹医疗卫生与养老服务资源布局,重点加强老年病医院、康复医院、护理院、临终关怀机构建设,提高基层医疗卫生机构康复、护理床位占比,鼓励其根据服务需求增设老年养护、临终关怀病床。2016 年 12 月,国务院印发《"十三五"卫生与健康规划》,提出提高基层医疗卫生机构康复、护理床位占比,鼓励其根据服务需求增设老年养护、安宁疗护病床。完善治疗、康复到长期护理服务链,发展和加强康复、老年病、长期护理、慢性病管理、安宁疗护等接续性医疗机构。支持养老机构按规定开办医疗机构,开展老年病、康复、护理、中医和安宁疗护等服务。

2017 年 3 月,国家卫健委首次就老年健康问题制定国家级专项规划,联合十二部门印发了《"十三五"健康老龄化规划》,明确提出推动安宁疗护服务的发展。2022 年 3 月,国家卫健委又联合十五部门印发了《"十四五"健康老龄化规划》,其中明确提出:"按照'充分知情、自愿选择'原则,为疾病终末期患者提供疼痛及其他症状控制、舒适照护等服务,对患者及家属提供心理支持和人文关怀。"

2017 年 1 月 25 日,国家卫健委发布了《安宁疗护中心基本标准(试行)》和《安宁疗护中心管理规范(试行)》,国家卫健委办公厅也在同日发布了《安宁疗护实践指南(试行)》。通过在医疗机构类别中增加"安宁疗护中心",进一步加强对安宁疗护机构的管理。我国的安宁疗护中心是为疾病终末期患者在临终前通过控制痛苦和不适症状,提供身体、心理、精神等方面的照护和人文关怀等服务,以提高生命质量,帮助患者舒适、安详、有尊严离世的医疗机构。

实践中,2017 年国家卫健委在北京市海淀区、吉林省长春市、上海市普陀区、河南省洛阳市、四川省德阳市开展了第一批全国安宁疗护试点工作。2019 年 6 月,国家卫健委发布启动第二批全国安宁疗护试点,第二批试点扩大到上海全市和北京市西城区等 71 个市区,将尽快把安宁疗护在全国全面推开,推动全国安宁疗护试点工作扎实开展。

第二节　安宁疗护与预先医疗决定

医学技术的发展,使患者的生命在终末期可以得到维系和延长。实践中,在不可治愈的伤病末期或临终时的特殊病况下是否需要采用维生手段或者其他医疗措施来延续生命,需要患者个人依据自己的意愿作出谨慎的决定。个人在作出重大的医疗决定时,都会希望能够按照自己的意愿行事,如果已经没有能力表达意愿,那自己的真实想法也希望能够被知晓并且得到尊重,这也是患者自主权在医疗中的体现。正是为了更好地保护患者的自主性,医疗实践中出现了预先医疗决定。

预先医疗决定使患者个人的医疗意愿能够在其意识清楚时得到明确表达,目的是患者在失去自主表达和做决定的能力后,依旧能够使人知晓其真实意愿。

一、预先医疗决定的由来和国内外相关立法发展

预先医疗决定的概念最早是由美国伊利诺伊州的一位律师提出。1969 年路易斯·库特纳律师提出可以参考财产法允许个人在生前对身故后的财产处理做安排的规定,允许个人提前声明在自己无法自主表达意愿时想要得到的医疗要求,也就是个人在特殊病况下对其生存意愿的预先决定,这种预先决定也被称为生前预嘱(living will)。

1972 年美国安乐死协会印制了第一份生存意愿书表格,但不具有法律约束力。1976 年,加利福尼亚州通过了《自然死亡法》,这是第一部通过预先医疗决定表达生存意愿得到合法化的法律,该法明确了临终患者有权利拒绝使用维生设备。在美国目前很多州都有类似的法律规定,其中有的以简洁的语言描述了生存意愿书,这可以说是预先医疗决定最早的形式。因为生存意愿书的内容通常过于简单,为确保明确知晓意愿人的真实想法和帮助其落实意愿,逐渐产生了预指医疗决策人。1983 年宾夕法尼亚州最先以法律的形式明确了预指医疗决策人,实践中通常由患者的配偶、成年子女、成年兄弟姐妹或其他近亲属担任患者的医疗决策人。1990 年美国国会通过了《患者自决法案》,该法案规定患者可以用预先医疗决定书来保护自己自愿放弃治疗的自主选择权,大力推广了预先医疗决定。

其后在 1993 年通过的《统一医疗决定法案》中美国统一规范了各个州的关于预先医疗决定的相关规定,弥补了实践中州之间地域规范的差异和冲突。

在欧洲,1997 年欧洲人权和生物医学公约中首次规定了预先医疗决定,并且各国规定也不尽相同。预先医疗决定在有些国家没有法律约束力,比如意大利、土耳其、法国、希腊等;而在比利时和德国则有很高的法律约束力。另外,对于预先医疗决定的时间效力方面,不同国家的规定也不同,比如法国规定了必须每三年更新一次预先医疗决定书,而奥地利规定每五年更新一次。

在亚洲的国家和地区中,新加坡在 1997 年 7 月实施了《预先医疗指示法》,规定疾病终末期的患者有权提出不使用或撤除维持生命设备。患者的预先医疗指示附随在患者的医疗档案之中,医务人员只有在患者陷入昏迷的情况下,才被允许查询患者是否签署了预先医疗指示。

2022 年 6 月,我国深圳市人大常委会会议表决通过了《深圳经济特区医疗条例》修订稿,条例规定医疗机构在患者不可治愈的伤病末期或者临终时实施医疗措施,应当尊重患者生前预嘱的意思表示。虽然只是在地方条例中,但这是我国首次规定了在患者疾病终末期或者临终时,通过预先医疗决定表达出的本人的医疗意愿应该得到尊重。

二、预先医疗决定在全国范围的发展

在一些公益机构和组织的倡导和推广下,近些年来预先医疗决定在全国范围内也得到了一定的发展。2009 年成立的"选择与尊严"公益网站提出临终时的急救措施和生命维持设备的使用加重和增加了患者的痛苦,患者身体完全被机器控制而缺乏生命尊严,同时临终使用维生技术需要投入巨大的医疗资源和社会精力,基于此,该网站倡议"临终不插管",并且在网站上以"我的五个愿望"为基础提供了拟写的"生前预嘱"的参考样本。倡导个人在身体健康或意识尚清楚时签署生前预嘱,表达自己在无法治愈的伤病终末期或临终状态时需要或不需要哪种医疗护理。

> **知识链接**
>
> ### 生前预嘱——"我的五个愿望"
>
> "我的五个愿望",即:"我要或不要什么医疗服务""我希望使用或不使用生命支持治疗""我希望别人怎样对待我""我想让我的家人和朋友知道什么""我希望谁帮助我"。这里需要说明的一点是,我国"选择与尊严"网站提供的类似"生前预嘱"的"我的五个愿望",并不具有法律上的效力。

2013 年民政部门批准成立了"北京生前预嘱推广协会"。该协会致力于推广生前预嘱在实践中的应用,并提出总的嘱咐原则是:"如果自己因伤病导致身体处于'不可逆转的昏迷状态''持续植物状态'或'生命末期',不管是用何种医疗措施,死亡的来临都不会超过六个月,而所有的生命支持治疗的作用只是在延长寿命而存活毫无质量时,希望可以停止救治。"可以说这一原则体现了对患者自愿放弃有创救治的自主决定权的尊重。

目前,预先医疗决定尚没有必然的法律效力。推广预先医疗决定是尊重个人意愿和个人自主选择权的表现,但不一定非要把终末期患者放弃有创抢救和放弃维生设备提高到"尊严死"的地步。尊严是基于每个人对于生命和死亡的理解而作出的价值判断,带有强烈道德和感情色彩。在推广预先医疗决定时立足于保护和实现患者自己的个人意愿,减弱"尊严死"可能带来的情感和道德指引倾向,这样更科学、更客观,也更易于被社会和个人所接受。

三、安宁疗护与预先医疗决定

疾病终末期的患者如果已经不愿意继续忍受延命医疗的痛苦,认为采用安宁疗护是符合自己最佳利益的选择,那么其个人选择应该得到尊重。尊重患者的自主也同样体现在尊重患者使用预先医疗决定来预先安排自己在某些特定医疗情形下的医疗决策。如果患者在意识清楚时用预先医疗决定的形式安排了在自己疾病终末期选择采取安宁疗护，那么在其疾病终末期不能够表达意愿时，从预先医疗决定就可以知晓其真实的医疗意愿。

急救技术以及维持生命的医疗措施可能会使疾病终末期患者长期处于临终的状态，这也使得终末期患者及家属产生对医疗的高度期待。但不断出现的延命医疗很多时候将终末期患者置于一个艰难的境地，使其在承受极端不适的治疗手段的同时慢慢死去。医疗有其局限性是事实，如果死亡已经无法避免，延命医疗对患者有伤害和带来痛苦，那么采取安宁疗护可能是更为人性的医疗决策。

安宁疗护的决策关系到患者生命，必须完全和充分地尊重患者的自我决定权。在涉及一个人的生命这么重要的决策时，一定需要本人的真实意愿，因此实施安宁疗护的前提是要确保是终末期患者本人的真实意愿，需要患者明确表示对医疗抢救和维生设备等治疗手段和措施的医疗意愿。如果患者是有意识能力的成年人，有按照其自由意志作出拒绝或者终止延命治疗的明确意思表示，医师应依其自主的决定，不实施延命医疗或终止延命医疗。当然，也要指出，不管患者作出怎样的医疗意愿，只要是其个人真实的自我意愿，都应该被尊重，并且也要防止患者可能"被安宁疗护"的情况。

但是如果末期患者意识不清，不能够作出明确的意思表示，那又该如何？一般情形下患者没有预做准备，也没有预先医疗决定，那在这样欠缺本人明确的意思表示时，患者的决定权就转移到了近亲属。虽然患者是单一的个体，但基于在家庭群体之中患者和其他成员之间的紧密关系，患者和家人应该是利害与共的，不能取得本人明确意思表示时由家人参与医疗决定是合理的，也是必要的。这也是我国目前法律认可的医疗决策模式。

其实，在实践中家属多囿于情感羁绊而很难作出理性的判断。出于对亲人离世情感上的不舍和对现代延命医疗的高度期待，患者的近亲属会很纠结不定。实践中坚决地表示拒绝为其亲人实施延命医疗的人毕竟不多，即便患者本人之前有预先医疗决定。虽然我国深圳的地方法规定了"应当尊重患者生前预嘱的意思表示"，但鉴于预先医疗决定目前尚没有必然的法律效力，实践中在这种情况下，最后的决策还是近亲属的意见。因此，在我国现有法律框架下保护和落实患者医疗决策的自主权至关重要。

第三节　PCBL：如何通过意定监护制度落实预先医疗决定？

意定监护制度，是指具有完全民事行为能力的成年人在自己意思能力健全时预先选定自己的监护人，并且自我决定监护的设立和监护的内容等相关监护事项的监护制度。

我国2013年修订的《老年人权益保障法》从立法上确立了老年人意定监护制度。2017年公布实施的《民法总则》把我国的意定监护扩展到了所有成年人，这一规定也被2020年的《民法典》在总则编中完全吸收。

意定监护尊重和保护个人在有意识能力时选择自己丧失意识能力后的监护人的权利，监护的内容包括人身照顾和财产管理等事宜。让个人可以在法律的框架内以自我意愿来自主选择自己日后可能需要的监护人，待本人丧失意识能力后，由其选择的监护人按照被监护人，即本人的意愿处理相关事宜。意定监护人的监护职责当然可以包括帮助意愿人落实其预定的医疗意愿和相关医疗事项的决策。意定监护比法定监护更尊重和保护个人的自主，尊重个人的自主意愿。在法律上意定监护的效力也优先于法定监护。

医疗实践中已经有基于老年人意定监护制度的医疗救治授权书的实际应用。医疗救治授权书是个人在身体状况尚可、神志尚清的时候，授权他人对自己日后神志不清，但需紧急救治时作出妥善医疗方案的文书。基于法律规定的意定监护制度，医疗决策授权是具有法律意义和效力的授权。从实质而言，这种涉及医疗救治决定的授权属于预先医疗决定的范畴。实践中一些公证机构也对类似的授权书进行公证，以保证授权的真实有效和授权人的医疗意愿符合法律的相关规定。

NOTES

如前所述,在我国目前个人的预先医疗决定在其丧失意识能力后最终是否能够落实,需要取决于其近亲属的认可和支持。也就是说患者本人仅仅有预先医疗决定,其自主医疗意愿最后能否得到实现还是不确定的。基于此,为充分保障个人的医疗自主,可以通过意定监护制度在自己意识清晰的时候确定自己的医疗事项监护人,在自己丧失意识能力后由其落实自己的预先医疗决定和处理相关医疗事务。根据我国意定监护制度,确定自己的医疗事项监护人是合法有效的,可以说是目前可以保障个人的医疗意愿能够落实的有效途径。

(睢素利)

思考题

1. 如何界定和理解安宁疗护?
2. 实践中安宁疗护有哪些模式?
3. 怎样理解预先医疗决定?
4. 如何通过意定监护制度落实患者的预先医疗决定?

情景测试与思考

一位老年患者因结肠癌术后病情恶化入住某医院治疗。患者有一个女儿和一个儿子,丈夫已于多年前去世。患者入院时签署了"患者授权书",授权自己女儿代为做医疗决策。委托内容包括:①了解本人病情,对本人检查治疗方案作出选择;②病情出现变化需要抢救时……⑦需要手术治疗,制订、决定手术方案时……⑪手术治疗和诊治需要的其他情况。患者在委托人处签名按手印,其女儿在受委托人处签名。

患者入院后,医生和患者女儿沟通患者病情,告知患者已经进入疾病末期。患者女儿选择不转入ICU,不想让老妈再受罪了,并在"拒绝医疗同意书"上签名。两日后,患者在医院去世。事后患者的儿子认为其姐未尽到妥善照顾老人的义务,未积极请医生对患者进行抢救,侵害了老人的生命权,也侵害了自己的亲属权。

这种情况下,关于患者签署的"患者授权书",患者女儿的做法以及患者儿子的说法,你有什么观点?

课后阅读资料

[1] 查尔斯·科尔.死亡课:关于死亡、临终和丧亲之痛[M].榕励,译.6版.北京:中国人民大学出版社,2011.
[2] 黄丁全.医疗 法律与生命伦理[M].北京:法律出版社,2015.
[3] 睢素利.中国影响性涉医案件法律与伦理评析[M].北京:中国协和医科大学出版社,2019.
[4] 阿图·葛文德.最好的告别[M].彭小华,译.杭州:浙江人民出版社,2015.
[5] 中国医学论坛报社.死亡如此多情[M].北京:中信出版社,2015.
[6] 布鲁斯·N.沃勒.优雅的辩论[M].杨悦,译.北京:中国人民大学出版社,2021.

第二十七章
医疗纠纷预防法律制度

【学习要点】

1. 医疗纠纷的概述。
2. 医疗损害的概念与分类。
3. 医疗事故的概念与分级。
4. 医疗纠纷的预防与处理。
5. 暴力伤医事件成因、预防和规制。

医疗纠纷往往涉及医疗损害、医疗事故,作为社会纠纷的一部分,是国家治理不得不重视的问题。目前,《民法典》《医疗纠纷预防和处理条例》及《医疗事故处理条例》等法律规范共同构建了当下我国医疗损害赔偿及医疗纠纷预防和处理制度的体系。

第一节　医疗纠纷概述

一、医疗纠纷的定义及分类

(一) 医疗纠纷的定义

医疗纠纷(medical dispute),是指在医方(包括医疗机构及医务人员)与患方(包括患者或者患者近亲属)之间,因对诊疗活动如治疗方案、医疗行为(medical practice)、治疗结果、医疗费用等有不同的认知、判断而引发的分歧与争议,并以公开的方式坚持互相冲突的主张或要求的状态。狭义的医疗纠纷,是指医患双方发生的民事纠纷,如民事侵权、民事合同等涉及的责任是否成立、责任大小等争议。广义的医疗纠纷,不仅包括医患双方发生的民事纠纷,还包括诊疗活动引发的行政纠纷,如行政处罚是否构成、责任大小等,以及诊疗活动引发的刑事责任追究中医患之间的争议,如医疗事故罪等犯罪是否构成、涉及此罪还是彼罪、责任大小等。

(二) 医疗纠纷的分类

医疗纠纷种类繁多。不同的纠纷,处理路径和处理方案存在差异。按照纠纷是否涉嫌权利损害,可以分为无权利损害的医疗纠纷与涉嫌权利损害的医疗纠纷。前者,可能仅是一方对另一方某些言行的不满意,或仅是双方认知差异所引发的争议。后者,则涉及医方或患方或医患双方的权利损害的争议,所以其亦存在两种类型。第一,医方损害患方的权利,即医疗损害(medical damage),其涉及患方人身健康权、知情同意权、隐私权、财产权的损害等。其中,医疗机构或医务人员因过失对患者人身损害的医疗损害并达到一定程度,将可能涉及医疗事故(medical malpractice),甚至构成医疗事故罪。第二,患方损害医方的权利,例如患方不交或少交医疗费用、不遵守医疗秩序、损害医务人员的生命健康、"医闹"等。就患方损害医方权利所引发的纠纷的解决,不仅要从追责机制的完善着手,还应该对患者以及民众进行健康知识的教育、宣传,提升民众对医学知识的理解力。

二、医疗损害定义及种类

（一）医疗损害的定义

医疗损害是指医疗机构或者其医务人员在诊疗活动中因过错（包括推定过错），或法律规定的无论医方有无过错但因药品上市许可持有人、生产者、血液提供机构有缺陷的药品、消毒产品、医疗器械或不合格的血液，给患者造成的人身损害或其他权益损害。事实上，这是狭义的医疗损害界定。广义上的医疗损害，是指临床诊疗活动中或医院运行过程中，任何可能影响患者的诊疗效果、增加患者的痛苦和负担并可能引发医疗纠纷，以及可能影响医务人员人身安全甚至影响医疗工作的正常秩序等的因素和事件。本处所称的，是狭义的医疗损害。

医疗损害是医疗纠纷的重要引发因素，医疗损害赔偿纠纷占医疗纠纷的绝大多数。《民法典》第七编第六章详细规定了医疗损害责任，其作为医疗纠纷处理的重要法律依据，厘清了医疗损害责任的归责原则，对医疗秩序的维护、医患矛盾的化解、医疗行为的规范具有重要意义。

（二）医疗损害的种类

1. 医疗技术损害　医疗技术损害是指医疗机构及其医务人员运用医学知识、技术及设备，在为患者诊断病情并实施治疗的过程中，违反医疗技术的高度注意义务，未尽到与当时的医疗水平相应的诊疗义务，对患者造成的损害。医务人员采用的诊疗方法、药品和器械等，应当符合法律法规、部门规章、诊疗规范以及医疗水平的要求。医疗机构及医务人员不得采用已经明确淘汰的诊疗方法、药品和器械。

2. 医疗伦理损害　医疗伦理损害是指医疗机构及其医务人员存在伦理过错，违背医疗良知和医疗伦理的要求，违反告知或保密义务，对患者造成的损害。

（1）对患者知情同意权的侵害：《民法典》第一千二百一十九条规定，医务人员在诊疗活动中应当向患者说明病情和医疗措施。需要实施手术、特殊检查、特殊治疗的，医务人员应当及时向患者具体说明医疗风险、替代医疗方案等情况，并取得其明确同意；不能或者不宜向患者说明的，应当向患者的近亲属说明，并取得其明确同意。另外，《基本医疗卫生与健康促进法》第三十二条还强调了患者对于医疗费用的知情同意权。当然，在特定情形下，患者的知情同意权可以受到限制。《民法典》第一千二百二十条规定，因抢救生命垂危的患者等紧急情况，不能取得患者或者其近亲属意见的，经医疗机构负责人或者授权的负责人批准，可以立即实施相应的医疗措施。

（2）对患者隐私权和个人信息的侵害：医疗机构及医务人员对于诊疗过程中获得的患者健康状况、家庭情况及其他隐私，负有保密义务。《民法典》第一千二百二十六条规定，医疗机构及其医务人员应当对患者的隐私和个人信息保密；泄露患者的隐私和个人信息，或者未经患者同意公开其病历资料的，应当承担侵权责任。隐私权和个人信息保护的具体内容规定于《民法典》第四编第六章。其中，隐私是自然人的私人生活安宁和不愿为他人知晓的私密空间、私密活动、私密信息。理论上认为，隐私权是指自然人享有的私人生活安宁与私人信息秘密依法受到保护，不被他人非法侵扰、知悉、收集、利用和公开的一种人格权。受保护个人信息则是，以电子或者其他方式记录的能够单独或者与其他信息结合识别特定自然人的各种信息。

（3）过度医疗：是指超过疾病实际需求的诊断和治疗的行为，包括过度检查、过度治疗。《民法典》第一千二百二十七条规定，医疗机构及其医务人员不得违反诊疗规范实施不必要的检查。对于患者因为过度医疗而遭受的不必要医疗费用支出等损害后果，医疗机构应当承担赔偿责任。

3. 医疗产品损害　是指医疗机构在诊疗过程中使用有缺陷的药品、消毒产品、医疗器械以及血液和血液制品等医疗产品，造成的患者人身损害。《民法典》第一千二百二十三条规定，因药品、消毒产品、医疗器械的缺陷，或者输入不合格的血液造成患者损害的，患者可以向药品上市许可持有人、生产者、血液提供机构请求赔偿，也可以向医疗机构请求赔偿。

另外要注意的是，对于疫苗接种造成的损害要区分不同情形。根据《疫苗管理法》第五十六条，国家实行预防接种异常反应补偿制度。如果实施接种过程中或者实施接种后出现受种者死亡、严重残疾、器官组织损伤等损害,并且该损害属于预防接种异常反应或者不能排除的,应当按照国家规定给予补偿。针对《疫苗管理法》第五十二条规定的因疫苗质量问题给受种者造成的损害,或因接种单位违反预防接种工作规范、免疫程序、疫苗使用指导原则、接种方案给受种者造成的损害,将适用《民法典》第一千二百二十三条。

三、医疗事故的定义及构成要件

(一) 医疗事故的定义

医疗事故是指医疗机构及其医务人员在医疗活动中,违反医疗卫生管理法律、行政法规、部门规章和诊疗护理规范、常规,过失造成患者人身伤害的事故。例如,医方在患者接诊、转诊、诊疗护理等活动中,存在未实施必要的治疗措施,或存在误诊、漏诊等过失行为,造成患者病情加重或死亡。医疗事故的认定目前主要的意义,在于行政责任以及刑事责任的追究。例如,根据《医师法》第三十三条的规定,在执业活动中发生或者发现医疗事故,医师应当按照有关规定及时向所在医疗卫生机构或者有关部门、机构报告。根据《医师法》第五十五条的规定,造成医疗事故的医师,由县级以上人民政府卫生健康主管部门责令改正,给予警告;情节严重的,责令暂停六个月以上一年以下执业活动直至吊销医师执业证书。

1997年10月1日施行的《刑法》(1997年修订版)增加了医疗事故罪,明确了对医务人员严重不负责任的行为处以刑事处罚。《刑法》第三百三十五条规定,医疗事故罪,是指医务人员由于严重不负责任,造成就诊人死亡或者严重损害就诊人身体健康的行为。构成本罪的,处三年以下有期徒刑或者拘役。

(二) 医疗事故的构成要件

行为人的行为构成医疗事故,需满足法律规定的特定的、必备的主客观要件。这些构成要件是判断医疗事故与非医疗事故的标尺。

1. **医疗事故的责任主体限于医疗机构及医务人员**　我国在立法上对医疗事故行为主体范围作了明确限定,即仅限于医疗机构及医务人员。医疗机构是指依法定程序设立的从事卫生保健和疾病预防、诊断、治疗等活动的卫生机构的总称。医务人员是指经过考核和卫生健康主管部门批准或承认,取得相应资格及执业证书的各级各类卫生技术人员。但因诊疗护理工作是群体性的活动,构成医疗事故的行为人,还包括从事医疗管理、后勤服务等负有为保障公民的生命和健康权益而必须实施某种行为的特定义务但未履行或者未认真履行义务的人员。这一点与医疗损害责任的主体要件是重复的,二者不同之处在于,后者还存在药品上市许可持有人、生产者、血液提供机构。此外,非法行医造成患者身体健康损害,不属医疗事故范畴。

2. **医疗事故认定需要存在特定人身损害后果**　医疗事故必然与医疗活动有关,诊疗护理是医疗活动的主要内容和形式,没有医疗活动内容的事故,不能称为医疗事故。医疗活动的外延一般认为是医疗机构和医务人员在执业范围内从事的专业性活动,这一点与医疗损害责任的要件是相同的。但较之医疗损害,医疗事故损害后果的起点是造成患者明显人身损害。

根据对患者人身造成的损害程度,《医疗事故处理条例》把医疗事故划分为四级。一级医疗事故:造成患者死亡、重度残疾,分为甲、乙两等。二级医疗事故:造成患者中度残疾、器官组织损害导致严重功能障碍,分为甲、乙、丙、丁四等。三级医疗事故:患者轻度残疾、器官组织损害导致一般功能障碍,分为甲、乙、丙、丁、戊五等。四级医疗事故:造成患者明显人身损害的其他后果的医疗事故,未分等。

3. **造成医疗事故的行为具有违法性**　违法是指违反卫生管理方面的法律、行政法规、部门规章和诊疗护理规范、常规。遵守这些法律及规范是医疗活动合法性、正当性的必要前提,违法行为虽不一定构成医疗事故,但是造成医疗事故的行为必定具有违法性。

4. **构成医疗事故必备的过失主观要件**　医疗事故的主体主观上必须有过失。过失是行为人对其行为的结果应当预见而没有预见或者已经预见但轻信能够避免的主观心理状态。过失通常表现为:不执行或不正确执行规章制度以及履行职责,对危重患者推诿、拒诊;对病史采集、患者检查处理不仔细,违反常规,漏查漏诊;擅离职守,延误诊治或抢救;应会诊未会诊或会诊不及时,应转诊未转诊

NOTES

或转诊不及时；擅自做无指征手术或检查；对病情分析不周密、不全面等。过失有别于故意，如果故意造成患者人身损害，则不属于医疗事故范畴，而是故意伤害行为。故意伤害行为，行为人主观恶性强，法律责任相应较重。

5. 医疗过失行为与患者人身损害之间具有因果关系　因果关系是法律责任的构成要件，是判定医疗损害是否属于医疗事故的关键内容。只有医疗过失行为与患者人身损害结果之间存在因果关系，医方才承担相应的法律责任。与医疗损害中的因果关系一样，医疗事故中也有程度差异，过失诊疗行为造成患者人身损害的原因力大小通常表述为，导致患者损害的全部原因、主要原因、同等原因、次要原因、轻微原因或者与患者损害无因果关系。

根据《医疗事故处理条例》的规定，如果患者人身损害结果与医疗过失行为无因果关系，而是其他原因导致的就不属于医疗事故，例如以下情形：①在紧急情况下为抢救垂危患者而采取紧急措施造成不良后果的；②在医疗活动中由于患者病情异常或者患者体质特殊而发生不良后果的；③在现有医学科学技术条件下，发生无法预料或者不能防范的不良后果的；④无过错输血感染造成的不良后果的；⑤患者原因延误诊疗导致不良后果的；⑥不可抗力造成不良后果的。

第二节　医疗纠纷的预防

有效的医疗纠纷预防有助于缓解医患冲突、减少医疗纠纷，是保障医患双方合法权益的客观要求，是维护医疗机构工作秩序和社会和谐稳定的重要举措。为缓解矛盾、预防纷争，国家出台了相关法律法规。但现实生活中，医患矛盾仍有一定程度存在，恶性事件时有发生。《医疗纠纷预防和处理条例》亮点之一就是确立了医疗纠纷预防机制。

一、医疗纠纷的预防涵义

（一）医疗纠纷的预防定义

医疗纠纷预防是指医疗活动中，对于现有和潜在的诊疗活动相关的风险进行有效识别和干预，从而减少和消除医疗风险的发生，降低风险事件造成的患者健康和经济损失以及不良社会影响。

（二）医疗纠纷预防的意义

医疗纠纷的预防对临床实践活动有重要意义。第一，保护医患双方的合法权益。通过医疗纠纷的预防措施，尊重患者知情同意权等权利，确保患者理性认识并承受风险，维护医患双方利益，从而确保医疗工作秩序的合理化、规范化。第二，完善医院的管理制度。医疗管理职能部门的管理人员通过监督审查科室诊疗行为预防医疗纠纷，及时发现存在的问题，避免进一步引起纠纷并扩大化，通过处理医疗纠纷，从处理事务过程中汲取经验、吸取教训，强化管理制度，使各项规章制度落到实处，减少、预防医疗事故发生。第三，提高医务人员的责任意识。临床医师预防医疗纠纷体现在提升对患者病情的重视程度，加强风险意识与科室管理意识，及时修正诊疗过程中存在的问题，在医疗纠纷的处理过程中，医务人员能够意识到自己在工作中存在的问题，并提高自身的责任意识，提高自己的专业知识和医学人文素养。

二、医疗纠纷预防法律规定

在《医疗纠纷预防和处理条例》颁布前，《医疗事故处理条例》和原《侵权责任法》（现《民法典》"侵权责任编"）对医疗事故的预防也作出了相关法律规定，但是仅以"应当"作为要求，而并不明确"预防"，如"医疗机构及其医务人员应当按照规定填写并妥善保管住院志、医嘱单、检验报告、手术及麻醉记录、病理资料、护理记录、医疗费用等病历资料"，因此存在一定的欠缺。《医疗纠纷预防和处理条例》的颁布，通过加强医疗质量安全管理，畅通医患沟通渠道，从源头预防和减少纠纷，强化医疗纠纷预防与处理并重。

1. 加强医疗质量安全的日常管理　医疗机构应当落实医疗质量安全管理制度，加强对医疗风险的识别、评估和防控，明确规定医疗机构预防医疗纠纷的制度和机制；提出医疗服务应当以患者为中心,加强人文关怀;将医疗纠纷的预防纳入行政立法加以规范,明确相关机构及组织在医疗纠纷预防和处理中的职责。

2. 强化医疗服务关键环节和领域的风险防控　增加医疗机构对医疗技术和健康产品安全管理的职责;特别是在医疗机构开展医疗技术服务,开展手术、特殊检查、特殊治疗等诊疗活动,应当提前预备应对方案,主动防范突发风险。

3. 加强医疗服务中的医患沟通　首次提出医疗机构和医务人员在诊疗过程中应当以患者为中心,加强人文关怀;扩大查阅、复制病历资料的范围,加重篡改、伪造病历资料的法律责任;规定患者有权查阅、复制全部病历资料;医疗机构应当建立健全投诉接待制度,方便患者投诉或者咨询。首次提出"首诉负责制"等投诉接待处理方式。

> **知识链接**
>
> ### 医疗纠纷预防的反思
>
> #### (一) 危机管理与医疗纠纷预防
>
> 预防阶段对于危机处理至关重要,将医疗纠纷的矛盾化解在日常,才能真正从源头遏制医疗纠纷的发生,因此,建立医疗纠纷的危机预警机制是预防阶段的关键所在。建立健全危机管理制度完善的危机管理机制是保障医疗机构顺畅运行的制度基础。
>
> 医疗机构应建立危机预警机制。引起医疗纠纷的原因众多,包括院内系统流程、医患沟通、医疗质量问题、疾病本身因素、诊疗费用、社会媒体舆论等。危机预警能使医院及时预见危机,有效地把控危机,从而使医院管理部门能够第一时间采取应对措施,使这些潜在危机不演变为医疗纠纷,更不会对医院产生不利影响。危机预警能及时处理、解决,最大程度地控制和预防医疗事故和纠纷的发生。
>
> #### (二) 医患共享决策模式与医疗纠纷预防
>
> 在临床医疗决策中逐渐倡导患者的参与。研究表明,引起医疗纠纷的主要原因之一就是医方没有与患者进行临床治疗决策的沟通。医护人员向患者讲述疾病的发展过程以及各种治疗方案的利弊,并正面回应患者的主观诉求;患者及家属从自身角度出发,告知医护人员其对疾病以及相关风险的看法和疑虑;在信息得到充分交流的前提下,医护人员、患者及家属共同对医疗过程中的诊疗、护理等方面的相关问题作出正确、合理的选择,并共同执行相关措施。共享决策不仅减少医疗纠纷的发生,同时促使患者及家属在沟通交流过程中,对医学专业知识和技能有所了解,更能让患者获得满意的医疗和护理措施,减少健康不利后果的出现。
>
> #### (三) 公共政策调节和平衡立法理念与医疗纠纷预防
>
> 公共政策是为调节人们相互关系而设定的规范,其制定与变迁均为解决公共利益和个人利益的统一和协调。我国医疗纠纷问题长期以来一直都比较严峻,而国家为了解决这一问题,也不断地在对相关政策进行调整。不同阶段的医疗纠纷预防和处理的专门立法也视医疗秩序和医疗安全为公共利益,该公共利益由医患双方的具体利益构成。
>
> 在医疗纠纷治理政策的制定与实施中,行政管理机构是行政方,医方和患方是行政相对方,公共利益由行政方主导实现。医疗纠纷治理政策中运用平衡理论需解决两个层面的失衡:一为行政方和行政相对方的失衡,任意一方失衡均会导致实质上的管理论或控权论;二为对行政相对方,即构成该公共利益的两方(医方和患方)利益的失衡,过多保护某一方,都会导致彼此利益间的不平衡。只有当这两个层面都得到较好的协调,有效解决医疗纠纷问题才成为可能。
>
> 《医疗纠纷预防和处理条例》规定保护医患双方的合法权益,强调医患双方互相尊重,确立了平等保护医患双方的立法理念。同时《医疗纠纷预防和处理条例》将"预防"纳入立法目的,强调事前预防与事后处理相协调。为此,其分别从医方、患方及其他利益相关主体进行分析,规定了各

个主体的责任与义务,强调多部门分工合作,以共同处理医疗纠纷。这些规定强调了公众共同参与治理医疗纠纷,深刻体现了平衡论的立法理念,行政权与行政相对方权利也初步达到相互平衡状态,初步形成医患之间相互制约、行政方与医患双方利益有序协调的局面。

第三节　暴力伤医事件的预防和规制

暴力伤医已经成为全球现象,无论在发展中国家还是在发达国家,都是一个严重的社会问题。其将严重影响社会秩序的稳定,制约医学的发展和进步,加剧社会诚信危机,致使医患之间隔阂日益加深。暴力伤医事件已经引起了社会各界广泛关注。

一、暴力伤医的定义与特征

暴力伤医是指由医疗活动引发的暴力行为,也称为医患暴力或者医疗暴力。世界卫生组织对其的定义为:卫生机构的工作人员在其工作场所受到的辱骂、威胁或袭击,从而造成对其安全、幸福和健康的明确或含蓄的挑战,包括侮辱、威胁、攻击、折磨、伤害他人身体、性侵犯或性骚扰、破坏医院或个人财产、干扰正常的医疗工作秩序等。暴力伤医事件涉及心理暴力和身体暴力两种。心理暴力是指故意用力反对他人或集体,导致对身体、脑力、精神、道义和社会发展的损害,包括口头辱骂、侮辱、威胁、攻击、折磨和言语的骚扰。身体暴力是指以体力攻击导致身体及心理的伤害,包括打、踢、拍、扎、推、射、咬等暴力行为,还包括躯体的性骚扰和强奸(含未遂)。

暴力分三种:对人、对物、对秩序。暴力伤医不同于一般的工作场所暴力,具有特殊性。法律上,暴力伤医属于攻击性私力救济行为,就是患者认为权利遭受侵害,没有通过国家机关和法定程序维权,选择利用自己的暴力行为去保护"自身权益"或是宣泄情感。暴力伤医事件近年来呈高发态势,呈现出以下特点:医疗暴力行为主体是不特定的主体;医疗暴力行为的发生出于行为人的主观故意;医疗暴力行为侵害的客体具有双重性;暴力伤医事件发生的高危地点呈现复杂化。

暴力伤医是一个全球现象,无论在西方国家还是在亚洲国家,都是一个严峻的问题。作为全球的一大公共卫生问题,暴力伤医事件对医院正常的工作秩序、医护人员稳定性、医院合法权益和社会效益都会带来许多负面影响。产生暴力伤医事件的原因呈现多维度,包括医疗管理体制和政策因素、医疗机构及医务人员因素、患者因素、社会与法律因素、媒体因素等。

二、现行法律对暴力伤医事件的规制

《治安管理处罚法》第二十三条、第四十条、第四十二条、第四十九条、第五十五条、第六十五条等规定是暴力伤医事件的法律规制体系的重要组成部分,如:规定敲诈勒索医生或毁坏医院财物的、乱用舆论、随意向媒体捏造事实、在医院外打横幅等行为属于违法行为,并规定了相应的行政处罚措施。

《刑法》中的寻衅滋事罪,聚众扰乱社会秩序罪,故意杀人罪,故意伤害罪,故意毁坏财物罪,诽谤罪,非法拘禁罪,非法集会、游行、示威罪对暴力伤医情节严重的行为规定了刑罚法律责任。

《民法典》第一千二百八十八条规定:医疗机构及其医务人员的合法权益受法律保护。干扰医疗秩序,妨碍医务人员工作、生活,侵害医务人员合法权益的,应当依法承担法律责任。《民法典》较原《侵权责任法》的规定新增了"侵害医务人员合法权益"的表述,对暴力伤医等严重违法行为发出强烈制止信号,进一步明确侵害医务人员合法权益需承担法律责任。

其他行政法规对暴力伤医行为也有相应的规制。2012年公安部、卫生部联合发布《关于维护医疗机构秩序的通告》。2014年公安部制定《关于维护医疗秩序打击涉医违法犯罪专项行动方案》,对暴力伤医行为作了专门的规定。最高人民法院、最高人民检察院、公安部、司法部、国家卫生和计划生育委员会以法发〔2014〕5号印发《关于依法惩处涉医违法犯罪维护正常医疗秩序的意见》。该意见

充分强调了依法惩处涉医违法犯罪对维护正常医疗秩序的重要性认识、严格依法惩处涉医违法犯罪、积极预防和妥善处理医疗纠纷、建立健全协调配合工作机制四部分内容,明确了在医疗机构内殴打医务人员或者故意伤害医务人员身体等行为的法律责任。

三、暴力伤医事件预防

(一)政府预防暴力伤医事件的职责

《基本医疗卫生与健康促进法》明确将医疗暴力行为认定为违反治安管理行为,依法给予治安管理处罚,但是对于近年来愈演愈烈的暴力伤医事件,现存的法规显然是不够的。国家立法机关及地方立法机关应完善法律与相关制度。2020年6月,北京市通过了《北京市医院安全秩序管理规定》,这是国内第一部关于医院安全的规定,对于保护医务人员、维护医院秩序有重要意义。

国外对于暴力伤医事件建立了比较成熟的法规和报告制度。例如,美国许多医院建立医疗暴力上报制度,美国的《劳工关系法》和《职业安全与卫生法》规定所有雇主有责任保障雇员的安全,要求医院制定应对措施,否则将受到行政处罚;2018年通过的《针对医疗保健和社会服务的工作场所暴力预防法》规定任何一家医院发生瞒报暴力伤医事件,将面临巨额罚款。英国的全民健康服务体系(NHS)于2003年成立了反欺诈和安全管理部,专门负责处理与医务人员有关的人身和财产安全事件;同时《攻击急救人员法案》规定对医护人员或者急救人员实施暴力者最高刑罚从监禁6个月增加至12个月。

(二)医疗机构自身的防护

我国医院应该加强安保制度,安保力量在暴力事件发生的第一时间就应该赶到现场制止暴力的继续发生。在我国,因为社会的和谐稳定,安保一直是不受重视的领域,许多医院的安保人员都是年龄偏大的群体,无法构成有效的保护力量。同时院方对于发生的医疗暴力事件,一直的做法仅仅是报警和道义上的谴责,很多时候无法构成有效的惩戒意义。在医院自身防护方面,可以借鉴国外的经验。例如,美国急救医生科学院建议急诊室设立24小时保安,安装防弹玻璃,进行预防暴力伤医事件的课程培训;如果医疗暴力构成犯罪,除追究刑事责任外,受害者还可以提起民事诉讼,寻求经济赔偿,甚至追究医院责任。这使得暴力伤医成本增加,并且促使医院方面重视安全措施。此外,目前有国家在有限制地使用医疗黑名单。例如,英国全民健康服务体系针对医疗暴力的实施者,有条件地采取限制其就医的措施;美国的许多医院也建立了黑名单制度,限制那些曾经在自己医院实施暴力行为的人员就医。不过值得注意的是,相对于国外,我国医院最重要的性质是公益性,不可简单将国外的做法中国化,而需制定适合我国国情的惩戒制度。

(三)舆情引导

在发生医疗暴力事件的时候,媒体不能在未调查事实真相前就开始肆意报道,甚至去炒作舆论,误导群众,破坏医方的形象,损害公众与医方之间的信任。

第四节　PCBL:针对暴力伤医者设立的"黑名单"合法吗?

现代行政任务拓展与政府职能转变的双重驱动呼唤着行政执法方式的创新与变革,行政黑名单制度便是其典型代表之一。其是指行政机关通过对违反法律法规等规定行为的主体设置"不良信息记录",以一定方式向社会公布,并对其相关行为或权利予以限制的综合监管措施。针对频频发生的暴力伤医事件,"暴力伤医黑名单"制度也进入了人们的思考领域。

一、"暴力伤医黑名单"制度的提出

(一)"暴力伤医黑名单"制度的定义

"暴力伤医黑名单"制度是行政黑名单制度在医疗失信领域的具体运用,是指行政机关针对患者及其家属严重危害医疗秩序的失信行为所采取的有效惩戒措施,其制度运行涵盖列入、公布、惩戒、退

NOTES

出等几个环节。

(二)"暴力伤医黑名单"制度的形成

2017 年,国家卫生和计划生育委员会、公安部和国家中医药管理局联合发布的《关于印发严密防控涉医违法犯罪维护正常医疗秩序意见的通知》,首次要求将暴力伤医的行为人列清单重点关注,并将其纳入社会信用体系。2017 年,最高人民法院《关于公布失信被执行人名单信息的若干规定》明确,失信被执行人名单将会被人民法院向社会公布。建立和实施"黑名单"制度是我国社会诚信建设的制度性突破和历史性跨越,对推动我国社会诚信建设发挥重要作用。2018 年 10 月,国家发改委、国家卫健委等二十八个部门联合签署了《关于对严重危害正常医疗秩序的失信行为责任人实施联合惩戒合作备忘录》(以下简称《备忘录》),以加快推进医疗服务领域信用体系建设,打击暴力杀医伤医以及在医疗机构寻衅滋事等严重危害正常医疗秩序的失信行为,建立健全失信联合惩戒机制。《备忘录》对惩戒对象界定规范,可操作性强;对各部门分工较为明确,联合惩戒措施非常具体;注重相关机制建立,实行动态管理。使"伤医者黑名单"制度得到了明显的完善,为实现医疗领域失信惩治的法治化夯实了法律基础。

(三) 实行"暴力伤医黑名单"制度的利弊思考

"暴力伤医黑名单"制度的建立,是希望以"法律""法规"的形式增强不良问题惩戒强制力度。但是,"暴力伤医黑名单"制度本身尚缺乏健全法律的规定约束,也可能会存在权力滥用的弊端。

1."暴力伤医黑名单"制度的利　第一,作为医疗信用信息公开机制,"暴力伤医黑名单"制度的建立和实施,有利于促进卫生监管信息资源交流共享,打破相关医疗信用监管信息壁垒,提升相关监管部门的医疗信息监管能力,提升预防风险的能力与可能性。第二,通过发挥医疗失信惩戒机制的作用,逐渐显现其对医疗信用体系的塑造培育功能。"暴力伤医黑名单"措施作为行政机关对医疗失信行为人采取其他惩戒措施的基础,以"信用惩戒"设计为前提,将医疗失信的患者列入黑名单,在出行消费、工作任职、投资优惠、补贴优惠等方面对黑名单者带来潜在的不利影响,有利于形成"医疗失信联合惩戒"的威慑力。第三,促进就医环境的改善,实现医疗公平。将"暴力伤医黑名单"上的人员合理挡在机构外,有利于维护就医秩序,创造一个温馨和谐的工作环境,这不仅关系到医务人员的安全,也关系到其他就医者的利益。第四,有助于稳定医务人员心态,促进医疗服务质量提升。建立"暴力伤医黑名单"制度,将暴力伤医、恶意打骂医务人员的患者或暴力实施家属合理挡在医疗机构外,利于增强医务人员内心的安全感,会整体上提高医疗服务质量,这也有利于绝大多数患者。

2."暴力伤医黑名单"制度的弊　第一,"暴力伤医黑名单"侵犯公民健康权。《宪法》第三十三条第三款、第三十六条第三款,明确规定公民健康不受侵犯。以拒绝提供医疗服务为惩戒方式的黑名单制度侵犯了公民的就诊权,从而侵犯了公民的生命健康权。第二,"暴力伤医黑名单"损害公民平等就医权。平等就医权是指所有患者,不论性别、民族、年龄、财产状况都一律平等地享有获得医疗卫生服务的权利。《医疗机构管理条例》第三条规定,医疗机构应该以救死扶伤,防病治病,为公民的健康服务为宗旨,明确了全体公民平等地享有就医权。无疑,以拒绝诊疗服务为惩戒方式的黑名单制度侵犯了患者的平等就医权。第三,"暴力伤医黑名单"滥用加剧医患矛盾。被纳入"暴力伤医黑名单"的当事人在社会活动中会受到很多限制,严重者会影响其正常的社会活动,因而当谨慎而为。绝不能欠缺公共基础和法律授权,将"暴力伤医黑名单"制度泛化滥用。如果医疗机构或医务人员不合理地将该制度作为解决医患冲突的私力救济手段,而在自身能力范围内对黑名单上的患者进行"惩戒",将必然产生相反的后果,会进一步加剧医患矛盾,使医患关系愈发紧张。

二、"暴力伤医黑名单"制度设立的法律评析

(一) 设立"暴力伤医黑名单"制度的主要法律依据

1. 医疗秩序保护、医务人员人身权受法律保护　《医师法》第三条规定,医师依法执业,受法律保护。医师的人格尊严、人身安全不受侵犯;第六十条规定,违反本法规定,阻碍医师依法执业,干扰医

师正常工作、生活,或者通过侮辱、诽谤、威胁、殴打等方式,侵犯医师人格尊严、人身安全,构成违反治安管理行为的,依法给予治安管理处罚。《护士条例》第三条规定,护士人格尊严、人身安全不受侵犯;护士依法履行职责,受法律保护;全社会应当尊重护士。第三十三条规定,扰乱医疗秩序,阻碍护士依法开展执业活动,侮辱、威胁、殴打护士,或者有其他侵犯护士合法权益行为的,由公安机关依照治安管理处罚法的规定给予处罚;构成犯罪的,依法追究刑事责任。《基本医疗卫生与健康促进法》明确规定,医疗卫生人员的人身安全、人格尊严不受侵犯,其合法权益受法律保护。禁止任何组织或者个人威胁、危害医疗卫生人员人身安全,侵犯医疗卫生人员人格尊严。

2. 医疗机构和医务人员财产权受法律保护　2012年5月,公安部、卫生部联合通告:严打侵害医务人员人身安全犯罪。通告称,医疗机构是履行救死扶伤责任、保障人民生命健康的重要场所,禁止任何单位和个人以任何理由、手段扰乱医疗机构的正常诊疗秩序,侵害患者合法权益,危害医务人员人身安全,损坏医疗机构财产。《民法典》第一千二百二十八条规定,医疗机构及其医务人员的合法权益受法律保护。干扰医疗秩序,妨碍医务人员工作、生活,侵害医务人员合法权益的,应当依法承担法律责任。医闹行为如果对医疗机构的医疗设备、公共设施等财产造成破坏,以及对医务人员造成人身伤害的,将承担民事赔偿责任,构成犯罪的,还将承担刑事责任。

(二) 联合惩戒严重危害正常医疗秩序的失信行为责任人制度

《备忘录》明确规定:因实施或参与涉医违法犯罪活动,被公安机关处以行政拘留以上处罚,或被司法机关追究刑事责任的严重危害正常医疗秩序的自然人将被联合惩戒,严重危害正常医疗秩序的失信行为是指倒卖医院号源等破坏、扰乱医院正常诊疗秩序的涉医违法犯罪活动。通过限制担任国企高管、限制招录为事业单位工作人员、限制乘坐飞机等十六项惩戒措施,让伤医行为者无路可走。此外,《关于依法惩处涉医违法犯罪维护正常医疗秩序的意见》中列举了六类涉医违法犯罪活动,主要包括以下情形:①在医疗机构内故意伤害医务人员、损毁公私财物的;②扰乱医疗秩序的;③非法限制医务人员人身自由的;④侮辱恐吓医务人员的;⑤非法携带枪支、弹药、管制器具或危险物品进入医疗机构的;⑥教唆他人或以受他人委托为名实施涉医违法犯罪行为的。

(三) "暴力伤医黑名单"制度的禁止情形

医疗机构不得侵犯暴力伤医黑名单患者的急救权。《医师法》第二十七条与《医疗机构管理条例》第三十条均明确,患者伤医,在急诊情况下,医院不能拒绝救治。可见,当患者处于"急危""危重"状态时,不论患者身份为何,即便该患者曾伤害过医务人员,法律仍赋予医务人员以紧急救治、立即抢救的法定义务。因此,在急诊情况下,基于"暴力伤医黑名单"而拒绝救治是违法的。

三、"暴力伤医黑名单"制度的合法性探讨

(一) 针对暴力伤医者设立"黑名单"是否合法?

从医生情感角度可以理解,伤医行为必须严惩。设置"黑名单"的背后考量是:医有尊严,方能病有良医;信用得彰,方能捍卫规矩。因此,针对医院相关暴力行为建议,很多人认为医院除了加强安保设施外,还应当建立暴力倾向患者黑名单,医院应建立暴力记录档案。对于档案记录的患者来就医时,医院采取安全保护措施,做好应对暴力行为的准备。在施暴者开始发出言语威胁和恐吓之时,马上向公安机关报警,警察应立即到现场,并有权对该类人员采取相应的强制措施。但从伦理角度,设置"黑名单"拒绝诊治可以视为是一种报复行为。避免暴力伤医、医闹行为事件的发生是社会综合治理工程,仅凭借设立"黑名单"不能从根本上解决的,既要依靠刑罚的威慑力,也要有常态的信用规制,应该是制度与法律是协同约束公共行为的合力关系。

(二) 设置"暴力伤医黑名单"制度是否等于拒诊患者?

《基本医疗卫生与健康促进法》第四条规定,国家和社会尊重、保护公民的健康权。公民依法享有从国家和社会获得基本医疗卫生服务的权利,指政府必须创造条件使人人能够尽可能健康。这些条件包括确保获得卫生服务,健康和安全的工作条件,适足的住房和有营养的食物。医务人员也是提

供这些条件的主体之一。同时,我国法律关于医务人员不得拒绝急救处置治疗的规定也是黑名单制度不能对抗的。

(三) 如何合理合法地设置"暴力伤医黑名单"?

1. 确立"以司法机构为权力主体"的"暴力伤医黑名单"制度　判断患者是否应该被拉入"暴力伤医黑名单"的权力主体,不应该是作为当事方的医疗机构,而应是司法机构。

2. 设立"不得违背急救义务"的"暴力伤医黑名单"制度　应该明文禁止任何医疗单位利用患者黑名单拒绝为患者提供急救诊疗服务,让其在需要救治的情况下得到及时救治。

3. 实施"以保证患者健康权为宗旨"的"暴力伤医黑名单"制度　充分发挥"暴力伤医黑名单"制度的积极作用,促进医院内部的预防管理。比如,将暴力伤医者拉入黑名单,并不是为了限制其再次就医,而是让医疗机构能够防患于未然,在有过暴力伤医行为者前来就诊时,有针对性地加强安保措施,由保安人员全程陪同就医。这在防止其对医护人员造成伤害的同时,也能保障患者的就医权。

(杨淑娟　曾日红)

思考题

1. 请阐述医疗纠纷、医疗损害、医疗事故的关系。
2. 医疗损害责任与医疗事故责任的联系与区别是什么?
3. 医疗损害分哪些类型?
4. 试述医疗产品损害责任相对于产品责任的特殊性是什么?
5. 简述医疗纠纷预防的涵义。
6. 简述暴力伤医事件的定义和预防。
7. 简述"暴力伤医黑名单"制度的涵义和禁止性规定。

情景测试与思考

1. 如果你接诊的一位患者在实施手术治疗当天死亡,患者近亲属认为存在医疗事故,此时你应当怎么做?

2. 患者办理住院手续后擅自外出,你在查房时发现这一情况,你应该怎么处理?

3. 孙某于某日 22 时,酒后至某医院探望其住院的母亲。因值班医生小刘告知其探视时间已过,让其第二天再来探视,孙某心生不满,与小刘医生发生口角,继而殴打小刘医生头面部及颈部,并致小刘医生衣物损坏、头部流血。后经鉴定,小刘医生的损伤程度为轻微伤。请问:孙某的行为是否构成暴力伤医行为? 应该承担哪些法律责任?

课后阅读资料

[1] 米夏埃尔·福尔,赫尔穆特·考茨欧. 医疗事故侵权案例比较研究[M]. 丁道勤,杨秀英,译. 北京:中国法制出版社,2012.

[2] 朱柏松,詹森林,张新宝. 医疗过失举证责任之比较[M]. 武汉:华中科技大学出版社,2010.

[3] 申卫星. 医疗纠纷预防和处理条例条文释义与法律适用[M]. 北京:中国法制出版社,2018.

[4] 保罗·林斯利. 医疗场所暴力防范[M]. 王岳,吴焱斌,译. 北京:中译出版社.

第二十八章
医疗纠纷处理法律制度

【学习要点】

1. 医学会医疗损害鉴定与医疗损害司法鉴定。
2. 医疗纠纷民事责任的概念与种类。
3. 医疗纠纷医方行政责任的主要内容。
4. 医疗纠纷承担刑事责任的范围。
5. 医疗纠纷的救济途径。

随着医疗改革的逐步深入，医患关系出现了新的变化和特点。由于物质生活水平的提高，人民群众对健康服务的需求日益增强，对医疗服务质量的要求不断提高，医患纠纷的数量也随之增长。为了调和对抗性冲突，国家相继出台了保护医师和患者权益，处理医疗纠纷的各项法律制度。

第一节 医疗纠纷鉴定制度

医疗纠纷鉴定是指在解决医疗纠纷的过程中，鉴定人受人民法院、卫生健康主管部门、当事人或代理人的指派或委托，运用专门的知识和技能，依法对医患双方所争议的某些专门性问题作出鉴别和结论的活动。我国现有两套医疗鉴定模式，分别为医学会的医疗损害鉴定和司法鉴定机构的医疗损害司法鉴定。前者由各地医学会负责，后者由各司法鉴定机构负责。

一、医学会医疗损害鉴定

（一）概念

医学会医疗损害鉴定，是指由医学会组织专家鉴定小组对医疗机构或者其医务人员的诊疗行为有无过错、过错行为与患者损害结果之间是否存在因果关系、损害后果及程度、过错行为在损害后果中的责任程度（原因力大小），以及因医疗损害发生的护理期、休息期、营养期等专门性问题进行专业技术鉴别和判断并提供鉴定意见的活动。医学会开展医疗损害鉴定工作应当按照程序进行，坚持科学、公正的原则，实行同行评议，对出具的医疗损害鉴定意见负责。2021年2月，中华医学会发布了《医学会医疗损害鉴定规则（试行）》。

（二）专家库

医学会应当结合医疗损害鉴定工作需要建立专家库，专家库候选人应具备下列条件：①有良好的业务素质和执业品德；②受聘于医疗卫生机构或者医学教学、科研机构，并担任相应高级专业技术职务三年以上；③健康状况能够胜任医疗损害鉴定工作。法医和其他专业人员成为专家库候选人应符合①③项规定的条件，并具备高级技术职务任职资格，或者具备中级技术任职资格后有五年以上相关工作经历。聘请专家进入专家库，可以不受行政区域的限制。受聘进入专家库的专家，医学会应颁发中华医学会统一格式的聘书，专家库成员聘用期一般为四年。

（三）医学会医疗损害鉴定程序

1. 委托与受理 省级医学会、设区的市级和直辖市直接管辖的区（县）医学会可以接受医患双方共同委托以及医疗纠纷人民调解委员会、人民法院等单位的委托,开展医疗损害鉴定。医学会收到医疗损害鉴定委托,应当要求委托人出具医疗损害鉴定委托书,并提供与委托鉴定事项相关的合法、真实、完整、充分的鉴定材料。

医学会收到医疗损害鉴定委托书和鉴定材料后,应当在七个工作日内对委托鉴定事项和鉴定材料进行审查。符合受理条件的,医学会应当在决定受理后三个工作日内发出受理通知书。遇有委托事项不明确、鉴定材料明显不能满足鉴定需要等情形,医学会应当书面通知委托人进一步确认、补充。医学会不予受理的,应当书面通知委托人,并说明理由,退还鉴定材料。

2. 鉴定的实施   医学会应当组织具备相应鉴定能力、符合鉴定要求的专家组成的鉴定专家组进行医疗损害鉴定,并根据鉴定事项所涉及的学科专业和具体情况,确定鉴定专家组的构成。医学会应当在受理鉴定之日起三十个工作日内完成鉴定并出具鉴定意见书。鉴定事项涉及复杂、疑难或者其他特殊问题的,完成鉴定的时间可以延长,延长时间一般不超过三十个工作日。

医疗损害鉴定应当召开鉴定会,并在医疗损害鉴定会三个工作日前,将会议的时间、地点和要求等书面通知委托人和鉴定专家组,并将鉴定材料送达鉴定专家。鉴定专家组成员因不可抗力等因素未能及时向医学会说明不能参加鉴定会,或者虽说明但医学会无法按规定组成鉴定专家组的,鉴定会可以延期进行;也可以经委托人和医患双方同意,由不能到场的专家以书面、视频等形式参加现场调查及合议。

鉴定会分为现场调查阶段和鉴定专家组合议阶段。医患双方应当参加鉴定会的现场调查阶段。鉴定会一般按照以下程序进行:①医学会工作人员宣布会场纪律,核实参会人员身份,介绍鉴定过程和鉴定专家组基本情况;②患方、医方在规定的时间内依次陈述意见和理由;③鉴定专家组成员根据需要进行提问;④必要时,可以对患者进行现场医学检查;⑤医患双方、委托单位人员退场;⑥鉴定专家组合议。当事人无故缺席、自行退席或者拒绝参加鉴定会的,不影响鉴定会继续进行。组织鉴定的工作人员,应当如实记录鉴定会过程和专家的意见,其他人员不得在鉴定会中录音、摄像、拍照。鉴定专家组根据鉴定材料,结合医患双方陈述、现场调查,依据有关法律、法规、规章和诊疗护理规范、常规,运用专业理论知识和经验,针对委托鉴定事项综合分析,经合议,根据半数以上鉴定专家组成员的意见形成鉴定意见。当日无法形成鉴定意见的,可以择期组织鉴定专家组成员合议。

医疗损害鉴定意见书,一般包括:①委托人及委托意见的要求;②医患双方的基本情况;③鉴定相关材料;④对鉴定过程的说明;⑤诊断、治疗的基本情况;⑥围绕委托鉴定事项对是否存在损害后果以及损害程度、是否存在医疗过错行为、医疗过错行为与损害后果是否存在因果关系、医疗过错行为在医疗损害中的原因力大小等内容的详细论述;⑦鉴定意见。鉴定意见书由鉴定专家组成员签名或者盖章,载明其学科专业和职称,并加盖医疗损害鉴定专用章。医疗损害鉴定意见书格式及书写要求由中华医学会统一制定。医疗损害鉴定意见书一式多份,委托单位、患方和医方各一份,一份由医学会存档。医学会应当制作并保存医疗损害鉴定档案,保存期限不少于二十年。地方医学会出具鉴定意见书后三十个工作日内通过中华医学会建立的信息系统上报有关鉴定信息。

二、医疗损害司法鉴定

(一) 概述

1. 概念   医疗损害司法鉴定是指人民法院在审理医疗损害赔偿民事诉讼案件中,依职权或应医患纠纷任何一方当事人的请求,委托具有专门知识的鉴定机构或者鉴定人对医方有无医疗过错以及患方所诉医疗损害结果与医疗过错有无因果关系等专门性问题进行分析、判断并提供鉴定意见的活动。其特点:一是,鉴定机构只就医方是否存在过错以及医疗过错与损害后果之间是否存在因果关系进行鉴别和评判,不认定法律问题;二是,司法鉴定机构具有中立性,各鉴定机构之间没有隶属关系,鉴定机构依法在业务范围内从事司法鉴定业务,不受地域限制;三是,司法鉴定实行鉴定人负责制。

2. 司法鉴定委托事项 主要包括:医疗机构实施诊疗行为有无过错;医疗过错行为与损害后果之间是否存在因果关系以及原因力大小;医疗机构是否尽到了说明义务、取得患者或者患者近亲属书面同意的义务;其他有关的专门性问题等。

3. 法律依据 医疗损害司法鉴定的主要法律依据是《民法典》《民事诉讼法》《全国人民代表大会常务委员会关于司法鉴定管理问题的决定》《最高人民法院关于民事诉讼证据的若干规定》《人民法院对外委托司法鉴定管理规定》《司法鉴定程序通则》《医疗损害司法鉴定指南》《司法鉴定机构登记管理办法》《司法鉴定人登记管理办法》《司法鉴定执业分类规定》《精神疾病司法鉴定暂行规定》等。

(二) 司法鉴定的过程

1. 鉴定材料预审 委托人提出医疗损害司法鉴定委托后,向司法鉴定机构提供鉴定材料供鉴定人审核,司法鉴定机构在规定期限内给予是否符合受理条件以及本机构是否具备鉴定能力的答复。鉴定材料不能满足审核要求的,鉴定机构宜及时提出补充提供的要求。提供的鉴定材料根据案件所处阶段,一般包括但不限于:鉴定申请书、医患各方的书面陈述材料、病历及医学影像学资料、民事起诉状和民事答辩状。

2. 听取医患各方陈述意见 鉴定材料预审后拟受理鉴定的,司法鉴定机构确定鉴定人并通知委托人,共同协商组织听取医患当事各方(代表)的意见陈述。当事各方或一方拒绝到场的,视为放弃陈述的权利;鉴定人经与委托人协商,委托人认为有必要的,则继续鉴定。

3. 鉴定的受理与检验 经确认鉴定材料,并符合受理条件的,由司法鉴定机构与委托人签订办理受理确认手续。受理鉴定后,鉴定人宜按照《法医临床检验规范》或《法医学尸体检验技术总则》的规定,对被鉴定人(患者)进行必要的检验(包括尸体解剖、组织病理学检验、活体检验以及其他必要的辅助检查)。

4. 咨询专家意见 鉴定人就鉴定中涉及的专门性问题咨询相关医学专家。专家意见宜内部存档并供鉴定人参考,但不作为鉴定意见书的一部分或其附件。

5. 制作鉴定意见书 鉴定人综合所提供的鉴定材料、医患各方陈述意见、检验结果和专家意见,根据医学科学原理、临床诊疗规范及鉴定原则,完成鉴定意见书的制作,并对鉴定意见负责。

(三) 医疗损害司法鉴定的基本方法

1. 医疗过错 主要包括:①违反具体规定的过错;②违反注意义务的过错;③违反告知义务的过错。

2. 损害后果 主要包括:①死亡;②残疾;③病程延长;④病情加重或者其他损害;⑤错误受孕、错误出生;⑥丧失生存机会;⑦丧失康复机会。

3. 因果关系及原因力大小 主要包括:①医疗行为与患者的损害后果之间无因果关系;②医疗行为与患者的损害后果之间存在一定的因果关系,过错系轻微原因;③医疗行为与患者的损害后果之间存在一定的因果关系,过错系次要原因;④医疗行为与患者的损害后果之间存在一定的因果关系,过错系同等原因;⑤医疗行为与患者的损害后果之间存在因果关系,过错系主要原因;⑥医疗行为与患者的损害后果之间存在因果关系,过错系全部原因。

第二节 医疗纠纷法律责任

医患关系现状已成为一个无法回避的问题,医患纠纷处理不当会影响一个地区的法治环境,严格合法合规处理医患纠纷,才能保护所有人的合法权益。随着各种法律制度的日趋完善,我国相继出台了保护医师和患者权益的法律及司法解释,如《民法典》《刑法》《医疗纠纷预防和处理条例》《医疗事故处理条例》《医疗机构管理条例》《医师法》《人身损害赔偿解释》和《精神损害赔偿解释》等,通过民事法律、行政法律及刑事法律对医患纠纷进行规制。

一、医疗纠纷的民事责任

(一)医疗纠纷的民事责任概述

医疗纠纷的民事责任,是指医疗卫生机构或者其医务人员在诊疗、护理活动中,违反法律、法规、部门规章和诊疗护理规范、常规,使患者人身权益或其他权益受到损害引起的纠纷,医疗机构应当承担损害赔偿的责任。

《民法典》"侵权责任"编第六章明确了医疗损害责任的基本范畴,即患者在诊疗活动中受到损害,医疗机构或者其医务人员有过错的,由医疗机构承担赔偿责任。同时确定了医疗损害责任以过错责任原则为主,兼有过错推定和严格责任的归责体系。

(二)医疗纠纷的民事责任种类

1. 医疗侵权责任　是指医疗机构或者其医务人员在医疗过程中因过失,或者在法律规定的情况下无论有无过失,造成患者人身损害或者其他损害,应当承担的以损害赔偿为主要方式的侵权责任。

由于侵权责任适用不同的具体规则标准,集中体现在归责原则上,以此标准医疗侵权责任可分为四种类型:①医疗伦理侵权责任是指医疗机构或者其医务人员违背医疗良知和医疗伦理的要求,违背告知或者保密义务,具有医疗伦理过失,造成患者人身损害以及其他合法权益受损的医疗侵权责任;②医疗技术侵权责任是指医疗机构或者其医务人员在医疗活动中,违反医疗技术的高度注意义务,具有违背当时当地的医疗水平的技术过失,造成患者人身损害的医疗侵权责任;③医疗管理侵权责任是指医疗机构或者其医务人员违背医疗管理规范和医疗管理责任的要求,具有医疗管理过错,造成患者人身、财产损害的医疗损害责任;④医疗产品侵权责任是指医疗机构在医疗过程中使用有缺陷的药品、消毒产品、医疗器械以及输入不合格的血液,造成患者人身损害,医疗机构或者医疗产品生产者、销售者、药品上市许可持有人、血液提供机构所应当承担的医疗损害责任。

根据《民法典》医疗损害责任相关规定,医疗损害侵权责任的一般构成要件有:①行为要件。医疗机构和医务人员对患者实施诊疗行为。②损害要件。患者或其近亲属受到损害。③因果关系要件。诊疗行为与损害结果存在因果关系。④主观要件。医疗机构或医务人员存在过错。

2. 医疗违约责任　我国《民法典》合同编违约责任的归责原则是过错推定原则,医疗违约责任构成要件有三个:①违约行为。在医疗合同中,医方没尽到其应尽的高度注意义务,即可判断有违约行为。②医疗损害事实。医疗损害是指医师违反注意义务对患者产生的不利事实,主要表现为患者死亡、伤残、健康受损等情形。③违约行为与医疗损害事实之间须有因果关系,即医疗过失是医疗损害发生的原因,医疗损害则是医疗过失所导致的结果。

3. 医疗违约责任与医疗侵权责任的竞合　医师因过错给患者造成损害后果时:一方面因医师侵害了患者的生命权、身体权和健康权而应承担侵权责任;另一方面也可能因医师没有适当地履行医疗服务合同之债而构成债务的不履行或者不当履行,从而承担违约责任。这种情况可同时符合数种法律责任的构成要件,这就发生了法律责任的竞合问题。

《民法典》第一百八十六条规定了侵权责任与违约责任的竞合规则:"因当事人一方的违约行为,损害对方人身权益、财产权益的,受损害方有权选择请求其承担违约责任或者侵权责任。"这就赋予了受害患方以选择权。

(三)医疗机构的免责事由

1. 法律规定的免责事由　《民法典》第一千二百二十四条规定了医疗机构免除责任的法定事由,患者在诊疗活动中受到损害,有下列情形之一的,医疗机构不承担赔偿责任:①患者或者其近亲属不配合医疗机构进行符合诊疗规范的诊疗。本项规定系受害人过错的抗辩事由在医疗损害责任领域的体现。②医务人员在抢救危急患者等紧急情况下已经尽到合理注意义务。本项规定系紧急避险的抗辩事由在医疗损害领域的具体体现。③限于当时的医疗水平难以诊疗。"当时的医疗水平"是《民法典》第一千二百二十一条规定的判断医疗机构和医务人员是否存在过错诊疗行为的法律判断标准，这一标准符合医学技术性、探索性和风险性的特征。

2. 原则性规定应当免责的事由

（1）不可抗力：《医疗事故处理条例》第三十三条规定，不可抗力造成不良后果，不属于医疗事故。《民法典》第一百八十条规定的不可抗力是普遍适用的免责事由，具有普遍适用效力。

（2）医疗意外：《民法典》免责事由没有医疗意外的规定。在医疗活动中，由于患者病情异常或者体质特异而发生的医疗意外，就证明医疗机构没有过失，也难以防范。因此，即使法律没有明文规定医疗意外为免责事由，但由于医疗损害责任实行过错责任原则，医疗机构当然也就不承担侵权责任。

（四）医疗损害民事赔偿责任

关于医疗损害赔偿《民法典》规定的内容比较原则，是一般性规定。在实务上，应当参照最高人民法院关于《人身损害赔偿解释》和《精神损害赔偿解释》的详细规定。

1. 人身损害赔偿　是指自然人的生命权、健康权、身体权受到不法侵害，造成致伤、致残、致死的后果以及其他损害，要求侵权人以财产赔偿等方法进行救济和保护的民事法律制度。《民法典》规定了人身损害赔偿制度的基本内容，《人身损害赔偿解释》规定了人身损害赔偿的基本范围。据此，人身损害赔偿中的常规赔偿项目包括：医疗费、误工费、护理费、住院伙食补助费和交通费、营养费、住宿费、残疾赔偿金、残疾辅助器具费、死亡赔偿金、丧葬费等。

2. 精神损害赔偿　是指民事主体因其人身权益受到不法侵害，使其人格利益或身份利益受到损害或遭受精神痛苦等无形损害，要求侵权人通过财产形式等赔偿方法进行救济和保护的民事法律制度。《民法典》第一千一百八十三条规定："侵害自然人人身权益造成严重精神损害的，被侵权人有权请求精神损害赔偿。"根据该条规定，相关司法解释就精神损害赔偿主要内容，如残疾赔偿金、死亡赔偿金、抚慰金赔偿等，作了更为详细的规定。

二、医疗纠纷的行政责任

（一）医疗纠纷行政责任概述

1. 医疗纠纷行政责任的概念及特征　医疗纠纷行政责任是指医疗机构及其医务人员在医疗、预防、保健机构进行诊疗活动过程中，违反医疗卫生管理法律、行政法规、部门规章和诊疗护理规范、常规，过失造成患者人身损害不良后果而应承担的行政法律责任。其法律特征：①独立性。它以整肃公共秩序、补救公共利益的损害为主，重点在于加强行业规范管理、预防新的医疗纠纷发生，兼有惩罚性和补偿性，具有独立的法律地位。②兼具普遍性和惩罚性。根据相关行政法律法规的规定，只要发生医疗纠纷或在诊疗活动中有所列违法违规行为，即可由卫生行政部门依法给予行政处罚或行政处分，处罚力度较之民事责任更为严厉，对医疗机构及其责任人的执业声誉、执业资格等产生较为严重的不利后果。

2. 医方承担行政责任的构成要件　根据相关行政法律法规规定，医方承担行政责任的一般构成要件有：①责任主体须是医疗机构，行为主体须是医务人员；②医疗机构及其医务人员必须存在违反医疗卫生管理法律、行政法规、部门规章以及医疗卫生行业诊疗护理规范、常规的行为，该违法违规行为引发了医疗纠纷；③医疗机构及其医务人员主观上须有过错；④违法违规行为应受行政处分或行政处罚；⑤违法违规行为必须是发生在医疗机构内及医务人员在诊疗活动中实施的违法行为。

（二）医疗纠纷医方行政责任内容

1. 医疗机构　根据《医疗纠纷预防和处理条例》《医疗事故处理条例》及《医疗机构管理条例》的规定，医疗机构承担的行政法律责任主要有：①警告；②责令限期停业整顿；③吊销执业许可证。

2. 医务人员　根据《医疗纠纷预防和处理条例》《医疗事故处理条例》及《医师法》等相关行政法规的规定，医务人员承担的行政法律责任主要有：①行政处分或纪律处分；②责令暂停执业活动一个月以上六个月以下或者六个月以上一年以下的行政处罚；③吊销执业证书。

NOTES

（三）医疗纠纷患方行政责任

《医疗纠纷预防和处理条例》和《医疗事故处理条例》均规定,构成违反治安管理行为的,由公安机关依法给予治安管理处罚。根据《治安管理处罚法》相关条款的规定,对于以多种方式扰乱医疗机构正常秩序,追逐、拦截、殴打医务人员,打砸、损毁医疗机构财物,阻碍执行紧急任务的医疗救护车等行为,可由公安机关依法给予警告、罚款、行政拘留等相应的治安管理处罚。

三、医疗纠纷的刑事责任

（一）医疗纠纷刑事责任概述

医疗纠纷刑事责任是指依据国家刑事法律规定,对构成医疗行为犯罪的嫌疑人依照《刑法》的相关规定追究刑事法律责任。

医疗纠纷刑事责任的承担方式主要是刑罚,根据《刑法》的规定,刑罚包括主刑和附加刑两种。主刑有:管制、拘役、有期徒刑、无期徒刑和死刑;附加刑有:罚金、剥夺政治权利和没收财产。此外,对于犯罪的外国人,可以独立适用或者附加适用驱逐出境。

根据医疗管理法律法规的相关规定,医疗纠纷承担刑事责任的情形归纳见表28-1。

表28-1　医疗管理法律法规涉及医疗纠纷承担刑事责任情形的相关规定

医疗管理法律法规	条款	犯罪主体	构成犯罪承担刑事责任的情形
《医师法》	第五十五条	特殊主体	违反本法规定,医师在执业活动中有下列行为之一的:(一)在提供医疗卫生服务或者开展医学临床研究中,未按照规定履行告知义务或者取得知情同意;(二)对需要紧急救治的患者,拒绝急救处置,或者由于不负责任延误诊治……(五)违反法律、法规、规章或者执业规范,造成医疗事故或者其他严重后果
	第五十六条	特殊主体	违反本法规定,医师在执业活动中有下列行为之一的:(一)泄露患者隐私或者个人信息;(二)出具虚假医学证明文件,或者未经亲自诊查、调查,签署诊断、治疗、流行病学等证明文件或者有关出生、死亡等证明文件;(三)隐匿、伪造、篡改或者擅自销毁病历等医学文书及有关资料;(四)未按照规定使用麻醉药品、医疗用毒性药品、精神药品、放射性药品等;(五)利用职务之便,索要、非法收受财物或者牟取其他不正当利益,或者违反诊疗规范,对患者实施不必要的检查、治疗造成不良后果;(六)开展禁止类医疗技术临床应用
	第五十九条	一般主体	违反本法规定,非医师行医的
	第六十条	一般主体	违反本法规定,阻碍医师依法执业,干扰医师正常工作、生活,或者通过侮辱、诽谤、威胁、殴打等方式,侵犯医师人格尊严、人身安全的
《医疗事故处理条例》	第五十五条	特殊主体	医疗机构发生医疗事故,情节严重的
	第五十七条	特殊主体	参加医疗事故技术鉴定工作的人员违反本条例的规定,接受申请鉴定双方或者一方当事人的财物或者其他利益,出具虚假医疗事故技术鉴定书,造成严重后果的
	第五十九条	一般主体	以医疗事故为由,寻衅滋事,抢夺病历资料,扰乱医疗机构正常医疗秩序和医疗事故技术鉴定工作
	第六十一条	一般主体	非法行医,造成患者人身损害,触犯刑律的
	第四十五条	特殊主体	医疗机构篡改、伪造、隐匿、毁灭病历资料,构成犯罪的
	第四十六条	特殊主体	医疗机构将未通过技术评估和伦理审查的医疗新技术应用于临床,构成犯罪的

续表

医疗管理法律法规	条款	犯罪主体	构成犯罪承担刑事责任的情形
《医疗纠纷预防和处理条例》	第四十七条	特殊主体	医疗机构及其医务人员有下列情形之一,构成犯罪的:(一)未按规定制定和实施医疗质量安全管理制度;(二)未按规定告知患者病情、医疗措施、医疗风险、替代医疗方案等;(三)开展具有较高医疗风险的诊疗活动,未提前预备应对方案防范突发风险;(四)未按规定填写、保管病历资料,或者未按规定补记抢救病历;(五)拒绝为患者提供查阅、复制病历资料服务;(六)未建立投诉接待制度、设置统一投诉管理部门或者配备专(兼)职人员;(七)未按规定封存、保管、启封病历资料和现场实物;(八)未按规定向卫生主管部门报告重大医疗纠纷;(九)其他未履行本条例规定义务的情形
	第四十八条	特殊主体	医学会、司法鉴定机构出具虚假医疗损害鉴定意见,构成犯罪的
	第四十九条	特殊主体	尸检机构出具虚假尸检报告,构成犯罪的
	第五十三条	一般主体	医患双方在医疗纠纷处理中,造成人身、财产或者其他损害,构成犯罪的

(二) 医疗行为犯罪的构成要件

医疗行为犯罪除了本身所具有的专业性、违规性和过错性,还应当具备一般性质犯罪所必须拥有的社会危害性、刑事违法性以及应受刑罚处罚性的特征。医疗行为犯罪必须具备的构成要件:①客体要件。医疗行为犯罪侵犯的客体是复杂客体,即国家医疗管理秩序和患者的生命、健康权利。犯罪对象是生命健康安全遭受违法医疗行为侵害的患者。②客观要件。医疗行为犯罪的犯罪客观方面表现为违反国家医疗行政法律法规和诊疗护理常规,情节严重,造成或足以造成就诊人死亡或者严重损害就诊人身体健康的行为。③主体要件。医疗行为犯罪的犯罪主体既有一般主体也有特殊主体,犯罪主体都拥有一定的医疗执行能力。医疗行为犯罪特殊主体除了要达到刑事责任年龄、具备刑事责任能力以外,还必须是在医疗机构中从事诊疗、救治、护理工作的医师、药师和护士以及经国家卫生主管部门批准开业的个体诊所的行医人员。④主观要件。医疗行为犯罪的犯罪主观方面既有过失也有故意,因不同的犯罪而具有不同的主观心理态度和内容。

(三) 医疗行为犯罪罪名

1. **医疗事故罪**　是指医务人员由于严重不负责任,造成就诊人死亡或者严重损害就诊人身体健康的行为。

2. **非法行医罪**　是指未取得医生执业资格的人非法行医,情节严重的行为。

3. **非法进行节育手术罪**　是指未取得医生执业资格的人擅自为他人进行节育复通手术、假节育手术、终止妊娠手术或者摘取宫内节育器,情节严重的行为。

4. **非法采集、供应血液,制作、供应血液制品罪**　是指非法采集、供应血液或者制作、供应血液制品,不符合国家规定的标准,足以危害人体健康的行为。

5. **采集、供应血液,制作、供应血液制品事故罪**　是指经国家主管部门批准采集、供应血液或者制作、供应血液制品的部门,不依照规定进行检测或者违背其他操作规定,造成危害他人身体健康后果的行为。

(四) 与医疗纠纷相关的其他刑事犯罪

医疗纠纷涉及的其他刑事犯罪,由于篇幅所限,不一一赘述,主要罪名见表28-2。

表 28-2　医疗纠纷涉及的其他刑事犯罪

罪名	《刑法》条款
故意杀人罪	第二百三十二条
过失致人死亡罪	第二百三十三条
故意伤害罪	第二百三十四条
非法拘禁罪	第二百三十八条
侮辱罪与诽谤罪	第二百四十六条
侵犯公民个人信息罪	第二百五十三条之一
故意毁坏财物罪	第二百七十五条
妨害公务罪	第二百七十七条第一款
聚众扰乱社会秩序罪	第二百九十条第一款
寻衅滋事罪	第二百九十三条

第三节　医疗纠纷的救济途径

随着《医疗纠纷预防和处理条例》的实施,医疗纠纷的救济途径走入了法治化,依据第二十二条规定的内容可见,发生医疗纠纷,医患双方可通过双方自愿协商、申请人民调解、申请行政调解、向人民法院提起诉讼和法律、法规规定的其他途径来解决。因此医疗纠纷的救济途径可分为非诉讼救济途径和诉讼救济途径。

一、医疗纠纷的非诉讼救济途径

(一) 医患双方协商

医患双方协商是指医患双方在法律法规允许的范围内,就该医疗纠纷的事实、责任承担方式以及赔偿金额自愿进行协商,达成协议解决纠纷的方式。

医患双方协商的内容包括医方是否存在医疗过错、医疗过错的参与度、具体的赔偿数额等。医患双方协商是所有医疗纠纷救济途径中最为便捷和直接的方式,具有较强的灵活性。

1. 投诉的方式　患方如果对医疗机构的医疗服务行为、医疗管理、医疗质量等方面存在异议时,有权提出意见、建议或者投诉请求,具体可采用当面投诉、电话投诉、网络投诉、信访等形式。

2. 投诉的接待　《医疗纠纷预防和处理条例》第十八条规定:"医疗机构应当建立健全投诉接待制度,设置统一的投诉管理部门或者配备专(兼)职人员,在医疗机构显著位置公布医疗纠纷解决途径、程序和联系方式等,方便患者投诉或者咨询。"《医疗机构投诉管理办法》第十一条规定:"医疗机构主要负责人是医疗机构投诉管理的第一责任人。二级以上医疗机构应当设置医患关系办公室或者指定部门(以下统称投诉管理部门)统一承担投诉管理工作。其他医疗机构应当配备专(兼)职人员,有条件的也可以设置投诉管理部门。"

投诉管理部门的职责:①组织、协调、指导本医疗机构的投诉处理工作;②统一受理投诉,调查、核实投诉事项,提出处理意见,及时答复患者;③建立和完善投诉的接待和处置程序;④参与医疗机构医疗质量安全管理;⑤开展医患沟通及投诉处理培训,开展医疗风险防范教育;⑥定期汇总、分析投诉信息,提出加强与改进工作的意见或者建议,并加强督促落实。仅配备投诉专(兼)职人员的医疗机构,投诉专(兼)职人员应当至少承担第二项职责。

《医疗纠纷预防和处理条例》第三十条规定,医患双方选择协商解决医疗纠纷的,应当在专门场所协商,不得影响正常医疗秩序。医患双方人数较多的,应当推举代表进行协商,每方代表人数不超过五人。

投诉管理专职人员在充分了解患方的不满与诉求后,可提供"投诉登记单"由患方亲笔书写,同时提醒患方主要从以下三个方面进行表述:①基本的诊疗过程,其中患方认为医务人员存在过错的医疗行为表述应当尽可能详细;②患方认为医务人员可能存在哪些医疗过错;③患方的诉求有哪些,包括想要通过何种方式进行补偿或赔偿,以及具体的赔偿数额。另外,投诉人还应当在"投诉登记单"上填写投诉人的信息,包括投诉人的姓名、联系方式、与患者的关系、被投诉的科室或人员及亲笔签名并标明投诉的时间。如果投诉人是以打印件的形式提交投诉材料,则应当要求其在每一页上进行签字。

投诉管理专职人员在收到投诉材料后,要明确告知投诉人医疗机构接待以及处理医疗纠纷的时限和程序。

3. 投诉内容的核实　医疗机构投诉管理部门应当及时处理投诉,能够当场核查处理的,应当及时查明情况;确有差错的,立即纠正,并当场向患者告知处理意见。涉及医疗质量安全、可能危及患者健康的,应当立即采取积极措施,避免或者减轻对患者身体健康的损害,防止损害扩大。情况较复杂,需调查、核实的,一般应当于接到投诉之日起五个工作日内向患者反馈相关处理情况或者处理意见。涉及多个科室,需组织、协调相关部门共同研究的,应当于接到投诉之日起十个工作日内向患者反馈处理情况或者处理意见。

4. 投诉的解释及答复　医疗机构的投诉管理部门应当在规定的时限内以口头或书面的方式给予投诉人答复或解释。对于信访投诉、电话投诉、网络投诉,可以通过电话沟通或约来医疗机构面谈的方式予以答复或解释。

医患双方妥善地沟通,平等地协商,达成一致后如果需要赔偿或补偿的,根据《医疗纠纷预防和处理条例》第三十条第三款的规定:"协商确定赔付金额应当以事实为依据,防止畸高或者畸低。对分歧较大或者索赔数额较高的医疗纠纷,鼓励医患双方通过人民调解的途径解决。医患双方经协商达成一致的,应当签署书面和解协议书。"

(二)人民调解

医疗纠纷的人民调解,是指在医疗纠纷人民调解委员会的主持下,依照法律、政策及社会主义道德规范,对医患双方进行说服规劝,促其彼此互谅互让,在自主自愿情况下,达成协议,消除纷争的活动。人民调解是解决医疗纠纷的一种群众自治活动,具有快速、高效的特点,是一项具有中国特色的化解矛盾、消除纷争的非诉讼纠纷解决方式。各行政区域内的医疗纠纷人民调解委员会(以下简称"医调委")依据《人民调解法》主持的人民调解是目前解决医疗损害纠纷一个比较主要的途径。

1. 调解的申请与受理　《医疗纠纷预防和处理条例》第三十一条第一款规定,申请医疗纠纷人民调解的,由医患双方共同向医疗纠纷人民调解委员会提出申请;一方申请调解的,医疗纠纷人民调解委员会在征得另一方同意后进行调解。第二款规定,申请人可以以书面或者口头形式申请调解。书面申请的,申请书应当载明申请人的基本情况、申请调解的争议事项和理由等;口头申请的,医疗纠纷人民调解员应当当场记录申请人的基本情况、申请调解的争议事项和理由等,并经申请人签字确认。

医调委收到医疗损害纠纷调解申请后,应当在三个工作日内予以审查。决定受理的,及时答复当事人;不予受理的,应当书面通知当事人并说明理由。医调委受理调解申请后,应当告知医患双方当事人在调解过程中的权利和义务。

2. 调解员的组成　医疗纠纷人民调解员为专职兼职结合,一般从医学、法学、心理学等专业人员中选聘,人民调解员应当公道正派、热心人民调解工作,并具有一定政策水平和法律知识。县级人民政府司法行政部门应当定期对人民调解员进行业务培训。

3. 调解过程　医调委根据调解医疗纠纷的需要,可以指定一名或者数名人民调解员进行调解,也可以由当事人选择一名或者数名人民调解员进行调解。医患双方当事人在人民调解活动中享有的权利：①选择或者接受人民调解员；②接受调解、拒绝调解或者要求终止调解；③要求调解公开进行或者不公开进行；④自主表达意愿，自愿达成调解协议；医患双方当事人在人民调解活动中履行的义务：①如实陈述纠纷事实；②遵守调解现场秩序，尊重人民调解员；③尊重对方当事人行使权利。

医患双方当事人对调解员提出回避要求且理由充分的，该调解员应当回避；双方当事人可以聘请律师、委托代理人、推举代表参加调解，单方代表人数不超过五名，受委托人应当向医调委提交授权委托书。调解应当在专门设置的调解场所进行，人民调解员进行调解时，必须做好调解笔录。人民调解员应当分别向医患双方了解相关事实和情况；需要查阅病历资料或者向有关专家、人员咨询的，相关单位和人员应当给予配合。

对双方争议较大的医疗损害纠纷，医调委可以向其专家库中相关专家进行咨询，征求专家咨询意见和调解建议。必要时，可以由双方当事人共同委托进行医疗损害鉴定或者医疗事故技术鉴定，明确责任。

4. 调解协议　人民调解员通过说服、疏导等方法，促使医患双方当事人在平等协商基础上达成调解协议。医患双方当事人达成调解协议后，制作、签署书面调解协议。

5. 司法确认　经过医调委调解，医患双方自愿达成调解协议的，医患任一方当事人认为有必要的，双方可以向人民法院申请司法确认，但应在调解协议生效之日起三十日内申请。

（三）行政调解

医疗纠纷的行政调解，是指国家行政机关和法律法规授权的承担行政管理职责的组织，依照法律法规和政策的有关规定，在职权范围内通过对发生纠纷的医患双方当事人进行说服教育、思想疏导等方式，促使其依法自愿达成协议，从而解决纠纷的一种活动。

1. 申请与受理　《医疗纠纷预防和处理条例》第四十条第一款规定，申请医疗纠纷行政调解的，由医患双方共同向医疗纠纷发生地县级人民政府卫生主管部门提出申请；一方申请调解的，卫生主管部门在征得另一方同意后进行调解。申请人可以以书面或者口头形式申请调解。第二款规定，卫生主管部门应当自收到申请之日起五个工作日内作出是否受理的决定。当事人已经向人民法院提起诉讼并且已被受理，或者已经申请医疗纠纷人民调解委员会调解并且已被受理的，卫生主管部门不予受理；已经受理的，终止调解。

2. 调解终结　《医疗纠纷预防和处理条例》第四十条第三款规定："卫生主管部门应当自受理之日起三十个工作日内完成调解。需要鉴定的，鉴定时间不计入调解期限。超过调解期限未达成调解协议的，视为调解不成。"

二、医疗纠纷的诉讼救济途径

诉讼，是指诉讼当事人通过向具有管辖权的人民法院起诉另一方当事人的形式，在人民法院主持下按照法定程序审理案件解决纠纷的活动。医疗纠纷诉讼以民事纠纷为主，是由人民法院按民事诉讼程序进行审理，解决医患双方对医疗行为是否存在过错以及医疗行为与损害后果之间是否存在因果关系或者医疗服务合同争议纠纷的司法救济活动，是最常见、最具有法律效力的公力救济方式。医疗纠纷诉讼具有国家强制性和严格的规范性特点。

（一）选择案由

依据最高人民法院《民事案件案由规定》，医疗纠纷案件分为两类：一类是医疗损害责任纠纷，是指对医疗机构在医疗活动过程中是否过失导致患者人身损害及由此带来的财产损失与精神损害是否赔偿、如何赔偿而发生的纠纷；另一类是医疗服务合同纠纷，是指医患双方围绕医疗服务合同中侵权以外的有关方面发生的争议。

（二）管辖法院

《民事诉讼法》第二十二条规定，对公民提起的民事诉讼，由被告住所地人民法院管辖；被告住所地与经常居住地不一致的,由经常居住地人民法院管辖。对法人或者其他组织提起的民事诉讼,由被告住所地人民法院管辖。同一诉讼的几个被告住所地、经常居住地在两个以上人民法院辖区的,各该人民法院都有管辖权。

《民事诉讼法》第二十四条规定,因合同纠纷提起的诉讼,由被告住所地或者合同履行地人民法院管辖。第二十九条规定,因侵权行为提起的诉讼,由侵权行为地或者被告住所地人民法院管辖。

(三) 举证责任

民事诉讼遵循"谁主张,谁举证"的一般原则。当事人对自己提出的诉讼请求所依据的事实或者反驳对方诉讼请求所依据的事实有责任提供证据加以证明。没有证据或者证据不足以证明当事人的事实主张的,由负有举证责任的当事人承担不利后果。

第四节　PCBL:替代性解决机制为何在医疗纠纷处理中发挥了重要作用?

替代性纠纷解决机制并不是"舶来品",例如我国的人民调解制度素有"东方经验"之美誉,并为西方国家借鉴和发展。目前,我国在实践中正在积极探索有效的医疗纠纷替代解决机制,除了《医疗事故处理条例》中规定的协商和行政调解外,日益成熟和完善的医疗纠纷人民调解制度逐步成为替代性医疗纠纷解决机制的重要方式。

一、协商

协商解决医疗纠纷的优点主要包括:①程序简单、便捷,不拘泥于形式;②成本较小,相较于其他解决机制,无论从社会层面考察还是从医患双方个人角度考察,协商机制都是成本最小、最经济的医疗纠纷解决方式;③形成的协议是在双方自愿的基础上达成的,利于履行。

协商解决医疗纠纷的缺点主要包括:①难以真正公平、公正地解决纠纷。因医患之间信息的不对称,患方谈判能力的低下,往往会损害患方的合法权益;或者个别案件中患方为达到自己的不合理要求往往采取极端行为,又会导致医方利益受损。②发生医疗事故的纠纷中,不利于全面追究相关主体的法律责任。③协商解决的过程中容易引发道德风险,并且医疗责任保险制度相排斥。所以,有些地方对协商解决医疗纠纷的赔偿范围作出了一定限制,如江苏省《医疗纠纷预防与处理条例》规定,医疗纠纷索赔金额2万元以上的,公立医疗机构不得自行协商处理。

二、行政调解

根据《医疗事故处理条例》第四十六条之规定,卫生行政部门依据当事人的申请对医疗纠纷予以调解是法定的医疗纠纷解决机制。但是,实践中行政调解解决的医疗纠纷比例较低,行政调解的作用难以发挥。

三、医疗纠纷人民调解

人民调解委员会调解医疗纠纷的优点包括:①地位中立,群众信赖、认可。从而愿意接受调解,有利于将医疗机构从纠缠中解脱出来。②调解一般不收费,减轻了患者负担。这也是患者愿意接受调解的重要原因。③双方自愿、便于履行。④程序简便、高效,相对于诉讼,调解解决医疗纠纷不拘于程序的限制,快捷便利。

人民调解委员会调解医疗纠纷面临的问题包括:①由于调解员的专业水平问题所带来的能否公正处理医疗纠纷的问题。②医疗纠纷调解委员会的地位和经费问题,各地目前做法不统一,有的地方经费尚无法保证,一定程度上影响了医疗纠纷人民调解工作的开展。但是,随着一些地方逐步将

NOTES

医疗纠纷人民调解费用支出纳入财政预算,医疗纠纷人民调解正在成为诉讼外解决医疗纠纷的重要途径。

(胡　姝　石　悦)

思考题

1. 简述医学会医疗损害鉴定与医疗损害司法鉴定的程序。
2. 什么情形下医疗机构不需要承担法律责任? 如何判断?
3. 简述医疗纠纷的非诉讼与诉讼救济途径。

情景测试与思考

如果你接诊了一位危重患者,超出了本院治疗范围或治疗能力,按照《医疗机构管理条例》及相关法律法规规定,对危重患者应当立即抢救。对限于设备或技术条件不能诊治的患者,应当及时转诊。问题一:何为及时转诊? 是不是将患者转出就做到了及时转诊? 问题二:在及时转诊的过程中,医疗机构及其医务人员应当注意哪些问题? 如果患者及其家属拒绝转诊,你应当怎么做?

课后阅读资料

[1] 庄洪胜. 医疗损害鉴定赔偿实务全书[M].北京:中国法制出版社,2020.
[2] 亨利·欧内斯特·西格里斯特. 伟大的医生:一部传记式西方医学史[M].柏成鹏,译.北京:商务印书馆,2014.
[3] 隋彭生. 合同法要义[M].5版.北京:中国人民大学出版社,2018.